"十三五"科研课题　理论与实践文集

中华优秀传统文化与现代语文
课堂教学实践研究
初中卷

主　编　周媛媛

副主编　郭佳杨　武站世　梁素芳

　　　　付宏武　张纯颖　乌　兰

首都师范大学出版社

CAPITAL NORMAL UNIVERSITY PRESS

图书在版编目(CIP)数据

中华优秀传统文化与现代语文课堂教学实践研究. 初中卷 /
周媛媛主编 . —北京：首都师范大学出版社，2018.6

("十三五"科研课题理论与实践文集 / 王嵩涛主编)

ISBN 978-7-5656-4548-8

Ⅰ.①中… Ⅱ.①周… Ⅲ.①语文课－课堂教学－教学
研究－初中 Ⅳ.①G633.302

中国版本图书馆 CIP 数据核字(2018)第 123680 号

ZHONGHUA YOUXIU CHUANTONG WENHUA YU XIANDAI YUWEN KETANG
JIAOXUE SHIJIAN YANJIU · CHUZHONGJUAN

中华优秀传统文化与现代语文课堂教学实践研究·初中卷
周媛媛　主编

责任编辑　徐建辉
首都师范大学出版社出版发行

地　　址　北京西三环北路 105 号
邮　　编　100048
电　　话　68418523(总编室)　68982468(发行部)
网　　址　www.cnupn.com.cn
印　　刷　三河市博文印刷有限公司
经　　销　全国新华书店
版　　次　2018 年 6 月第 1 版
印　　次　2018 年 6 月第 1 次印刷
开　　本　710mm×1000mm　1/16
印　　张　26.25
字　　数　310 千
定　　价　60.00 元

植根优秀传统文化，重塑语文生命意义

赵 明

一个中小学学科教学的基础应用研究课题，从 2016 年 1 月立项、7 月开题，至今不到两年的时间，却拥有遍布全国 20 多个省市的上千所实验学校、上万名实验教师和上百名专家组成的研究团队，并且在研究中期就推出约 150 万字的涵盖高中、初中和小学三个学段的课题研究成果汇编，这在遍地开花的基础教育课题研究中是比较少见的。"中华优秀传统文化与现代语文课堂教学实践研究"课题组已经初步实现了课题方案设计的"提出一个思路，搭建一个平台，带出一支队伍"的构想，交出了一份满意的答卷。

当然，这一切并非偶然。

习近平新时代中国特色社会主义思想给我们指明了方向。党的十九大提出的"办好人民满意的教育""落实立德树人根本任务"，对我们既是巨大的鼓舞和鞭策，也是历史的使命和担当。学习宣传贯彻党的十九大精神，深化基础教育课程改革，具有十分重大的意义。在此背景下立项并展开的"中华优秀传统文化与现代语文课堂教学实践研究"课题，有着鲜明的时代性、强大的生命力和广泛的群众基础。完善中华优秀传统文化教育，部编新教材的使用，语文在高考试题中地位的提升，这些重大举措让课题研究面临新的机遇和挑战。课题组全体成员不忘初心，情系课改，脚踏实地，潜心研究，撸起袖子加油干，所取得的初步的成果，是大家的心血与汗水的结晶。

基础教育课程改革是一个漫长的过程。基础教育课程改革涉及的层面很广泛，但最接地气、最有难度的改革是课堂教学改革。有继承才有创新。在传承中华优秀文化的基础上，构建具有中国特色的现代课堂教学，是我们必须走过的一条教改之路。十多年的课堂教学改革，潮起潮落，涌现出花样翻新的各种"教学模式"，造就了一颗又一颗的教改明星。更多的老师和学生，在这一波又一波的教改浪潮中，随波逐流，时而精神振奋，时而迷茫惆怅。当所有的努力被"升学率"绑架的时候，课堂教学改革就难免会走弯路，吃苦头。曾经的我们，过分关注"法"却忽视"道"，过分关注技巧却忽视灵魂，过分关注"模式"却忽视创造，过分关注分数却忽视素养。

习近平总书记关于"立德树人"的要求，警示我们必须猛醒，要对教育的本质有准确而科学的理解。教育就是陪伴、关注、引领生命的成长。课堂教学应该是一个塑造生命的过程。对每个生命的尊重、呵护是教师的天职，是课堂教学的第一准则。随着课题研究的逐步深入，我们必须认真思考语文的生命意义、课题研究的生命意义，并从理论上和实践上做出令人信服的回答。

语文是什么？如果简单地从表达形式上把语文界定为"口头语言和书面语言"，似乎并没有触及语文最本质的内涵。《义务教育语文课程标准》指出："语言文字是最重要的交际工具和信息载体，是人类文化的重要组成部分。"基于这个界定，我们可以做更深一层的探究：语文是为着交际而诞生的；交际使语文成为文化。语文既是文化的承载者，又是文化的传播者。

语文本身就是文化，但语文不是一般的文化，而是一种有特殊内涵的文化，即母语文化。母语文化，就是以本民族语言文字为载体的祖祖辈辈积累形成的语言规则、生活习惯、思维方式、审美标准以及老祖宗留给我们的文化遗产和精神力量。

母亲给了我们生命；母语给了我们身份。母语文化记录着我们的身世和渊源，给我们提供了一份身份认同。这是独一无二的民族"基因"。离开母语，我们就不知道自己是谁，就没有身世和渊源，就会缺少基因支持，就会不知道我们"从哪里来，要到哪里去"。

母语的生命意义，不仅是个人的，更是国家的、民族的。历史告诉我们：侵略者要消灭一个民族，必先消灭它的文化；要消灭一个民族的文化，必先消灭它的语言。反之，民族的复兴，必先是文化的复兴；要复兴民族文化，必先培育对母语的热爱之情、敬畏之情。

语文教育是民族语言的教育，是引导、帮助学生逐步认知并掌握母语和接受民族文化熏陶、吸收民族精神滋养的过程。语文教育要为学生的终身发展服务，让学生在民族文化的濡养中拥有高尚的人文情怀和基本的能力素养。语文教育的历史使命在于人文精神的培养，使学生形成对人生和世界的审美关照，热爱民族的语言文字，守护我们的精神家园。语文教育从来都是把"安身立命"放在第一位的。《义务教育语文课程标准》指出："通过语文学习，认识中华文化的丰厚博大，吸收民族文化智慧。""在语文学习过程中，培养爱国主义、集体主义、社会主义思想道德和健康的审美情趣……逐步形成积极的人生态度和正确的世界观、价值观，提高文化品位。"可以毫不夸张地说，语文教育是民族精神的奠基工程。

习近平总书记说："中华文化源远流长，积淀着中华民族最深层的精神追求，代表着中华民族独特的精神标识，为中华民族生生不息、发展壮大提供了丰厚滋养。"中华优秀传统文化是语文教育的根。《诗经》的浅吟低唱，《楚辞》的仰天长啸；诸子百家的思想光华；《史记》《汉书》的历史长卷；唐诗宋词的华美辞章；明清小说的艺术形象；秦皇汉武唐宗宋祖成吉思汗的帝王伟业；"四大发明"的杰出贡献；神话、寓言、成语所蕴含的智慧、精神、力量……这些古代优秀的文学遗产，是语文教材的源头，是语文课程资源的宝藏，是语言的典范、美学的典范、生命的典范。

鲁迅先生说："我们从古以来，就有埋头苦干的人，有拼命硬干的人，有为民请命的人，有舍身求法的人……这就是中国的脊梁。""中国的脊梁"们用生命谱写的格言名句流传千古："天人合一""以人为本""天下大同""天下为公""和为贵""仁义礼智信""己所不欲，勿施于人""富贵不能淫，威武不能屈，贫贱不能移""舍生而取义""先天下之忧而忧，后天下之乐而乐""为天地立心，为生民立命，为往圣继绝学，为万世开太平""苟利国家生死以，岂因祸福避趋之""天下兴亡，匹夫有责""滴水之恩，涌泉相报"……这种理想信念、精神品质，千百年来流淌在中华民族的血脉里，成为民族的基因，支撑着伟大的中华民族战胜无数的苦难，走过了五千多年的辉煌历程。

"语言文字是最重要的交际工具"，但这个"工具"是有生命、有感情、有温度的。语文的生命、感情、温度就在于它所蕴含的人文精神和民族灵魂。民族语言与民族精神水乳交融，民族精神蕴含于民族语言之中。不感受语言文字的语文教育是"魂不附体"；不传承民族精神的语文教育是"魂飞魄散"。

语文教育的目标是：掌握语言符号，优化思维品质；浸润母语文化，涵养人文情怀。达成这样的目标，就是为学生的人生打上了中华文化的底色、中国精神的底色。

梁启超先生曾说："国文在教学上的价值，实在燃烧青年的生命之火。"百年前的精辟论断，今天读来依然有醍醐灌顶、振聋发聩之感。

那么，语文课堂教学怎样落实和体现语文的生命意义呢？

第一，要有强烈的生命意识和感情投入。语文教学不是一个"技术活儿"，也不仅仅只是听、说、读、写。在方法技巧、听说读写之上，还有更为重要更为本真的东西，那就是对生命的呵护与塑造。于漪老师说得好："教语文就是用生命在歌唱，没有生命就没有语言，把语言文字的魅力教出来，这样以文章的人文内涵震撼学生的思想和情感。"钱理群先生则把语文教学比作"燃烧的大海"，他说："这是一个燃烧的大海，你不能隔岸观火，你必定要把自己也'烧'进去，把你的心交出来，与这些民族的，以至人类的精英，一起思考、探索，共同承担生命的重与轻……"关注师生的生命状态，把个体生命发展的主动权还给学生，让母语文化成为学生的精神营养，滋润学生的生命成长；让语文课成为生命的歌唱，这才是语文课程的发展方向。在一波又一波的形式大于内容的"花样改革"被逐渐扬弃之后，崭露头角的"青春语文""绿色语文""本真语文""生态语文""诗意语文"……展现出生命课堂的实践和范式。

第二，要以贴近生命原点的文本解读来养育生命。所谓"生命原点"，就是作品的本真，就是作者初心，就是作品中生命的真实存在。老师要带领学生要透过语言文字去触摸、理解生命的多样性和复杂性，欣赏生命的尊严、渴望和魅力，而不是简单、机械地给艺术形象归纳性格特点、贴上政治标签，使之脸谱化、概念化、面目狰狞、令人生厌。文本解读要敢于面对"现实"，敢于触碰人物心灵深处最柔软、最脆弱、最隐秘的"痛点"，既要发现人性的真善美，也不回避人性的假丑恶，让一切还原生活的自然状态。只有这样，才能取信学生、感动学生、养育学生。文本解读是一个语文老师的业务能力的基本标志。这关乎教师的生活体验、学识修养、思想情怀、经验积累，而与方法技巧无关。一些老师把提高教学质量的希望寄托在学习、模仿某种教学方法或模式上，这是舍本逐末。法度可以学到，气度是学不到的。修炼内功，提高素养，才是正道。

第三，要站在生命的高度去理解写作和写作教学，以心灵的颤动来激发生命的倾诉。写作是生活化、个性化的精神活动，是心灵的波动和倾诉，是写作主体内在精神的自由显现，是其生命力、创造力的文字外化。写作的生命是真情；真情的基础是感动；感动的升华是感悟。怦然心动才会有文思泉涌；笔随心舞才会有真情流露。因此，激发兴趣，触动心灵，张扬个性，鼓励创新，应该成为写作教学的基本策略。写作教学要带领学生走进生活，营造理想的写作生态。只有解决好"写什么"的问题，才有可能解决好"怎么写"的问题。当前，写作教学存在的主要问题是：视写作为知识体系，认为写作教学就是传授知识；过分强调方法技巧而忽视对学生的心灵启迪；重视"怎么写"，忽视"写什么"，导致"技巧泛滥，灵魂孤独"，写作成了无本之木、无源之水；强化作文训练而淡化观察体验、阅读思考，写作教学本末倒置、效率低下；"样本化""模式化"作文盛行，禁锢了学生的精神和表达，作文缺乏个性和温度。这必然会导致写作教学生命意义的缺失。

第四，培养独立的思考者，让生命变得凝重而有高度。现代教育就是超越知识教育，从知识走向智慧，从培养"知识人"转为培养"智慧人"。智慧人的特质表现为善于思考、思辨、发现、质疑和创造。语文学科的特点为智慧人的成长提供了无限的空间。文本的多样解读使发现、质疑和创造成为可能。培养独立思考者的前提是对独立人格的尊重和呵护。语文老师当然首先应该是个思考者，不做《教参》的"二传手"。老师要善于设计挑战性的问题来激发学生主动思考，鼓励学生开展独特体验，训练学生的批判思维，并通过综合性学习活动及小课题研究来指导学生体验研究的乐趣，掌握研究的方法。重在研究的过程，不在研究的结论。只要做了，就会收获独立思考，收获学生的生命成长。

第五，在中华文化的平台上，展现生命的多姿多彩。要让学生感受到应有的文化氛围：通过阅读，学习语言知识，品味文字背后的蕴含，触摸一段历史，了解一个社会，倾听人物的心声，感受别样的文化。透过品味语言深入理解文本内涵，进而产生对中华优秀文化的热爱之情，更好地继承和弘扬中华优秀传统文化，在语文学习过程中逐步建立文化视野、文化自觉和文化自信。特别是古诗文经典的教学，要沿着文字、文言、文章、文学、文化的路径，向传统文化漫溯，把民族文化的基因嵌在学生的脑子里。具体而言，就是要认识中华文化，知道自己的根在哪里，获得中国人的身份认同；欣赏古人怎样通过艺术的眼光来看待生活，看待人生；领略古人的精神境界，涵养生命意识；感受古人悲天悯人的情怀：对自然虔诚敬畏，对民众无限深情；学习古人的语言技巧和表达艺术，感受古人的审美情趣，以此来感受中国形象、中国表达、中国智慧、中国精神的熏陶。

第六，以文学的眼光看人生，让生命变得充盈而高雅。文学，艺术地反映生活的真实，呈现不同时代、不同层面的生活情境，能为学生提供他们尚未经历但却渴盼经历的人生经验。文学可以陶冶人的情趣，使人以诗意的眼光去观察生活，体味生活的多姿多彩和人生的道理。优秀的文学作品表现出中国人独特的审美形象和审美观念。同样是抒发爱慕之情，既有"关关雎鸠，在河之洲。窈窕淑女，君子好逑"，（《诗经·关雎》）又有"蒹葭苍苍，白露为霜。所谓伊人，在水一方。"（《诗经·蒹葭》）同样是抒发惜别之情，既有"海内存知己，天涯若比邻"，（王勃《送杜少府之任蜀州》）又有"劝君更尽一杯酒，西出阳关无故人。"（王维《送元二使安西》）还有"才始送春归，又送君归去。若到江南赶上春，千万和春住"，（王观《卜算子·送鲍浩然之浙东》）更有"执手相看泪眼，竟无语凝噎。"（柳永《雨霖铃》）同样是描写战争的惨烈，既有"醉卧沙场君莫笑，古来征战几人回？"（王翰《凉州词》）又有"黄沙百战穿金甲，不破楼兰终不还。"（王昌龄《从军行》）以文学的眼光看人生，不光有坎坷、苦难，还有诗意和远方。文学让生活变得美丽、动人、永恒；让"诗意的栖居"变成了现实。

习近平总书记在十九届中共中央政治局常委同中外记者见面时的讲话中，引用王冕的诗句"不要人夸颜色好，只留清气满乾坤"，（《墨梅》）赞美了墨梅不慕虚名、绽放清芬的品格，表达的是从容清醒的定力，传递的是埋头苦干的意志，彰显的是大国大党的自信。习近平总书记以诗言志，让人们看到一个古老民族走向伟大复兴的气度和胸怀，也让我们欣赏到中华优秀传统文化在当代焕发出来的熠熠光彩。

文化关乎民族复兴，教育关乎民族未来，语文关乎每个学生的生命成长。中国人怎么做人、怎么做事、怎么待人接物、怎么表达、怎么抒情、怎么交流，语文教育都应该予以回答，都应该让学生懂得。我们欣喜地看到，课题组的老师们正通过自己的努力，在理论层面和实践层面进行深入的探索。优秀传统和现代理念的融合与创造，使得语文课堂教学发生了质的变化，呈现出新的亮彩。

植根中华优秀传统文化，重塑语文的生命意义，用语文点燃学生的生命之火，培养能够担当民族复兴大任的一代新人，这就是新时代语文的生命意义！这就是新时代语文的历史担当！

值此课题研究成果汇编出版之际，写下上面这些文字，谨向课题组老师们致祝贺之意，并与大家共勉。

前　言

党的十八大以来，党和国家十分重视中华优秀传统文化的历史传承和创新发展，始终从中华民族最深沉、最深厚精神源泉和精神追求的深度看待优秀传统文化，从国家文化战略资源建设与发展的高度继承优秀传统文化，从推动中华民族现代化进程、实现中华民族伟大复兴中国梦的角度创新发展优秀传统文化。

习近平同志更是十分重视中华优秀传统文化的传承和发展，对此曾作出一系列指示和论断。譬如，他强调在宣传阐释中国特色社会主义时，要讲清楚每个国家和民族的历史传统、文化积淀、基本国情不同，其发展道路必然有着自己的特色；讲清楚中华民族在5000多年的文明发展进程中创造了博大精深的中华文化，中华文化积淀着中华民族最深沉的精神追求，包含着中华民族最根本的精神基因，代表着中华民族最为显著与独特的精神标识，是中华民族生生不息、发展壮大的丰厚滋养；讲清楚中华优秀传统文化是中华民族的突出优势，是中华民族自强不息、团结奋进的重要精神支撑，是我们最深厚的文化软实力；讲清楚中国特色社会主义植根于中华文化沃土、反映中国人民意愿、适应中国和时代发展进步要求，有着深厚历史渊源和广泛现实基础。对于中华优秀传统文化的继承，习近平同志特别强调，"独特的文化传统、独特的历史命运、独特的基本国情，注定了我们必然要走一条适合自己特点的发展道路。对我国的传统文化，对国外的东西，要坚持古为今用、洋为中用，去粗取精、去伪存真，经过科学的扬弃后使之为我所用。"总书记的这些论断是其新时代中国特色社会主义思想的重要组成部分，是在新时代背景下我们继承、弘扬和发展中华优秀传统文化的基本遵循和重要指针。

"中华优秀传统文化与现代语文课堂教学实践研究"课题，正是在这一时代背景下立项与开题的，因此承载着它与生俱来的历史责任和时代担当。这一课题研究全面而深入的展开，标志着我国基础教育领域教育教学改革进入了一个新的时代，开启了在中小学语文课堂教学过程中传承、弘扬、发展中华优秀传统文化的新征程，是对中华优秀传统文化传承发展路径与方式的全新探索。

开题两年来，课题组遵循开题报告指向和具体要求，本着既要挖掘和提升中华优秀传统文化的经典价值、又要赋予经典以时代内涵的初衷，对各参与学校和教师进行了全方位、多层次、个性化的引领与指导，并根据研究者的不同要求开展了富有针对性和实用性的理论培训和操作层面的帮助引领，取得了阶段性的研究成果。这本《中华优秀传统文化与现代语文课堂教学实践研究·初中卷》，即是近年来课题研究进程、研究策略以及研究创新成果的集中呈现。

书中收录的陕西省西安铁一中分校孙婷老师、新疆维吾尔自治区库尔勒市第一中学田苗老师等 48 位全国各地初中语文教师及教研员有关传统文化教育的研究论文，内容涉及中学传统文化教育的方方面面，对本地区开展传统文化传承发展研究提供了指导性、学术性范本和参照，是对参与研究实践的广大中小学语文教师的一种实实在在的教学引领。书中还辑录了湖北省赤壁市教研室雷介武、内蒙古自治区科右前旗教研室于龙等 29 篇实践指导性文章。这些文章，或是以中华优秀传统文化为源头来打造学校特色文化、丰厚学校文化内涵的探索性案例；或是以创建文化校园、书香校园、培育具有中华优秀传统文化底色的人才为追求而积累的典型经验，丰富了我国基础教育领域开展和深化传统文化教育的资源宝库。书中收入的一些一线教师和校长在自己教育教学实践中的独特体验和心灵感悟，则更加具有陶冶性情、淬炼精神、升华灵魂的功用，是对学生进行思想洗礼和文化浸润的难得教材。中华优秀传统文化是中华民族世代相传的文化基因、精神根脉，是我们坚定道路自信、理论自信、制度自信、文化自信的深厚基础。弘扬中华优秀传统文化，在中小学语文课堂教学实践中深入开展中华优秀传统文化教育，厚植中华文明基因，是一项培根铸魂的伟大工程。继续推进与深化"中华优秀传统文化与现代语文课堂教学实践研究"，使课题研究和语文课堂教学实践成为中华优秀传统文化这一民族基因的提纯、复制和遗传的"细胞核"，这既是编者和课题组义不容辞的责任，也是我们持续努力的动力与方向。

中华优秀传统文化从来就是在与世界不同区域、不同文明文化的交流互鉴中积淀、发展、传承的，也是在这种交流互鉴中兼容并蓄、完善壮大的。我们的课题研究和学科教学实践更应该继承这一传统，在实践中允许多元文化的撞击、倡导多种路径的尝试、发挥多方面探索的优势，在各层面研究者实践者之间的互动交流中，形成我国中小学语文教学，乃至基础教育领域有效传承和弘扬中华优秀传统文化的独特理念、策略规程、实践范例，构筑传统文化教育教学和科学研究的多元共同体，不断呈现中华优秀传统文化的创新成果。这始终是我们的一个理想信念，也是本书所秉持的一种价值追求。

不忘本来、吸收外来、面向未来，是文明生成、成长和升华的基本路径。我们愿同广大中小学教师、校长以及致力于中华优秀传统文化教育教学研究的同仁们一道，满怀期待地创造与欣赏"中华优秀传统文化与现代语文课堂教学实践研究"的新气象、新成果，迎接中国教育和中华民族伟大复兴的美好明天！

编　者

2018 年 5 月 8 日晨

目　录

理 论 篇

实 践 篇

理论篇

核心素养背景下的古典诗词教学策略探究

——北京市大兴区初中语文古典诗词教学尝试

北京市大兴区教师进修学校 王方华

语文核心素养如何有效落地，这是目前语文教学改革的重点与难点。语文学科四大核心素养：语言建构与应用、思维发展与提升、审美鉴赏与创造、文化传承与理解，不能只停留在理论层面，而应是理论指导实践，实践反哺理论。

部编教材加大了古典诗词教学的内容，引导学生通过品读经典来接受人文精神的熏陶。但是这些古典诗词对于学生来说往往不是一种"美"的欣赏，而是变成了一种学习负担。对于老师来说，诗词教学最大的问题是难理解，无法引起学生的阅读兴趣。为此，笔者在初中语文教学教研工作中，紧紧围绕语文核心素养的四个方面，教研形成系列，从古典诗词阅读入手，弘扬中华优秀传统文化，彰显社会主义核心价值观，抓住语文教学的牛鼻子，逐一突破。

古典诗词作为我们丰富传统文化的精髓，作为语文教学中的重中之重，我们在教学中克服诗词教学中的种种困难，寻求高效的教学策略是非常必要的。本文将以北京市大兴区初中语文在古典诗词教学方面的探索为例，针对具体的问题，构建古典诗词教学的策略。

一、专家引领，更新教学观念

2011版《义务教育语文课程标准》总目标指出：认识中华文化的丰厚博大，汲取民族文化智慧。关心当代文化生活，尊重多样文化，吸收人类优秀文化的营养，提高文化品位。同时要求学生能够具有独立阅读的能力，学会运用多种阅读方法。有较为丰富的积累和良好的语感，注重情感体验，发展感受和理解的能力。能阅读日常的书报杂志，能初步鉴赏文学作品，丰富自己的精神世界。能借助工具书阅读浅易文言文。背诵优秀诗文240篇（段）。九年课外阅读总量应在400万字以上。

2011版《义务教育语文课程标准》（七至九年级学段目标）为：

诵读古代诗词，阅读浅易文言文，能借助注释和工具书理解基本内容。

注重积累、感悟和运用，提高自己的欣赏品位。背诵优秀诗文 80 篇（段）。

厘清古典诗词教学的目标是为了反思，我们现在的古诗文教学在哪个层级上？初中古诗文教学的核心任务是什么？就北京市大兴区教学状况而言，我们的古典诗词教学只停留在会读、会背、会写、会默的层面。面对古典诗词，老师往往强调死记硬背，忽略古典诗歌最美的情感体验与精神审美。

教师教学理念的更新不是一蹴而就的。为此，我们的首要任务就是先集中培训，通过聘请专家，让专家做高位引领。我们首先邀请海淀区教师进修学校副校长、中高考命题、研究专家姚守梅老师主讲。姚老师从课标入手，在理论上给教师们厘清了文言、文章、文学、文化"一体四面"的关系；特别是姚老师从语文核心素养入手，谈古诗文教学的方向，并为教师们展示了一系列活动课的案例。接着，我们邀请首都师范大学张彬福教授走进大兴区教师进修学校，与初中语文老师共同探讨古诗文教学。他对古诗词教学提出了自己的想法：即除了读熟、会写、能写、大致意思懂，还要讲课后练习、鉴赏点文章。他的建议为老师们古诗词教学提供了切实可行的思路。

聘请专家，引领理念是落实语文核心素养的一部分，后续我们举行了一系列落实语文核心素养的研究课，通过系列化的活动，大兴区教师的教学能力与研究水平逐步提升。

二、打磨课堂，提高教学有效性

课堂是教学的主阵地，为此我跟老师们精心打磨了四节诗词课。四节课都是以读入手，勾连全诗。分别是首都师范大学附属中学大兴北校区杜楠楠老师执教的《秋思乡思羁旅中，刹那辛酸铸永久——〈天净沙·秋思〉》、王镓墈老师执教的《出"有"入"无"探"真意"——〈饮酒〉》、国家教育行政学院附属中学安晋芳老师执教的《此心安处是吾乡——〈定风波·莫听穿林打叶声〉》、大兴区第七中学耿芝灵老师执教的《遇见最美的你——走进〈竹里馆〉》。这四节课，立足于语文核心素养，凸显了以下教学要点：内容上：有整合、有关联；呈现上：设情境、设问题；实施上：有深度、有活动。现以首都师范大学附属中学大兴北校区王镓墈老师执教的《出"有"入"无"探"真意"——〈饮酒〉》为例，做一说明。

遵循母语学习的规律，注重诵读。通过诵读将诗歌背景、内容、写法、文化意蕴有机勾连在一起。诵读形式多样，基于理解的声音呈现，以诵读促进理解，以理解带动诵读。

初读诗歌，注意进行朗读节奏和韵脚的指导。《饮酒》是一首五言诗，阅读时要注意"平上去入"字的重音，注意停顿的节奏与韵脚"an"的阅读。

结庐/在人境，而无/车马喧。（xuān）

问君/何能尔？心远/地自偏。（piān）

采菊/东篱下，悠然/见南山。（shān）

山气/日夕佳，飞鸟/相与还。（huán）

此中/有真意，欲辨/已忘言。（yán）

再读诗歌，体味作者的情感。教师首先抛出一个显而易见的问题：文章的题目是饮酒，而内容是不是饮酒呢？这样是不是文题不符呢？由此引出写作背景，并引入陶渊明《饮酒·序》中的内容："余闲居寡欢，兼比夜已长。偶有名酒，无夕不饮。顾影独尽，忽焉复醉。既醉之后，辄题数句自娱。纸墨遂多，辞无诠次。聊命故人书之，以为欢笑尔。"通过反复读，知人论世，学生再读诗歌，就会读出那种自得闲适的感觉。

重读诗歌，悟出作者的真意。教师在授课时抓住两个看似矛盾的关键词"无"和"有"，探讨诗人的生活中"有"什么？诗人的心中"有"什么？通过阅读拓展材料，探究诗人心中的"无"。通过出"有"入"无"的探讨，学生解读出诗人有对自然的热爱、对官场的厌弃、对恬淡宁静生活的向往、对无忧无虑生活的追求等。在此基础上，再进行诵读，学生们的体验与理解就会更加深刻。

同样，北京市大兴区第七中学耿芝灵老师执教的《遇见最美的你——走进〈竹里馆〉》，也是从读入手，设置了三个任务：读出韵味、读出画意、读出诗情。课堂生成出一幅美丽的画面：

风，轻轻地托起了静谧的黑夜；夜，静静地笼罩着似海的竹林。

一个男子，一袭素衣，独自坐在幽静的竹林里。无尽的黑暗将他笼罩，无边的寂静拥他入怀。

倏尔，琴声起——纤长的手指轻轻地拨动着如丝的琴弦，琴声空灵悠扬，在竹林上空袅袅散开。他仰面长啸，山谷里传来了回音，清越，悠长。

不久，月亮乘着几丝轻薄的云上来了。清冷的月光静静地倾泻下来，竹林里光影明暗，像极了一幅意蕴悠远的山水画。洗净了尘世铅华的月光静静地栖在琴弦上，此刻，时间仿佛都静止了……

夜，更深了；月，更明了；竹，愈发青幽了。

通过四节课的展示，老师们对诗歌教学有了一定的参考，并在此基础上进行个性化的教学，如今全区的精品课层出不穷，初步形成了古典诗词的课例集。

三、依托活动，激发阅读兴趣

基于语文核心素养提升的古典诗词教学，需要教师通过创设活动情境，提供活动资源，组织学习活动，指导学生运用语言（提供知识、方法和策略），帮助学生进行深度学习。这种活动不仅仅体现在课堂教学中，更要形成一种阅读氛围场。为此，我们中教研语文室发起，与大兴区团委、教委中教科一起，组织了"大兴区中学生第一届传统诗词大赛"。

大赛选取的题目均来自于 2011 版《义务教育语文课程标准》中规定的背诵篇目共 125 首，同时又甄选了 100 首课外名篇。全区 1 万余名大兴区中学生参与到这项活动中来，形成了轰轰烈烈的诗词背诵氛围。竞赛不是目的。通过这种形式，可以让大兴区的学生们受到诗歌的润泽，传统文化的洗礼。

最后，全区进行初赛和决赛。初赛涉及全区，参赛人员由全区各初中校（校区）选派 5 名学生参加。比赛形式采取笔试答题；决赛参赛人员根据全区各校笔试成绩，选取 8 支队伍参与；比赛形式采取现场竞赛。卷赛赛制如下：

（一）必答题与选答题

题型为选择题和判断题，场上选手、场下观众均参与答题。

每道题流程：

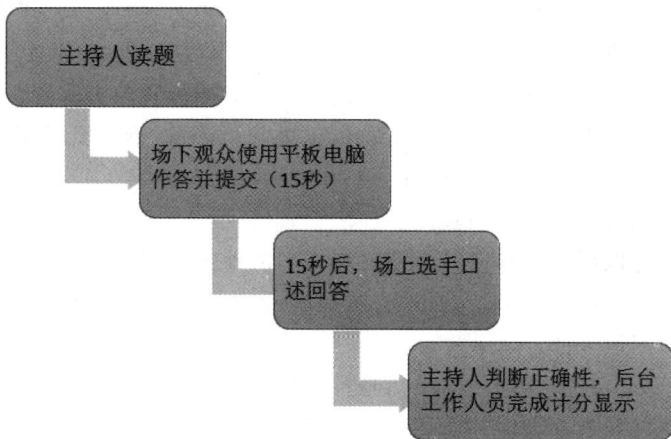

（二）抢答题

题型为线索题，仅场上选手参与答题。题目线索包含文字、图片、音视频等多种形式。

每道题流程：文字线索题包含 3 或 4 条线索，线索逐条显示，主持人依次读题；多媒体线索题，现场播放；任何时候都可以抢答，但每队每题只有 1 次抢答机会；答对得分，答错不扣分。

（三）飞花令

参赛组抽签获取一个关键字，在规定时间内（5 分钟），说出包含关键字的诗句；答对得分，答错不扣分，分数按有效诗句数量累计。

整个大赛从启动到决赛历时 9 个月，从各个班级到学校、到各协作区再到全区展示，由点到面，层层铺开。这样的展示活动激发的不仅仅是学生的兴趣，更是一个区学生整体文化素养提升的有效途径。

总之，古典诗词教学是培养学生语文核心素养的重要途径。古典诗词丰厚的文化意蕴与教学功能决定了它在语文教学中的重要地位，并将经久不衰。古典诗词教学的探索也是一个与时俱进、不断完善的过程。在接下来的教学教研活动中，笔者将继续探索古典诗词教学的有效路径，继续聚焦课堂，形成有大兴特色的诗词教学文化。

作者简介： 王方华，北京市大兴区教师进修学校任职。北京市教师作家协会会员。京版义务教育教科书《语文》七年级上册微课录制专家，中央电化教育馆"一师一优课 一课一名师"活动"优课"评审专家，全国中小学继续教育网"国培"项目主讲人，《中学教师学科素养提升策略》语文学科副主编（中国原子能出版社），《中学语文微型写作建构性活动策略研究》副主编（北京出版社）。文学作品《故乡的那些女人们》入选《首届文学托起梦想·北京市原创文学征文获奖作品集》（北京日报出版社）。撰写的教育论文和教学案例多次发表于《现代教育报》《语文导报》等各类报刊。

走出去，迎面吹来文化的清风

陕西省西安铁一中分校　孙　婷

在西安当一名语文老师是一件幸福的事。因为只要一说起西安，炎黄帝陵、秦兵马俑、汉风唐韵、灞柳风雪、暮鼓晨钟、壶口雄风、华山论剑……这些景象立即裹挟着厚重灿烂的文化气息，扑面而来。

千年承古韵，八水绕长安。在这块神奇的土地上行走，你可能站在白居易《观刈麦》的周至田间，也可能走进老子讲《道德经》的楼观台；你可能走在杨玉环葬身之处的马嵬坡，也可能就坐在李太白醉酒吟诗的沉香亭；或许你正在遥望的，就是"关关雎鸠"的洽川芦荡，是"雪拥蓝关"的巍巍秦岭，是王维笔下的渭水汤汤……

西安是学习语文的天然课堂，有着如此得天独厚的历史文化资源。作为一名教师，我们怎能不将这灿若星辰的传统文化融进我们的语文课？怎能不带领学生打破四方墙壁的局限，进入更丰富更广阔的语文天地，汲取优秀传统文化的精华，更挺拔、更自豪地成长！

因此，我们一直在进行着文化课程资源的开发和学生学习方式的转化这两项工作，希望给学生提供更新颖、更灵活、更注重体验的学习方式。

我们学习传统文化的方式共有"五个结合"。

一、紧密结合"综合性学习"，让学生走出去

人教版初中教材中有很多以传统文化为主题的活动，如"追寻人类起源""黄河，母亲河""到民间采风去""戏曲大舞台""话说千古风流人物""背起行囊走四方"等。我们不能以课时紧张为借口，而轻易放过这些宝贵的机会，一定要精心组织，让学生走出去，更广泛地学习。

例如：在进行"到民间采风去"的综合性学习活动时，我鼓励孩子们利用周末，真正到我们古城的大街小巷走一走。于是，"名胜古迹组"登上城墙，拍下了那城砖缝隙中透出的新绿，他们说："这就是西安，历史与新生交错，底蕴与发展并存。""陕北风情组"手捧红豆、黄豆、高粱、大枣，他们说："请大家仔细看一看，伸手摸一摸，这是我们家乡的脉搏和颜色。""美食娱乐组"在活动接近尾声的时候，在教室的不同角落里吆喝起来："爽口的凉皮呦！辣

子油汪汪!"他们真的去秦镇学习了凉皮的制作,在教室里支起了小摊儿,让我怎能忍住不去尝一尝呢?那确实是不同于往日的美味!

积极组织综合性学习,尤其重视有关传统文化的活动设计,让学生进入一种重体验、重过程、重发现的学习方式,对学生们而言,这是不可复制的快乐过程,也是无法代替的宝贵回忆,文化教育润物无声。

二、与节日巧妙结合,开展丰富多彩的竞赛展演

我们组织的传统项目有:"元宵灯谜会",学生与教师一齐参加,猜灯谜、闹元宵,在寒风料峭时,白雪红灯中,我们笑声欢快,妙语横生;端午节,我们进行"端午风情展",尤其要进行《屈原》历史剧展演,在老师的组织下,学生排练长达一个月之久,每天放学后的楼道里,都有"屈原仰问苍天"的背影,虽然艰辛,却是小观众们最为期待的展演剧。表演盛大开始了,坐在台下的同学们翘首以待,当"婵娟饮下毒酒,倒地身亡"时,有的小观众偷偷抹起了眼泪;当"屈原执手问天,悲愤投江"时,小观众们齐和着音乐怒吼。忠心爱国的民族大义,不用言语,早已融进了这些少年们的血脉。优秀传统文化的精髓,早已在少年们的心中奔涌流淌。每年举办的活动还有"中秋诗会""九月家书",等等。

总之,契合传统文化节日,开展丰富多彩的竞赛展演,让学生们以最大的热情投入传统文化,感受文化魅力,践行民族精神,这样的方式很深刻。我们国家在节日申遗的道路上曾遭遇过坎坷,但不能阻挡我们将节日文化的种子播撒在下一代的心田,这才更有意义!

三、与地域资源巧妙结合,参观体验思深远

西安因其深厚的历史文化底蕴,有很多博物馆、历史名胜古迹,可以成为学生语文学习更深入的场所。我们带领学生参观过碑林,感受书法的魅力;在大雁塔北广场的"戏曲大观园",聆听专业戏曲老师时而激昂、时而凄婉的秦腔,孩子们从秦腔的激越慷慨中品出了西北人的粗犷豪迈,从秦腔的悲凉苍劲里,悟出了西北人的辛酸与顽强;在"老西安"民俗博物馆里,学生们被一个泥塑群像吸引,它是根据陕西作家陈忠实的小说《白鹿原》中的情节创作的。当同学们看到"朱先生的葬礼"上浩荡的队伍、严格的讲究、庄严的气氛、悲痛的神情,又看到"白灵满月"时全村人以热热闹闹的吃喝说笑来表示祝贺,怎能体会不到古老的民族对生命的理解与尊重?看到关中大旱,全村的男人们对着上苍祈求,枯瘦如柴的老者,肌肉虬结的壮汉都把无奈的眼神伸向主宰命运的天空,他们怎能感受不到那种生活的苦痛与挣扎?

学生们说，秦腔、泥塑这些民俗文化中所展现的人生、生命与生活，与他们是如此陌生，但用心品味，却又似曾相识。他们就是在这样的土地上生长起来的后生，他们有责任传承优秀的精神文化，有理想创造更美好幸福的新生活。我想，只有走出去的学习方式，学生们才有更鲜活的体验，才有更深远的思考。

四、与新课程设置多样结合，走出传统课堂

我们学校在初、高中均开展了多样的选修课，与传统文化相关的有《唐诗宋词欣赏》《安塞腰鼓》《秦腔吼起来》《剪纸艺术》《汉字方园》《书法美趣》《陕西面食制作》等；每天下午第三节课后的选修课时间，同学们便锣鼓家伙敲起来，进入了文化的广阔天地。更自由自主的选择权利，更主动积极的学习方式，促进了传统文化的教学推广。

五、与社会公益、媒体活动广泛结合，走向更大的舞台

我们积极参加了"中国汉字听写大会""汉字英雄""子曰师说"等文化教育节目的录制。去年，经过陕西省教育厅的层层选拔，我校学生王博远作为陕西省代表选手，而我作为陕西省领队之一，参加了央视汉听；最终，陕西队取得了全国第二名的优异成绩。在这其中，我和孩子们一起领略了汉字文化的源远流长，受益匪浅；我们学校多名年轻教师参加了西安电视台《子曰师说》的节目录制，内容包括"成语探秘""神话传说""纵说三国""红楼佳话"等。老师们勇敢走向更广阔的平台，给学生们做了文化探究的示范，也提高了自己对于传统文化的认知水平。

让我们一起走出去，走出旧有课程资源的局限，走出旧有学习方式的拘囿，开发丰富的、创新的、灵活的体验参与式学习方式，开展优秀传统文化的传播与教学工作。不做虚空的架子，不说空泛的理论，在每一个具有文化意蕴的节日里，在每一次探究文化的活动中，高远引领，积极参与。

我想，语文教育的同仁都有这样的愿望，我们不能让多彩的传统文化在我们的课堂里褪尽韶华，不能让灿烂的民族文化在死板的课堂上浮光掠影。那就让我们改变旧有的课堂模式，引领学生们的心，走出去，让悠久沉寂的华夏文明焕发出青春的光辉。

作者简介：孙婷，陕西省西安铁一中分校任教。参与国家课题"'少教多学'在语文课堂中的实践研究"及"十三五"重点科研课题"中华优秀传统文化与现代语文课堂实践教学"的研究。《写好课堂这篇作文》发表在《中学时代》；

《动起来的语文更美丽》发表在《碑林教研》。连续多年被学生评为校级"明星教师","一师一优课 一课一名师"活动中荣获"部级优课""省级优课"荣誉，2016年获"陕西省教学新秀"称号。2016年参加"陕西省首届中小学微课大赛"获省级一等奖。2015年6月作为陕西省领队之一，带领学生参加央视第三届《中国汉字听写大会》节目录制，被评为"陕西省优秀指导教师"。2017年被评为"西安市中考优秀评卷员"。

名著阅读教学渗透传统文化教育的实践研究

——以《骆驼祥子》中的老北京文化为例

首都师范大学附属中学大兴南校区　焦红梅

《义务教育语文课程标准(2011年版)》指出："语文课程对继承和弘扬中华民族优秀文化传统和革命传统，增强民族文化认同感，增强民族凝聚力和创造力，具有不可替代的优势。"传统文化教育成为语文教学的一项重要任务。在语文教学中实施传统文化教育，名著阅读是一个巧妙的切入点。经典著作记载了人类文明的进程，蕴含了广泛而丰富的历史和社会信息，是传统文化的记录者与传承者。那么，如何立足名著阅读，整合传统文化教育资源，优化传统文化教育策略，为学生核心素养的提升打好底子？本文以《骆驼祥子》为例，探索利用名著阅读实施传统文化教育的教学策略。

老舍是地地道道的北京人，他的很多作品都是写北京的人和事，而这些人和事里面无不渗透着老舍的北京情怀。可以说，老舍是最能体现北京文化鲜明特征和精神本质的代表作家。《骆驼祥子》作为老舍长篇小说的代表作，其突出的特征就是鲜明的京味儿。所谓的"京味儿""应当包括北京的环境和人文两方面，即北京的风土习俗和北京人的精神气质"。这种"京味儿"，这种老北京的传统文化，学生怎样才能发现它们、理解它们、知晓它们的意义所在？我们坚持以学生为主体的基本原则，采取项目学习的方式，引导学生一步步探索老北京文化。具体实施过程包括以下四个步骤：

一、基于文本——头脑风暴

名著《骆驼祥子》是我们探索老北京文化的语料，因此我们的研究首先要基于文本。当学生们已读完一遍《骆驼祥子》后，全班进行一次头脑风暴。头脑风暴，即在一个轻松、自由的环境下，与会者就某一个问题或主题，畅所欲言，互相启发，创造性地解决问题的过程。但是这种头脑风暴不是漫无目的的，而是有一个明确的主题。当时我们确定了一个关键词：北京。这本书中与北京特色相关的内容有哪些？学生们以小组为单位发起头脑风暴，边交流边记录，每组最后整理出一份以"北京"为核心的思维导图。任务完成后，各小组发言：地名、方言、车夫、胡同、结婚……孩子们读书之细致超出了我的想象，每个小组都找得很全面。当小组发言结束后，书中与北京相关的内容其实就已经梳理清楚了。

二、启于任务——项目主导

经历头脑风暴后，孩子们得出共同的结论——《骆驼祥子》一书中能够体现北京特色的内容，主要有：北京地名、北京方言、北京的车夫、北京的时事及北京人的礼节。围绕老北京文化这个目标，我们采取项目学习的方法。"项目学习是一套系统的教学方法，它是对复杂、真实问题的探究过程，也是精心设计项目作品、规划和实施项目任务的过程，在这个过程中，学生能够掌握所需的知识和技能。"最终确立了四个研究项目：北京地名、北京方言、北京民俗和北京人。每一个项目实际上就是一个主题，四个项目相加能呈现当时北京文化的基本面貌。当学生们听到能呈现那个时代的北京文化时，都感觉到了身上的重担，也意识到了自己身上的责任。而且书中出现的北京地名、北京话还有北京民俗，其实有一部分今天还是存在的。正是因为他们亲身经历过体验过，所以他们对这四个项目表现出了浓厚的兴趣。

三、行于方式——小组合作

有了兴趣有了动力，接下来就是如何研究的问题。还是老方式——小组合作，经过一年多的磨合和实践，学生们的小组合作意识已经很强，而且真正能实现合作。当拿到一个项目后，小组讨论，确定要做的工作有哪些，然后组长分工，每个人去完成自己负责的那一部分。最后拿出自己的成果，小组讨论改善，直至形成最终意见。关于《骆驼祥子》中的老北京文化，是四个项目，四个小组每组认领一个。经过小组交流，各组形成一个初步的研究方案，然后汇报，教师指导。

第一个项目，北京地名。第一步，找出《骆驼祥子》一书中所有的地名。第二步，绘制《骆驼祥子北京地名图》，发现特点或规律，分析原因。第三步，拿今天的北京地名与《骆驼祥子》中的地名进行对比，总结异同。

第二个项目，北京方言。第一步，找出书中所有的北京方言词，包括俗语、谚语、歇后语等，并理解这些方言词的含义。第二步，总结方言词的特点，思考这些方言词的使用对整本书的风格产生的影响。第三步，与今天的北京方言词进行比较，发现异同。

第三个项目，北京民俗。第一步，找出书中所有关于北京民俗的描写，包括节日习俗、婚丧习俗、寿辰习俗等。第二步，与今天的民俗相联系，对比异同。第三步，形成一篇研究报告——《〈骆驼祥子〉中的北京民俗》。

第四个项目，北京人。第一步，总结书中北京人的性格特征，找出共性的方面，形成性格加事件的格式。第二步，小组共同商讨，关于性格特征的概括是否准确。第三步，联系现实生活，你身边的北京人是什么样的性格。

四、成于深度——实地考察

各小组项目研究并非到此结束。北京孩子研究北京文化有得天独厚的优势——实实在在存在着的北京城。之前的研究都来自于文献材料，是别人的记录，是间接材料。而亲访北京则是第一手材料，亲眼所见、亲耳所听、亲身体验，这种实践式学习最具实效。于是，我们确立了北京文化深度游计划。一是借助"四个一"工程，去一趟首都博物馆，重点参观馆中北京文化展览，尤其是婚嫁习俗。二是借助学校综合实践活动，统一去北京民俗博物馆，全面了解北京民俗，正好与老舍所记相验证。三是利用周末去老舍纪念馆，从老舍生平看其作品中北京情怀与北京文化。四是绘制祥子拉车路线图，理解车夫处境与地位。五是问问父母亲戚，他们印象中的北京人是怎样的。经过这样的实践和体验，学生们对《骆驼祥子》会有更为深刻的理解，这样，阅读的目的也就完成了。

五、得于总结——思考展示

文本分析，项目研究，实地考察……一路下来，各小组积累了丰富的材料。这不仅是他们的研究成果，也真实记录了他们研究老北京文化的全部过程。如何让这些材料价值最大化？首先是整理活动中获得的资料、经验、结果和感受；然后梳理归纳，形成对问题的基本看法，记录下来；最后小组交流，形成最终意见。

接下来就是展示研究所得，给学生一节课甚至两节课时间进行展示，对于学生来说，实际上是一次总结和提升。展示的过程既有语言的建构和运用，也有思维的发展与提升。文化的传承与理解其实在无形中就已培养，而且学生已烂熟于心。展示完毕，每一名学生都要填写反思卡。反思卡的内容包括：在这个项目中我的任务是什么？我如何去完成任务的？我完成得怎么样？有哪些需要改进的地方？我最大收获是什么？这样的反思每次都要有，它甚至比前面的任何一个环节都重要，因为只有经过反思，整个活动过程中所学所得才能真正内化为素养。

六、归于评价——认识自我

教学评价的目标是获得一个有效且可靠的反馈信息，以帮助教师和学生了解教学目标达成的程度，并作为后续教学辅导和改进教学与学习的依据。首先根据此次活动的教学目标设计评价内容，以检测预期目标是否达成。其次，将过程性评价与终结性评价相结合，不仅关注知识的获得，而且关注活动过程中学生综合能力的培养，比如小组合作、语言表达等。此外，采用多渠道的评价方式，包括个人自评、小组互评和教师评价，从而做到全面评价学生，也让学生对自己有一个全面客观的认识。

评价角度	评价内容	评价打分					得分
		5	4	3	2	1	
个人自评	我明确我的任务						
	我对这个任务感兴趣						
	我知道研究的方法						
	我有自己的发现						
	我完成了我的任务						
给自己的评语							
小组互评	组内讨论时积极交流						
	小组展示时团结协作						
	表达想法时语言流利						
	提出想法有参考价值						
同伴对我的评价							
教师评价	学科基础知识水平						
	学科知识迁移能力						
	语言表达能力和沟通能力						
老师对我的评价							

通过以上方式，教师引领学生敲开了《骆驼祥子》中老北京文化的大门，而且学生走了进去，有的学生可能走得还很深。这扇门的打开，不仅仅局限于《骆驼祥子》本身。也就是说名著本身只是一个载体，我们要引领学生借助名著走进更多的大门。这次是走进老北京文化的大门，下次还可以走进湘西文化的大门、关中文化的大门，这样的门走得多了，学生会轻车熟路，文化素养的提升自不在话下。

参考文献

1. 老舍：《骆驼祥子》，南海：南海出版社，2010 年。
2. 于启莹：《京味·市井·小说》，博士论文，2008 年。
3. 王一川：《京味文学第三代：泛媒介场中的 20 世纪 90 年代北京文学》，北京：北京大学出版社，2006 年。
4. 甘海岚：《老舍与北京文化》，北京：中国妇女出版社，1993 年。
5. 吴成伟：《头脑风暴训练》，北京：新世界出版社，2007 年。
6.《巴克教育研究所·项目学习教师指南——21 世纪的中学教学法》，北京：教育科学出版社，2007 年。
7.《经贸委培训司.“项目教学法”——一种有益的尝试》，《中国培训》，1999 年第 12 期。

作者简介：焦红梅，首都师范大学附属中学大兴南校区任教。主持北京市规划办课题"汉字视角下的初中传统文化专题教学"。2015 年出版专著《程瑶田〈通艺录〉考据学研究》，课件《人物外貌描写》获首都特色优质原创课程辅助资源一等奖。2016 年参加全国"和谐杯"说课获一等奖，《人物外貌描写》获评"一师一优课"省级优课，《汉字造字法》获大兴区中华优秀传统文化教学设计一等奖。2017 年撰写的语文学科综合实践活动案例获大兴区中学课程建设优秀成果二等奖，发表于《中学学科实践活动优秀案例》一书。同年，教学设计《端午节后话端午》在大兴区中华优秀传统节日教育系列活动评选中荣获一等奖，在北京市中小学生社会大课堂"实践育人名师活动"中荣获"优秀教师"称号。

转变教师对待学生的态度，构建动态生成的现代课堂

——听赵明老师评"观摩课"之思考

陕西省西北工业大学启迪中学　雒贤萍

如何理解"教师对待学生的态度"，赵明老师是这样阐述的：态度即理念。对待学生的态度，就表现了老师的教学理念。它包含五个方面的内容：(1)是否真正把学生看作学习的主体。(2)是否给学生创造了自主学习的条件。(3)是否激发学生的好奇心和创造力，鼓励发现和质疑。(4)是否关注学生的爱好特长和个体差异。(5)是否对学生的学习状况给予真诚的评价，及时矫正学习偏差。2017年10月25日，赵老师在深入启迪中学进行课题研究调研时，通过评价武文娟、倪永斌两位老师的观摩课，以具体的案例，诠释了"教师对待学生的态度"这一新课程理念。

从我校常态课到观摩课，看"教师对待学生的态度"，存在着必须面对的问题。其一，教师的"主导""权力"过于强势，课堂教学仍然是"教"支配、控制着"学""学"服从"教"，教师还没有完全理解"真正把学生看作学习的主体"的思想内涵，课堂上学生思维、情感仕仕被限制。其二，在课堂教学的设计和营造教学情境上，不敢大胆尝试，很难提供学生自主学习的条件，很难激发学生好奇心，很难触发学生发现质疑、多元思考的积极性。其三，课堂上教师不能很好掌握"评价"手段的运用，要么缺乏真诚、中肯的评价，要么不能及时矫正学生学习的偏差等。

因此，转变教师对待学生的态度，构建动态生成的现代课堂，是我们进行"中华优秀传统文化与现代语文课堂实践研究"课题研究必须解决的问题，也是推进我校语文教学改革适应新时代的需要。

本文以赵明老师评武文娟的《将进酒》、倪永斌的《曹刿论战》观摩课为主要案例，从三个方面谈谈《转变教师对待学生的态度　构建动态生成的现代课堂》的粗浅理解。

一、以"学"定"教"，以学生的眼光审视文本

这里所说的"文本"，就是教材中的一篇篇美文，一个个例子。

赵明老师在评课时引用了著名教育家朱永新先生一段话：学生的学情永

远是教师教的原始出发点，一切为了学生，应当成为教师的课堂生命姿态。教师的备课，要以学生的眼光审视文本，着眼于调动学生的情感，从学生的心头扬帆起航。教师要贴着学生教，要让学生激动一阵子，更要管用一辈子。

作为中学语文教师，如何以学生的眼光审视文本？

(一)教师个体必须读透文本，深入解读文本

1. 是内读，即教师自己以读者身份，"陌生的眼光"对文本进行个性化解读，结合自己独特体验，基本形成自己的理解和独到的见解，真实的感受和审美体验。

2. 是外读，除教学用书之外，还需要找寻其他相关文本或者教学研究前沿的成果、论文资料等。如：与课文内容相关、相类、相似的文篇或书本，包含同一内容、同一主题、同一作者、同一写法的文本，包含名家的相关解读成果，包含史学、哲学、美学角度的解读等等。

例如：倪永斌老师所授的《曹刿论战》一课，讲课中还列举了《春秋》中对长勺之战的记载："十年春，王正月，公败齐师于长勺"，明代冯梦龙《东周列国志》第十六回"释槛囚鲍叔荐仲战长勺曹刿败齐"中对于长勺之战的描写段落，毛泽东《中国革命战争的战略问题》等超文本的解读。这样，无疑增加了教师自己阅读的厚度、理解的深度，也为学生学习提供了参考，无形之中扩大了课堂容量，有助于学生扩大语文视野，进行比较阅读，获得更多阅读感受。

张玉玲老师教授《智取生辰纲》时，课堂上引用章培恒、骆玉明主编的《中国文学史》中对《水浒》的评说，在提升教师本身鉴赏小说水平的同时，也帮助学生初步感受了《水浒》的艺术魅力。张老师又引用金圣叹《〈第五才子书施耐庵水浒传〉序三》中"人有其性情，人有其气质，人有其形状，人有其声口"的评点并加以诠释，如同给了学生把握小说人物形象的一把钥匙，学生在分析小说人物形象时就有了方向、方法，理解起来就有了深度。

(二)教师要蹲下来看学生，了解学生，熟悉学情

使得备课和课堂教学与学生的起点、学生的学习实践和学生的生活相对接，实现有效教学。

明确三个问题：1. 清楚这篇课文学生需要掌握和学习的最基本的东西是什么；2. 教学过程中要让学生了解本篇课文的特色什么？3. 让学生明白"文本"在教材中的位置，教材编者选编的意图是什么？也就是说，要解决"教什么"的问题。

例如：倪永斌老师教授《曹刿论战》时，抛出了这样的问题："你欣赏曹刿还是欣赏鲁庄公，为什么?"一个"你"，明确了学的主体——学生，这个问题也是学习这篇文章要探究的主问题(这个主问题涵盖了学生学习文本要解决的基本问题和文本的特色之一)，教师从鉴赏的角度提出问题，符合学生的心理，能够激发学生的探究热情，学生好入手，兴趣高。

张玉玲老师的《智取生辰纲》，本着"带学生从文章里走个来回"的初衷，设置了这样的问题："这场英雄与英雄之间的斗智斗谋融合于文章哪一段？请同学们跳读课文，'芥子中发现须弥，细微处见极致。'"张老师设置的问题，把文本中矛盾最激烈、最能凸显杨志、吴用精神的情节推到学生面前(把握小说人物形象，理解人物形象的意义，是学生学习小说节选部分要解决的基本问题)，且引用"芥子中发现须弥，细微处见极致"，强调"发现"和"见"，教给学生"一探究竟"的方法。学生的"跳读"就是在文本中穿梭，"发现"就是探究，"见"就是观察、思考，经历"穿梭""发现""见"，学生对人物形象的理解就水到渠成了。

二、营造课堂氛围，还课堂于学生

课堂气氛是指在课堂中师生之间、学生之间，围绕教学目标展开的教与学的活动而形成的某种占优势的综合的心理状态。积极地、良好的课堂气氛，其主要标志是宽与严、热与冷、张与弛的有机统一。这种课堂气氛使教师教的主导作用和学生学的主体作用发挥得到了和谐的统一，更会给教师和学生愉悦氛围的刺激，使师生双方精神焕发，思维活跃，灵感迸发；双方在教学过程中情感交融，心理共振，配合默契，激发了师生潜能的充分发挥，从而较好地完成教学任务。

营造良好的课堂氛围，是还课堂于学生的前提。大体可以从以下几方面着手：

(一)要树立新课程理念，有正确的学生观，建立和谐的师生关系

作为教师，始终要把学生当作成长中的"人"，要了解当代中学生的生理、心理特点，知道他们的所思、所想和情感需求。课堂上，教师与学生的地位应该是平等的，甚至学生还得占用更大的比重。因此，教师要充分尊重学生、相信学生、大胆的放手学生，让学生释然、敢说敢做、自信踊跃地投身于课堂，满怀热情地参与互动，积极主动的思考探究。他们进步时给予赞誉，他们出现偏差时及时矫正，他们质疑问题时充分鼓励，他们有生成时真诚地评价。让全体学生在参与学习的过程中，享受被尊重的自信，成功时的快乐，受挫后仍然勇敢。这些都要求教师必须牢牢树立新课程理念，要有民主的意识、平等的态度，最终让课堂形成自主探究、合作学习的氛围。

(二)提高自我综合素质、业务能力，形成独特人格魅力

教育事业，是心灵触动心灵的事业。教育的最高境界是"如沐春风"。作为教师，应该正确对待作为教师的"权力"，扩大"非权利"的影响，淡化教师作为"教育者"的角色痕迹。课堂上的教师，要彰显自己独特的人格魅力：渊博的知识，厚重的文化，饱满的热情，温婉的教态，艺术的策略，富有感染力的语言……只要教师给学生以亲近感、安全感，学生自然会亲其师、信其道、承其志。

例如：倪永斌老师的《曹刿论战》观摩课，从前人评价《左传》开始，教态沉稳而自信，大气不失温婉。导课时，以学者的教态，彰显个人魅力，表达简练而有文化底蕴，大开大合，富有感染力："一部《左传》，影响了后世百代，直到今天还在源源不断地浸润着我们中国人的心灵"，导课开始就营造了浓郁的文化氛围，激发了学生强烈的学习欲望。之后，倪老师带着轻松的微笑，亲切而直白地问学生："上观摩课怕不怕？"以此缓和紧张的气氛。提出主问题后，几次询问学生"有没有标准答案？"学生肯定的回答："没有。"老师再正面给予肯定。用这一方式给学生释压，让学生轻松地参与课堂学习。

(三)用生动、富有感染力的课堂语言点燃学生的热情

"言之无文，行之不远。"教师流畅富有文学味的课堂语言，就如丰富的矿场中闪烁着的颗颗耀眼的珍珠，光彩夺目而令人神往。讲故事时侃侃而谈、栩栩如生；说经典处严谨准确、文化厚重；谈轶事间幽默风趣、引人入胜；诵读美文声情并茂、感染力强。整节课堂语言能做到真切精妙，方能给学生以美的享受。

例如：张玉玲老师的公开课《智取生辰纲》。一开始，张老师用饱含激情的语言，妙语连珠的表达，把一部《水浒传》徐徐打开，林冲、宋江、杨志等梁山108将在学生脑海中此起彼伏。这样，就把《智取生辰纲》的学习，置于《水浒传》的背景之下和情节的氛围中，很好地激发了学生的兴趣和阅读《水浒传》的欲望。

武文娟老师的观摩课《将进酒》结束语精彩而酣畅，把一千年前文化人的精神绽放给读者，令人回味无穷。请听："李白以《将进酒》酿就了一壶自信乐达的甜酒，壮志难酬的苦酒，人生失意的愁酒，飞扬狂傲的美酒，潇洒醇香的好酒，而这壶滋味隽永的诗酒，恰是中国文学最美丽的花样年华！"

(四)善于创设教学情境，激发学生学习积极性

狭义的"教学情境"是指在课堂教学环境中，作用于学生而引起积极学习情感反应的教学过程。它可以综合利用多种教学手段，通过外显的教学活动形式，营造一种学习氛围，使学生形成良好的求知心理，参与对所学知识的探索、发现和认识过程。教学情境可以贯穿于全课，也可以是课的开始、课的中间或课的结束。教师创设教学情境有多种方法、策略和手段，这里不做

详细阐述。

举例说明两点：

1. 靓丽的导课，能够创设唯美的教学情境，营造浓郁的学习氛围

比如武文娟老师的观摩课《将进酒》。一上课，武老师情不自禁用崇敬、怀古的情怀娓娓道来："我们幸运地生长在关中，杜陵野老的茅舍依旧独立黄昏，乐游原上的夕阳仍然无限美好。汉唐胜地品唐音，今天就让我们一同走进盛唐最伟大的一位诗人。杜甫说他'笔落惊风雨，诗成泣鬼神。''狂歌痛饮空度日，飞扬跋扈为谁雄？''冠盖满京华，斯人独憔悴。'被诗圣十二次笔墨点染，称道赞许的这位诗人，他是谁呢！"武老师用诗一样的语言，托起诗圣杜甫的赞誉，带着悬念、带着寻觅，把一千年前的诗仙李白徐徐推到学生面前，营造了浓郁的文化氛围，学生焉有不读《将进酒》的冲动？这就是导课的力量。

2. 朗朗地诵读，也可以创设教学情境，营造浓浓的学习氛围

学生在诵读中想象、联想，进而生发情感，就能够迅速进入情境。如倪永斌老师的《曹刿论战》观摩课，导课之后，组织学生看着大屏幕集体诵读课文。倪老师把文章中关键字词用红色做标记，并提出诵读要求，学生诵读完后自己评价是否满意。倪老师再次强调诵读要求并与全体学生共同诵读，强弱停顿、抑扬顿挫、节奏快慢都把握得十分得当，学生跟随老师在朗朗地诵读中，营造了怀古的学习氛围，渐渐进入了学习状态。

三、教师参与课堂学习 激发学生多元思考

叶澜教授指出："要从生命的高度，用动态生成的观点看课堂教学。课堂教学应被看作是师生人生中一段重要的生命经历，是他们生命的有意义的构成部分，要把个体精神生命发展的主动权还给学生。"

赵明老师在《课堂教学评价研究》的报告中对现代课堂教学的特点有明确的阐述，他指出：现代课堂教学既是有界的，又是开放的；既有传承，又有创造；既鼓励独立思考，又提倡合作交流；既要展开争论，又要得出结论；既鼓励个性发展，又体现集体意志；既紧张严肃，又活泼愉快；教师和学生既是教育与被教育者，又是平等的对话者。

倪永斌老师的《曹刿论战》观摩课，就是秉承了这样的新课程理念，很好地体现了现代课堂教学特点。教师平等地参与课堂学习活动，充分发挥了教师的主导作用，成功地做了一名课堂学习的组织者、参与者。

倪老师首先营造了宽松、和谐的课堂氛围，然后角色立即转变。参与学习的表现就是带头提出第一个问题："如果给课文的三段文字各拟一个小标题，你认为最恰当、得体的是哪一组？为什么？A. 从曹刿的角度应为：请

见、从战、论战。B. 从庄公的角度应为：将战、迎战、问战。C. 从战争过程的角度应为：战前、战中、战后。"这是一个多元思考的开放题目，学生仔细阅读文本，从不同角度理解后学会概括文意，拟定标题。

厘清文本层次后，倪老师再引导学生提出了课文的主问题，就像平静的湖面抛了一枚石子，立刻泛起了涟漪。"你欣赏曹刿还是欣赏鲁庄公，为什么?"(从文章的字里行间精读细品，批注鉴赏)，这个问题本身没有标准答案，倪老师也反复提醒，学生不受限制，在精读文本时个性化理解并鉴赏。探究发言时多元发散，各执己见。部分学生带着欣赏的态度，阐述了曹刿作为一介匹夫，勇敢有智谋，冷静而严谨，虽然是一个隐者但胸怀爱国之志，有匹夫担当的精神，实实难能可贵。但另一部分学生不仅欣赏鲁庄公，更是敬畏他，作为国君，他取信于民、礼贤下士、爱惜人才、尊重人才、不耻下问、用人不疑，才有了历史上弱军战胜强军的有名战例。

倪老师课堂上组织学生展开交流讨论，并及时评价学生的个性化解读，在充分肯定中有真诚的指导。师生交流之后，倪老师把握时机，亮出了"我读到的曹刿和庄公"，以"我"的口气出场，完全是一个参与者而非有"权力"的老师出场，把他对两个人物的理解托盘而出：

"曹刿：报国无卑贱，平民有卓识。出身卑微而见识卓绝，国难当头能挺身而出，虽是平民却有赤子情怀，以高度的国家责任感、敏锐的政治洞察力、卓越的军事指挥才能，沉着而镇定，从容而果断，力挫强敌，挽大厦于将倾。爱国热忱是德，政治远见是识，问战论战是才，挺身而出是忠勇，指挥若定是智谋，大哉，曹刿!"

"鲁庄公：虽鄙却不陋，亦愚更亦智。大战在即，敢于亮剑；平易近人，咨诹善道；以民为本，秉公执法；勤思好学，不耻下问；任人唯贤，虚怀若谷；用人不疑，唯才是举。国难当头而能大公无私，国君之尊却能礼贤下士，因你的大度，才有了平民参政、参战的传奇。平面镜中留给世人的是庸君的假象，多棱镜中却折射出你明君的典型!"

倪老师的参与不是盖棺定论，而是把自己对文本的理解，对历史人物的欣赏，提供给学生。老师对人物的理解较学生深刻而全面，语言简练而有文采，客观上起到了对学生学习的方向、内容、结果和质量，发挥引导、规范和矫正的作用。老师的主导作用无处不有，一堂动态生成的课堂，使"匹夫"曹刿之智慧，明君庄公之精神等优秀的民族基因，深深地"嵌"在学生的大脑中，滋养着他们的灵魂，陶冶着学生的情感，这就是优秀传统文化的魅力所在。

因此，语文老师要转变对待学生的态度，把握好教师的主导作用，用欣赏的眼光看待学生，用尊重的态度相信学生。打破思维定式放手学生，以平等的身份参与学生学习，就能够遏制"教"支配、控制"学""学"服从"教"的惯性，实现叶澜教授所说的："教学过程是师生、生生积极有效互动的动态生成过程，要改变原来中心辐射的状态，本质上转变成网络式沟通。"

当学生学习积极性被调动，学生的思维被激活，学生的潜能被唤醒，学生就能真正对学习内容产生浓厚的兴趣，积极主动地全程参与教学活动。课堂上，学生与教师和谐互动，进行思考和探究，经历感受和体验，参与审美和批判，"每个学生以完整的生命个体状态存在于课堂生活中。"这就是赵明老师所说的语文教学追求的"生命课堂、学习课堂、智慧课堂、创造课堂"。我们将以构建动态生成的现代语文课堂，迎接语文教学改革的新时代。

作者简介：雒贤萍，陕西省西北工业大学启迪中学任教。咸阳市骨干教师。教育部"十二五"规划课题"'少教多学'在中小学语文教学中的策略与方法"课题子课题优秀主持人，荣获课题组优秀学术指导，主持编写了《走在教育科研的大路上》教研丛书11本。"十三五"重点科研课题"中华优秀传统文化与现代语文课堂教学实践研究"子课题主持人、学术指导。论文《转变教师对待学生的态度，构建动态生成的现代课堂》荣获课题组2017年论文成果一等奖。

论文《中学语文教师要树立大语文观思想》《语文教学如何培养学生的审美能力》《从赛教课到常态课，看青年教师成长》等论文获奖并在《咸阳日报》上发。承担了省教育学会教改研究课题"优化课堂教学环节，提高课堂教学效果"的研究。主持学校"青蓝工程"，撰写了《上好"公开课"是青年教师进步的阶梯》《如何在复习课中实施有效教学》，在西北工业大学《基础教育》期刊上发表。负责编辑了《实践与思考》教师有效教学论文集。荣获学校首届"诚毅杯"奖，并获咸阳市"凡人善举"荣誉称号。

"单点切入"做减法

——散文可以这样读

新疆维吾尔自治区库尔勒市第一中学 田 苗

"单点切入"这个词是无意间在浏览网页时看到的一个关于互联网运营模式的新名词，大概是说互联网行业有很多可创新、发展速度快、共通性强的东西，虽然有一定实力的互联网企业都喜欢全方面布局，但单点切入是互联网很重要的原则。执策者认为，从百度等成功互联网公司的经验来看，单点切入互联网的某一项业务，逐渐发展壮大，才能够长久地生存下去。在这个互联网＋的新时代，世界似乎与互联网密不可分，我想，教育也应当这样。

传统文化是中华民族立足世界的根本，是中华民族文化自信的基石。习主席说："对历史文化，要注意发掘和利用，溯到源，找到根，寻到魂，找准历史和现实的结合点，深入挖掘历史文化中的价值理论，道德规范，治国智慧，做到以文化人，以史资政。"而教育，恰恰是以文化人最直接的手段。教育在历史的洪流中延续至今，内容、模式、理念，甚至信仰都在随着时代的变迁不断繁衍，就像一朵不息的生命，总能在合适的沃土中顽强生长，教育改革也成为新时代教育领域一个无法回避的课题，最终是要构建中国特色的现代语文教学。

散文是一种抒发作者真情实感、写作方式灵活的记叙类文学体裁。其意境深邃，力求写景如在眼前，写情沁人心脾，它除了有精神的见解、优美的意境外，还有清新隽永、质朴无华的文采。经常阅读优秀的散文，可以丰富知识、开阔眼界，培养高尚的思想情操，还可以提高自己的语言表达能力。也正因为如此，古往今来的文人墨客都在散文中倾注了自己无限的情思。在统编本初中语文教材中，选入了许多文质优美的散文，他们带着含蓄丰盈的传统文化进入初中生的视野，在青春期这个特殊的生命阶段，给学生文化的感染，文明的启迪，思情的陶冶和"三观"的塑造。因而教师在和学生共同学习散文时，对学生学习的铺垫和引导就应当抓住恰当的单点，由此切入，步步推进，层层深入，虽然不面面俱到，但学生由此启发而得到的主动获知，情感共鸣，心灵激发是不可预料的，也是没有必要预料的。只要切入点找的合适，学生主动围绕切入点自行扩展学习，所收获到的，都是可喜的。

恰当的切入点，能够吸引学生的注意力，激发学生的学习兴趣，激发其内在的求知欲。学生的学习变得主动了，课堂成为学生的主场，那么活泼轻松的课堂氛围，顺利有序的课堂活动，高效的课堂学习就变得水到渠成了。那么，合适的切入点到底是什么呢？我想可以从以下几个方面考量：情、趣、知、议。

一、由《湖心亭看雪》谈情

《湖心亭看雪》是明末清初文学家张岱的代表作。文章以精炼的笔墨，记叙了作者湖心亭看雪的经过，描绘了所看到的幽静深远、洁白广阔的雪景图，表现了作者孤独寂寞的心境和淡淡的愁绪。

我认为，这篇文章主旨仅用一"痴"字便可表达尽数。因而，我为学生抛的砖是："文章中谁'痴'，为什么'痴'，文章中哪些语句表现了'痴'，谈谈你对这一字的领悟。"学生带着这四个问题，层层深入，从作者生平，到写作背景，从文章翻译到阅读感悟，有了动因，学习自然就主动起来。经过一番交流补充，学生形成了这样的认识：文章借舟子之口，点出一个"痴"字，又以相公之"痴"与"痴似相公者"相比较、相浸染，把一个"痴"字写透。最终突出了作者遗世独立、卓然不群的高雅情趣，表达了作者遇到知己的喜悦与分别时的惋惜之情，体现出作者的故国之思。同时反映了作者不与世俗同流合污、不随波逐流的品质以及远离世俗，孤芳自赏的情怀，也寄托了人生渺茫的慨叹。作者的情思，文章的情思都在学生们的合作探究中与自己的情感碰撞，各有所得也就是必然了。我没有检测学生的所得，更没有深究得学生到底对"痴"的内涵了解到什么程度，我觉得，有所得就好。

二、由《散步》激趣

《散步》这篇文章浅显、短小，但其中蕴含的内容确是十分深刻的。学生在预习中，已经将故事的情节梳理得清清楚楚，不用我再重复，也没有必要在课堂上再来一遍。于是，我紧紧抓住"分歧"一词，直接让学生找出文章中的"分歧"，学生一听到问题就炸开了锅，窃窃私语："问题太简单了。"可是，当学生再次走进文本细细读，发现文章中的"分歧"不仅仅是走哪条路这一个，还有许多产生矛盾的地方。可是，最后一一得到解决。我又抛出了一个问题：是什么能够解决文章中的这些矛盾呢？学生的回答大多集中在爱，尊老爱幼等方面。

我还专门引导学生对强化"生命"意识。从文章中中年人"子欲养而亲不待"的感慨中感受人性与动物性的对比——人类不但保护幼小的生命，而且善待衰老的生命。因此，成熟的生命的责任感也成了一个值得讨论的话题，责任的沉重可想而知。为了突出"责任感"，特意指出歧路之争，由我裁决，不能两全这个重要细节。

三、由《爱莲说》求知

《爱莲说》是北宋理学家周敦颐创作的一篇散文。这篇文章通过对莲的形象和品质的描写，歌颂了莲花坚贞的品格，从而表现了作者洁身自爱的高洁人格和洒落的胸襟。

在准备这篇文章时，我给学生布置了前置作业：一个是收集莲花相关的内容，主要是其在传统文化中的象征意义。另一个是文中的菊、牡丹等花在传统文化中的象征意义又是什么，还能再积累一些类似的吗？由这两块砖，把学生投入到对传统文化中植物代表的象征意义的探究中去。当我在课堂上问道，为什么不同的人喜欢不同的花的时候，学生自然就有了自己的见解。所以文章的切入点是"可爱"二字，学生找到了可爱的原因，自然也就明白了文章是作者通过对莲花的爱慕与礼赞，表明自己对美好理想的憧憬，对高尚情操的崇奉，对庸劣世态的憎恶。

四、由《背影》引议

《背影》是现代作家朱自清于 1925 年写的一篇回忆性散文。这篇散文叙述的是作者离开南京到北京大学，父亲送他到浦口火车站，照料他上车，并替他买橘子的情形。在作者脑海里印象最深刻的，是他父亲替他买橘子时在月台爬上攀下时的背影。那么，文章的切入点自然就是"背影"，我直接提出一个问题引导学生讨论：是怎样的一个背影，让作者四度落泪？学生在讨论交流中获得的信息超出了我的想象，他们从背影中不仅看出了父亲对"我"的深爱，也看出了"我"对父亲的深情，结合写作背景，有的学生甚至看到了无法言说的愧疚和期待言和的渴望。

中国教育学会初中专业委员会副秘书长李炳亭说，高效的课堂应当是知识的超市，生命的狂欢。社会调查这样显示中小学生能学得好的诸多条件：有兴趣、身心处于最佳状态、教学方法不单一、遇到理智的挑战、发现知识对我们的意义、自由参与探索与创新、被关注和信任、学以致用、遇到喜欢的老师等等。在诸多的因素中，我们不难发现这样几个词：兴趣、意义、探索与创新，关注和信任，学以致用，无不显示着当代学生内心对学习自主性的强烈渴望，他们不是不喜欢学习，而是不喜欢被掌控着学习罢了。由此，缩影到语文学习中的阅读这一板块，我们也可以这样理解：孩子们不是不爱阅读，而是不爱阅读别人的"阅读"罢了，因而，在考制的约束下，我们不能放弃读课文、讲述、背诵默写等传统方式。但面面俱到，生怕遗漏考点的心理是不可取的，充分利用教材以专题为单位编排的特点，可以实现多篇文章共读，讲读带自读，讲读带课外阅读，等等。篇目不限，启发学生寻找文章的共通性或差异性，找到恰当的切入点，或单篇阅读，或群文阅读，都会给学生带来知识的获得，兴趣的激发，情感的熏陶和思维的创新。那么，主动求知也就顺理成章了。

一花一世界。每一篇文章，都会有某一个能够代表作者写作意图的点，就是我们阅读要寻找的切入点。缘着这个点，我们从容的走近文本，走进文本，感受文字的魅力，汲取思想的精华。然后，得体的退出，绵长的回味，就是完成了一场生命的狂欢。

参考文献

1. 张仁贤：《打造高效课堂的有效策略》，北京：世界知识出版社，2014 年。
2. 李炳亭：《高效课堂 22 条》，济南：山东文艺出版社，2009 年。
3. 蒋军晶：《让学生学会阅读：群文阅读这样做》，北京：中国人民大学出版社，2016 年。

作者简介：田苗，新疆维吾尔自治区库尔勒市第一中学任教。四次承担了九年级毕业班的教学任务。2015 年参加市高效课堂同课异构展示课。2016 年 10 月参加库尔勒市初中语文教师教学设计大赛获一等奖，2016 年 11 月参加巴州初中语文教学设计大赛获特等奖，2016 年参加新疆维吾尔自治区中学语文录像课大赛获一等奖，库尔勒市初中语文教师优质课大赛获二等奖，曾参加"国培计划"（2015）第四次送教初中语文阅读教学展示比赛获一等奖。获2015 年度校级先进教师、市级先进教师、市班主任技能大赛三等奖，连续两年年终考核优秀。

智慧课堂意境美，古诗教学展新篇

——浅谈智慧课堂环境下初中古诗文教学的守正创新

安徽省太和县第三中学　贾　琦

中国是一个诗歌的国度，诗歌是中华民族世代相传的瑰宝之一。在华夏子民三千年的吟唱中，我们听到了远古传来的关关雎鸠在水一方的唱响；我们听到了梧桐深院汉宫之秋的旋律荡漾耳畔，我们听到了那三百首唐诗和宋词的余韵至今传唱。这是中国的诗歌，华夏的精华，是我们的优秀传统文化。优秀传统文化是中华民族的根，是华夏儿女的魂，需要我们继承和弘扬。可是，在实际教学中很多语文老师忽略了古诗文的重要性，在课堂上依旧走不出传统教学模式，从而产生了一些古诗词教学上的误区。

误区一：以讲贯穿课堂始终，忽视学生在课堂中的主体地位，使学生对古诗文内容的理解缺乏多元化的解读。

误区二：教学手段老旧，仅靠简单直白的语言讲解或单纯利用多媒体的播放功能方便讲解，无法给学生构建良好的古诗文意境，难以丰富学生的想象力。

误区三：教学方法保守，走不出传统教学模式，不注重学生创新能力和实践能力的培养，难以激发学生学习古诗文的兴趣。

长此以往，将会影响学生学习诗歌的积极性，甚至产生厌倦学情绪。

自 2016 年 9 月开始，统编语文新教材开始走进课堂，至今，全国越来越多的地区开始采用新教材。统编新教材正以其新的面貌、新的内容、新的形式、新的设计理念与越来越多的师生见面。《中小学教材教学》2017 年第 7 期指出，统编教材的四大核心理念是：立德树人、语文素养、阅读体系、多方共建。五大特点是：双线组元，既发挥育人功能，又照顾到语文能力的培养；保持选文经典性的同时，下大力气开发新选文；作业系统设计层次丰富，题型灵活；写作教材强调一课一得，并增强活动性和指导性；综合性学习更有语文性，更富操作性。

从统编新教材的这些理念和特点来看，新教材更注重培养学生的语文素养和语文能力，这让我们更强烈地感受到"传统的教学误区"与"新的课堂教学"的格格不入，也让我们明确要想更好地摆脱传统教学模式的束缚，开拓初中语文古诗文教学的新境界，激发学生学习古诗文的兴趣。在课堂教学中，结合现代化的教学手段，从传统课堂中"取其精华，去其糟粕，守正创新"迫在眉睫。

针对这些误区，在统编新教材的核心理念和特点的指导下，结合我校推进的智慧课堂教学模式，我对初中语文古诗文的教学进行了大胆地尝试。现以《天净沙·秋思》为例进行说明。

《天净沙·秋思》教学设计

【教学目标】

1. 感受曲的意境，理解作者的处境和心境，尝试自主创作；

2. 通过诵读，感受曲的意境美；通过品味意象、知人论世以及比较阅读，提高鉴赏能力；通过自主创作，培养学生的创新能力和实践能力；

3. 激发学生对优秀传统文化的阅读兴趣，培养学生对优秀传统文化的热爱之情。

【教学过程】

一、创设情境，导入新课

利用智慧课堂资源库里的音频材料，播放歌曲《秋思》，创设教学情境，教师向学生介绍中国诗歌的深厚底蕴，由此导入新课《天净沙·秋思》。

二、初读小令，诵读秋词

1. 学生自由朗读课文（要求：读准字音，读出节奏）；

2. 随机播放几位学生预习任务中提交的智慧课堂朗读作业，抽查评价；

3. 学生节奏分明地齐读小令，一词一顿，一句三顿。

三、美读小令，品味秋景

1. 利用智慧课堂资源库里的音频材料，播放名家范读的《天净沙·秋思》，让学生说说这首小令带给自己的感受。

（答案预设：凄婉、哀伤、悲凉……）

2. 整首小令中，无一字为悲，我们又是从哪里读到的凄婉、哀伤、悲凉呢？

（答案预设：枯藤、老树、昏鸦、古道、瘦马等意象）

3. 利用智慧课堂播放枯藤、老树、昏鸦、古道、瘦马等意象，引导学生运用自己的想象，用自己的语言描绘一下这些意象构成了一幅怎样的图画；

（答案预设：秋日黄昏图，深秋夕照图……）

4. 小桥、流水、人家表现出的是静雅、安适、温暖的境界。这句的基调是否与全曲的悲愁基调不和谐呢？这是运用了什么样的写作手法？有什么作用？

（答案预设：对比，衬托；乐景写愁使愁更愁）

5. 全诗抒发了诗人怎样的情感？

（答案预设：浓烈的思乡之情……）

6. 让学生在初读小令和理解作者的处境和心境的基础上，再次齐读小令。

四、研读小令，赏析秋篇

1. PPT 同页展示词牌名同为天净沙，内容上同为写秋的两首小令，分别是马致远的《天净沙·秋思》和白朴的《天净沙·秋》，男女同学分组，对比阅读这两首元曲，体会两首小令在意象的选择上有何相同？又有何不同？

相同点：同为昏，同有鸦，同取老树村落。

不同点：马致远的《天净沙·秋思》暗淡，凄凉。

2. PPT 展示两人的简介，对比分析两首小令在情感上有何不同？

五、自主创作，学以致用

利用智慧课堂的分组功能，将全班分成八组，一组更改一个意象，按照《天净沙》的曲调填写一首小令，描绘一幅学子在考场中独占鳌头，得意扬扬荣归家乡的图景。

在《天净沙·秋思》这首小令的教学中实施朗读。因为"读"是语文教学中培养学生能力之一，宋代大词人苏轼也说过："诗词三分写，七分读。"所以我保留了"读"这种传统有效的教学方法。通过学生自由读、名家范读等读法激发学生的兴趣。同时，利用学校智慧课堂的优势，在传统的读法基础上也添加了一些新型的朗读形式。在给学生布置的预习任务中，让他们利用智慧课堂测评朗读的功能，提交朗读作业，训练朗读能力，并在课堂教学中随机播放几位学生在预习任务中提交的朗读作业，抽查评价，提高学生的鉴赏能力。由此，收到了良好的效果，学生的朗读能力由最初的读准字音、读出节奏，升级到后来的节奏分明，一词一顿，一句三顿，直到最后深入到曲的意境中，在理解作者的处境和心境的基础上，酝酿着满腔的伤感情绪，读出了凄凉的文风。

在突破本文的重点学生对意象的理解上，统编新教材提出了"语文素养"的理念，要求进一步开拓学生的视野。我摒弃了枯燥无味的填鸭式教学方法，用比较阅读代替了传统的死记硬背。将马致远的《天净沙·秋思》与白朴的《天净沙·秋》这两首小令用智慧课堂的展示功能显现在学生面前，利用男女生比拼的方式，让学生找出两首小令的异同。因为问题难度适中，又因为比拼的方式有利于调动学生的积极性，所以学生很快找到了两者的异同。相同点：同为昏，同有鸦，同取老树村落。不同点：马诗暗淡、凄凉，白诗色彩绚烂、清新。结合两人的生平经历，一个想要积极求取功名，但却一生穷困潦倒，过着漂泊无定的生活；一个出身于官僚士大夫家庭，却放弃了官场名利的争逐，寄情于山水之间。结果自然而然地提高了学生的诗歌鉴赏能力，开拓了学生的视野，并引导学生认知一切景语皆情语，不同的意象带来的感受会有所不同。

统编新教材要求更加注重课堂中学生的主体地位，注重学生的实践能力和创新能力的培养。在学生的创新能力培养方面，我设计了这样一个问题："如果马致远此时不是在夕阳西下远走天涯，而是金榜题名、荣归故乡，作者还会采用'枯藤''老树''昏鸦''古道''西风''瘦马'等意象吗？如果不会，他会采用哪些意象？"让学生以为单位，一组更改一个意象，利用智慧课堂分组的功能，学生们将自己小组的讨论成果展示在平板上，"喜鹊""红花""骏马""锦道""旭日""新芽"等数十个充满美好意蕴的意象通过智慧课堂的共享功能涌展在大家的眼前。经过每一组的意象选优，一首新的小令诞生："青藤绿树红花，小桥流水人家，锦道清风骏马，红日东升，得意人在归家。"一幅学子在考场中独占鳌头，得意扬扬荣归家乡的图景活灵活现地展现在眼前。这样的课堂是属于学生的，学生们的创新精神和能力在不知不觉中得到了极大的提高。

传统文化是中华民族的根，是华夏儿女的魂，弘扬传统文化就是要把中华民族精神道德的精髓植入学生的心里。希望依托智慧课堂，坚持对古诗文教学的守正创新，能更好地夯实学生的语文基础，积淀文化功底，打好传统根基，提升语文核心素养。希望学生借助智慧课堂，在语文学习的天地中能自由驰骋，沐浴着中华优秀传统文化的春风，在社会生活实践中更好地践行中华优秀传统文化，做中华优秀传统文化的普及者、传播者，真正实现语文学科的社会效用。

参考文献

1. 温儒敏：《语文七年级（上册）》，北京：人民教育出版社出版，2016年。
2. 徐轶：《守正创新 特色鲜明——2016年新人教版语文一年级上册教材分析》，北京：人民教育出版社，2016年。

作者简介：贾琦，安徽省太和县第三中学任教。安徽省太和县委讲师组微宣讲员，"十三五"重点科研课题"中华优秀传统文化与现代语文课堂教学实践研究"子课题"智慧课堂环境下的古诗文教学研究"负责人。2017 年被授予太和县教育系统"三八红旗手"称号，2017 年至 2018 年在太和县语文优质课大赛和素养大赛中获得一等奖，在省市县各级各类演讲比赛中曾获一等奖。

浅谈初中语文古诗词教学中的传统文化教育

新疆生产建设兵团第一师六团中学　程爱萍

教育要从娃娃抓起，传统文化的教育更是如此。古诗词作为中国传统文化的重要特色文化，寥寥几笔就描绘出了富有深义的文化知识。初中生正处于吸收各种知识的黄金阶段，在日常的语文教学中引导他们学习古诗词，在学习中感受古诗词中所蕴藏的文化魅力和历史沉淀，可以在无形之中提升他们的文学素养，树立正确的人生价值观。也有助于传统文化在青少年阶段的传播，并帮助学生了解中国传统文化。

一、初中语文古诗词教学中传统文化教育现状

1. 语文教材中古诗词占据了很大的比例

人教版的语文教材中，除了引入了一些较为经典的文学名著片段和符合初中生阅读的文章之外，古诗词占据了很大部分的篇幅。这些古诗词都是经过各方专家的讨论之后，经历了一代又一代的改版最终定下来最适合初中生了解的经典作品。古诗词作为古代文人借以抒情、谈以国事的重要工具，将一代又一代的传统文化暗藏其中，形成了富有中国特色的文化。传统文化中包括了大量的历史知识，人文精神，这些东西在古诗词当中都有着丰富的体现。且古诗词篇幅短小，语句精炼，朗朗上口适合背诵。所以古诗词教学作为一个传统文化的媒介，在传统文化教育中有着极为重要的地位，能够让学生更好地理解传统文化，自发传播传统文化。

2. 学生只背诵古诗词而不加以理解

由于古诗词历史悠久，对于学生而言有着较为强烈的距离感，理解较困难。教师为了让学生更好地理解古诗词的意思，在课堂上通常会花大量的时间进行词汇的讲解以及各类古词的灵活用法，并要求流畅背诵。导致学生为了完成任务，死记硬背并死抠其中的字词，完全忽略了古诗词背后的深层含义。大部分的学生都能够较为流利地背下古诗词，并进行逐字逐句的翻译，但是问及古诗词表达了怎样的主题、怎样的情感，多数都闪烁其词。只重视考试内容而忽视了古诗词中的传统文化。

3. 学生对古诗词的认知有所偏差，忽视传统文化

现在的教育，在外来文化的影响下逐渐掀起了一阵"外语热"的风潮，近几年虽然"国学"开始盛行，但是多数教师都认为外语的学习更为重要。在这样的风气之下，语文教育就受到了一定的打击。再加上如今社会的发展日新月异，而古诗词的用词写法越发显得晦涩难懂，和当代科技文化显得格格不入，导致很多学生认为学习古诗词不过是应付考试的工具，对未来进入社会没有帮助，所以敷衍了事，更不要说是仔细理解去深究背后的传统文化意义了。因此出现了大量的偏科现象，其他科目遥遥领先，语文教育成了拖后腿的"累赘"，更不要提去学习古诗词。

二、在初中语文古诗词教学中正确引进传统文化的教学方法

1. 进行大量且适合学生的古诗词阅读

"书读百遍，其义自见。"这句耳熟能详的名句也是中国传统文化的一部分，它告诉人们在大量的阅读之后，其中的深意自然就会清楚明白了。如今的语文教材中有许多经典的古诗词作品。为了增加学生们对于古诗词的阅读量，教师可以在日常的教学活动中开展各类有关古诗词的活动，例如写古诗词阅读笔记，用自己的语句改编古诗词等。大量且适合学生的古诗词阅读，能够加深初中生对于古诗词的理解，深入了解背后的传统文化，进一步提升学生的文学素养，推动传统文化的传播和发展。

2. 多方面讲解，激发学生学习古诗词的兴趣

古诗词的含义过于深刻，对于初中生而言必定有着厚重的年代感，使学生望而生畏。教师在课堂教学中要尽量采用轻松的教学模式，督促学生在课前进行字词的预习，在保证基本意思理解的基础上，从古诗词的历史背景、作者生平等角度出发，多方面地讲解古诗词的深层含义。另外要鼓励学生主动发言，说出自己对于古诗词的理解，例如在学到王维的《使至塞上》的时候，可以邀请学生说说当时王维会是怎么样的心态，为什么会这么想等。如果有绘画水平较高的同学，还可以请他（她）在黑板上画出自己理解的场景，更为直观地了解学生对于古诗词的理解。有了兴趣，学生们才会更有热情地对待传统文化教育。

3. 开展以"古诗词"为主题的传统文化活动

学生对于传统文化的重要性的理解很大程度上来自于学校教师的引导。为了让学生正确认识古诗词在传统文化中的重要性，可以开展各种以"古诗词"为核心的主题活动。例如关于古诗词的手抄报，在家长的协助下了解古诗词的历史渊源和魅力，或者自编自导以古诗词为剧本原型的课本剧，在表演

的过程中理解作者内心的感受。这样无形中使学生更多地了解传统文化，纠正学生对于传统文化的偏见。在引导学生认识到了传统文化的重要性之后，才能激发学生学习动力，提升学生的人文素养，帮助学生打下良好的文学基础。

古诗词教学对于推进传统文化的传播有着不可忽视的纠正学生作用。语文教师在古诗词教学中应融入传统文化教育，以此提升学生们的文学素养，推动传统文化的传播和发展，让中国特色的传统文化发扬光大。

作者简介：程爱萍，新疆生产建设兵团第一师六团中学任教。第一师六团中学教学能手、教学骨干、师德标兵、学科技术带头人。"十二五"全国教育科学规划教育部规划课题"'少教多学'在中小学语文教学中的策略与方法研究"课题子课题组长，"十三五"重点科研课题"中华优秀传统文化与现代语文课堂教学实践研究"课题子课题组长。首都师范大学语文报刊社"优秀通讯员"。多篇论文获中华教育教学优秀论文一等奖。多次被评为"师德标兵""优秀教师""优秀班主任"称号。

谈校本课程开发与传统文化教育的结合

黑龙江省通河县清河林业局初级中学　王海娟

2016 年，我校承接了"中华传统文化与现代语文课堂教学实践研究"课题，作为课题组主要成员，我的研究方向是"校本课程开发与传统文化教育的结合"，下面具体谈谈：

一、校本课程开发与传统文化教育结合的意义

一直以来，初中语文教学存在着以中考为指挥棒，围绕课本内容进行教学的现象，即教师讲、学生听。老师完全依赖教材进行教学，学生每天努力完成各类习题。学生的学习方法单一，对学习内容掌握不牢固、对文本深入探讨很难进行。而且，现行初中语文教材中，许多包含人生哲理和人生智慧的古诗、古文安排得很少，学生对传统文化的认识模糊，接受传统文化教育力度不够。《基础教育改革纲要》明确指出："学校在执行国家课程和地方课程的同时，应视当地社会、经济发展的具体情况，结合本校的传统和优势、学生的兴趣和需要，开发或选用本校的课程。"基于此种情况，我将校本课程开发与传统文化教育同步进行。

(一)校本课程开发中活动小组的设定，能充分激发学生对传统文化的学习兴趣

在此次校本课程开发中，我根据学生的不同的兴趣爱好，让学生自由选择组合，如按照先秦诸子百家散文、唐诗、宋词、明清小说、现代美文鉴赏等进行小组划分，让兴趣、爱好相同的同学在一起研究探讨。在探讨过程中，学生逐渐了解了传统文化的内涵，从而产生了浓厚的兴趣，从想学到爱学，这是认知的变化，更是能力的提升，这种变化为学生未来成长奠定了丰厚的文化基础。

(二)校本课程开发中的专题研究，可以加深学生对优秀传统文化的认识

在现行课程教学中，传统文化的教育主要是通过学科内容渗透进行的。教育的内容分散的、片面的，没有形成完整的体系。如果将传统文化教育内容正式编入校本课程中，教师和学生都有时间、有机会确立自己的研究主题，进而更深层地学习与研究，通过这个过程，学生才能更正确、更全面地了解、

认识、热爱我们的传统文化。

(三)校本课程开发中的活动的设定，能让学生更准确地把握传统文化的精髓

校本课程开发是对课堂教学内容的补充，要重视学生的参与体验。因此，在校本开发时，我组织各种活动，让每个学生参与其中；让他们在朗读中学会品味，在欣赏中学会借鉴，在活动中准确把握古代文人雅士的思想与情怀。

二、校本课程开发与传统文化教育结合的原则

(一)以学生为本的原则

任何教育教学活动都应该遵循"以学生为本"的原则，即要重视学生、尊重学生。任何活动都应该把他们当作教育的主体，根据他们的情况来实施。如古诗文背诵中按照学生的认知理解能力，有步骤分层次地进行。

(二)与课程教学配合的原则

校本课程是课内教学内容的外化与拓展，所以，要根据课程教学要求安排内容，做到辅助于教学，服务于教学，使学生在知识上得到巩固，在思想上得到提升。

(三)量体裁衣的原则

有经验的教师都知道，一个班级中，学生也存在着较大的差异。有的学生对唐诗情有独钟，有的学生对宋词鉴赏独特，因此，教师不能用一把尺子衡量，要允许学生间存在不同，要因材施教，量体裁衣，要让每一个学生在每一次活动中都能得到锻炼与发展。

(四)以活动展示为主的原则

初中生好胜心极强，喜欢显示自己。针对学生的这种心理，在校本开发过程中，我坚持以活动展示为主的原则，每学期都组织学生参加各种大型活动，让学生在活动中获取知识、掌握技能，同时，也让他们感受到成功的喜悦。

三、校本课程开发与传统文化教育相结合的内容

为实现校本课程开发与传统文化教育的同步进行，结合多年来我校的实践情况，我从以下几个方面着手工作：

(一)进行国学诵读

1. 按照学校要求，利用早读和课前十分钟，要求学生认真完成每天必读必背古诗文内容，如每册课本后附录中给出的古诗词。

2. 每学期组织一次大型经典诵读活动，主题、内容可根据学期情况而定。

2017 年，我带领全校师生开展了"端午情丝，青春飞扬"经典诵读活动，效果极佳。

3. 增设诵读材料，编写学年国学诵读教材。七年级主要以《弟子规》《论语》等内容为主。八年级的《千字文》《大学》等是主要的学习内容；九年级安排了《增广贤文》《老子》等篇目。与之相配的还有每个学期教材中所设定的古诗古文等内容，同时增添了《大学》《中庸》《孟子》等经典篇目。

(二)增设阅读课

1. 调配学生的学习时间，每周专门安排一节阅读课。

2. 读书的内容、形式可统一安排，也可以根据学生情况确定。

3. 阅读课要确保时间，既要提高学生的阅读质量，又要指导学生做好读书笔记。

4. 每学期期末要进行读书心得或读书感悟交流会。

(三)安排地方文化探究课

1. 带领学生实地考察本地区的地理环境，物产资源，做好调查记录，为活动开展保留第一手材料。

2. 考察本地区的旅游资源，为本地著名景点写导游词、简介语。

3. 研究本地区的乡土文化，包括民俗、民风，饮食、节日文化等，在重要节日开展主题研究活动。

(四)开展活动展示

1. 明确规定每年的十月为活动展示月，选取一年活动中有代表性的作品进行展示。

2. 展示活动进行评比，以此验证活动的时效性。

3. 活动参与人员学生、教师均可，积极鼓励师生合作，倡导以"家庭"为单位参与。

四、校本课程开发与传统文化教育相结合的过程

(一)根据教材内容制定教学计划

根据教材内容确定每学年的校本教材的编写内容，制定教学计划并按照计划进行。如七年级的先秦文化探析、八年级的唐诗集锦、九年级的宋词鉴赏等活动。

(二)对课内古文古诗词教学进行调整，增添校本教材内容

除了每学期要完成的教材内容，还增添了《弟子规》《千字文》《增广贤文》《大学》《中庸》《孟子》等经典篇目。

(三)确定每日诵读时间与内容

如晨课诵读、中午名著导读等。要求师生人人参与，力求为传统文化的

学习者、研究者、传承者。

(四)把阅读经典纳入活动计划

依照课程计划开足课时。利用阅读课(国学课),安排教师具体讲解内容。

(五)分析赏析

从名著中选取片段,从报纸杂志中选择一些优秀文章,或利用网络下载近几年中高考满分作文,与学生一起分析赏析。

(六)组织交流

定期组织师生进行校本课程交流会,研讨在教学的过程中寻找问题,商讨解决方案,不断完善校本课程。

五、校本课程开发与传统文化教学相结合

(一)校本课程的开发打破了传统文化的神秘感

过去,我把传统文化看得很神秘,认为只有那些高校或重点中学才能进行的研究活动。其实,学校里开设的课程都有传统文化的成分,它就在我们身边,它并不神秘,也不是高不可攀的。

(二)消除了加重学生负担的心理

我曾认为,传统文化教学会增加学生的学习负担,实践证明,此项活动更有助于发挥学生的个性和特长,提高学生的综合素质。实践证明不仅不会加重学生负担,反而会激发学生的学习兴趣,促进学生综合能力的提高。

(三)从校本课程开发与传统文化相结合中得到了锻炼与提高

参与课程开发,要具有相应的课程理论知识。为了使自己的工作更具成效性,我一直坚持课程理论的学习,阅读大量的传统文化资料,完善自己、提升自己的教科研能力。

六、校本课程开发与传统文化教育结合过程中存在的问题

第一,在课程开发中,很多教师把课程开发的传统文化教学内容分开来进行,我认为这种做法不妥。因为学校课程与传统文化教学都是教育系统的有机组成部分,传统文化教学是对课程开发的促进,它们之间不是对立关系,而是相互辅助的关系。

第二,对课程开发与传统文化教学的认识模糊。有的教师是为了完成学校的教研任务,也有人是为了自己职称的评定;有人认为课程开发与传统文化教学费时费力,收效极小等。

第三,缺乏专业人士的指导。根据现有的校本课程开发的实践,必须获得课程专家的支持。但由于我们地处林区,相对来说教育还比较落后,外出

学习培训的机会相对较少，课程研究开发过程中亟待专业人士的引领与指导。

七、校本课程开发与传统文化教育问题的解决策略

(一)加强自我学习与提高，保证课题研究顺利进行

要积极参加各级各类学习培训，如课程理论研究、专业知识讲座、课题专项研究，还可以听专家的讲座、或参与经验交流等活动，以便更好完成课题研究工作。

(二)发掘地方资源，创造特色教学

我们清林初级中学是一所林区中学，这里的自然资源丰富，人文景观独特，有深厚的民间文化底蕴。应该大力倡导开展特色教学，寻找适合我们地区学生的途径。

(三)拓展传统文化教学思路，把学校教育延伸到家庭及社会

开展校本课程既要发挥师生的主观能动性，还应该向学生家长及社区周围人群进行宣传，群策群力，充分发挥学校周围资源；做到学生与家长，学校与社会双轨道并行的发展目标；让传统文化深入家庭，遍布社会各个角度；带动全员学习，开展大面积、全覆盖式的传统文化教育。

校本课程开发与传统文化教育同步进行，关注学生个性发展，促进教师专业提升，给学校带来课程开发的主动性。尽管在研究过程中会遇到一些困难，但是这是打破现阶段教育常规的一种尝试。我相信，经过我们的不懈努力，中华优秀传统文化这朵智慧之花，一定会绽放出奇异的光彩。

作者简介：王海娟，黑龙江省通河县清河林业局初级中学任教。黑龙江省德育先进个人，森工总局骨干教师、优秀教师、语文学科教学能手，合江林管局优秀班主任、十佳教师。2016年，承担国家"中华传统文化与现代语文课堂教学实践研究"课题的研究，被评为优秀课题主持人、学术指导。曾有多篇论文发表获奖。

弘扬国学经典，传播中华文化

——浅谈学校"传统文化进校园"的做法及体会

安徽省长丰县城关中学　朱庆业

巍巍华夏，五千年文明源远流长，中华文化博大精深。中华国学经典是中华民族的灵魂和脊梁。弘扬中华优秀传统文化，作为教育的阵地——学校，起着重要的作用。传播中华文化，必须从学生抓起，从祖国的未来抓起。作为学校一名教育工作者又是管理者，更觉责任重大。如今，全国上下学习国学经典，已经蔚然成风，学校理所当然要成为转播中华文化的主阵地。下面结合我校在"传统文化进校园"活动中的情况来谈谈我的一些做法和体会。

一、让优秀传统文化走进课堂

本人从事语文教学很多年，自从担任学校的业务校长以来，仍然一直致力于教学一线。如何在语文教学中渗透传统文化，是我一直思考并努力付诸实施的重要课题。早在 2014 年 3 月，教育部就印发了《完善中华优秀传统文化教育指导纲要》，要求把中华优秀传统文化融入课程和教材体系，有序推进中华优秀传统文化教育。杭州师范大学教授倪文锦认为，弘扬中华优秀传统文化是语文教育核心工作的回归，"中华优秀传统文化教育，应该以弘扬爱国主义精神为核心，以家国情怀教育、社会关爱教育和人格修养教育为重点，完善学生的道德品质，培养健全人格"。因此，弘扬中华优秀传统文化，语文教师任重而道远，要循序渐进、潜移默化地渗透在备课、上课、布置作业等每一个环节中。

（一）要充分利用好语文课堂，这是渗透传统文化的主阵地

课堂是学生生命成长的沃土，而语文课堂就是培养提升学生文化素养，打造丰满生命的源泉。所以，语文课堂不仅仅是传授语文知识的地方，更是渗透传统文化的土壤。因此，在语文教学中，要根据语文教学实际，创设必要的情境，给学生提供接触、感受传统文化的渠道，让学生在特定的文化环境中进行甄别、汲取，使他们在活动中感悟文化，体验文化，规范自己言行举止。这样，学生在语文课堂上，得到的不仅仅是语文知识，更重要的是传统文化的熏陶、滋养。

新部编语文教材，非常注重教材内容的合理安排，从各种不同题材的课文到综合性学习，口语交际以及课外古诗词诵读，处处都能体现传统文化的精神内涵。例如，我在带领同学们学习《黄河颂》的时候，讲解华夏的文明历史，解析黄河被称为母亲河的历史渊源，让同学们感受到我华夏民族的自豪，领悟炎黄子孙的骄傲，从而让学生们接受到了深刻的传统文化教育。其他的课文如《邓稼先》《土地的誓言》《木兰诗》等，还有文言文《陋室铭》《爱莲说》等一些古诗文，篇篇经典都是弘扬传统文化的好材料，每篇课文中都蕴含着丰厚的传统文化的精髓，所以我们要利用好每一节语文课。

(二)作为领导，带头推行语文课堂渗透传统文化

同时，要求其他各学科老师从理念到具体课堂实践都要注重传统文化的传播。长期从事传统文化研究的北京大学教授张联荣说："中小学语文、历史、德育、艺术等学科教学，对中华传统文化基本精神要有准确把握，这是传统文化的最核心部分。"其实，初中的课程不仅仅语文、历史、德育、艺术等学科可以推行传统文化，数学、英语、物理、化学、地理、生物等学科都可以尝试。为此我采取推门听课的方式和各学科老师一起探讨尝试把传统文化渗透到课堂的途径和方法。我和数学教师一起研究有意识地用学生能够接受的语言和方式向学生介绍有关内容，以具体事实说明中国历来是数学大国。《道德与法治》学科也紧密结合教材内容，收集国学中精粹部分和典型案例来励志怡情，明理启智，激发学生的民族情感。而音乐、美术、体育学科主要着眼于通过演奏、绘画、欣赏具有爱国主义思想内容的歌(乐)曲和国画等教育手段来进行。美术课，老师让学生们欣赏古代名画；音乐课，老师让学生聆听古典音乐；体育课则让学生领悟中国功夫的神奇。所有这些课堂上的教学内容都能渗透传统文化。

(三)要合理利用渗透传统文化的第二战场——作业

我们中国传统文化是以儒家为内核，兼有道教、佛教等文化形态，包括：古文、诗、词、曲、赋、民族音乐、民族戏剧、曲艺、国画、书法、对联、灯谜、酒令、歇后语等。要想把这些文化因素渗透、融入我们的语文教学中，实在不是一件容易事。所以我们要开辟第二战场——作业。作业一般分为平时作业和假期作业。平时作业在考虑复习、巩固所学知识的同时，还可以借势渗透传统文化。平时作业的布置，就语文来说一般有以下几种情况：

1. 古诗文的熟读与背诵

古诗文本身就是传统文化，是弘扬传统文化的载体，熟读背诵的过程就是传统文化渗透的过程。

2. 周记的练习

学生在写周记时，从文字书写到遣词造句以至行文结构都会联系到传统文化。另外写作中常常多多少少会引用古代名人的事迹或诗句，这更是一种传统文化的渗透。

3. 成语的日常积累

成语有很大一部分是从古代相承沿用下来的，在用词方面往往不同于现代汉语，它代表了一个故事或者典故。如"完璧归赵"出于《史记·廉颇蔺相如列传》，"破釜沉舟"出于《史记·项羽本纪》，"草木皆兵"出于《晋书·苻坚载记》。可见，成语不仅是传统文化的一种形式，同时还是传统文化的一个载体。平时教学中我让学生每天积累一个成语，也倡导学校所有语文老师这么日积月累，学生们在查阅词典，了解成语故事中潜移默化地接受传统文化的熏陶。

除了平时作业，还有假期作业。在我的倡导下，学校每学期期末都要求学生完成一份特色作业。为此我设计了一份重在传播中华文化的特色作业。作业内容有在假期中读一本好书，并写出读书心得；有了解自己姓氏的起源发展；有收集当地春节的习俗，出几则灯谜，仿写对联，等等。形式多样，灵活丰富，很受学生欢迎。这样在学习和活动中传统文化不知不觉中浸入学生的头脑和思想意识当中。

二、让优秀传统文化走进校园

(一)与学校文化建设结合

校园是教书育人的地方。为加强校园文化建设，弘扬优秀传统文化，我校将基础设施建设作为校园文化环境建设的重要内容之一。先后完成了文化长廊、楼梯墙壁文化、国旗台等建设，这些基础设施建设充分体现了以人为本的建设理念，为校园文化建设搭好了骨架。高雅别致、丰富多彩的墙壁文化给学校营造了一个温馨的育人环境。以"爱心·礼仪·励志·健康"为主题的教学楼楼道文化，以"崇德、求知、健体、报国"为主题的教室走廊牌匾文化，以"文明·安全·节俭·自立"为主题的食堂餐厅文化等，墙墙生动活泼，处处主题鲜明。现在，我们的校园布局独特、美观大方，步入校园，给人的感觉是：整齐、清洁、生动、充满活力，整个校园呈现一种朝气蓬勃、清新雅致的校园文化氛围。另外广播站、橱窗、黑板报也是进行传播中华文化的重要设施。学校在校园和教学楼内设置了多块宣传橱窗、国学名言、经典古诗词及一些伟人事迹都在校内橱窗和黑板报中得到直接的体现。课间休息时，校广播站播放配有国乐雅韵的诗词朗诵。正是由于学校的长期营造和建设，上述宣传媒体有力配合了学校工作，在弘扬传统文化中发挥了重要的教育作用，深受广大师生的欢迎和好评。全校师生正是在这样典雅深厚的文化氛围中陶冶了情操，滋养了传统文化的精髓。

(二)融入丰富多彩的活动中

1. 渗透传统文化，从教师做起

我校一向注重对教师传统文化的教育，内容丰富，形式多样。学校每学期开展一次或两次校内"读经典写心得"比赛。在比赛活动中老师们都能静下心来认真研读自己喜欢的经典名著，写出心中真切的感悟，在教师作品中涌现出不少好的作品。如《论红楼梦中之为人处世》《我看唐僧师徒的团队精神》等。通过读经典、写感悟，评优秀一系列的活动，老师们都不同程度地领略了传统文化的博大精深。我校还创造机会让教师参加各类培训，感受传统文化，提升自身素质。学校组织全体班主任走进南师大，聆听了教育专家的班级文化建设的讲座，走进名校实地考察了南京市优秀班级的文化建设，等等。

2. 学生在实践活动中体验

我校一向重视学生的全面发展，现已形成了与办学特色目标一致的校园文化，形成了"崇德·求知·健体·报国"的校训及"自主求真，自强不息"的校风。现在我校已发展成型了十几个优秀的学生社团，如科技、书画、舞蹈、机器人、象棋、足球、文学社等。"心语"文学社社团是我校创办的比较早的一个学生社团，社团每年对文学社社员定期开展文学讲座，每年春天组织成员走进大自然或文化名都采风，丰富了学生的课外生活，活跃了学生的文学创作思维。文学社团每学期都开展与传统文化有关的活动，2017年4月，社团牵头在全校开展了一次传统文化知识竞赛。竞赛题目涉及传统节日、古诗词、经典名著及中华礼仪、文化常识等等。活动深受学生欢迎，极大地激发了学生的参与热情，在我校掀起了一股"国学"热！2017年12月，文学社开展了一次"迎新年 颂经典"诗词朗诵会。朗诵会上诗味浓厚，豪情激荡，同学们声情并茂地朗诵，把古今诗词的内涵和魅力演绎得淋漓尽致。优雅的旋律，深情的朗诵，让在场的师生都陶醉在中华传统文化的美妙中。每学期还把学生作品结集成《心语校刊》，目前已出刊13期。其他如每年的象棋比赛、书画比赛、城关好声音、校歌大赛等均能使学生在参与中获得乐趣和传统文化的熏陶。

三、让优秀传统文化走进心灵

(一)编写校本教材《中华经典品读》

习近平总书记在中央党校建校80周年庆祝大会上说过，传统文化博大精深，学习和掌握其中的各种思想精华，对树立正确的世界观、人生观、价值观很有益处。古人所说的"先天下之忧而忧,后天下之乐而乐"的政治抱负,"位卑未敢忘忧国""苟利国家生死以,岂因祸福避趋之"的报国情怀,"富贵不能淫,贫贱不能移,威武不能屈"的浩然正气,"人生自古谁无死,留取丹心照汗青""鞠躬尽瘁,死而后已"的献身精神等,都体现了中华民族的优秀传统文化和民族精神,我们都应该继承和发扬。为了让师生近距离走进传统文化,2016 年 6 月,我校"传统文化"课题组的几位老师成立校本教材《中华经典品读》编写组,精心编写出《中华经典品读》。其中包括古典诗词 60 首,现代经典诗文 30 篇。古典诗歌或豪情壮烈,或深厚蕴藉;现代美文,或清丽委婉,或含蓄隽永。学生们拿到散发墨香的书本,便立刻安静下来,沉浸在国学经典的文字中。捧读《中华经典品读》,走进古代诗歌盛世,李白的月下独酌,似乎让我们看到了一代诗仙的寂寞和孤傲;岳飞在怒发冲冠的仰天长啸中,让我们感受到末路英雄那忧国报国的壮志胸怀;陶渊明在归隐田园里,让我们感受到他安于清贫、洁身自好的节操;透过苏轼的羽扇纶巾,尽显风流人物的豪迈本色。每一首诗,每一篇文章都给学生们惊喜和收获。

(二)开展经典诵读

开展经典诵读也是一项有效的弘扬传统文化的活动。古诗词的美,在于多方面,最大特点就是语言的平仄押韵,学生在诵读过程中对音调、停顿等判断就是对古诗词的理解感悟,进而让学生体会其中所蕴含的哲理,还有诗词中那不可言传的美妙的意境,在一唱三叹,抑扬顿挫地诵读中能够让学生体会到其中的深远意韵。为此学校每学期分年级开展经典诵读活动,学生在诵读语言凝练、韵律优美的古典诗词中,徜徉于国学经典中,感受到祖国传统文化的巨大魅力。诵读吟咏中让学生接受传统文化的熏陶,在他们心中播种国学文化的种子,用传统文化做生命的底色,为学生的人格发育奠定了坚实的根基。

"路漫漫其修远兮,吾将上下而求索。"弘扬中华传统文化是一项艰巨而又光荣的任务,这不仅是我们全体语文教师的重任,也是每一位教师的职责。我坚信:在我们全体师生的共同努力下,传统文化将在城关美丽的校园里,在广大师生心灵中,越发灿烂,更加深情地滋养人心!

作者简介:朱庆业,安徽省长丰县城关中学副校长。安徽省长丰县语文协会会员、"优秀骨干教师",合肥市首届、第三届初中语文学科"骨干教师"。先后 4 次被评为长丰县"教育宣传工作先进个人""全省教育系统新闻宣传优秀特约通讯员"、全国"青少年普法教育优秀辅导员"。荣获市级论文评比一等奖多次。现主持两项在研国家级课题及 1 项市级课题。

聚焦优秀传统文化，寻觅学生写作源泉

山西省霍州实验中学　姜　丽

部编语文教材引入了丰富多元的阅读文本，这些阅读文本有很多传统文化的因子，还有很多篇目本身就是优秀的传统文化，它犹如一泓清泉，呈现在学生面前。我们要认真梳理整合，让它成为学生写作的不竭源泉。我们若能带领学生在这汪清泉中汲取写作的营养，让它发挥最大的效能，学生写作就有样可循，有板可依，就会激发学生的写作兴趣，提高学生的写作水平。

一、让优秀传统文化为学生写作注入生活的美意

初中语文课本中有许多经典美文，它们从不同角度切入，以独特视角全景展现生活中的美好场景，吐露醉人的芬芳，是学生写作时极佳的模仿素材，也是学生立足生活，艺术展现生活，尽显生活中明媚而温暖的范本。例如学习《从百草园到三味书屋》，年少的鲁迅与昆虫为伴，采摘野花野果。舒适地躺在草地上，享受着和煦的阳光。冬天雪地捕鸟，夏天沙地刺猬。美好的生活回馈给作者难忘的童年岁月和活泼可爱的青春年华，就连"仁远乎哉？我欲仁，斯仁至矣。"也不是绕口的文言语段，而成为永不褪色的好学少年的形象，生活的美意在文章中散发出闪亮的光彩。扑蝴蝶、捉鸣蝉、采荷莲……这是谁没有过的童年？课堂开小差、收藏爱书、问些无厘头的问题……谁的童年没经历过？翻检记忆，一幅幅生活的场景，勾勒出一个丰富而新颖的素材库。真实生活美好、苦涩、幸福、不幸。上一代，这一代交汇成生活的乐章、写作的花园，采撷一朵，记录一处，都是最真最美的写作素材。学生被牵引、被浸润、被感染，悄悄地想要模仿，想要表达，想要有如此精彩的字句，内心的触动抑制不住，传统文化教会学生用文字尽显生活的美意，于是也有了佳作的产生。一树花开，明媚了记忆。一纸墨痕，氤氲了时光。《昆明的雨》教会学生感受自然之趣，《窃读记》教会学生牢记贫困中的孜孜追求……一次次与经典邂逅，丰富了一个个热爱写作的心灵，课本里许多经典的好素材被学生随时收纳到心里，在需要的时候奔涌到写作的笔端。他们由文字穿越，他们的生命也有青峰俊树、河流海洋、天空大海……他们的生命鲜活起来，他们的灵魂涌动起来，他们的表达灵动起来，他们的文章真实起来。身边小

事皆可入文，村中动静皆可成事。关键在于唯美对生活的态度，不管欢乐或痛苦，成功或失意，他们的生活永远唯美而温馨，他们的世界永远祥和而美丽。

二、让优秀传统文化为学生写作注入生命的情怀

作文是学生内在思想的外现。"腹有诗书气自华"，提高学生作文水平，加强语文素养，构筑学生精神世界，提升学生人文素养。课本中的传统文化蕴含了几千年民族文化思想、民族精神和古人生存智慧，具有丰厚的生命情怀。庄子的《逍遥游》有顺其自然，无为而治，超然物外的洒脱精神；孟子的《鱼我所欲也》有杀身成仁、舍生取义的牺牲精神；林则徐有"苟利国家生死以，岂因祸福避趋之"的担当精神；陶渊明有"采菊东篱下，悠然见南山"的愉悦淡泊精神……这些都是中华民族优秀的传统文化和道德思想的集中体现。作文是学生内在思想的外现，"腹有诗书气自华"，提高学生作文水平，加强语文素养，构筑学生精神世界，提升学生人文素养，是写作的要旨。教师在写作指导中可以加大力度，加深学生文化底蕴，塑造健全人格，从而积极沉淀生命情思，使学生习作拥有文化厚重感，主题的深刻性。文字不是趴在纸页间，它分明是立着、喊着、前行着的，文字里总是有个"人"的。

我们应该热爱我们笔下的文字，敬重这些可爱而高贵的精灵，学生们虽处于教室，但一颗心应当鲜活饱满，灵动丰沛的面对四周、面对自然、面对世界。写作，不仅仅是方法，还是做人，文字的天地永远有值得铭记的纯净而高尚的生命情怀在涌动。

三、让优秀传统文化为学生写作注入精美的技巧

时间是一把剪刀，剪去了岁月沧桑，留下了人生丰碑。优秀传统文化留给我们学生太多的写作技巧，无论是语言的锤炼，抑或是结构的布置，还是立意选材，都值得学生好好琢磨，细细体悟，汲取写作经验。

人们常说，"腹有诗书气自华"。文化素养能改变一个人的气质。曾经有人问道，"为什么要学习古代诗词？"一个得到最多人点赞的答案是这样回答的：当看到天边飞鸟，你会说："落霞与孤鹜齐飞，秋水共长天一色。"而不是："哎呀，好多鸟。"当你失恋时你低吟浅唱道："人生若只如初见，何事秋风悲画扇。"而不是千万遍地悲喊："蓝瘦，香菇！"

古典文化是民族语言的源头，在优秀传统文化中，有些语言经过历代文人反复使用，字词本身就沉淀、凝聚了丰富的文化内涵。学习、化用古典语言，可以使学生的语言变得典雅。例如："踯躅""栖息""枝桠"远比"游走""停

留""树枝"要好，引用一些古诗句"雁字回时，月满西楼""晴空一鹤排云上"，直接套用或化用古典诗词，语言自然也诗意盎然。更重要的是，随气质改变的，还有人的精神生命。经典之所以为经典，传统文化之所以能散发出恒久的魅力，就在于它能滋养心灵，扩展精神疆域，是我们抵抗庸俗的利器。

在写作指导中，我们还可以让学生通过教材学习过渡衔接、渲染铺陈、修改润色等技巧。在写作教学中，我们从学生熟悉的文章入手，充分利用教科书传统文化篇目进行写作指导，就真正实现了用教科书教，学生的写作能力提升就水到渠成。

"海阔凭鱼跃，天高任鸟飞。"传统文化因子给写作教学注入了新的活力。让我们永远浸润在传统文化的长河里，感受其芬芳、接受其哺养；享受其激情，创新其无有。让优秀的传统文化作学生永远的泉眼，让一汪清冽的甘泉永注心田。

作者简介：姜丽，山西省霍州实验中学任教。山西省学科带头人、优秀班主任，临汾市优秀班主任、教育楷模"三八红旗手"暨最佳女教师、教学能手及骨干教师，"国培计划"骨干教师优秀学员。"十三五"重点科研课题"中华优秀传统文化与现代语文课堂教学实践研究"子课题组长、优秀主持人，荣获全国作文比赛指导奖一等奖，荣获首都师范大学语文报刊社"优秀通讯员"称号。多篇论文获全国教研论文一等奖。

浅论古诗文欣赏的境界
——初中古诗文欣赏教学的实践与思考

北京市大兴区定福庄中学 韩金哲

古诗文教学在初中语文教学中占有相当重要的地位，学习它们，更与传承优秀传统文化密切相关。《义务教育语文课程标准》(2011年版)对初中学段文言文教学有这样的要求："诵读古代诗词，阅读浅易文言文，能借助注释和工具书理解基本内容。注重积累、感悟和运用，提高自己的欣赏品位。"其中，提高欣赏品位是比较高的要求。笔者认为，学习过程中的赏析教学对培养学习兴趣、提升阅读品位进而热爱优秀古诗文，有着重要的支撑作用。古诗文欣赏教学就担负起了这样的重任。

本文拟从古诗文欣赏教学的渐进过程来论述古诗文欣赏的境界。借用李清照词作中的句子，作为每部分的标题，以期突显过程的渐进性和结果的可期性，即"寻寻觅觅"—"和羞走"—"小院闲窗春已深"—"雪里已知春信至"—"莫道不消魂"。每个部分分别举例论述欣赏的侧重点，从不同方面，不同层次阐述古诗文欣赏教学要达到的境界，提高欣赏水平，提升综合素养，取得理想的教学效果。

一、"寻寻觅觅"

搜索、整理适合初中生欣赏的优秀古诗文。如，从大家从小就熟知的《悯农》其二(即俗称的《锄禾》)入手，给学生提示，深入解读体会。通过对诵读中的把握感情作具体指导，让学生体会农人之苦，透过文字背后，想象辛苦劳作场面——"汗滴禾下土"的万分艰辛，认识到饭食"粒粒皆辛苦"，而不再是如启蒙教育中小儿摇头晃脑、语速飞快地背诵来炫耀，不能不说，彼时的背诵缺少情感体验，流于浅薄。再与《朱子家训》"一粥一饭当思来之不易，半丝半缕恒念物力维艰"相互参照，加深理解与体验，增加人文关怀。学习优秀传统文化精华，培养学生优良的思想品质。

类似的在情境体验欣赏作品，如王勃《送杜少府之任蜀州》、杜甫《茅屋为秋风所破歌》、白居易《钱塘湖春行》、郦道元《三峡》、魏学洢《核舟记》等。教师专门对一些作品(如王勃《送杜少府之任蜀州》)作适当解读赏析，给学生示范，引起学生的好奇心、争胜心和求知欲。除了课文所学，还可以让学生阅读一些传统读物中较易理解的古诗文，如《世说新语》《千家诗》等，引导学生逐渐入门，慢慢向赏析靠近。

二、"和羞走"

在老师指导示范下，学生开始尝试做赏析、展示。这时学生的作品通常会有些幼稚，有些羞涩。指导并鼓励学生从浅层理解入手，从有着鲜明形象或找到欣赏的突破点，就可能比较容易地迈过这道坎。

如学习苏轼《水调歌头·明月几时有》时，抓住"千里共婵娟"的形象，想象天各一方的两人守望着同一轮月亮，驰骋胸怀，置身广阔天地，犹如互在眼前。提示学生，可以以此形象为依托，把我们的一件爱物、一片情思，通过"千里共婵娟"这一意象表达出来。初始阶段，学生可能因为缺少文学熏陶而担心自己欣赏不到位。教师给以热情鼓励，让他们大胆尝试并展示，逐渐学会初步欣赏。如有的学生说一件极为珍视的生日礼物丢失了，特别忧伤，学习了这首词，自己豁然开朗了，感情得到了释放，感觉它又回到了自己身边。有的同学因好友离别、父母在外地工作而相思，难以释怀，从"千里共婵娟"中领会到只要心灵相近，感情就不会疏远，珍视这份情感。同学们在这些感悟中，逐渐体会到了文学的魅力，也让其他同学纷纷感悟到文学欣赏可以愉悦身心。再如学习陶渊明《桃花源记》时，可以赏析作品中的暗示，并通过这一暗示理解作者文法之妙：从"忘路之远近""忽逢桃花林""不足为外人道也"到"处处志之"却"遂迷"，加之"后遂无问津者"，暗示理想无法实现，寄托超越现实的希望。从内容到理趣，从一个追问到揭开谜底，让学生感到探索的乐趣，成就感逐渐增强，综合素养也会逐渐得到提升。

在这一学习的过程中，慢慢习得，付诸实践，感觉渐浓，为进一步学习与欣赏打下坚实基础。

三、"小院闲窗春已深"

在一阶段的训练后，学生渐渐增加了古诗文欣赏的知识和情趣。可以重点训练在朗诵中欣赏，如学习《关雎》《蒹葭》和李白《行路难》等时，加强朗诵体验。《关雎》《蒹葭》，重章叠唱，反复诵读中感悟形象，学生欣赏其中的美好意境，获得更多感性知识，并逐步走向理性总结。学习《行路难》时，尝试用抑扬调朗诵，配合轻重缓急，在内容的起承转合中充分体会诗人复杂的情感，进而理解李白傲岸不屈的灵魂。

在指导学生对柳宗元《哀溺文序》赏析时，尝试不给学生任何提示，让他们结合课下注释阅读、理解、赏析。结果发现，学生已经有了一定的理解力，并能自觉进行欣赏了。列学生的一篇赏析文章如下：

在《哀溺文序》中，作者向我们讲述了古时永州的五六个百姓在涨水的湘江中渡船，可行至水中央船却破了。百姓只好游到对岸。其中一个水性最好的人因腰缠金钱过重而落后。同伴都劝他丢弃腰缠，可他摇首不理，最终溺于水中。

文中的人无疑是悲哀的，是愚蠢的，只因金钱溺毙于湘江之中。他这样爱财的愚昧想法，让他落得个惨死的结局。当滚滚的湘江水漫入他的口鼻，无力再挣扎，他垂死之际，都没能明白"身且死，何以货为"？纵然家财万贯，若为此丢了性命，到头来不也是一场空吗？"得不有大货之溺大氓者乎？"

如今，一些人越来越势利，沉迷于物质财权，丝毫不顾精神与心灵上的空虚。他们为追求自己想要的一切而不择手段，最后不得善终。若把这一篇《哀溺文序》放到当下，恐怕所反映的就不仅仅是对生命的蔑视和葬身名利场的主题了。

那些刚刚迈入社会有着理想抱负的青年，在前行的路上受到质疑，那颗充实的灵魂饱满的心，被打磨得渐渐瘦削不堪。然后，他们会为了一撮薪水而放弃已经陪伴自己多年的梦想，无视自己的资本，从而点头哈腰低声下气，沦为上了发条一样忙碌世俗的人。最终，他们甚至会放弃自己的道德操守，失去灵魂。

这是一条不归路，它黑暗无比，但对于他们来说它有着最迷人的光亮，这光亮引诱得他们垂涎三尺。一旦顺着它走，便就像万丈深渊一般万劫不复。而那早已被丢弃在路上的梦想，就如秋天落叶一样，被萧瑟的风吹得不知所踪。

其实，他们是何等不甘啊，他们也深知放弃梦想时的挣扎和痛苦。但是无奈啊，若坚持梦想只得一生无果，这样的事他们又怎能愿意去做呢？

但愿，他们能一直记得最初的理想和生命的价值，从中汲取力量和温暖，不靠近欲望的烈火，也能得以暖人心脾。

但愿，多年后的我，依然可以和现在一样，对自己的梦想有着最好的诠释，对自己的未来有着最好的期盼，以写下这篇文章的心情看待一切。

这样的理解与欣赏，对初中生来说，已经比较深刻。学生能从文言文背后悟出作者要传达的道理，并能联系现实，有所阐发，已经能够逐渐达到活学活用的境界。对于其他众多古诗文，教师可以鼓励学生尝试多做赏析，不断有所发现，不断呈现出来，交流提高。继续前行，迎接即将到来的曙光。

四、"雪里已知春信至"

在学习探索过程中，学生从懵懂渐至深入理解，自觉自愿作赏析。如系列学习《小石潭记》《岳阳楼记》《醉翁亭记》《记承天寺夜游》等文章后，指导学生作综合赏析。结合几篇文章作者的身世与文章写作背景，学生做了更为深入的赏析。鼓励学生利用较为便捷的查阅资料渠道，筛选信息，合作探究，占据大量有用信息，知人论世，"知人论诗文"，使赏析更有高度。

有同学分享了探究的体验：《小石潭记》所写景色优美，动静有致，却因柳宗元的情绪低落、过于纠结于自己的遭遇而让读者扫兴，损害了整篇文章的韵致。《记承天寺夜游》，苏轼在失意落魄之时却能在与好友共赏美景中释放自己的情感，与他的《水调歌头》一脉相承，尽显潇洒本色。《醉翁亭记》，欧阳修虽遭贬谪，却保持一份乐观，与民同乐，自得其乐，为官一任，造福一方，酣畅淋漓，无限洒脱。《岳阳楼记》借友嘱托，写文记颂，恢宏大气，浑然天成，反复作比，开阔心胸，为君为民，极其忠诚。

尽管这样评价不一定准确，但能看出学生在古诗文欣赏中已逐渐深入，已经从内容理解和写法等层面上升到精神评价层面，古诗文欣赏教学有了实质性的成效，学生也进一步增强了信心。

五、"莫道不消魂"

学生感受到赏析的乐趣，理解和欣赏的水平大幅提高，文学敏感性增强，兴趣更加浓厚，形成赏析意识，古诗文学习渐入佳境。

学生开始进行对某一文学形象或现象进行深入赏析，如对古诗词中的"愁"，有同学把课内课外的诗词收集了一部分进行欣赏：

"少年不识愁滋味，为赋新词强说愁""而今识尽愁滋味，欲说还休""一种相思，两处闲愁"——这是直写之愁，直抒胸臆；"白发三千丈，缘愁似个长""抽刀断水水更流，举杯消愁愁更愁""问君能有几多愁，恰似一江春水向东流""便作春江都是泪，流不尽，许多愁""只恐双溪舴艋舟，载不动许多愁"——这是形象之愁，把愁写得有长度或有形态或有数量或有重量，使"愁"的形象可触可感，给人极深的印象；"这次第，怎一个愁字了得"——这是无以言表之愁，把愁写到了极高的境界。

有了如此较为深刻的认识，学生对古诗文的赏析达到了更高水平，不仅如此，其语文素养也随之得到非常提升。

古诗文教学中，教师非常重视欣赏教学，由浅入深，形成一个渐进的境界，既吸引了学生学习兴趣，扩大了学习范围，又提高了理解能力，提升了精神境界，在一定程度上扭转学生不愿学、学不会、学不精的弊病，从而热爱中国优秀古诗文，热爱优秀传统文化，主动传承之，光大之。虽任重道远，但前路可期。诚如是，幸甚！

作者简介： 韩金哲，北京市大兴区定福庄中学任教。北京市大兴区级学科带头人。大兴区师德先进个人、四有好教师、优秀乡村教师、优秀共产党员，北京市优秀教师等。承担区级课题"农村中学生作文自改实践的研究"，主持"中华优秀传统文化与现代语文课堂教学实践研究"实验学校课题研究工作。获得多项区、市、国家级论文、课堂设计及课堂实录、说课比赛、教师基本功比赛等奖项。

中华优秀传统文化是浸润学生成长的营养

山东省莱州市夏邱中学　王世莉

时常记起我家的一把胡琴，开始挂在正间，之后挂在套间，最后放到垃圾箱内。弦断了，松香没了。从祖父天天使用，到我父亲只会简单地拉几声，到我们这一辈，视为废物，弃之不理。这不仅是一个家庭的问题，是一个当下存在的严重的社会问题。我们的下一代还能记得多少中华五千年的优秀传统文化呢？这是值得我们深思的一个大问题。

一、品出经典滋味

1. 读出滋味

（1）经典存储。最初的尝试是召开年级语文组长会议，让他们确定本年级学生要背诵的经典诗词。经过一番研讨，六七年级挑选了100首唐诗。八九年级精选了100首词和曲。给学生布置阶段性任务。每天的早读为经典诵读时间，学校对每个班级进行任务驱动式抽查。效果较好。一学期下来，学校对本年级的经典诗词进行测试，并纳入考试成绩。几年下来，学生们古诗词的积累量倍增。达到了让孩子们存储经典的预期目标。

（2）吟诵展示。第一年，我们确定了每个年级一个主题的经典诵读的展演活动。六年级的内容是《弟子规》，七年级的内容是《诗经》，八年级的内容是《明月几时有》，九年级的内容是《将进酒》。展演准备期间，大多是语文老师、班主任和音乐老师参与。他们或在读法上下功夫，或在表演形式上标新立异，或者用唱读等形式诠释他们对文本的理解，年级之间风格不同，同年级之间又能清晰地进行比较。整个展演比赛现场，高潮不断，惊喜层出不穷。我自己在这方面也进行了有效的尝试。因为《弟子规》文学性不浓，但教育意义深远。所以我分别从语速的快慢上进行解读，配以两重唱的形式，中间加上学生自己拍手、两人拍手的动作，表现力较强并荣获第一届经典诵读第一名的好成绩。吟诵展示让每个班级的同学对作品有了深刻的认知。这是所有老师在课堂上无法传授给学生的真实体验。第二年，我们各班级就自由选材、内容和形式呈现出多样性，较第一年更为成熟。去年"子矜杯"经典诵读比赛，我校获莱州市特等奖。此外，我们还进行了诗词听写大赛及我为古诗配画等比赛活动。让学生深刻多方位体验了经典的韵味。

2. 唱出味道

从 2016 年开始，我们学校组织班班唱活动，歌唱的内容为经典诗词。第一年各班级的选材大多为《诗经·有狐》这样的作品。全部借鉴网络，直接运用。各班级大多以集体清唱的形式进行表现。第二年各班级的选材从诗歌到了词。内容丰富起来，表现形式也有了层次。有领唱，有的班级还分声部，有的班级还加入了表演的形式。今年，我给各班级推荐了央视的《经典咏流传》这一节目，让各班级把经典歌曲作为班班唱的内容。可以说，唱的形式让经典作品有了新的传承方式。它以文艺的形式给学生的影响是深远的。

二、剪出人生百态

我们莱州的陈秀香是文峰路东光人，系剪纸第三代传人。她的剪纸技艺已经达到了出神入化的地步。从花草到人物，从生活到想象，她的作品已然成为我市非物质文化的一大特色。由此，我们学校统一组织学生到市民之家进行参观。学生们了解了剪纸，并对此产生了浓厚的兴趣。学校聘请了陈秀香作为我们学校剪纸社团的老师。每周进行一次专题授课。学生们从基本功，到基本花样，剪得有模有样。每逢周末孩子们还可以到市民之家进行免费培训。尤其是逢年过节，学生们都把自己的作品赠送给老师和亲朋好友。可以说剪纸社团的开展活动，提升了学生们动手能力，审美能力，传承了民间的优秀传统文化。我坚信，不就得将来，学生们定能剪出百态人生。做一位这一项非物质文化的继承人。

三、寻遍自然珍宝

1. 野菜文化

有一次回老家，我在饭桌上品尝到了荠菜饺子。这触发了我的灵感。于是我开发了《春风吹来野菜香》这门课，利用周末带领学生走近大自然，进行调查研究。从蒲公英到马齿苋，从荠菜到艾草，从车前子到面条菜……孩子们拍了照片，一方面咨询长辈们这些野菜的功效或做法，并在家长的指导下进行实际操作。另一方面从网上查阅相关资料进行整理。孩子们把大自然里的珍宝整理成了百科全书。我们还利用这些资源上了综合实践活动课。从食用到药用，从生活到文化功能，孩子们探究得不一而足。我组织的一堂综合实践活动课《春风吹来野菜香》还于 2016 年获烟台市二等奖。莱州市一等奖。

2.《药材志》

2017 年我又立足天然药材的校本课程开发,置身于本土天然药材的探究之中。我一方面查询药书、网络,另一方面与老中医交流学习,将本土的药材进行整理。我将书目命名为《药材志》,共分为四章。第一章是种子的魅力(实话实说)。内容包括:车前子、连翘、马兜铃、牵牛花、酸枣;第二章内容为全身都是宝。内容包括:马齿苋、猫眼、扁蓄、青青草、石竹、苍耳、蒲公英、艾草;第三章内容是寻根问底(把根留住)。内容包括野葛、地榆、柴胡;第四章内容为动物的壳(物外之取)。内容包括蝉蜕、蜂巢、蛇皮。本教材的开发立足于学生的德育育人功能,旨在让学生从家乡资源,国有资源入手,认识,了解,保护,传承。当前,我们国家中医的特色传统治疗在全国推广,百姓需求较大,但是中药却大多是人为种植、养殖,药效不理想。我们地处山区,天然药材资源丰富。由此开发本课程,让学生了解我们身边的天然药材,并为保护药材、传承中医做出贡献。这本教材先后进行了三次修改。

第一套教材,我们对于这些中药如何分篇章进行了细致的研讨,有的主张是根据它的性情分类;有的则主张根据它的生长环境分类,也有的想根据它的药效分类。我们细细研究这些中药后,发现他们入药的部位不同,也便于学生接受。于是我们调整了教材的顺序。分篇章,共四章。

第二套教材,我们认为环节与生物没有什么区别,于是我们开始研究中药的几部分内容,于是我们开始规范教材,共分六个环节。一是简介。不同地域的名称区别;二是形态特征的介绍,适当加上图片,便于学生形象认识;三是介绍它的习性及分布情况;四是介绍它的价值,尤其是药用价值;五是摘录百姓验方。

第三套教材,我们发现有些中药有毒性,不能让学生盲目尝试,于是加上"注意事项"这个环节。让学生有病谨遵医嘱。在医生指导下用药。之后又有老师提议加上"实践指南"环节,让学生课下去实践,实现实践学科目标。课程实施策略采用学习质疑实践三位一体模式。每个章节学习主要采用三个环节:一是学生分享与此中药相关的自己的经历。二是课堂自主学习筛选与某中药有关的知识,学生分小组进行研讨,小组之间进行交流展示。三是学生提出质疑,师生共同研讨。四是老师给学生提示注意事项。五是老师让学生制订自己课下实践内容。课后实践(有的需要家长参与),确保学生安全,第二节课展示分享实践成果。第二点即实践方式多样性。一是学生自主采集标本。这些学生可整理成为自己的标本集;成为自己学生的十分宝贵的一手资料。二是学生学会炮制药材,如艾草中艾叶的晾晒。学生可以在家长协助下制成艾绒。这些学生可以学会粗浅的炮制方法。也便于自家使用纯天然的中药，服务于家庭生活，甚至服务于社会。第三，学生还可以研究含某种中药成分的中成药，进一步探究某些中药的药效。有时我们与老中医结对，让学生带着疑惑向他们进行咨询。增加学生的一些药理知识和实践经验。对于课外实践活动较好的小组或个人，我们将在学期末对他们进行表彰。这本教材于 2017 年，被评为市级一等奖。

四、演绎生旦净末

1. 感知地方戏曲

学校从 2015 年开始充分挖掘语文教材中的戏剧，让学生进行学习。但这种学习方法过于生硬。由此，我们把山东吕剧《借年》《李二嫂改嫁》等作品通过多媒体进行播放。让学生从视觉和听觉的角度进行整体感知。进而了解山东吕剧等地方戏曲的特色。观看之余，各班级利用课余时间进行了片断模仿秀。许多同学都回家请教长辈，进行学习模仿，收效较好。

2. 开展社团活动

在全校范围内，我们还组织学生开展社团活动。聘请了莱州京、吕剧团的老艺术家到我校开展社团活动。经过一个学年的培训，学校有 20 余名戏曲爱好者参加市艺术月，进而参加烟台市艺术月展演，获烟台市一等奖。戏曲是我们中国的国宝，我们有义务和责任将这一文化瑰宝继承并发扬下去。尽情演绎生旦净末丑。让戏曲在中华民族的发展史上熠熠生辉。

五、走进民间文化

我们学校还利用寒暑假等节假日，让学生实地开展综合实践活动，走进民间文化。

1. 探究村名文化

2016 年我们让学生以村为单位，探究每个村庄名字的由来。经过一个暑假，学生们果然呈现了厚重的村庄文化。如留驾村，是因为赵匡胤在此留过宿，由此得名；临瞳河村是因为靠着一条大河由此得名；南庙村因为古代村南边有一个庙而得名。学生们并没有因此而止步，进而探究出村庄命名的方式。有的因为战争，有的因为有象征性事物，有的因为名人，有的因为姓氏。这样一来，学生们都深入了解了村名文化及地域文化，学生们探究出我们这个地方的人大多由四川迁徙而来。我们开发的这个校本课程，由刘晓蓉老师执教参加首届山东省校本课程优质课的比赛，荣获一等奖。

2. 走进民间传统活动

寒假期间，我们让学生们走进民间的传统活动中，感受民间活动。男同学参与村子里跑龙灯、打腰鼓的较多，女同学参与跑灯的较多。还有的女同学以家庭为单位学习勾花、编织毛衣、面塑等活动。男同学参与了我们当地的浮雕等雕刻技术的学习实践。传统文化在民间，只有让学生们参与其中，他们才会让前辈的民间技艺越走越远。

以上仅是我校在优秀传统文化建设中的点滴做法。我们的一些做法还不够成熟，还不系统。但我们一直执着地走在传承中华优秀文化的路上。

中华民族的每一寸土地上，都孕育着丰厚的传统文化。这些传统文化对整个中华民族而言有着久远的价值。我们学校要充分发挥育人功能，多渠道开通传统文化进校园的路径，请进来、走出去，把传统文化当作我们教书育人的一项重内容，让学生们多方位感知传统文化经典。当然学校践行优秀传统文化过程中难免会遇到一些问题。我们践行传统文化要制度化、规范化、持久化。要以内涵发展为宗旨，以传承文化为目标，让传统文化成为浸润学生成长的养分。让优秀传统文化在校园内外生生不息。

作者简介：王世莉，山东省莱州市夏邱中学任教。荣获"莱州市骨干教师""莱州市教学能手"等荣誉称号，被评为"莱州市三爱标兵"。2012 年执教《鹤群翔空》被评为莱州市语文优质课一等奖，2013 年开发并执教的学校课程美文欣赏《花开有声》获莱州市优质课一等奖，2016 年执教的综合实践活动优课《春风吹来野菜香》获烟台市二等奖。2017 年开发的特色校本课程"药材志"获莱州市二等奖，被市局聘请为第二学区农村特级教师。

曲径通幽处

——沙湾县第五中学传统文化课题研究实践与反思

新疆维吾尔自治区沙湾县第五中学 朱永君

2016年6月，为弘扬传统文化，优化现代语文教学，我校积极申报了国家"十三五"重点科研课题"中华优秀传统文化与现代语文课堂教学实践研究"。结合教学实际和我校语文教学现状，我们的研究子课题定为"弘扬传统文化优化现代语文教学的实践与研究"。该课题立项以来，在校领导大力支持、课题组全体成员的共同努力下，课题研究进展顺利，传统文化进校园活动有效推动了校园文化建设进程。两年来，随着课题研究的深入开展，学生古诗文的学习兴趣日益浓厚，课题组教师在古诗文教学研究中取得突破性进展。回首走过的课题研究之路，真可谓"曲径通幽处，禅房花木深"。

一、风景这边独好

2016年9月，围绕传统文化，我校开展了系列教学创新活动，在全校形成一道亮丽的风景。

1. 走进先贤的人生

2016年9月，伴随着部编教材的使用，结合我校申报的传统文化课题，我们将古诗文教学作为语文教学创新的切入点，力求在古诗文教学中有所突破，摸索出一套古诗文教学的新路子。

一篇经典之作，之所以能打动读者，究其根本，源于作者的人格魅力。我们课题组一致确信：一个人只有鲜活地站在学生面前，有思想、有温度、有魅力的时候，才能吸引学生的目光，从而对他和他的作品产生兴趣。基于此，我们倡导古诗文教学从作者入手，查阅大量资料，学生一起寻找鲜活地作者形象和相关作品。例如：讲《论语十二章》，就动员学生和老师一起查阅资料，全方位收集与孔子相关的文字，开展《孔子故事我知道》的教学活动，让学生通过对资料的收集、整理、表达、交流，多角度认识孔子，感受孔子的人格魅力。教学《杜甫诗三首》的时候，引导学生大量收集关于杜甫的生平经历和代表诗歌，让学生对杜甫的一生做深入的了解和探寻。借助资料，学生再读《望岳》和《春望》时，很快就理解了杜甫为什么青壮年时期意气风发、满腔凌云壮志，而写《春望》时却满目萧然，极度伤感。教学《饮酒》，就让学生充分了解陶渊明的生平经历，包括他人生的三仕三退、回归田园时写下的《归去来兮辞》。有了生平经历的深入了解，再解读《饮酒》时，学生很快就理解了陶渊明"采菊东篱下，悠然见南山"的闲适惬意。

创新实践之前，我们对古诗文的作者简介只停留在年代、字号、代表诗作的了解上。这样的认识很肤浅，导致诗人在读者面前没有任何温度。开展走进先贤的人生世界活动以来，学生对古诗文作者有了全面、深入的了解，再解读他们的相关诗文，学生的学习兴趣就有了明显的提升。不仅如此，查阅资料、大量收集、整理的工作不仅拓宽了学生的阅读渠道，还锻炼了学生归纳、整理资料的能力，提高了他们的阅读兴趣。例如：为增加学生对孔子的好奇和敬仰，我在调动学生收集资料的同时，还给学生们准备了两个故事，一个是关于孔子出生的，一个是孔子拜七岁小孩为师的。这两个故事，听得学生们瞪大了双眼："真的假的？老师，孔子真的长得很难看吗？""当然是真的，你看书上的图片，的确长得不怎么样啊。"学生们点点头，一脸的似信非信。我趁机说："但是人不可貌相，海水不可斗量，你看孔子，虽然长得不好看，但是从来不自卑，还做出了那么大的贡献，多了不起啊！他的书，一定要读哦！"还有学生问："老师，老虎真的喂孔子了？老虎为什么不吃他呢？""哎呀，老虎要把孔子吃了，我们到哪里去学《论语》啊？""哈哈……估计老虎不敢吃，怕我们找他算账，所以就把孔子喂得饱饱的，他也算是为我们做了贡献，所以现在我们把老虎当一级保护动物了。"谈到孔子拜师，学生们更是对孔子敬佩之至："天啊，换了我，我可做不到，一个毛学生，还敢挡我的路，孔子真是太谦虚了。""对呀，所以我们要虚心向别人请教，用欣赏的眼睛去看别人，我们就能发现每个人身上都有值得学习的地方，这就是孔子说的三人行必有我师。"因为多角度认识了孔子，孔子在他们心中活了，有了温度，让学生们肃然起敬。短短一学期下来，学生学习了多少篇古诗文，就了解了多少作者的生平故事，这些与作者相关的故事，如一颗颗璀璨的明珠，成为学生们仰望的文学星空。

2. 品读国学经典作品

中华文化艺术宝库中，从《诗经》发端，诗词曲赋浩如烟海，《三字经》《千字文》《弟子规》学生们早已在幼儿园时就诵读过。到了初中语文学习，我们选择了对学生产生深远影响的几部经典之作引导学生阅读。他们是《论语》《史记》《资治通鉴》《诗经》。除此之外，还结合学生接触过的诗人，为学生推荐了两部传记《陶渊明传》和《苏东坡传》。这六部经典之作，我们一学期安排一本，组织学生利用假期深入阅读，读完后撰写读书心得，开学后进行主题阅读交流。通过这样的阅读活动，让经典作品的精髓根植在学生内心深处，让学生通过阅读经典作品，提高文言阅读的能力，拓展课外阅读的空间。例如：执教《论语十二章》时，我把《论语》和于丹的《论语心得》两本书带进课堂，讲完课文后趁热打铁向学生推荐，我说："古人云'半部论语治天下'。可见《论语》这部书对我们生活、学习、修身做人、治理天下的影响之大，作为中国人，不读《论语》不能算真正的中国人，不读《论语》，你就错过了一道精神的美餐，那是一件多么遗憾的事情啊！所以老师推荐大家去读一读《论语》，读完再去读一读于丹的《论语心得》，相信你一定能从中汲取到无穷的力量，让《论语》完善你的人生。"因为之前已经对孔子产生了浓厚的学习兴趣，当晚，就有三个学生去买了《论语》和《论语心得》，第二天拿给我看："老师，是这本书吗？"我立即回答："是是是，你买得太对了，比老师买的版本还要好，赶紧看完了借给我看啊！""好！我争取一周内看完，看完第一个借给你。"说完就回到座位上去看了。读完《论语》后，我们还组织学生统一完成作文《论语带给我的正能量》，筛选学生的优秀习作参加传统文化课题组的作文大赛，借助丰富多样的阅读活动，完成传统文化进校园的目标。

3. 让《中国诗词大会》走进课堂

看过中央电视台董卿主持的《中国诗词大会》之后，我们决定把《中国诗词大会》搬进课堂，以活动为载体，激发学生们学习语文的兴趣，也借助这样的活动激发学生对古诗词的热爱。此项活动的开展得到学生的大力支持，但准备阶段却举步维艰。课题组老师翻遍所有的古诗词书籍，先选诗，后选题，再做 PPT，忙活了整整一周，才做好了比赛用的课件。活动在各班相继开展后，我们进行了一次跟踪调查，了解学生对此项活动的体验感受。事实证明：学生们非常喜欢这样的活动，有些学生甚至激动地跟老师说："老师，有好些诗我们都不懂，赶紧教教我们背吧！""老师，这样的活动以后还会有吗？我好期待哦！"一次活动激起学生对诗词的浓厚兴趣，这正是我们举办这样活动的目的。

4. 将诗词赏析融入课前演讲

在我们学校，语文课之前必定要开展课前三分钟演讲活动。传统文化课题研究自开展以来，我们将诗词赏析和课前演讲活动结合起来，各班开展《我最喜欢的古诗词》演讲活动。演讲之前，学生先选择自己最喜欢的一首古诗背会，再进行赏析，讲赏析内容写成 500 字以内的文字和同学们分享交流，这样，诗词赏析和课前演讲活动有机地结合起来。为有效开展这项活动，我们课题组老师群策群力，共同撰写了演讲稿，选择演讲突出的教师到各班去示范演讲，为学生做出具体的示范和引领。在老师的带动下，各班陆续开展以古诗词赏析为主题的课前演讲活动，不仅让学生积累了大量的古诗词，也提高了赏析诗歌的能力。

5. 创新诗词解读的角度与方法

传统的诗词教学，以参照教参为主，只求把教参解读出来的内容准确无误地传递给学生。但事实证明，诗词教学也可以创新解读，让它焕发出别样的光彩。在这个问题上，我们主要从三方面入手：

(1)尝试开展专题赏析。如教学陶渊明的《饮酒》，就把能集中代表陶渊明田园诗风的诗歌都整理出来，沿着诗人陶渊明的生平经历进行田园诗的专题解读，已达到全面认识、了解陶渊明的人生志趣和田园乐趣。

(2)在诗词解读中大胆跳出教参解读的藩篱，进行创新的解读。例如在解读"大漠孤烟直，长河落日圆"的时候，我突然就感觉到，那广阔无边的沙漠何尝不是这茫茫人海，一缕孤烟又何尝不是王维孤独而又倔强的一颗初心，生命在波澜壮阔的长河里起伏，作者却如落日即将无奈地离开他人生的舞台。这种理解，各种教参里都没有提到过，我们之前也从不曾想到过这些。但带着学生们赏析诗句的画面美时，如海面上的灵光一闪，它们就那么鲜活地在我脑海里闪现、跳动。确信这样的解读不算误导，我们就讲给学生们了，且得到了他们一致的认可。有了这份理解，学生们很快在解读"山随平野尽，江入大荒流"的时候，自然联想到：无垠的平野是诗人越看越远的视野，开阔的江面，就是诗人日益开阔的内心世界，带着梦想，诗人从蜀地出发，渡至荆门，人生将迎来崭新的天宽水阔。

(3)尝试类比阅读赏析。例如赏析《使至塞上》和教读《野望》的时候，我们将作者王绩和陶渊明放在一起比较，学生很快就理解了为什么同为归隐之人，他们的内心会有那么大的差异。在此基础上再去解读全诗，学生就很快理解了作者王绩内心的孤独与惆怅，理解了为什么在作者眼里会"树树皆秋色，山山唯落晖"，为什么会看到"牧人驱犊返，猎马带禽归"，又为什么会"相顾无相识，长歌怀采薇"。当自然界的山水和诗人的内心相融的时候，学生就不难理解什么是"一切景语皆情语"了。又如解读《使至塞上》和《渡荆门送别》的时候，我也把两首诗放在一起赏析，让学生体会在不同人生境遇下世人内心的情感变化。被排挤出朝廷的王维如飘飞的蓬草，北归的大雁般"征蓬出汉塞，归雁入胡天"；意气风发、踌躇满志的李白却在辞别故乡时张开想象的翅膀看到"月下飞天镜，云生结海楼"。一边是"大漠孤烟直，长河落日圆"的雄浑、苍凉与悲壮，一边却是"山随平野尽，江入大荒流"的开阔、明丽与洒脱。诗中有画、画中有诗的王维几笔就勾勒出大漠边关的线条与色彩，极具浪漫色彩的李白则借故乡水送行舟表达对故土的依恋与难舍。同是离开，一个几分凄凉无奈，一个却几多浪漫潇洒。自然界的山与水，承载着诗人细腻的情思，让我们徜徉在山水之间，便触摸到诗人敏感而多情的灵魂。

二、几多欢喜几多忧

自传统文化课题在我校开展以来，我们在古诗文教学上大胆改革，力求创新，有效改变了我校古诗文教学低效、无趣的教学现状，课题研究进展顺利，教师教科研能力逐步提升。但倍觉欣慰的同时，我们也真切体验到语文教学面临的种种尴尬和无奈，主要体现在：

1. 过多的课业负担挤占了学生诵读古诗词的时间，学生的古诗文诵读仅局限于背会课内古诗文，对教师增加的课外古诗词无暇背诵，导致古诗词积累达不到预期的数量。

2. 尽管我们语文教师很努力，数理化还是夺取了语文教学的阵地，学生花在语文上的时间少之又少，语文学习成为学生心中最不重要的主课。

3. 受条件限制，学生的经典阅读推进工作举步维艰，很多学生和家长认为这些书读了无用，不给学生买，因而严重影响了阅读的进程和质量。

4. 传统文化进校园活动开展已经两年，从一定程度上营造出浓厚的文化氛围，但受家庭、社会的影响，学生学习传统文化的兴致不浓，效率不高，导致传统文化的传播和弘扬如同食之无味弃之可惜的鸡肋。

纵观以上课题研究中出现的问题，我们课题组的老师一起，寻找对策，力求经过各种尝试，改变当下的这种尴尬和无奈。尽管困难重重，但我们坚信："曲径通幽处，禅房花木深"，我们一定可以通过不懈地的努力，在山重水复的探寻中，迎来语文教学领域的柳暗花明。

作者简介：朱永君，新疆维吾尔自治区沙湾县第五中学任教。新疆维吾尔自治区沙湾县优质课大赛一等奖。先后承担塔城地区、新疆维吾尔自治区、国家级科研课题 6 项，已成功结题 2 项。获得新疆维吾尔自治区首届精品课大赛一等奖，被评为沙湾县"十大名师"，沙湾县骨干教师，塔城地区首届名师，沙湾县学科带头人，新疆维吾尔自治区第二届教学能手，沙湾县教研标兵。

根植"中国心"，浸润"传统味"

——基于中华优秀传统文化思维的文本解读例谈

安徽省宿州市第九中学　谢海生

最近，中共中央办公厅、国务院办公厅印发了《关于实施中华优秀传统文化传承发展工程的意见》，强调要坚守中华文化立场，传承中华文化基因，不断增强中华优秀传统文化的生命力和影响力，创造中华文化新辉煌。在中小学教育中，要求按照一体化、分学段、有序推进的原则，把中华优秀传统文化全方位融入各教育环节。正如深圳市南山区教研室唐建新老师所说："我们应该将带有中国智慧的传统文化，具有东方文化瑰宝结晶的核心价值观，通过国家编写的教材润物无声地渗透和普及到我们的国民教育中去。"

《义务教育语文课程标准(2011年版)》指出："语言文字是人类最重要的交际工具和信息载体，是人类文化的重要组成部分。……语文课程对继承和弘扬中华民族优秀文化传统和革命传统，增强民族文化认同感，增强民族凝聚力和创造力，具有不可替代的优势。"由此观之，语文教育的重要任务就是继承和弘扬中华优秀传统文化，这正与语文核心素养的要素之一"文化的传承与理解"相契合。

依据语文课程标准编写的大部分教材文本浓缩了中华民族几千年来的文化传统、处事为人的态度与方法、世态百相的描绘与展现等内容，是中华民族精神的载体。语文教师就应当把自己的教学思维扎根于民族文化的土壤之中，用"中国心"去解读文本，指导教学，让学生在传统文化的雨露中浸润精华，汲取丰富的营养。下面以《散步》《秋天》《秋天的怀念》为例，谈谈基于传统文化思维的文本解读所包含的美学意蕴。

一、思想内涵的和谐交融之美

2008年北京奥运会开幕式是中国向全世界献上的精彩绝妙的文化盛宴，尤其是开幕式上的文艺演出，不仅展现了中国古老的东方文化，也展示了中华民族优秀传统文化底蕴的悠久与博大。其中"上篇：灿烂文明"节目中的一个场景令人震撼：897块活字印刷字盘变换出不同字体的"和"字，表现了中国汉字的演化过程；小小的符号变幻无穷，包容了宇宙万物，传达出中国关于人与人、人与自然、人与社会的最古老的人文理念："和为贵"。

中华民族特别重视"和""不同乃和""家和万事兴"。冰心老人曾说："美的真谛应该是和谐。这种和谐体现在人身上，就造就了人的美；表现在物上，就造就了物的美；融汇在环境中，就造就了环境的美。"

莫怀戚的《散步》中就蕴含着"和"这种厚重的传统文化之美——天地人之道归于"和"。

文中从三个层面予以体现：首先是人与自然的"和"，即天人合一。莫怀戚先生将散步的时间设定为春季，春和景明，"这南方初春的田野，大块小块的新绿随意地铺着，有的浓、有的淡；树上的嫩芽也密了；田里的冬水也咕咕地起着水泡。这一切都使人想着一样东西——生命。""金色的菜花，整齐的桑树，水波粼粼的鱼塘"，春天有暖洋洋的阳光，有大片大片的新绿，有生机勃勃的万物，老人在熬了一个冬天之后也要在勃勃生机的自然中重新焕发生命力，人的悠闲心情与环境的温和清新高度接近与融合，人自然而然地就成了大自然的一部分，从而达到了"天人合一"的境界。

其次是人与人的"和"。散步路线出现分歧后即"不和"，中国的传统道德及时予以"调和"，父亲顺和奶奶，妻子顺和丈夫，奶奶顺和孙子，子孝妻贤，尊老爱幼。传统的"三纲五常""三从四德"中的合理部分得到体现和传承。如果家庭的基本秩序不存在，所谓民主、自由，那只能各走各的，哪里还有天伦之乐？散步的几个人中，妻子做得最好，"妻子呢，在外面，她总是听我的"。理解丈夫的孝心，顺从丈夫的安排，贤惠体贴保证了"家和"的实现。其身上体现了东方妇女的美德。

最后是人与社会的"和"。社会由一个个家庭组成，每个家庭"和"了，社会就"和"了，国就"和"了。正如课文结尾所描绘的，"这样，我们在阳光下，向着那菜花、桑树和鱼塘走去。到了一处，我蹲下来，背起了母亲，妻子也蹲下来，背起了儿子。我的母亲虽然高大，然而很瘦，自然不算重；儿子虽然很胖，毕竟幼小，自然也轻。但我和妻子都是慢慢地，稳稳地，走得很仔细，好像我背上的同她背上的加起来，就是整个世界"。这里的整个世界就是整个民族、整个社会、整个国家。

用传统文化中的儒家思想的"孝悌"观念和道家的"天人合一"思想去解读文本，并在此理念的指导下设计教学，定会让学生真切地感受到文本思想内涵的和谐交融之美，并进一步得到传统文化的洗礼。

二、意境创设的古典意蕴之美

如果我们用传统文化的思维去解读何其芳的《秋天》，会发现它是一首处处体现着中国古典文化意蕴之美的现代诗。

首先，这首诗在内容上契合中国人对"秋天"的哲学理解。第一节写农家丰收景象，"震落了清晨满披着的露珠，伐木声丁丁地飘出幽谷。放下饱食过稻香的镰刀……"伐木、割稻都体现"五行相生相克"的思想。五行中"秋"属于金，金克木，开头第一节就体现了浓厚的中国文化色彩。如果不是对中国古典文化有深厚理解，是很难写出这样的诗句的。第二节写渔民收获景象。中国古典文化中历来都有秋猎、秋围的习俗，即使处罚犯人也是"秋后问斩"，如果人在春天犯了罪，也要养着到秋天再处死。《黄帝内经》说："秋三月，此谓容平，天气以急，地气以明。早卧早起，与鸡俱兴。使志安宁，以缓秋刑。收敛神气，使秋气平。无外其志，使肺气清。此秋气之应，养收之道也。"所谓春生、夏长，秋收、冬藏。渔民捕鱼的景象，正符合这种哲学思想。至于第三节的"少女思恋图"，按中国传统文化之道，秋天不宜思念，因为这是养收的季节，不是思念的季节，秋季应"收敛神气""使志安宁"。如果非拧着来，只能是"单相思"，心火煎熬，所以诗中的少女对牧童的思恋只能是"梦寐"了。

其次诗歌体现了古典的天文知识。秋天有立秋、处暑、白露、秋分、寒露、霜降六个节气。该诗中有三个节气：露珠是白露，冷雾是寒露，白霜是霜降，依次展现了秋天渐深的进程。

第三，农家、渔家们安闲的精神状态正是秋气之应。按照道家思想，经过春夏两季的生长，秋季正是杀伐采收的季节。农民手中的斧子、镰刀、背篓，渔民的圆圆的网都"享受"到了采收的满满的幸福。"竹篱间、芦篷上"都满溢着劳动者秋收的安宁和惬意，有了这样的丰收，他们就能在生命受到严酷考验的冬天安闲地度过了。

最后，诗中的色彩、声音分别体现了中国水墨画和中国古典音乐的特点。稻之黄，果之红，霜雾之白，乌桕叶之青，淡雅而不失绚丽；伐木声是商之音，笛声是角之音，悠远而饱含深情。

基于这样的解读，我们在教学时就不仅仅是把《秋天》作为文学作品来欣赏了，它同时可以作为我们普及传统文化的载体。学生于潜移默化中领略意境创设的古典意蕴之美，其审美情趣亦在传统文化的浸润中氤氲开来。

三、情感表达的含蓄安静之美

我们继续以传统文化思维的角度来解读史铁生的《秋天的怀念》，就会发现它歌颂的是"中国式母爱"，它更像是一篇烙上"中国印"的文本。

为什么这样说呢？打个比方，以前的东方人，你让他说出"我爱你"比登天还难；而西方人则相反，你不让他说"我爱你"比登天还难。这就是东西方文化的巨大差异：一个含蓄安静，一个直白张扬。孟郊的"慈母手中线，游子身上衣。临行密密缝，意恐迟迟归。谁言寸草心，报得三春晖。"母爱被默默地缝进衣服里；"执手相看泪眼，竟无语凝噎"，情人间的爱被浓浓地凝聚在眼泪中；"劝君更尽一杯酒，西出阳关无故人"，朋友间的友爱亦被悠悠地融化在杯盏间。这份含蓄安静不正是中国传统文化的魅力所在吗？

《秋天的怀念》一文中，这位"母亲"的身上正折射出了"中国式母爱"的光辉。史铁生在他的另外一篇写母亲的文章《我与地坛》里写道，"儿子的不幸在母亲那儿总是要加倍的。"是的，母亲承受着来自儿子及自身几倍于儿子的痛苦，却从来都不说，只是默默地用爱来呵护和启示着儿子。"我"发脾气时，母亲"悄悄地躲出去""偷偷地注意""又悄悄地进来"；"'还记得那回我带你去北海吗？你偏说那杨树花是毛毛虫，跑着，一脚踩扁一个……'她忽然不说了。对于'跑'和'踩'一类的字眼儿，她比我还敏感。她又悄悄地出去了。"三个"悄悄地"一个"偷偷地"，胜过千言万语，她爱得是多么的谨慎小心；"看着窗外的树叶'唰唰啦啦'地飘落。母亲进来了，挡在窗前"，一个"挡"字显现了母亲的细心，她不能让自己的儿子受到一点点无谓的伤害；"眼圈红红的""她憔悴的脸上现出央求般的神色。"母亲又是多么有耐心！"母亲扑过来抓住我的手，忍住哭声说：'咱娘儿俩在一块儿，好好儿活……'"爱得又是多么的深沉和久远。总之，《秋天的怀念》中的母爱确如文章结尾所说："淡雅高洁，热烈而深沉，泼泼洒洒。"这就是具有情感表达含蓄安静之美的"中国式的母爱"。

叶圣陶先生说："教材无非是个例子。"以上三个例子就是基于传统文化思维的文本解读，意在阐释其中所包含的美学意蕴。需要特别说明的是：一提传统文化，很多人都认为只有文言文、唐诗宋词这样的古代经典才能体现出来。其实不然，只要我们语文教师有传承中国文化的决心、信心和责任心，自己首先要成为传统文化的研究者、传播者，根植"中国心"，浸润"传统味"，就一定能够帮助中国的孩子成为堂堂正正的、原汁原味的、有民族文化自信的中国人。传中国人的道，授中国人的业，解中国人的惑，正是语文教师义不容辞的责任。

参考文献

1. 唐建新：《写作教学的艰难探索——关于部编初中语文教材写作部分的编写》，《语文教学通讯》，2017 年第 3 期。
2. 陈珞珈：《黄帝内经（全四卷）》，吉林：吉林大学出版社，2009 年。
3. 叶圣陶：《叶圣陶教育文集（第三卷）》，北京：人民教育出版社，1994 年。

作者简介：谢海生，安徽省宿州市第九中学任教。安徽省第二届"教坛新星"，安徽省教育厅"国培计划"远程培训辅导专家，宿州市"模范教师"，宿州市第三届、第四届"学科带头人"，宿州市教师培训专家。多篇教学论文在《中学语文教与学》《中小学教材教学》《语文教学通讯》《中学语文》《现代语文》《课外语文》等学术期刊上发表。目前正在主持中国高等教育学会教师教育分会"十三五"重点科研课题"中华优秀传统文化与现代语文课堂教学实践研究"子课题的研究。

做课题研究，促专业成长

新疆维吾尔自治区乌鲁木齐市第七中学　王玉桂

2015 年 6 月我校立项了"初中古诗文阅读有效教学策略"课题，目前研究已经进入到结题准备阶段。我们是如何做课题的呢？通过近三年的研究，我们觉得在以下方面有了较深切的感受：

一、要转变对课题研究的心态

(一)要彻底破除对课题研究的神秘感

我们以前觉得研究就是专家、学者高深莫测的事情，要整天坐在文山书海研究室里。现在明白课题就是我们身边的问题，就是我们对教育教学以及自身专业成长的困惑、探问。当我们急于想解决这些困惑和问题从而寻求一种明晰的答案和合理的方式的时候，就在进行课题的研究。有很多问题我们在平时的教育教学中都曾经思考过、探讨过，甚至烦恼过，只是没有站在一个全面系统理性的高度罢了。课题研究就在我们身边，只要愿意思考，它就是我们教育教学的一部分，一点都不神秘。

(二)要增强课题研究意识，乐于做课题

课题研究和我们的教育教学并不冲突，反而让教育教学有一定的提升。一方面是教师科研意识和能力的提升，学生自觉性和能力的提高，教学成绩的显著提高。教学教研完全可以两不误，教研的确可以引领教学、促进教学，为教学插上一双飞得更高更远的翅膀。凡是经历过，就一定会收获比别人更多的财富，比别人更快地成长，学生的学习如此，教师的科研亦如此。

二、提高了我们课题研究的能力，获得了课题研究的宝贵经验和财富

(一)选好题至关重要，这一点我们有了更深刻的认识

选题决定着研究方向，也决定能否研究成功。选题一定要从实际出发，能解决教育教学中的问题，可操作性要强，力求创新。课题研究应该科学而有效地来选择课题。那么，在面临诸多的急需解决的实际问题时，如何选题呢？大概可以用以下六个字来概括：想做，可做，能做。你最想解决，最需要解决的问题是什么，你自己更清楚。因为每个人所处的环境及其自身的条

件不同，因此各人的需求就不一样，这就要求我们根据自己的需求慎重选择。针对自身的条件而言，将经验、时间、精力等因素考虑在内就会明白课题能不能进行研究或能不能将研究进行到底。因此，必须从实际出发，在充分了解自己的基础上，做自己力所能及的事。此次我校申报立项的课题，就是顺应教育的要求，顺应新课程的要求，也为了解决我校目前古诗文教学亟须解决的低效、枯燥、死板问题，老师们对此有迫切的愿望，也有信心完成。

(二)善于学习，理论准备要充分

在课题准备阶段，一定要认真研读和课题相关的文章。可以读书，查阅期刊，读网，特别要读语文新课标，新课标是高度浓缩的智慧和精华。仔细咀嚼新课标的字字句句，都有一番深意和内涵在里面，都可以找到一个研究点！课题组要求每位成员将和课题有关的书籍、订阅的杂志、网上下载的文章放在办公室，谁有时间谁就可以随时翻看。有了较丰厚的理论积淀，做课题时就有了一定的高度，所谓"站得高，望得远""欲穷千里目，更上一层楼"，而不仅仅是井底之蛙，坐井观天了。

(三)计划性要强

每个阶段要做什么，按照课题实施的计划一定要做到，不能糊里糊涂临到结题了才发现什么也没有完成，再心急火燎地眉毛胡子一把抓也来不及。各种研讨课、教学案例、论文完成等。因为这是重头戏，是课题研究的主要内容。尤其是研讨课，这是课题研究实施的主阵地，要按照计划，每位课题组成员根据自己的研究角度具体实施。课题研究之初就要在负责人和成员的商讨下，选定自己研究的角度。比如，我们的课题分为古诗文文本解读、诵读、教学设计、预习、复习、基础、翻译等不同部分，成员各自有着主攻方向。

(四)要寻找和尝试多种有效的研究方法

课题研究的方法很多，用哪一种方法，关键取决于研究内容，取决于是否适合研究，对课题来说是否是科学合理有效的。我们这个课题用了"行动研究法"，因阅读教学实践性很强的活动，必须以实践行动研究为核心，边实践、边反思、边调整，强化研究效果，达到研究的目的。有"个别谈话法"，选择了不同类型的学生进行谈话调查，以了解不同学生对古诗文学习的看法、态度。访谈学生要做好访谈的记录。有"问卷调查法"，设计合理的问卷，面向全体学生进行课题研究前后的对比调查，然后对调查结果进行统计分类，全面客观地了解学生古诗文学习的现状及存在的问题，以期寻找到解决问题的合理方法。前测和后测一定要有对比分析，才能鲜明地表现出研究前后的情况。

（五）及时反思、调整自己的研究进程

虽然整个课题研究的过程一定要做到有的放矢、心中有数，才能胸有成竹，但俗话说"计划不如变化快"，在具体的实施过程中会发现很多问题与当初设想的并不一样，甚至连研究的角度都偏离了既定的方向。这是好事，说明思考在深入，在经过"山重水复疑无路"的思维困顿之后，及时的反思、调整，必将进入"柳暗花明又一村"的新境界。在反思、调整中可以常常问问自己这样四个非常有效的问题："我为什么做我所做的"（目标定位是否准确）、"我为什么这样做我所做的"（手段运用是否合理）、"我这样做的效果怎么样"（目标是否达成）、"我应当怎样进一步做好我所做的"（今后的措施及策略）。在这样不断地追问中，研究会不断有新的发现。

（六）紧密合作，分工明确

"紧密合作"无需多言了，课题都是集体智慧的结晶。常常都是晚上十一二点了，如果有哪个老师想到了课题研究的一个新点子，都会赶紧打电话交流一下。分工在课题实施之前就应该明确下来。这样，课题组的每位老师才会心里有数，不至于临到跟前还是眼前一抹黑，不知道自己要做什么。课题负责人主要承担申报、结题以及整个过程的统筹协调工作，课题组成员，有的人要去做调查问卷；有的人负责收集资料的工作等等。这样，在研究的过程中，大家才会心往一处想，劲往一处使，如果遇到了特殊情况，再随时协商灵活调整，以保证小课题研究顺利地开展下去。

（七）课题研究主体性原则，引导学生积极参与

课题研究是师生共同学习、共同成长的过程，我们研究的最终目的是为了更有效地对学生进行教育教学，最终的落脚点是学生。因此我们的课题在研究的过程中有大量的学生参与。让学生参与进来就是调动学生的积极性，培养学生能力的过程。而且，学生们会有超出我们期望的精彩表现。当然，引导学生参与一定要给学生指导具体的方法，否则学生是无从动手的。还要注意培养学生的能力有个循序渐进的过程，不要期望一口吃出个胖子来。

（八）总结规律、方法

总结规律、方法并简洁明了，便于对小课题的做法进行推广。目前，我们的课题已经取得了一定的成果，总结了出来。比如，古诗文的文本解读，重在章法考究处和炼字炼句处，可以采用因质定教、因学定教、因材定教、因考定教、因文定教等方法。古诗文教学设计以诵读为主，将诵读贯串于每一个教学环节，大体上分为三个"台阶"，或者"三步走"的教学策略。第一步是读准字音、节奏，读顺课文；第二步是读懂字面意思和内容；第三步读深读透思想情感和写作手法，特别是古诗文的语言之美。不管是采用哪一种教

学手段，最终在于完全彻底领会古代仁人志士的情和意，领会古诗文章法之妙，语言之美，这是经典的价值和意义所在。比如古诗文的诵读要音义结合，诵悟并行；注重训练，探寻规律；小步轻迈，具体细腻；授之以渔，举一反三；丰富形式，因文制宜；完善评价，促进生成。

(九)注意整理、积累资料

过程性材料要收集好，与课题相关的学生或教师调查问卷，还有访谈记录，特别是和本课题相关的学生作业，体现成果的学生成绩，还有一些相关的获奖文章。在电脑上建立一个专门的文件夹，用来收集和课题有关的一切电子稿；在办公桌上准备一个专门的档案盒，用来存放和课题有关的纸质资料。注意资料都要分门别类收集，哪是老师的，哪是学生的；哪是论文、案例、反思，哪些是作品、访谈记录，都要标注得清清楚楚。这样在查找和使用起来就快捷方便多了。

(十一)完美结题

我们认为把研究过程做充分做扎实了，结题就是水到渠成、瓜熟蒂落的事了。结题时当然不能把所有的材料一股脑儿一装了事，已经有了好的内容，在装订结题材料时我们打算再给她穿上一件美丽的外衣，即形式美和内容美兼而有之。目前做好的教师论文和教学设计文集有序装订成了精美册子，里面还有彩色的插页，既是研究的见证又具有纪念意义。

当然，课题研究的成功和学校领导的高度重视和大力的支持是密不可分的。我们学校领导非常关心课题研究的进展情况，从校长到教研室都给予课题研究的老师们大量指导和帮助，多次组织校内外的学习、交流。在研究的过程中，学校还聘请了新疆维吾尔自治区、乌鲁木齐市、天山区三级教研专家，从理论到技术操作层面都给予了我们引领。这样就形成了巨大的合力，创设了良好的教科研气氛，使得我们的课题研究工作顺利进行，研究能力得到了极快提高，向教师的专业化成长迈出了极大的一步。

课题研究虽然是一个艰苦的过程，但也一定是个充满了收获和乐趣的过程。学生对我们的期待，我们自身发展的需要告诉我们：作为教师，我们需要进行研究！研究是教师专业发展的幸福之路。我们选择教育教学科研，就是选择了一种具有生命意义的工作和生活方式，就是找到了一份快乐。正如苏霍姆林斯基所言："如果你想让教师的劳动能够给教师带来乐趣，使天天上课不至于变成一种单调乏味的义务，那你就应当引导每一位教师走上从事研究这条幸福的道路上来。"

作者简介：王玉桂，新疆维吾尔自治区乌鲁木齐市第七中学任教。特级教师、新疆维吾尔自治区国培专家、新疆师范大学硕士研究生导师。多次主持新疆维吾尔自治区及国家级课题。

让传统回归教育的殿堂

黑龙江省尚志市亚布力林业局第一中学　李艳梅

中国传统文化具有鲜明的民族特色，历史悠久，博大精深，这是我们民族的根，是民族精神的核心，是民族的灵魂，是力量的源泉。

在当代，要以文化的执着、文化的担当、文化的自觉及文化的尊重，传承民族文化的精华。但是优秀传统文化的传承出现了严重的缺失，现在的孩子们已经离中国传统文化的核心越来越远，对中国优秀文化的情感渐行渐薄。作为教育工作者，我们有责任将中华传统文化的瑰宝传承和发扬下去。习近平同志在党的十八大提出："社会主义核心价值观必须立足于中华优秀的传统文化"。十九大报告提出："要深入挖掘中华优秀传统文化蕴含的思想观念，人文精神，道德规范，并结合时代要求继承创新，让中华文化展现出永久的魅力和时代风采。"

我参与了"中华优秀传统文化与现代语文课堂教学实践研究"课题研究，并在课堂教学中进行了一定的尝试，现将做法汇报如下，敬请斧正：

一、以学校规划的方式进行学习、培训

培养传统教师，提升教师的素质和对传统文化内涵的理解，先后以网络学习的方式学习了中国政法大学郭继承教授的讲座《国学经典与智慧人生》《了凡四训》《国学经典与企业家管理智慧》等，观看日本江本胜博士的实验《水知道答案》。引导全体教师深入理解"君子务本，本立而道生"，深入理解单位岗位没好坏，专业没好坏，每个人坐在自己的椅子上，做属于自己的事情，同时要明白一个人心是什么状态，人生是什么状态，一个人有多大的心，就有多大的成就。引导各位同事以积极、尊重、担当的心态面对学生和工作。在培训中，反复强调"万物并育而不相害""大家好才是真的好""成全别人就是成全自己，与人方便就是与己方便"。针对目前大家的心态牢骚、嫉妒而负面情绪不断滋长，培训中，特意强调内容——"圣人求缺，凡夫求全"。人这辈子一定要知道你求的是什么，你必须舍的是什么，不可以求全责备，人人都在舍和得之间取舍。可是没有智慧的人，什么都想得到，得不到就怨恨恼怒烦都来了。通过培训引导大家能心有定力，立足于本职工作，理解并热爱本职。

经过一段时间培训，在学校范围内营造国学气氛，提高教师的国学素养，改善校园的文化环境，为国学进课堂做好铺垫。又经过了一段时间的培训，学校教师的精神面貌有了很大的改善，部分教师对于中华优秀传统文化由衷的喜欢，并依之而行，觉得多年来心中的块垒得以消弭，教师更要学会控制自己的情绪，喜不过予，怒不过取，过则勿惮改，能够常常反观内省，这些都是可喜的变化，更有一些班主任将"水知道答案"、一些国学的经典讲座利用活动课、班会课等形式对学生进行培训，让学生体会经典的魅力，这样的培训非常重要。俗话说："通则不痛，痛则不通。"如果没有前期铺垫而仅在国家政策和教育形式的推动下，仓促开展，就不免会有夭折之患了。

二、将国学的学习和培训形成一种常态

我校从 2014 年开始，培训中加入传统文化熏陶，并在同年进行《弟子规》的诵读和教学。在这期间，我们派教师外出参加国学培训，并在平日的教研活动和学校培训中，进行蔡礼旭《细讲〈弟子规〉》的学习，并聆听了王财贵《读经教育讲座》，派教师到佳木斯参观读经教育班。同时，在假期进行了读经教育的尝试，同事家的孩子二年级，对于大学中的明德篇，只在读并没有要求背诵，但几天后就能朗朗背出，这给了我们极大的信心。阅读经典确实可以让孩子凝心定神，提高定力。于是在弟子规教学中，加大诵读的力度，减少讲解，将讲解部分渗透到平时的管理，要求和活动中，为了能更好地将《弟子规》贯穿于平日的管理中，我们的教研活动和平时的培训中也组织教师学习《弟子规》。这种做法，取得了较好的效果，强调传统文化重在行，要做出来的重要意义，避免把它看作一种知识，而有解无行，增长狂慧，告诉学生们，传统文化重在律己，而非苛责他人，学习传统文化并不是要你成为评论家，批判家，而是践行者，内省者，是对自我的不断完善和提升。由此将培训形成一种常态。一个人本有的毛病习气断难去除，只有长期反复不断地熏陶，教师们才能立得稳脚跟，师生积极践行的氛围才能保持下去。

三、重视对家长的引导和培训

国学进校园、进课堂，如果没有家长的理解、认可和支持，家长就会形成一股反对的力量，更有甚者，家长也会以不利于孩子的成绩为由来质疑。这些情况出现，一旦舆论形成，将会使学校非常被动。因此，对学生家长的培训是必要的而且是急需的。在这几年的时间里，我们对家长进行了一系列的培训，首先培训家长要有正确的人才观，懂得以健康发展的眼光来看待孩子，并且要给孩子以无条件的爱，解放家长思想上的禁锢，也解放了孩子，

避免痛苦的长大。然后组织家长看"水知道答案"，家长看后很震撼，也觉得不可思议。更体会到负面情绪对孩子的无形伤害，要求家长以真正发自内心的爱和理解来帮助孩子成长，改善家长和孩子之间的敌对、冷漠的关系。近期组织了家长培训《我们为什么要学习经典》《读经到底好在哪》。虽然不能得到全部家长的理解，但是与绝大多数家长达成了共识——品德，孝心孝行，定力。正确价值观更重要，是一个孩子发展的后劲和持续的动力，改变了教师和家长对孩子的评价单一、要求单一，品德、能力、品质被忽视、被弱化的现状。现在，利用家长群的优势，有计划地给家长发培训视频。比如：郭继承的讲座，王财贵的读经教育，细讲《弟子规》。讲座选择的原则是短小、针对性强、趣味性强，不让家长有负担，又能解决目前的困惑。对家长的培训和引导也是要长期持续。

四、促进传统优秀文化的学习、继承和发扬

充分利用部编新教材中传统优秀文化内容的植入，充分利用文史政这三科，充分利用班级管理和学校文化建设，全方位去为学生学习传统文化营造氛围，提供方便，引导教师立足于课堂教学；渗透传统文化知识，并引领正确积极的人生观，价值观。

强调在日常管理中渗透应用，把平日里学生的行为言语规范要求，学生的犯错等当作教育资源。教师的传统文化修养，都会在平时的管理教育中体现出来，而经由不同教师处理，教育的学生其表现也不一样，尺度、深度、广度都会有所不同。所以，一方面充分利用课堂，另一方面充分利用德育课，第三方面注意收集案例，研讨，以点带面，师生共同进步。同时，强调读经典，以养定力；说经典，促理解；析经典，正行为。经过一系列的活动和措施，部分教师的理念和能力进步明显。

传统文化是渗透而不是增加学生负担，将它分散在各个教学和管理任务中，让优秀文化潜滋暗长，春风化雨，润物无声。比如，学校要组织开大会，会前组织，细节落实，会后总结，引用经典，分析对错；会中要求暗合经典，如仪容仪表方面，在教育学生时，就不单纯的以学校规章来说教，而是以经典中的要求来对照，以仪容仪表对一个人成长心理的影响来引导，培养正确审美观。

在学校，推行优秀传统文化的形式可以是多种多样的，更可以是丰富多彩的，但是活动的目的必须明确，指导的思想只有一个：提高学生的定力，培养学生对优秀文化的感受力和践行力。为学生未来长久的发展，健全的人格，幸福人生做好铺垫。

在当今的时代，传统文化的培训学习，如火如荼。各个学校可以借鉴的，可供学习的资源俯拾皆是。但绝不是说，我们在推行时，就可以赖他人之功，依样画瓢，这样的推行一定会要么流于形式，要么阻碍重重，磕磕绊绊，成为一种浅层次的学习。在学校推行传统文化的教育，定要定下心来，踏踏实实，做好教师、家长的教育。只有学校抛却功利心，一股静气做教育，才能得到我们心仪的效果。

作者简介：李艳梅，黑龙江省尚志市亚布力林业局第一中学任教。曾参加了"十五"重大省级课题"培养学生的创新精神和创新能力的研究"及"十五"省重大课题"中学生心理健康教育的研究"，并通过省级验收。先后8次获局级骨干教师、先进工作者等荣誉称号，省教学能手称号，管理局级骨干教师称号，总局骨干教师称号，荣获黑龙江省森工系统"优秀党员"称号。"中华优秀传统文化与现代语文课堂教学实践研究"课题负责人。

最是书香能致远，春光做伴好读书

——关于学生阅读长篇名著的教学研究

海南省农垦中学　黄　芳

"腹有诗书气自华，最是书香能致远。"书籍是人类智慧的结晶，书籍是人类进步的阶梯。人生的道路上，有书香做伴，生活就会多一份乐趣，情感就会多一份高尚，成长就会多一份睿智，人生就会多一份精彩。我认为指导学生课外阅读长篇名著可以纯净学生的精神世界，能温暖学生的心。它们会在冥冥之中给你迷茫的心灵罩上某种神奇的光辉，使你平静、豁达、勇往直前。

《九年制义务教育语文课程标准》明确要求学生要多读书、读好书，并非常具体的推荐了初中阶段必读的名著篇目。语文教师的"使命"之一，就是让学生热爱古今中外文学经典。在阅读经典中，审美愉悦，提高鉴赏能力，升华思想与灵魂，而前提必然是老师的真心热爱与积极引导。因此，如何引导学生喜欢阅读长篇名著，是非常值得我们语文教师共同探讨的问题。

陶行知先生曾说："教育孩子的全部奥秘在于相信孩子和解放孩子。"因此，我们积极探索新的指导学生阅读长篇名著的课堂教学方式和学习方法，注重学生在阅读学习中的主体作用，让学生合作、探究，充分感受到自主发现问题，并有及时解决问题的成功和快乐。"宝剑锋从磨砺出，梅花香自苦寒来"。在实施新的课外阅读教学模式中，虽然我们教师备课量大增，但是学生们各方面能力得到快速的提高，就是对我们辛勤付出的丰厚回报。新的阅读教学模式不仅培养了学生的学习能力，而且也提高了我们教师的教学水平，并更新了我们的教学理念，使我们在积累中感悟，在感悟中升华。经过多年指导学生阅读长篇名著的语文教学实践和摸索，我主要积累了以下几点教学经验：

一、阅读指导与多媒体课件相结合

"兴趣是最好的老师"，如何激发学生阅读长篇名著的欲望非常重要。我们可以利用多媒体教室，播放根据名著改编的影片，看过影片后再让学生阅读原著。这样可以使原本抽象的东西具体化，如《水浒传》中的"武松打虎""鲁智深倒拔垂杨柳"，《三国演义》中的"杨修之死"，《红楼梦》中的"林黛玉进贾府""香菱学诗"等，把原著与电影比较赏读，也是切实可行的，深受学生喜爱的。学生通过观察人物的表演，更容易了解文学作品的内涵，可以提高学生的阅读兴趣，逐步增强学生的文学素养、审美情趣和文学鉴赏能力。并喜欢上阅读长篇名著，不再对大部头作品产生畏惧心理。

二、营造阅读的良好氛围

在传统的阅读教学活动中，我们教师只需要按照教案、教参的要求上课即可，课堂程序一成不变，课堂非常容易驾驭，我们也不必担心在课堂会有何意料之外的问题出现。但在我校新的团队合作学习阅读教学中却打破这一常规，我们除了课前要大量阅读长篇名著之外，在备课时还要有预见性，要提前想到上课时学生可能出现的一系列问题。在阅读课堂教学中，学生提出的新问题或解决不了的问题，我们还要从旁协调、灵活处理，把学生始终引导到阅读教学内容中，进行深入名著的合作探究，由此提高阅读教学效率。例如我班举办的"我读过的一本好书"读书讨论会。这里借用班里一位同学在练笔中的几句话说明问题："在阅读名著课堂上遇到一些问题，老师会让我们合作学习，我们互相说出自己的答案，再不停地修改，这样既学到知识，课堂又不感到枯燥，增添了一起学习的那种快乐气氛。每次开展团队合作讨论时大家都很兴奋，团队合作学习长篇名著，让我们由开始的被迫接受，变得轻松快乐起来。"这充分地证明了只有在民主、宽松的学习环境中，学生才能参与进来。老师要不断地发现学生的"闪光点"，以激发他们阅读原著的兴趣。

此外，新的阅读课堂教学模式给学生们提供了一个很好的学习平台。古人云："纸上得来终觉浅，绝知此事要躬行"。团队之间的一些读名著比赛，让同学们感受到读名著不再是个人爱好的事，而是团队的共同任务；成绩不再是个人的荣誉，而是集体的荣誉。课外大家积极阅读长篇名著，课堂上都格外用心，同学们在每一次获得小组加分时，内心都会无比的喜悦。每位学生都全力以赴，生怕拖团队的后腿。个别学困生把在小组讨论时所听到的答案说出来时，同样也可以得到老师及时的表扬和鼓励，从而激发了他们阅读名著的热情。有些老师担心课堂"活"起来了，学生只一味为了热闹、好玩，学习成绩反而下降了，这种想法不无道理。但古人云"授之以鱼，不如授之以渔"，放手让学生学会自主学习，只要学生的阅读兴趣被激发起来，那么学习成绩自然就有所提高。

三、通过专项阅读，进行对比深化

可以组织学生进行专项课外阅读，团体合作完成长篇名著阅读。同时，指导不同阶段的学生有针对性、有选择地阅读。例如：在阅读《三国演义》时，指导学生选取自己喜欢的英雄人物，如"赵子龙的故事""关羽的故事""煮酒论英雄"等。阅读后，以合作小组为单位，在课堂教学中请每个小组轮流讲述人物故事，让一个个栩栩如生的英雄豪杰形象展现在同学面前。使学生阅读兴趣浓厚，更熟悉故事中的著名人物。不但使全班都熟悉了原著，还培养了学生的合作学习的意识，并锻炼了学生的口语表达能力。此外，还可以进行长篇名著横向对比阅读，如《水浒传》中"鲁智深与李逵""林冲与武松"不同人物不同的性格特征的对比，同是"打虎"，就有"武松打虎""李逵打虎"，不同描写的对比，深化学生对名著内容的理解。

四、进行仿写、续写、改写

阅读欣赏的目的之一是指导写作，提高学生的写作水平。《水浒传》可学可用的地方很多，课堂中我主要以写作文和读书笔记的方式指导。如：仿《水浒传》情节一张一弛，扣人心弦之法写作文，连写三次，强化构思故事情节的能力。仿《水浒传》烘云托月手法，学习环境烘托，次要人物烘托，英雄互赞式烘托等手法，写一组文章，学会烘托手法的运用。在续写方面，《水浒传》故事有许多处空白，加以续写有助于对作品的理解和仿写能力的提高。如少年（武松、李逵、鲁达、宋江等）在改写方面，可借用《水浒传》中的故事或人物，联系现实写作文。如：新编武松打虎，武氏食品集团创业记，梁山运动会，超级男声梁山版，面对面王志专访某某某，李逵上网，宋江美容，智深减肥，梁山选举重排位，等等。经过多次训练，学生们的写作就好像滔滔不绝的江水，一发不可收拾。集腋成裘，聚沙成塔，写作就有了源头活水，动笔之时自然水到渠成。

"读书成就人生，知识改变命运"。我认为，引导学生阅读长篇名著可以纯净学生的精神世界，能温暖学生的心灵，打开学生美好而又人道的思想境界。最是书香能致远，读书之乐乐无穷。学生能真正有效地阅读长篇名著后，学生写作训练的提高也就指日可待。校园是最应该有书香的地方，因为它是学习的种子。我们常说：书卷气是一个人最好的气质。那么，书香气就应该是一个校园最好的氛围。营造一个良好的阅读氛围，带动学生、家长乃至整个社会一起读书，受益的首先是孩子，又不仅仅是孩子，受益的将是整个国家和民族！学校因有书香而生机勃勃，学生因有书香而充实快乐，家庭因有书香而和谐美满。学无止境，行者无疆，最是书香能致远，春光做伴好读书。让我们的生活中，少一点功利味，多一点书卷气；少一些浮躁，多一些书香气吧！

参考文献

1. 周小山：《新课程的教学设计思路与教学模式》，成都：四川大学出版社，2002 年。

2. 潘涌：《语文新课程与教学的解放》，广州：广东教育出版社，2004 年。

3. 马立：《名师讲述如何提升学生自主学习能力》，重庆：西南师范大学出版社，2008 年。

作者简介：黄芳，海南省农垦中学语文教师。2013 至 2014 年主持校本课题"初中语文建模课合作运用有效性研究"已通过结题。中国高等教育学会教师教育分会"十三五"重点科研"中华优秀传统文化与现代语文课堂教学实践研究"课题优秀主持人。2017 年 6 月，在"中华优秀传统文化与现代语文课堂教学实践研究"课题举办的优秀科研成果评审中，制作的课件《赵普》荣获教学课件类一等奖，所写的论文《书香能致远》荣获一等奖，《文言文教学改革的尝试》教学设计荣获二等奖。2017 年 5 月，论文《浅谈指导学生阅读长篇名著的教学》获全国中学语文教师教学基本功论文比赛一等奖，并在国家一级学术期刊《教育艺术》上发表。

有效探究初中文言文阅读中"文"与"言"融合的策略

新疆维吾尔自治区阜康市电教教研中心 蒋凌丽

一、研究背景

"有效探究初中文言文阅读中'文'与'言'融合的策略研究"是在语文新课程标准指导下，建立在对文言文教材的准确把握上研究试验的。有效探究阜康市初中文言文阅读中"文"与"言"融合的策略研究，突出语文核心素养，依托新疆师范大学教育科学学院博士生导师朱建军副教授三次"送教下乡"，从语文课程设计进行培训和指导，提出了"支架式主题单元"课程理念，初中文言文教学内容以"主题单元"形式进行备课，从内容目标、知识目标和能力目标三方面进行教学设计，以搭教学支架的形式组织教学。

二、研究意义

一方面提升我市初中语文教师在文言文教学中注重学生语言运用和能力提升；另一方面提升学生的语义素养，培养学生学习文言文的兴趣，传承中华传统文化。最终实现的目标是：促进学生建构文言文知识体系，领略思想方法，掌握古人习作规律，传承中华优秀传统文化，落实立德树人。构建了符合阜康市初中文言文阅读中"文"与"言"融合的策略。

三、研究策略

策略一：支架式主题单元取代了"知识体系"单元，以文化主题为核心，实现了专题教育，为实现文言文"文"与"言"的融合指出了方向。

在我们的课堂教学中，语文教材以"主题单元"呈现，在讲与《朱元思书》同时一并讲《三峡》和《黄山记》，我们确定的主题为"风景名画"，教学要点为：比较三篇写三峡的诗文的主要异同点；比较两篇写峡谷的古文的异同；与学生一起探讨《中国山水游记的感性》的有关观点在《与朱元思书》《三峡》和《黄山记》中的体现；体味各篇文章寓情于景、借景抒情的表达方式，理解"情趣"的写作思路；欣赏风景名画、摄影佳作，写一篇抒发真趣实感的习作。导入采用图片式支架，在欣赏风景名画中感悟"风烟俱净，天上共色"所写出的光和色的特点，激发学生的学习兴趣；借助教师生动的语言、丰富的表情、语调搭建情感式支架，指导学生朗读；采用问题式支架引起学生的思考，问题一，文章最后四句中哪些句子更有力地表现了林木的遮天蔽日？问题二，找出文中既写出了景物特点，又表现出作者主观感觉，甚至想象、幻想的诗句，举例加以说明。问题三，品味文中富有表现力的词语；采用合作式支架小组进行讨论并进行交流和展示。讲读《三峡》时，采用比较式支架具体比较《三峡》和《与朱元思书》的异同；讲读《黄山记》时，采用比较式支架和合作式支架具体比较和探讨《黄山记》《与朱元思书》《三峡》在调动多种感官写景以及写出景色的色彩感方面有何异同？比较余秋雨的文章与李白、郦道元三峡诗文的主要异同点。

策略二：支架式主题单元通过同一主题文章的比较，引导学生发现古代汉语和现代汉语有很多相同和相近的，在诵读中找到语感相通之处，为实现文言文"文"与"言"的融合提供了思路。

在讲《愚公移山》和《生于忧患，死于安乐》两篇文章时，主题为"坚毅品格"。设计《愚公移山》时，第一环节采用提示式支架，给学生指明预习任务并提出要求：全文至少诵读三遍，利用注解和工具书，尝试将课文口译一遍。第二环节采用实践式支架，听学生朗读并翻译，师生合作互动对文章的实词和虚词进行归纳，同时引导学生有意识地积累通假字用法。第三环节采用问题式支架和合作式支架讨论"阅读练习"题，揣摩"愚公""智叟"命名的意味；第四环节采用提示式支架背诵、默写愚公反驳智叟的一段话。设计《生于忧患，死于安乐》时，第一环节同样采用提示式支架，同时采用图表式支架和多媒体支架，给学生指明预习任务并提出要求：全文至少诵读三遍，翻译第二段，收集古今中外逆境中崛起的真实故事三则，制作成资料卡片，并利用电脑建立自己的资料库，准备一则故事进行复述并交流。第二环节采用朗读式支架，学生朗读课文中注意节奏。第三环节采用实践式支架，教师在讲解古汉语常用词时，联系比较古今汉语，如"而后喻"的"喻"字，用在成语中有"不言而喻""家喻户晓"等，都是"明白、了解"之意。第四环节采取问题式支架，探究理解文章的思路结构。

策略三：支架式主题单元采用比较式阅读方法，将现代文的写作手法与文言文写作手法相比较，提高学生阅读不同时期作品的鉴赏能力，为实现文言文"文"与"言"的融合提供了土壤。

为了更好地研究和开发支架式主题单元，我们依托新疆师范大学三次"送教下乡"的机会，在朱建军教授的指导下，组建了"阜康市支架式主题单元开发团队"，主要对人教版部编教材进行开发和设计，我们采取主题单元备课形式，提炼每一个单元的主题，并利用"搭支架"从内容目标、知识目标和能力目标的形式精心设计每一个单元。从人教版部编教材整体设计可以看出：每一单元都有一篇文言文，我们利用人教版部编教材单元组合的原则，在横向的同类作品中寻找不同，进行文章对比，寻找提升学生语文核心素养的方法、技能和策略。在课题实验过程中，我们主要对人教版部编教材七年级上册进行开发和设计，确定每一个单元的主题，结合主题再安排每篇课文的教学重点，从而实现学生在与文本的对话中培养多种写作技能和多样化的人文素养，从而提升语文的核心素养。人教版部编教材七年级上册共有六个单元。如七年级语文上册第四单元，我们的主题单元设计：君子之行，实现生命的价值和意义。本单元的具体教学目标：

（一）内容目标

1. 各篇课文的内容理解；

2. 关键词结构；

3. 内容结构。

（二）知识目标

本单元主题"君子之行"，深化"君子之行"的内涵与具体表现。

（三）能力目标

1. 围绕主题，提出问题，在探究中通过划分段落层次、抓关键语句等方法，厘清作者思路，从而提高核心素养——思维能力；

2. 学会默读，勾画出关键语句，找出疑问处并做标注；

3. 探究语言形式，并理解语言是如何传递思想的。

根据本单元教材的编写原则，语文教材中主题单元的编写是有特殊用意的，同时体现在本单元的"写作"要求：思路要清晰。可以总结出教会学生怎么读书，如何读出境界，应该是本单元的能力要求。而这也是主题单元应该追求的目标，即从各篇课文中总结提炼读文的策略。

同时，我们把《植树的牧羊人》和《诫子书》进行比较阅读，发现两篇经典文章在文章结构、语言、思想意义等方面存在的差异，从而提升学生语文核心素养。

策略四：支架式主题单元实现了文言文教学中渗透社会主义核心价值观理念，实现学科知识互相渗透和交叉，为文言文"文"与"言"的融合提供了方法。

《关于开展自治区中小学"学科德育渗透"说课大赛》新教思政函〔2016〕42号文件，文件要求：2016年人教版部编教材编写的基本理念是立德树人、守正创新、注重语文素养。"立德树人"的根本任务，是社会主义核心价值观教育、革命传统教育、中华优秀传统文化教育、法制教育等，要把意识形态的价值观渗透在教材中，发挥语文学科独特的育人价值。这就要求初中语文教师在使用教材的过程中，采用人文主题即社会主义核心价值观和语文素养两条线索组织单元教学，细化学生知识的掌握和能力的训练。

基于以上理念，根据本次"学科德育渗透"说课大赛活动主题，我们选择了人教版初中语文八年级第五单元的一篇文言文《大道之行也》。整个说课设计来自新疆师范大学教科院副教授朱建军支架式"主题单元"阅读教学设计理念。

策略五：支架式主题单元在阅读中聚焦一个核心主题，解决了不同体裁作品的写作思路，从而提高了学生的阅读技能。为文言文"文"与"言"的融合提供了策略。

学习文言文文学作品：了解作品的文本结构—围绕主题，提出问题—在探究中通过划分段落层次—抓关键语句等方法—厘清作者思路—提高思维能力和言语表达能力。以《论语》十二章：

（1）内容目标

学习重点文言词语，解读各则语录。

（2）知识目标

感悟生命智慧，热爱民族经典文化。

（3）能力目标

会朗读背诵文言文，掌握学习古文的方法。

（4）教学过程

问题导入—理解并背诵前三则—小组合作，探究每则内容—分析关键词语，理解作者思路—提高学生语文核心素养和言语表达能力。

学习文言文的科技作品：了解作品的文本结构—对主问题的介绍包括开头句主题、主题的信息、主题立场的句子—主干段落包括主题句，支持的依据、分析和过渡句—结论：生于忧患，死于安乐。

（5）内容目标

学习古代汉语常用词"畎""筑""拂""衡"的实际意义。

（6）知识目标

培养学生忧患意识，逆境有利于生存。

（7）能力目标

①掌握主语＋动词＋状语的句法结构。

②掌握感性的列举事实到理性概括初步结论的写作手法。

③掌握文中排比句的实际意义。

（8）教学过程

图边导入—了解作者—小组合作并展示，学习古代汉语常用词"畎""筑""拂""衡"的实际意义—探究第一段，作者列举了六个名人的事例，用主语＋动词＋状语的句法来体现—分析句法、句式和结论。

形态成果

1. 课题负责人蒋凌丽撰写了小课题结题报告。小课题论文《从课文内容的真实和设计上的巧妙进行课堂教学》在 2016 年《昌吉教育》和 2017 年《新疆中小学教学》上发表。蒋凌丽老师在 2017 年昌吉州中考研讨会上上文言文研讨课一节。

2. 课题组成员收集整理了课题资料，形成了优秀教案集、反思集、论文集等。

3. 杨海萍老师的课例《小石潭记》荣获"两室一坊"课堂技能大赛一等奖。并得到来自北京"百年树人"网专家的好评。

4. 杨海萍老师的课例《小石潭记》作为网络研修优秀课例代表阜康市初中语文研修坊，参加自治区"百年树人"网专家的验收并给予高度评价。

5. 徐文君老师和李颖老师将《岳阳楼记》作为同课异构在"国培项目"专家送培中进行展示。

6. 通过研究，课题组成员的教学设计理念得到提升，教学设计水平得到提高，在"国培计划"送交教下乡活动中上公开课 10 余节，2 节语文课参加自治区 2016 年初中语文课堂录像课技能比赛。

四、研究的结果与结论

初步形成"支架式主题单元在文言文阅读教学中"的核心地位，提高学生分析文言文"文"与"言"融合的能力。确立以"语文核心素养"为主导，依托"支架式主题单元"为模式，以课堂"主问题"为抓手的阜康市初中语文文言文阅读教学模式，课堂上开展"主题"式课堂教学活动，提升教师和学生的语文核心素养。

五、认识与思考

本课题通过教师在教学实践中不断分析、思考、验证、积累、提炼形成了以"语文核心素养"为主导，依托"支架式主题单元"为模式，以课堂"主问题"为抓手解决初中文言文阅读中"文"与"言"融合的方法策略。所形成的策略打破了以往初中文言文教学中，教学方法陈旧简单，死板无生气，教师解决了学与教中的困扰，既培养了学生学会反思、主动思考的学习习惯，使其找到学习文言文阅读中"文"与"言"融合的学习方法的切入口和落脚点，又提升了教师的教学效果，成为培养学生自主学习的"亮点"。

六、存在的困惑

如何提高学生对文言文的学习，培养学生的思维框架能力和言语能力方面，形成具有指导性、可操作性的教学模式和方式需深入探究。

七、今后研究方向

1. 通过研究探讨、摸索出的"支架式主题单元在文言文阅读教学中实现'文'与'言'融合"方法策略需加以推广，用它指导我们今后的初中文言文教学工作，提高我们的教育教学质量。

2. 研究过程中，教师积极性高，但缺乏理论深度，应继续加强和关注对提高初中文言文教学中'文'与'言'融合的策略及相关理论的探索研究，提高课题组教师的理论指导实践的能力。

总之，该课题实施以来，所有成员在平时文言文教学实践中，能够立足于学生的实际，注重培养学生了解文言文语法特点、特殊句式、唐诗宋词文体特点、赏析评价等策略研究。

参考文献

1. 邵朝友、周文叶、崔允漷：《基于核心素养的课程标准研制：国际经验与启示》，《全球教育展望》，2015 年第 8 期。
2. 常珊珊、李家清：《课程改革深化背景下的核心素养体系构建》，《课程·教材·教法》，2015 年第 9 期。
3. 沈华伟：《"碎片化"学习的成因、影响及引导》，《教育评论》，2015 年第 12 期。
4. 姜凤平：《换一种教法：初中单元整体课程（总纲）》，济南：山东文艺出版社，2013 年。
5. 柳夕浪：《从"素质"到"核心素养"——关于"培养什么样的人"进一步追问》，《教育科学研究》，2014 年第 3 期。
6. 李希贵：《学校转型——让每一位学生成为自己的 CEO》，《教育科学论坛》，2015 年第 1 期。
7. 钱梦龙：《文言文教学改革刍议》，《中学语文教学》，1997 年第 4 期。
8. 中华人民共和国教育部：《语文课程标准》，北京：北京师范大学出版社，2011 年。
9. 黄厚江：《文言文该怎么教》，《语文学习》，2006 年第 5 期。
10. 李卫东：《如何确定文言文的教学内容》，《中学语文教学》，2011 年第 6 期。
11. 余映潮：《对阅读教学"主问题"设计的探索与实践》，《河南教育（基教版）》，2008 年第 3 期。

12. 王君：《"虚""实"相生，妙不可言——几个品味虚词的教学片段》，《语文教学通讯》，2009 年第 2 期。

作者简介：蒋凌丽，新疆维吾尔自治区阜康市电教教研中心任职。连续多年评为新疆维吾尔自治区、昌吉州、阜康市的"优秀教育工作者""优秀教研员""教育教学先进个人""学科带头人""优秀教研组长""巾帼建功先进个人"等荣誉称号。多篇论文荣获"十一五"重点课题及十二届教育教学论文一等奖，整合初中语文七至九年级古诗文单元，开发成农村学校校本课程《古诗文初探》，组建阜康市"支架式主题单元设计"团队，对统编本教材初中语文七年级上下册所有课文完成 42988 字的教学设计。主持和参与指导多项国家级、自治区级、自治州、市级课题。

优秀传统文化与写作教学浅议

江西省赣州蓉江新区潭东中学　余承鸿

优秀传统文化是一种反映民族特质和民族精神的民族文化，是中华民族历史上各种思想、文化、观念、意识形态的总体特征。中华优秀传统文化，是中华儿女不懈追求的宝贵精神财富，是激励中华民族不断前进的精神源泉，是我们国家、我们民族传承和发展的根本动力。

语文课堂是传扬优秀传统文化的主阵地，语文教师应引导好初中学生阅读优秀作品，品味语言，感受其思想内涵和文化精髓。阅读经典，使学生提升文化情趣，体会中华民族文化的博大精深，提高道德修养。在此基础上，准确、熟练、有效的运用语文。提高写作能力，增强语文功底，提升文化素养。

而令我们语文老师头疼的，恰恰是学生薄弱的写作能力，可见，写作教学是语文教学的一个瓶颈。那么，如何提高学生的写作能力呢？又如何通过利用好优秀传统文化的宝藏来促进语文写作教学呢？笔者进行了一些这方面的思考和尝试。

一、用好文本资源，拓宽写作渠道

语文教材是进行语文教学的最主要媒介，写作教学又是语文教学的重要组成部分。写作教学必须用好语文教材，尤其是注重挖掘优秀诗词、佳文的精髓，将其价值最大化，这是提高写作教学的前提。

所选教材中的文章，按题材来分，有写人的，有写景的，有状物的；按文学体裁分，有诗、有词、有曲，有寓言故事；从文章题材分，有记叙文、有说明文、有散文、有游记，还有寓言故事等。

教材中收入的一篇篇课文大都是名篇佳作，特别是古诗词曲和文言文，名篇佳句俯拾皆是，不仅文章优美，而且思想内涵丰富。这些优秀的文学作品，似乎让学生读了一部中国文化的百科全书，领略了祖国的大好河山，回顾中国的文化和历史。教学时，教师要善于引导学生通过对文字、文学语言、文学形象和审美情趣的品位，感受中华优秀传统文化的博大精深和无穷魅力，激发学生的民族自豪感，培养学生浓浓的爱国情怀。通过学习，我们老师要让学生了解不同题材、不同体裁、不同历史、不同风格古诗文的不同内容和不同内涵。在教学时，教师应加强训练学生对古诗词佳文的朗读，特别是要强化背诵。通过诵读，让学生把心中的情感融入文本中去，促进学生情感的升华。老师讲授课文时，要发挥它的师范和引领作用，通过典型课文或片段讲解，让学生将诗词名篇当作例文来仿写，在不断阅读中提高自己对语言的领悟和把握。

二、引导阅读经典，丰富素材积累

阅读方面的积累包括两个方面，一个是课内的积累，一个是课外的积累。要使学生作文有物可写、有材可用、有话可说、有情可抒，教师要有意识地引导学生去大量阅读课外名著。在课外阅读时，可采用摘录法、诵读法等。当然，要依据"课标"，注重经典作品积累。那么，我们该选择哪些经典作品来阅读呢？《全日制义务教育语文课程标准》附录 1《优秀诗文背诵推荐篇目》要求学生背诵古今优秀诗文，并推荐了 135 篇供学生读读背背，增加积累。但是，完成《课程标准》中的阅读积累，不是蜻蜓点水、不是死记硬背，而是在充分理解内容、深刻体会的基础上，重在领悟中国优秀传统文化的精神核心和思想本质。

杜甫说："读书破万卷，下笔如有神。"书读的多了，知识就会丰厚起来，胸中的墨水才能集聚起来。这样的话，写起文章来才能文思泉涌，随心所欲，如有神助。学生只有阅读面广，才能知识面广，才能丰富自己的写作语言，提高运用语言文字的能力。

三、品味诗词佳文，丰富写作技巧

教师在教学古诗词佳文时，要重点引导学生去分析作者所使用到的写作技巧，包括修辞手法、表达方式、表现手法等。有意识地了解比喻、拟人、排比、夸张、反复等这些常用修辞手法是如何运用的，并适当引导学生学会来模仿。还要引导学生了解古人是如何抒情、描写和记叙的，深刻了解作者使运用到的抒情方式、描写手法、记叙技巧。此外，还要学习古代文人是如何想象和联想的，如何运用以小见大、动静结合、虚实结合、欲扬先抑等表现手法，使诗词佳文的内容和形式兼优，思想内涵丰富，让作品千古流传的。

古代诗歌创作中，诗人不仅要运用词语本身的各种意义来抒情状物，还要艺术地驱使词语以构成意象和意境，在读者头脑中唤起种种想象和联想。我在教学时，会尽量给学生以想象的空间，拓展学生脑海中的画面，进而让学生感受到这种手法的效果，并引导学生有意识地在写作当中发挥自己的联想和想象。丰富自己的情感体验，从而让学生的写作内容更具有画面感和可读性。

古代文人墨客善于炼字、炼词、炼句、炼意，他们笔下的诗词佳文语言简练，且生动形象，富有韵味，蕴含丰富的情感。首先，我们要训练学生运用修辞，比如比喻、拟人、反复、排比、夸张等。通过反复的练习，学生不仅在使用修辞方法，还在运用修辞方法时达到个人的情感体验与自然万物相通，也就是学会了营造意境，这样学生在创作时就能融会贯通、游刃有余。

四、弘扬优秀文化，提升思想内涵

古人云："文以载道。"优秀的诗词佳文承载着"道"，道即价值取向、价值追求。教学中，要让学生了解古代先哲和文人墨客的价值观、人生观、世界观，并让学生从中认识、明白一些道理，吸收正能量的价值内涵。将弘扬传统文化和写作教学结合起来，学生对传统文化的认识会进一步得到提高，从而培养学生对中国传统文化的热爱之情。在《云南的歌会》这篇文章中，通过赏析，学生感受到了云南少数民族淳朴的民风民俗，提高了对民族文化的认识，增强了民族自豪感，学会了在生活中要乐观进取、积极向上。再辅之以引导学生写写当地的风土人情、乡风民俗，学生自然会萌发出对中国传统文化的浓厚兴趣，激发对中国传统文化的由衷赞美之情。从而提升自己的道德情操，坚定对中华优秀传统文化的自信。

经典诗词名篇中文人所抒发的情感，主要是两大类：第一类是着重表现大家所共有的广博情感，如爱国情感、民族情感、忧国忧民等；第二类是着重表现作者个体的自我情感，诸如思乡怀亲、人生悲欢、爱情友情等。这两类情感决不能分开，如果让学生在关注自我时与关注外部世界同步，这样就能提升学生的写作境界，从而充实学生的精神世界。老师在教学时，既要引导学生书写自我情感，从自由个性出发，再到由小我到大我的境界，为之注入理性。即达到由纯粹的自我个体的情感表露上升到对日常平凡中出现的人和事的留心和体察感悟，提升到对社会现象、时事热点的品头论足，提升到对纷繁自然现象的深切关注和关怀，这样培养出来的学生才能更具人文关怀，这样的学生也更能写出有丰富内涵的佳作，从而提升学生作文的档次。

五、写作融于阅读，激发写作之情

写作融于阅读，具体来说就是多一些从写作角度审视教材中的古诗词佳文，而不仅仅是从了解大意、理解内容的角度去看待这一篇篇优美的诗文。具体来说，就是每次教学古诗词佳文，我们老师都要引领学生去发现其中的写作训练点，并进行及时有效的针对性写作训练。比如，学习了写人的文章，就要让学生练习写人；学习了写景的文章，就要让学生练习写景；学习了记叙类的文章，就要学生训练记叙文。再比如，学习李白的诗，我们要训练学生在写作中充分展开想象；学习王维的诗，我们要引导学生学会"诗中有画，画中有诗"的写作手法；学习《木兰诗》，我们要教会学生在刻画人物时运用详略得当的方法，等等。总之，教师要有意识地去引导，让学生从点滴开始进行有效的训练，潜移默化地让学生生发对写作的兴趣。更重要的是，要由课内的古诗词佳文，迁移到课外的名著名篇当中去。

初中生的语文写作能力，体现了学生的综合素养。但目前，初中学生的写作能力确实不容乐观。这里有学生阅读量少的问题，也反映了我们初中语文课堂写作教学出现了问题。现阶段，初中语文写作教学的教学方法较多，但是要想真正提高写作教学效率，需要形成完善的写作教学体系。一定要让写作教学融入语文课堂教学之中。除此之外，还要延伸到课外阅读中去。让学生在汲取中华优秀文化传统的营养中，切实提高自己的写作能力和写作水平。只有这样，才能真正达到阅读和写作的融为一体，从而达到一箭双雕的效果。

作者简介：余承鸿，江西省赣州蓉江新区潭东中学任教，曾任语文教研组组长、总务处副主任，现任总务处主任兼行办主任、党支部纪检委员等职。参加全国初中语文教师教学基本功展评优秀课例评比一等奖，参加"一师一优课 一课一名师"荣获市级优课。多次参加蓉江新区优质课比赛获第一名，参加该区级组织的公开课和送教下乡活动。主持和参加了多个国家级子课题的研究，并取得了一定的研究成果，多篇论文在国家级、省级、市级论文评比中获一等奖，多篇论文在国家级、省级期刊上发表。

中华传统文化在宜昌天问植根滋长

湖北省宜昌市点军区宜昌天问学校　向方杰

在宜昌天问学校教学楼前，耸立着高大的屈原铜像，屈原敢于质疑，追求真理的精神在这里得到继承和发扬——天问校园里的每条路、每栋楼的名字，都源自屈原的作品；教学楼墙面上镌刻着《颜氏家训》《中庸》《孟子》《诫子书》；校园南墙是以"忠孝弟信礼义廉耻"为核心的八德文化，升旗台台阶上是《天问》名篇；校园北墙上遍布名家名著，学生读书成果展示。

为什么要让中华传统文化进校园？因为中国传统文化博大精深，对教育学生树立正确的世界观、人生观、价值观有着十分重要的意义。弘扬中华传统文化，全面发展学生的核心素养，"造就自主发展的人"。

一、开设国学特色课程

学校把校本课程国学课、社团课、阅读课安排进课表，成立国学教研组，由专门的国学老师授课。学生们朝读经典、午练书法、晚观视频，开展国学文化周活动，把传统文化学习与课程研究相结合，与研学旅行相融合。天问国学品牌名扬荆楚大地，天问的研究学旅行课程引领着宜昌中小学研究学旅行课程的深入发展。

我们的国学课，七年级教学《论语》《大学》，八年级讲授《孟子》。我们与经典同行，与名人同行。从《四书》《五经》到诗词名著，从圣人先贤到历史名人，学生们在挖掘中华文化精髓的过程中，瞻仰圣人的灵魂，学习文人的风骨，国学课已经成为学生丰富自己的思想和素养的精神大餐。

我们的国学社团课根植于优秀的文化精髓，带领学生们走进戏曲、学唱京剧、探秘汉字、研习书法、赏琴下棋、吟诗作画，在社团活动中，亲近国学，热爱国学。在社团课上，学生们学习传统技艺，欣赏中华优秀的文化，身临其境地与国学相交，感受国学的魅力。

在七八年级中，每天有三个时段让学生们接受国学的熏陶。早晨，诵读经典，感受经典的魅力，从《四书》《五经》到唐诗宋词，从先秦散文到明清小说，我们还有自己的国学读本，读屈原，读孔孟。在晨光熹微中，朗朗地诵经之声弥漫校园。中午，练习书法，感受汉字的美丽，在文墨飘香中，获得心灵的沉静。傍晚，《百家讲坛》带领学生们进入神秘浩瀚的中华文化的世界，易中天、于丹、刘心武……一位位大师带领着学生们读《论语》、品《三国》、探《红楼》。

二、开展校园阅读活动

为了扩大学生的阅读量，丰富学生的精神生活，活跃校园文化，促进学生的个性发展，让每一位学生与书为伴，养成爱读书、好读书、读好书的习惯，并积极配合学校开展的"书香盈庭"阅读活动，成立了读书会并开展了一系列的活动。如创意书签制作比赛、读书分享活动——"与经典对话，与智慧同行"、中华经典诗词吟诵比赛等。家长们也参与其中，师生同读，亲子共读，享受阅读，热爱阅读，已然成为学生们生活中不可或缺的一部分。

我们还有天问"悦"读节——在每年的世界读书日，我们都会举办天问"悦"读节活动，邀请家长和兄弟学校的同学一起来参加这一盛会。学生们表演课本剧、朗诵经典、分享读书心得，还设立不同的场馆进行多姿多彩的活动，猜字谜、表演茶艺、对对联、赏琴棋书画、穿越时空、与古人对话、与大师对话……还有跳蚤市场，以书易书、以书会友。精彩悦读节，快乐天问人。在书声中浸润心灵，在阅读中感受生命的阳光。多彩的"悦"读节不仅是天问学子展现自己才华的舞台，更吸引了一大批来自校外的小客人，他们和天问学子们一起沉浸在了书香校园中，感受到了阅读的快乐。

三、将中华传统节日与国学相结合

每逢重要的节日，如元宵节、清明节、端午节等，我们都会制作相应的文化展板及时向学生们普及宣传节日文化以及相关的典故。大课间时与学生们分享节日趣事、所思所感。在丰富学生生活的同时，让学生了解相关的文化常识，将中华传统文化渗透到学生的日常生活中，让传统文化的芬芳洒满校园。

"端午诗会"是天问学校的重要节日活动。在端午节时，我们以朗诵中华经典诗词的形式来纪念伟大诗人屈原。以此培养学生爱校、爱国的思想。2013年在秭归举办的全国端午诗赛上，天问诗社的学生们束发戴巾，身着汉服，高诵《屈原赋》。时而低头沉思，时而抬头高亢；声音有高有低，肢体有动有静。学生们的精彩表演赢得阵阵掌声，观众连连叫好。天问学子在全国重要的媒体和镜头前，用独特的方式悼念南国诗魂，传递"吾将上下而求索"的天问精神。

纪念孔子也是贯穿天问国学教育的一个重要部分。在每年的 9 月 28 日，

"文圣"孔子的诞辰纪念日，我们都会举行相关的纪念活动。我们力求用最为庄重、古朴的方式祭奠这位两千五百多年前的伟大哲人。祭孔活动既开阔了同学们的文化视野，激发对优秀传统文化的学习热情，增进对历史的了解，提高民族素质、加强民族凝聚、增强民族自信、振奋民族精神，也营造了浓厚的校园文化氛围。

四、天问研学之旅

研学旅行，从班级、学校、集团到教育局，形成了完善的体系，天问学子的研学之路已经走得越来越远。七年级学生踏访屈原路，八年级学生到山东祭奠先哲，国学班学生开展七大文化区之旅。经过多年的实践探索，我们的研学旅行已经形成课程体系，正推动着宜昌市中小学研学旅行试点工作的发展。

在研学线路的设计上，我们形成了这样三条具有天问特色的研学线路：

七年级学生踏访屈原路。我们追寻屈原的脚步，从秭归的屈原故里出发，过荆州古城，抵长沙，到达屈原泪罗沉江的千年追悼地。学生们讲屈原文化，讲《离骚》《楚辞》，讲含愤投江，讲千年端午。这让学生们明白了，"天问"不只是一个名词，而是一种中华士子的文化符号。

八年级学生到山东祭奠先哲。孔子是中华民族的精神领袖，两千多年以来的儒家学说，不仅影响了中国社会的发展，更塑造了中华民族的灵魂。山东省曲阜市是至圣孔子的故乡，儒家思想的发源地，至今还完整的保留着"孔府""孔林""孔庙"等儒学圣地，有"东方耶路撒冷"之称。与之相邻的还有孟子故里、五岳之首"泰山"、泉城济南等等，丰厚的文化积淀、悠久的历史、宏大的规模、丰富的文物珍藏，以及科学艺术使之成为了中华民族的精神故乡。我们踏访曲阜，祭拜孔子，认识先哲的灵魂。登临泰山，回眸历史，寻找民族的信仰。

天问国学班学生则围绕着七大文化区开展研学活动。已经成熟的线路有：以"探华夏文明之源，寻民族文化之根"为主题的中原文化区游学；以"六朝盛景品国学之魂，水墨江南承文化之韵"为主题的吴越文化区游学；以"西行漫溯览蜀中胜景，天府寻踪慕先贤英灵"为主题的巴蜀文化区游学。

中华传统文化在宜昌天问校园植根、滋长。"天问书院"犹如一颗石子，将在传承中华传统文化的湖面上激起千层浪，天问人定会续写新的辉煌！

作者简介：向方杰，湖北省宜昌市点军区宜昌天问学校任教。湖北朱莉萍名师工作室成员，点军区第二届骨干教师。曾被评为秭归县2000—2001年度"青年岗位能手"，多次荣获"先进个人""中考质量优胜奖""优秀教研组长"
"优秀辅导教师"等称号。曾被聘为《语文报·中考版》"全国中考语文试题研究
中心研究员"，在人民教育出版社人教网、《文学教育》《中学生导报》等报刊媒
体上发表论文 10 余篇，主编《踏访屈原路》自主教育优秀成果校本教材系列
丛书。

浅谈语文教师如何有效引领学生热爱古诗文

河北省保定市涞源县晶华学校　安淑兰

泱泱华夏，文化灿若群星；悠悠千载，经典历久弥新。根植于华夏沃土的中华传统文化，既闪烁着圣贤之光，照亮古今，又闪烁着灵魂之光，传承万代。

众所周知，中华文化丰厚博大，源远流长，优秀的传统文化积淀着我们中华民族最深沉、最具民族特色的精神追求，其中经典古诗文犹如中华优秀传统文化百花园中的一朵奇葩，散发着它独具时代精神的清香，展现着它历久弥香的文化魅力，它是根植中华沃土且生生不息的文化之花。所以作为语文教师要用爱与责任，智慧与担当，通过语文课堂这个文化传承平台，有效地引领学生学习古诗文，带领他们走进诸子百家文，品味诗词歌赋篇，让他们在品读中感受古诗文激荡心灵的魅力，在理解和感悟中提升他们的古诗文鉴赏能力。通过对一首首古诗词的赏析，一篇篇经典古文的积累，让他们在学习中吸收中华传统文化的营养，提高他们的文化品位，并让他们树立民族文化的自信心，爱上古诗文。这样的学习过程，不仅会让他们的思想变得更加成熟和睿智，还会使他们的心灵变得更加丰盈和澄澈，唤醒他们对中华传统文化的热爱之心。下面浅谈我在语文教学中引领学生热爱古诗文的点滴尝试与探索。

一、精心设计导入语，激发学生学习兴趣

俗话说："好的开始是成功的一半。"所以针对每次古诗文的教学，我都会十分用心，做到课前备课充分，尽心打造具有吸引力的"开场白"。首先反复吟诵古诗文，在反复品读中理解古诗文的内容，感受作者的创作情怀。然后，再查找有关资料，对作者生平事迹、创作背景做到翔实而全面的了解。接着，依据所教学生的学情，结合学生对古诗词不是很感兴趣的现状，针对每篇古文或依据古诗词的教学设计。

教学设计的出发点是如何激发学生热爱古诗文，教学过程的教学环节是让学生在品读中感受到博大精深的传统文化。所以，每次备课我都会认真研读古诗文，教学设计做到从学情出发，有效引领学生了解古诗文，爱上古

诗文。

环节一：古诗文教学导入语的设计。课堂教学开场的两三分钟要利用好，对学生的学习兴趣有所激发，定能让学生主动地快乐而有意义地学习。所以我的导入语设计是用脑用心的，从学情出发，呈现形式多种多样。例如：猜谜语式、多媒体视听盛宴式、学生自创导入语式、老师激情飞扬引导式、简笔画呈现式等，凡是能够激发学生学习古诗文兴趣的方法，我都会用心思考，大胆尝试，虽然导入语环节只有短短的两三分钟，但是凝聚着爱与智慧的设计，能事半功倍，学生能够在堂课上饶有兴趣的学习古诗文，这就是教师有效引领学生热爱古诗文的好方法。

举例来谈。学习唐代诗人王维的《使至塞上》，导入语设计的形式是——猜谜语式："同学们！今天我们共同学习一首五言律诗，在开启本节课的学习之旅，咱们先猜猜作者和诗名，怎么样?"老师利用幻灯片，逐一给大家呈现信息，看谁猜得快，猜得准。A. 苏轼评价他的诗："诗中有画，画中有诗。" B. 他是山水田园派代表诗人，与孟浩然齐名，并称"王孟"。C. 他是唐代著名的诗人、画家，字摩诘，号摩诘居士，后人称他为"诗佛"。D. 他的这首边塞诗中，有一句描绘边塞奇特壮美景色的千古名句。这样的导入语设计，极大地激发了学生的积极性和参与性，老师信息未出示完，同学们已经跃跃欲试了。由此，学生的积极性调动起来了，学习的热情高涨，学生学有所获，学生学习的主体地位发挥得淋漓尽致。又如，学习北魏郦道元的《三峡》，我采取的导入语形式是——多媒体视听盛宴式：课上的前两分钟，我用多媒体播放配乐视频剪辑的"今日三峡风光"。学生看到雄伟壮观的葛洲坝，看到奔腾澎湃的长江水，看到巍峨的山峦等，专注的眼神令我感动，视频结束后，我就抓住时机问学生："看完视频的感受是什么?"学生说"很震撼，太美了""太壮观了，想亲自去看看"……然后我继续引导学生："同学们，你们刚刚看到的是今日壮丽的三峡，其实早在北魏时期，地理学家、散文家郦道元就用流畅的文笔给我们再现了三峡不同时期的美丽景色，今天咱们一起走进《三峡》，目睹一下千年前三峡的自然之美，感受一下往昔与今朝不同的魅力吧!"这样的导入语设计，就是用视听效果给学生带来新鲜感、好奇感，从而激发学习古文的兴趣。

环节二：学生自创导入语式。学习唐代韩愈的《早春呈水部张十八员外》采取的是导入语形式：学习这首诗之前，我先给学生布置了预习任务，让他们自己背诵并翻译此诗，然后结合自己的理解，设计本首诗的导入语，要求贴近诗作，有新意。学生课前准备的热情被调动起来，就会用心准备和设计，他们为了设计属于自己个性喜好的导入语，会用心品读诗文，会很负责任地查找资料，所以课堂上学生的小组导入语交流分享活动很活跃，同学们的导入设计超出了我的想象——有配乐《春之声》的小诗作朗读，有文笔飞扬的抒怀导入，有《春天在哪里》的儿歌导入，有春景照片剪影的导入等。这样的一份富有智慧的课前预习作业，目的是让学生学会自学古诗文和课下积累古诗文，这样的课前充分预习，也一定会让学生课堂上更用心地学习，不仅激发了学生学习古诗文的兴趣，也让学生思绪飞扬。例如，一个学生的导入语是这样写的："我爱春，爱它的草长莺飞；我爱春，爱它的绵绵细雨；我爱春，爱它的勃勃生机；我爱春，爱它的阳光明媚。四季虽美，但我唯独喜欢春天，今天就我们共同学习唐代大诗人韩愈的《早春呈水部张十八员外》吧！看看他为什么唯独喜欢早春呢？"

总而言之，从学生角度出发，用心设计形式多样的导入语，定会激发学生学习古诗文的热情，从而开心快乐地学习古诗文，收获古诗词带给他们的不同凡响的感动。

二、用活动引领学生热爱古诗文学习

如古诗文朗诵、古诗文书法比赛、古诗文读后感交流、古诗文改编吟唱等活动，营造古诗文学习的氛围，让学生养成吟诵古诗文的好习惯，从而感受到古诗文所彰显的民族力量，领悟到传统文化所承载的文化魅力。

千里之行始于足下，文化传承在于弘扬。让学生爱上古诗文，不仅是让他们感知古诗文的文学魅力，更重要的是让他们感受古诗文中的家国情怀与人文精神，使每一位追梦的学子，都能够在古诗文淡淡的墨香中嗅到文化的芳香，从而陶冶他们的情操，润泽他们的心灵，丰盈他们的青春，让他们主动践行中华优秀传统文化中的真善美，做新时代的接班人。所以，语文老师有责任也有义务，完成引领学生热爱古诗文的教学工作。

(一)要转变自己的思想和教学理念

抛弃应考式教学模式——单调的读、讲、背的课堂教学模式。加强自身传统文化的学习，做中华优秀传统文化的学习者、传承者和弘扬者，扎根教学一线，摒弃浮华，甘于寂寞，徜徉古诗文经典之海，做学生学习的榜样，才能够引领学生一路前行，感受中华传统文化的博大精深。所以我珍惜每一次晨读时光和每一节语文课，从学生学情出发，从学生成长阶段心智发育发出，采取有效地激励方法，充分调动学生学习古诗文的激情，让他们能够豪情满怀、激情飞扬地投入到古诗文学习当中去。以活动为载体，开展丰富多彩而有意义的活动，让学生积极参与，达到传承文化，弘扬民族精神的目的。

(二)激发学生学习古诗文的热情，营造学习的氛围

抓住学校号召全校师生学习中华传统文化的契机，积极组织学生参加晨

读诵读经典的活动。每一个晨读时间，我都给学生规定朗读的篇目，我把初中三年的古诗文归类，分成自然风光类、家国情怀类、哲理抱负类等。每次晨读只读四篇，并提示学生朗读要注意感情、声调、发音和节奏，然后我给学生范读或同学生一起读。在读的过程中规范学生的发音和节奏，师生大声地富有情感地朗读，荡气回肠。通过和学生的共同朗读，师生的心离得更近了，与古诗文的距离也近了。晨读经典古诗文活动，成了我们学校一道亮丽的风景线，也成了共同感受朗读快乐的平台。晨读古诗文不仅让学生感受到古诗文的音律美，也让学生收获了独特的阅读体验和成长。长期坚持下来，学生的诵读水平提高了，进一步对古诗文有了兴趣，最终会爱上古诗文。

（三）用竞赛形式让学生自主学习

为了有效引领学生热爱古诗文，我在语文课上，开展古诗文诵读比赛。让学生选择自己喜欢的古诗文进行配乐诵读。活动分两步：一是每小组六人，组内进行初选，推荐一名优秀的诵读成员参加全班决赛。二是各小组推荐的诵读成员进行抽签排序，决定出场次序，进行班级诵读比赛。并让各组小组长为评委进行打分，评选出的优胜者即给予奖励。多次开展这样的活动，我发现学生课下背诵古诗文的多了，学生言谈举止间也有了儒雅之风了，吟诵古诗文的感情越来越丰富了。为了磨砺学生的心性，引领学生热爱古诗文，让他们能够坐下来静心读一读、写一写古诗文，品一品古诗文的语言，学校开展了班级古诗文书法比赛。通过这项活动的不断开展，我发现，学生写字一笔一画规范了，背诗专注了，通过书写，对古诗文的印象更加深刻了。

（四）分享读后感，鼓励学生交流

古诗文中有"人生自古谁无死？留取丹心照汗青"的民族气节，有"长风破浪会有时，直挂云帆济沧海"的豪迈精神，有"先天下之忧而忧，后天下之乐而乐"的远大抱负等。古诗文中的浩然正气和家国情怀，需要学生体会和感悟，更需要学生传承和弘扬。为了更好地让学生热爱古诗文，感受古诗文中积淀的民族精神和力量，我组织学生开展"我爱古诗文"读后感征文比赛和读后感分享活动。通过这种形式，有效引领学生热爱古诗文，透过文字他们感受文字背后厚重的情怀和崇高的精神。课上让学生按小组进行读后感分享交流活动，学生们读动情，听得专注，写得到位，感情真挚，文笔流畅。不仅对古代文人的文笔赞赏有加，更对他们的家国情怀和政治抱负深深震撼。让学生与古诗文进行心灵对话，激发了他们对古诗文的热爱，让他们感受到古代文人墨客至真至纯的情思；让他们敬仰"古仁人"广阔的胸襟和远大的抱负；让他们感受古代文人将士深沉的爱国情等。

通过一系列的活动，我欣慰地看到学生对古诗文的逐渐喜爱，感受到古诗文对学生的影响不仅是知识文化的提升，更是润物无声的教诲！

语文教师有效引领学生热爱古诗文的探索，依旧在路上，我将带着求新求变的创新精神，以及对中华优秀传统的敬畏之心，教学扎根一线，研究出更有效地引领学生热爱古诗文的方法。让优秀的传统文化根植于学生的心灵，滋养他们成长，让他们更好地传承和弘扬中华传统文化，勇做有担当、有自信的中国人！

作者简介：安淑兰，河北省保定市涞源县晶华学校语文教师任教。参加全国教育科学"十二五"规划教育部规划课题"'少教多学'在中小学语文教师中的策略与方法研究"，被评为"课题优秀教师"。《秋天》课堂实录在科研成果评审中，荣获课堂实录类一等奖，《"少教多学"让学生与古诗词亲密接触》《坚持追求　变通教法　创新的天空分外蓝》教研论文在教研成果评审中荣获教研论文类二等奖，《背影》教学设计荣获语文教学优质课类一等奖。

浅谈在初中古诗文教学中的优秀传统文化渗透

内蒙古自治区呼和浩特市新城区启秀中学　范文亭

古代文学作品是中华优秀传统文化精神的传承。在语文课的古诗文教学中，能对学生进行适当的优秀传统文化教育，无疑会使教师的课堂教学具有事半功倍的作用。同时，对学生的个体发展、对社会的稳定与发展都具有长远的意义。因此，语文教学中对学生进行优秀传统文化教育也是一种良好的途径，使学生在潜移默化中受到优秀传统文化思想道德的感染和熏陶，又可以使其大大减少学生的逆反心理。

优秀传统文化教育应当紧密结合古诗文的训练进行，寓于古诗文训练之中。中国文学历来就有"文以载道"的传统，现行初中语文教材选取了一些文质兼美的经典传统作品，其中包含着非常丰富的优秀传统文化内容。这就要求语文教师要做到：首先要有强烈自觉的教育意识，在进行听、说、读、写训练之前，必须明确本课要进行的优秀传统文化教育目标，以便在设计教学思路时贯穿于教书育人的全过程。二是要恰当地选择语文训练和优秀传统文化教育的契合点，使学生在古诗文课堂的学习过程中，自觉受到了优秀传统文化教育。我认为，在古诗文教学中可以从以下几方面进行。

一、从课前演讲中渗透优秀传统文化

课前演讲是训练学生意志品质的好方法。很多学生当众演讲紧张、讲话声音小，甚至根本不敢上台。公开课时，我要求课前演讲经典诗词赏析，可很多同学退缩不愿在公开课上演讲经过，我的调动、鼓励，终于有一位同学表示愿意演讲。经过课前准备他的演讲很成功。他收获的不仅于此，还有面对困难的勇气和担当，准备过程中的精细和全面。不仅诗词赏析的方法得以运用，能力得到提升，一些个性品质诸如：意志力和自信心也因此而增强。在初中三年的演讲训练中，每位同学在这方面都得到了不同程度的锻炼和提高。

二、从教学内容中挖掘优秀传统文化

语文书中的许多篇目在培养学生的良好情操方面会起到直接的作用。因此，教师应帮助学生理解文章内容，感悟文章中工作者的思想感情，进而对学生上起到潜移默化的作用。《孟子二章》的第二则《生于忧患死于安乐》一文中，分别用六个人的事例论证了成大事者都经历过艰苦磨炼，接着用讲道理的方式再次论证这一观点。接下来将"生于忧患和死于安乐"的事例进行对比，突出了文章的主旨。本文既有传颂千古的名句，又思路清晰地揭示了磨难造就人才的道理。这对初三的学生而言是篇好文，无疑是一剂振奋精神的良药。因此，我在总结文中主旨时问同学们"在生活中磨难给了你怎样的收获"的问题。

《行路难》这首诗感情跌宕起伏、波澜变换，诗人情感时而失落苦闷，时而茫然无措，时而喟然长叹，时而充满希望。加上文中长短句、感叹句交错使用，大大增强了诗歌的感染力。在教学中，我让学生在体会诗歌感情之后，自主交流自己的人生经历，当你的理想、愿望没有实现时是如何对待的？让学生深入地理解阔大的胸怀和积极进取的人生态度。又如《茅屋为秋风所破歌》一课，这是杜甫的重要作品，学生们早已熟悉他忧国忧民的情怀。面对秋风袭来，作者看到的画面、经历的事情给人以苦不堪言的感受和悲叹。让学生体会面对此情此景可以抒发什么情感？可是当梳理到作者自身的感受时，却让人为之一振，深受感动，作者在面对自己的苦难想到的不是自己，而是天下寒士，甚至愿意为了"天下"继续忍受这样的苦难。让学生理解他那胸怀天下，心系人民的情怀，如日月照千古，星辰耀苍穹，学生也会因此受到人生观方面的启发。

三、从古诗文背景中凸显优秀传统文化

每篇课文教学目标不同，在什么环节中进行优秀传统文化教育要因课文内容和讲课思路而定。《岳阳楼记》一文，我先让学生抓住"览物之情，得无异乎"一句，下文怎样体现这个"异"字？同学们进行思考，最终找到"或异二者之为"。中心句"先天下之忧而忧，后天下之乐而乐"由以上层层铺垫而出。到此学生对这句名言有所领悟，但为什么范仲淹会有这样的思想？我在此引入作者生平简介。当学生们读到："范仲淹仕途沉浮几十年，数遭贬黜，但他澄清吏治、忧国忧民之心始终未改。他用自己的俸禄，在家乡买'义田'千亩，救济贫穷的族人，而自己却贫苦一生，以至于死时'身无以为殓，子无以为丧'。为民请命，忧民之忧，这就是范仲淹先忧后乐精神的具体体现。"学生们都啧啧慨叹，以"天下为己任"的高尚人格在学生的思想里扎根。

四、从拓展环节中进行优秀传统文化

语文教学的拓展环节是对教学内容的巩固。优秀传统文化抓住这一环节，

使学生对所学内容进行实践迁移，明确反思自身更加有效。在初二语文课文《送东阳马生序》中，文章主旨"勤且艰"。试着想一想："宋濂的学习经历可谓步步艰难，上一星期大家也写了一篇类似的文章叫《学习的烦恼》，你和他相比，你对生活、对学习中的苦恼有什么新的认识？"

现在的学生没经历过什么苦难，对读书之苦的感受肤浅。我从人生幸福这点切入，提问："学完本课，幸福是不是永远没有痛苦？"由于前面教学的铺垫，大家会想到："幸福不是永远没有痛苦，而是直面苦难、迎难而上。"

我因此设计了以下拓展环节：面对这些困难的时候你不觉得苦吗？你这样做的时候是怎样说服自己的？

(一)仿写句子

真正的幸福绝不是永远没有烦恼，而应该是战胜千辛万苦之后的奖赏。

真正的幸福绝不是永远不必写作业，而应该是……

真正的幸福绝不是永远不用读书，而应该是……

(二)试一试

1. 宝剑锋从磨砺出，＿＿＿＿＿＿＿＿＿＿＿。

2. ＿＿＿＿＿＿＿＿＿＿＿，学海无涯苦作舟。

3. ＿＿＿＿＿＿＿＿＿＿＿，方为人上人。

4. 应知学问难，＿＿＿＿＿＿＿＿＿＿＿。（陈毅）

5. 你想成为幸福的人吗？但愿你首先学会＿＿＿＿＿＿＿＿＿＿＿。（屠格涅夫）

6. 天才就是百分之一的灵感加＿＿＿＿＿＿＿＿＿＿＿。（爱迪生）

7. ＿＿＿＿＿＿＿＿＿＿＿，行成于思而毁于随。（韩愈）

8. 勤能补拙是良训，＿＿＿＿＿＿＿＿＿＿＿。（华罗庚）

课堂教学是古诗文学习的主阵地。利用教材和一切有利因素，给学生创造语文实践的机会，使学生通过丰富多彩的语文实践活动，逐步掌握运用语文的规律。更重要的是，学生在不断学习传统文学作品的过程中享受着优秀的传统文化熏陶，同时也在完善着人格，不断走向成熟。知道在自己的人生道路上怎样奋斗，怎样与人合作，怎样面对困难与挫折，怎样走向成功。从这个意义上讲，古诗文教学中的优秀传统文化渗透，对一个人的文化素养以及人生方向有着深远的影响。

作者简介：范文亭，内蒙古自治区呼和浩特市新城区启秀中学语文教师。2012 年荣获新城区青年教师基本功大赛二等奖，2016 年荣获全国青年教师基本功大赛一等奖。撰写的教学论文和教学设计多次荣获国家级和市级奖项。

先后荣获新城区优秀教师和新城区优秀共产党员称号。2017年担任国家级课题主持人，主持研究课题"现代课堂教学中的古诗文教学"。辅导学生参加各级各类作文大赛多次获得优秀辅导教师称号。

快乐学习寓于古诗文

陕西省咸阳市兴平市初级中学　史政强

　　语文课本中的经典古诗文是中华优秀传统文化的精髓。"把这些经典嵌在学生脑子里，成为中华民族文化的基因"，是现代语文课堂教学的重要任务。针对初中学生青春懵懂、活泼好动的特点，因势利导，积极挖掘教材本身蕴含的快乐因素，把快乐引进课堂，精心组织，学生一定会好学、乐学，课堂教学将事半功倍。快乐学习的具体措施如下：

一、情景导入趣味化

　　一堂语文课的开始，若能使学生置身于兴趣激昂、兴趣浓郁的特殊环境中，学生学习起来便轻松、掌握知识就容易。在每节课前，精心设计与学习内容有关的开场白，有时给学生看一些与学习内容有关的图片。如讲《愚公移山》时，先让学生看徐悲鸿先生画的《愚公移山》图，然后讲明这幅图在 2006 年 6 月竞拍卖了 3300 万元。"那么大家想一想，是什么使它如此抢手？是画家的身价，是绘画的技巧，还是绘画题材的独特？据资深专家透露，是由于它的思想性和现实意义。那么，他到底讲了个什么故事呢？他有什么思想性和现实意义呢？"这样一导学生对课文有了好奇心。有时用设疑法。如讲《出师表》时，我先问学生："我们国家的智慧神是谁？"生答："诸葛亮。"我再问："你们知道诸葛亮哪些故事？"学生踊跃回答："六出祁山、草船借箭、舌战群儒。"在这种热烈氛围中，我顺势讲："诸葛亮不仅是杰出的政治家、军事家，还是一位文学家。今天，咱们就学习他的名文—《出师表》。"学生在崇拜诸葛亮的心情中走进了《出师表》。讲《送行》时，我这样导入："自古以来，送行被文人演绎出无数佳话。李商隐的'相见时难别亦难'传递着无边的伤感，岑参的'山回路转不见君，雪上空留马行处'流露出无限惆怅，王维的'西出阳关无故人'蕴含着绵长的不舍，王勃的'海内存知己，天涯若比邻'却给友人以莫大的安慰……今天，我们学习一篇散文，看'送别'还能谱成怎样的新曲"。使学生在回顾送别名句中自然进入新课学习。总之，无论运用哪种方法都是为了激发学生的兴趣，使学生在轻松快乐中进行学习。

二、活动组织多样化

强调学生的主体作用，上课时要充分发挥学生的主观能动性，这就需要给学生创设活动。平时，我们语文组通过各种活动激发学生的学习兴趣。在读的方面成绩最为突出，每位老师都进行过分角色朗读，这种方法可使使学生对课文内容有一定的了解。如上《晏子使楚》一课时，我先让 8 人一组自行组合，然后每组推选朗读最好的组员上台表演。把晏子表演得活灵活现。另外，课堂上讲故事、进行辩论。除了课堂上的这些活动外，我们还在课外进行演讲会，背诵比赛活动，这些都激发了学生的学习语文的兴趣。

三、学具丰富具体化

语文学科的学习用具有限，能在课堂上随意使用的很少。其实，动动脑子，想想办法，会有许多"学习用具"可以使用。比如，教《核舟记》一课时，我让学生从课外找桃核做道具。教《孟子二章》时为了区别"箪"和"豆"，我指了教室后面的担笼说："箪是盛粮食的工具，如担笼、筐等，豆是盛食物的器具，相当于咱们说的盘。"再如优美诗文需要范读，除了自己读之外，我用多媒体播放范读录音让学生听。如教李煜的词《相见欢》，我从网络上下载《春花秋月》歌曲并同时播放，让学生感受李煜词的特点。

四、语言幽默个性化

语文课堂学习的艺术首先是语文教师的语言艺术。语文老师的语言要形象生动，妙趣横生。因为我们教的是初中生，他们注重直观性、形象性。课上他们往往关注的是老师的某一个动作、某一个神情、某一个口头禅。讲《诗经》中的"赋"和"兴"，这本来很深奥，我引入了同学们喜欢和熟悉的流行歌曲。讲赋的含义在直接叙述或描写后，我引入了《小芳》的歌词"村里有个姑娘叫小芳，长得美丽又善良，一双美丽的大眼睛，辫子粗又长——"，指明这种描写方法就是古代的"赋"，讲"兴"时，我又引了《众人划桨开大船》的歌词"一只竹篙耶/难渡汪洋海/众人划桨哟/开动大帆船/一棵小树耶/弱不禁风雨百里森林哟/并肩耐岁寒/耐岁寒"讲清了"先言他物以引起所咏之辞"的含义。讲了这些，学生也理解了"关关雎鸠，在河之洲"，是用关雎鸟的鸣叫引出"窈窕淑女"是君子的好配偶。此后学生还举例"没有花香，没有树高，我是一棵无人知道的小草"，看似写小草，实则写像小草一样的人。在学习中显得轻松风趣，极大地调动了学生学习的积极性。

五、快乐学习注意的问题

（一）寓教于乐要把握好"度"。不要图一时高兴，天马行空，冲淡了主题。

（二）有目的的愉；有目的的乐。一切快乐都是为学习服务；一切快乐都是为学生服务；一切快乐都是为课堂服务。

（三）快乐学习要在吃透学生、吃透教材的情况下进行。这就要求教师在备课上下功夫：学生需要一碗水，教师得有一桶水，这样才能游刃有余，灵活自如。

孔子说："知之者不如好之者，好之者不如乐之者。"让学生发自内心地感到快乐，变为自觉的求索，这才是教育的真正目的。

作者简介：史政强，陕西省咸阳市兴平市初级中学语文教研组长。"十二五"教育部规划办规划课题"'少教多学'在中小学语文教学中的策略与方法研究"课题子课题组长，"十三五"重点科研课题"中华优秀传统文化与现代语文课堂教学实践研究"课题子课题组长、优秀学术指导。多篇论文在国内报刊上发表。

传承传统文化，培育特色亮点

江西省玉山县四股桥初中　虞尚恩

中华优秀传统文化是中华文明成果根本的创造力，是民族历史上道德传承、各种文化思想、精神观念形态的总体特征。优秀传统文化所彰显的文化正能量，可以潜移默化地影响着师生的思想品德、行为规范，具有"水滴石穿"的力量。弘扬优秀传统文化，对于学校树立正气、打造校园文化，提升教育教学品位都将具有重要的现实意义。

我校多年来一直注重优秀传统文化的传承和弘扬。全校统一认识，步调一致，精心打造传统文化氛围，大力弘扬校园正能量，创设了风清气正的教育新环境。为此，着力做了以下方面的探索。

一、学习践行《弟子规》，弘扬中华传统美德

为进一步加强传统文化教育，培养学生文明、尊师、孝敬、守纪的行为习惯，努力创建学校德育工作和校园文化的特色亮点。根据本校学生实际，从 2014 年下学期开始，学校开展了一系列学习践行《弟子规》主题教育活动。具体的实施步骤是：

第一，以班级为单位，解读《弟子规》。班主任全面负责贯彻实施，由语文老师牵头，利用早读和阅读课讲释《弟子规》，解难释疑，帮助学生正确理解《弟子规》的要义。通过学习，全体同学能熟练背诵《弟子规》，并通过集体吟诵的形式展示学习成果。

第二，全体同学在学习的基础上领悟《弟子规》。利用学生周记、校园广播、班级和校园宣传栏，班级宣传标语等形式宣传和刊登学习心得和感悟。通过《弟子规》知识竞赛、演讲比赛、书画比赛、文艺表演等形式，交流各自的学习成果，营造浓郁的传统孝悌文化氛围。

第三，在学习《弟子规》的活动中，注重把学习与践行紧密结合起来。平时学校要求每一个同学回家要替父母做一件能体现孝心的事，然后把它记下来，在班里演讲。为了激励学生们积极学习《弟子规》，我们通过全体同学集体投票，评选出《弟子规》活动"学习之星"。还通过评选各班"孝悌好少年"活动，大张旗鼓地营造活动氛围，弘扬道德正能量。在此基础上，再评选出全

校"孝悌好少年",并召开隆重的"孝悌好少年事迹报告暨表彰大会"。截至目前,我校已连续评选出四届"孝悌好少年",在校园宣传栏刊出"孝悌好少年"的事迹展。

第四,编写《弟子规》校本教材,开设《弟子规》拓展课。2017年下学期,为了进一步深化《弟子规》学习活动,我们制订了课程方案,将《弟子规》课程化。在七年级开设了《弟子规》课程,每周利用周三下午一节课,由辅导教师授课,之后进行了《弟子规》知识考试,指导学生撰写《弟子规》心得体会,并将学生优秀的心得作品在校园展出。

通过开展一系列《弟子规》学习活动,学生在校园中的礼仪举止变得更文明,学风、校风发生了明显的变化。许多学生在家里比从前懂事了,听话了,能主动替父母做一些力所能及的家务活。在学校也变成更加诚实守信,遵守纪律,学习成绩也有了很大的提高。如今,《弟子规》学习践行活动已成为我校德育工作的一个特色项目,活动纳入学校学期工作计划,实现常态化。同学们在学习中领悟,在践行中升华,中华传统美德一点点浸润和滋养了每一位同学的心灵。

二、营造书香校园,创设浓厚的校园文化

第一,成立了学校"校园广播站",营造浓厚的校园文化氛围。有了广播站,就可以利用校园广播开辟经典诗词、美文和歌曲诵读、欣赏节目,让学生在校园的每一个角落,都能受到传统高雅文化的熏陶。同时,激发了师生写作的兴趣。与此同时,学校还创办了《新蕾》文学社。经常组织学生开展文学创作活动;每学期刊出一期师生优秀作品,极大地丰富了学校的文化内涵。此外,校园广播站还锻炼了一批优秀播音"苗子",提升了学生的综合素质。有一个名叫赵欢的同学,是学校广播站播音骨干,还是学校各种大型活动的节目主持人,还担任过学校制作的学习《弟子规》活动亮点展示的视频解说,展现了极好的播音才能。

第二,开放图书馆,开展"图书漂流"活动。为了有效地提升学校文化品位,近年来,学校加强和规范了图书馆管理,改善了图书馆的硬件设施,更新添置了大量图书,装备了标准的图书阅览室,开设了阅读课。为激发师生的阅读兴趣,学校实行了班级"漂流"。"漂流"的方式是:以班级为单位,由班主任负责专人管理,统一到图书馆借出图书,至少人手一册,然后在班级中互相传看"漂流"。这样既确保了学生都能看到图书,又减少了中间反复借还书的手续,同时也减少了图书管理员的工作量。学校每学期结束评选出读书活动先进班级和"阅读之星"。

第三，开展校徽、校训、校旗设计征集活动，努力打造学校的传统文化。四股桥初中原来有校歌，但没有校徽、校训和校旗。这对于一所现代化学校来说，校园文化是不完善的。近年来，我们充分发挥了广大师生的集体智慧，设计出了校徽、定出了校训和校旗，并制作悬挂在综合实验大楼上。

三、以社团活动为依托，开展丰富多彩的传统文化教育

为了把中华优秀传统文化渗透到教育教学的每一个环节，近年来，我校以社团为依托，开展了丰富多彩的传统文化教育活动。

第一，成立汉字听写社团，培养汉字书写和听读能力。从 2014 年起我校就成立了汉字听写社团，目的是为了培养学生提高书写规范汉字和听读能力，培养学生对祖国语言文字的热爱之情。社团活动每周有教师辅导，开展听写活动，每学年要进行一次听写大赛。为激发学生参与的积极性，活动要评出周冠军、月冠军，学期和年度冠军，张榜公布并予以表彰。

第二，成立书法社团，普及传统的书法艺术。学校除正常开设了书法课，还利用课外时间，在辅导教师的指导下开展社团兴趣活动，经常邀请县内外书法名家来校为师生传授书法艺术课，指导、参加各级举行的书法大赛。近年来，学校有多名师生荣获省级以上大奖，其中林琪清老师多次荣获国家级大奖，被吸收为全国书法家协会会员。

第三，成立诗词和美文诵读社团。为了让学生感受中华传统文化的博大精深和巨大魅力，在诵读中认知传统、尊重传统、继承传统，弘扬和培育民族精神，激发爱国情感，增强民族自信心和民族自豪感，我校专门成立了诗词和美文诵读社团，通过活动让学生受到高尚道德品格的熏陶，锻炼人格、塑造品德，提高人文素养；把道德文章转化为道德观念，养成良好的行为习惯。

四、开展课程和课题研究，让传统文化扎根校园

根据国家课程建设和校本课程开发的有关文件精神要求，自 2014 年起，我校就将中华传统孝悌文化读本《弟子规》的学习课程化，每周利用一节课时间，由辅导老师写出课程计划，定出辅导课时，写出教案，辅导课程结束后有学生成绩测试和成果展示。2016 年，我校已申报了国家"十三五"重点科研课题"中华优秀传统文化与现代语文课堂教学实践研究"子课题"唐诗宋词背诵、鉴赏与仿写三步曲学习专题性研究"，并按照课题实施方案的要求，于2017 年编写了一本与课题配套的校本教材《走近唐诗宋词》，目前正在七八年级开设课程，并开展了一系列诗词背诵、听写、鉴赏和仿写活动。目前课题

活动已经呈现出了一些亮点，不仅提升了学生和语文教学的文化内涵，而且展现了学校语文教学的个性和特色，尤其是让中华优秀的传统文化，在校园深深扎根。此外，我们还通过参观博物馆和探秘乡土文化来开启一系列"研学旅行"活动，让广大师生在旅行中研学，拓展学生的学习空间，丰富学生的学习经历和生活体验，培养学生自主、合作、探究的精神和实践能力，提升学生的科学素质和知识迁移能力，激发学生学习的兴趣和求学欲望。让学生在旅行中感悟传统文化的博大精深。

作者简介： 虞尚恩，江西玉山县四股桥初中校长。"中华优秀传统文化与现代语文教学课堂教学实践研究"子课题"唐诗宋词背诵、鉴赏与仿写三步曲学习专题性研究"课题主持人。

与优秀传统文化一脉相承，构建大语文教学

内蒙古自治区鄂尔多斯市鄂托克旗乌兰镇中学　杜智发

"语文课程是一门学习语言文字运用的综合性、实践性课程。义务教育阶段的语文课程，应使学生初步学会运用祖国语言文字进行交流沟通，吸收古今中外优秀文化，提高思想文化修养，促进自身精神成长。工具性与人文性的统一，是语文课程的基本特点。"这是 2011 版《语文课程标准》对课程性质的界定。"弘扬优秀传统文化，传承民族文化基因；提高课堂教学质量，培育语文核心素养"，既符合时代和社会发展的要求，也抓住了语文教学的根本。民族文化是民族的根脉，离开了中华优秀传统文化去做语文教学，无异于舍本逐末。同样，离开生活实际去做语文教学，就会使学习陷入一潭死水，失去生命力。因此，我认为，要做与优秀传统文化一脉相承的大语文教学。

一、转变观念，树立大语文观

(一)语文教学要从教学本身这个圈子里跳出来

我们始于传统，如果不重视传统文化的传承，相当于忘记了根本。同时，这些经典的诗词和散文其实不仅仅是语文的教点，更是文化的重要组成部分。语文教学不能仅仅拘泥于课本，局限在课堂上。而要把学生的日常生活和学习活动全部纳入到语文教学的范围；要让学生的生活成为语文教学的资源。只有体会生活的本真，感悟生活的真谛，语文教学才会有强大的生命力，才能真正彰显语文课程的多重功能和奠基作用。

(二)语文教学与生活密不可分

要做生活语文，不能人为地将语文与生活割裂开来。我们每天做的、说的、想的，耳闻目睹的，都应该与语文学习结合在一起。我们的生活习惯、阅读习惯、写作习惯，哪一个能和语文学习完全分离？恐怕不可能，也分离不了。因此，如何将现实生活与语文教学合理地融合，形成大语文教学的观念，应该是每一位语文教师必须具备的教育观念，也是每一位语文教育工作者首先要思考的一个问题。

(三)语文能力与语文素养的培养应系统化

就学生说话和写作的训练来说，要形成体系，要有计划地组织，要常态

化进行。如果，今天想起来组织一次演讲比赛，明天心血来潮进行一次征文比赛，这节课记起来强调写规范字，那节课又让学生进行故事复述。这样东一榔头西一棒槌，最后的结果就是只见树木，不见森林。没有系统化的训练培养方案，效果不明显、效率低，是必然的。

(四)注重语文教学的广度

对课本和教材的拓展延伸一定要到位，读写听说各种体验活动要常态化组织。因为再精彩的讲授也不如学生的亲身体验与感受，特别是语文这样的语言类学科，没有学生的实践体验式学习，想学好语文是根本不可能的。

(五)语文老师的自我修养

日常教学中，很多语文老师在上课时，总是手里拿着教材或其他文本材料。我觉得，语文老师能"脱稿"上课，是语文教师有"干货"的体现。真正能做到对经典名篇了然于心，对名篇名段能熟练背诵，对名篇相关知识、典故信手拈来。这对于学生就是一种感染和鼓励，也是教师自身学识才华的展示，是教师个人魅力的最好诠释。能脱稿上课，说明教师用心备课，课堂组织的思路自然就成为自己的思路，说的话是自己的话，表达的思想情感也是自己的。自己感悟到了的，才能清清楚楚地传授给学生。真正做到用激情点燃激情，用智慧启迪智慧。照本宣科的背后是教师对教材的钻研肤浅，没有真正走进文本。

二、落实大语文教学的几点想法

(一)读书

部编本语文教材总主编温儒敏教授强调：语文老师要当"读书种子"。他强调语文学科的目标：提升语言运用能力，思维能力、审美能力的培养，文化传承的使命。语文的功能，不光是提高读写能力，最基本的是培养读书的习惯。

信息技术的日益进步，在给人们带来方便的同时，也把学生很多读书时间占去了，特别是智能手机及一些 APP 的使用，读书少、被动读书，读书不能坚持。因为读书少，对文章的理解分析能力不足，对人生感悟少，对社会现实的认识浅，对语文知识的积累影响更大。读书多了，语感自然就有了，认识的字也多了，写作能力会有所提高，情感体验就会丰富起来。见多识广，才能学到语文要学的真东西，全面提高学生语文素养的理念才能渗透到语文教学中。从一定意义上说，读书是语文教学之本。

多读书，少做题，才是语文教学的正道。很多语文教师让学生做大量的题，用教数学的方法来教语文，其实违背了语文教学的规律。数学是"举一反三", 而语文应该是"反三归一"。靠做题的方式来教学语文, 是舍本逐末的做法, 不可能真正提高学生的语言文字运用能力。

许多学生写作文时, 没有写的, 其中一个重要成因是读书少。今年初中起始年级的语文课本改版了, 其中变化比较大的一个地方, 就是把名著阅读纳入到了课程之内, 要求明确, 方法指导具体, 这就是一种导向。要读书, 才能学好语文, 在某种意义上说, 不读书, 就没有真正有效的语文教学。

(二)重"写"

写是很重要的学习方法, 特别是语文教学, 更要突出一个"写"字, 教师要有写的意识, 学生要有写的习惯。字词要写、日记要写、笔记要写、短文要写、大作文要写, 到最后中高考包括口语交际、综合性学习等内容都是通过"写"来检测。记得有位老校长说过, 考试的时候什么也没有, 就一个字——"写"! 的确, 对于义务教育阶段的学生来说, "写"确实太重要了, 而语文的写又是基础的基础。

很多学生在数学、历史等其他学科学习中, 写字不规范、错别字多、格式不讲究、不会组织语言来表述, 或者抓不住重点要领, 绕来绕去表达不清楚, 其实就是写的能力不足的具体表现。语文教学中重讲不重记, 重说不重写的现象还是比较普遍的。听起来、说起来好像会了, 懂了, 写起来动不了笔, 眼高耳也高, 唯有手低。

写作训练要从常态课堂抓起, 只靠写作课肯定是不行的。根据每篇课文的特点, 让学生仿写、改写、缩写、扩写、续写, 写片断、写表情、写景物、写动作、写心情、写想法以及写日记。通过不断地写, 甚至每节课都要写, 才能真正提高学生"写"的能力。

语文老师也可以通过收集学生写下的精彩片断篇章, 来激励学生的写作欲望。把每次写的收集起来, 一个月或一个学期进行一次排版装订, 或者让学生自己组织, 可编印学生习作集, 可参加征文比赛, 可投稿, 可组织展评活动。扩大学生习作的阅读群体, 让身边的、网络上的更多的人成为读者。没有观众哪里有演员? 采用多种形式把学生写的东西积累下来, 展示出来, 这本身就是一种形式的教学成果, 也是对学生学习的肯定与褒奖。

(三)强"说"

有很多语文老师的教学流程是这样的: 教师提问——学生集体回答——教师进行点评补充讲述——板书。这样的教学不能做到面向全体; 这种集体回答的形式, 其实就是那么几个学生在讲话; 大部分学生跟着附和, 有的从来都没有说过话。即使说话的学生, 也是在回答教师一个一个很具体的问题, 让学生单独进行口头展示。学生说话的条理性就比较差, 有的文不对题; 有的语病多；有的断断续续，甚至有的什么也说不出来。

一个人，如果说起话来头头是道，观点鲜明，论据充分，这个人的语文水平一定不低。初中学生能有序说话，抓住要点，表述简明扼要，能连贯说、当众说、大声说、脱稿说，说出味道，说出情感。这就是运用祖国语言文字能力的具体表现。说既是一种学习方法，也是一个学习过程，更是学习的目标和成果。

（四）一节课集中突破一两点

抓住关键点，进行集中突破，我觉得这是课堂教学的普遍规律。很多语文教师教学一篇课文，从字词、写作背景、作者、文章内容、文章结构、文章主题、文章写作技法等全面展开。每篇课文上完后，都是这样的，文章的精彩之处、亮点在哪里？学生并没有感受到，更谈不上学习和运用。其实每篇课文都有其最值得学习和研究的地方，如《济南的冬天》一文的写景，《故宫博物院》一文的方位词应用与说明顺序，《我的叔叔于勒》的人物刻画，《春》的景物描写，《观沧海》中诗人以景托志、胸怀天下的进取精神等。如果面面俱到，势必会影响对课文的重点感知，影响对课文最精彩部分的赏析。而且这种"全面开花"的固定模式，往往把一篇文质兼美的课文肢解成若干个具体的问题，分析得支离破碎，瓦解得面目全非。学生不能体会到文章整体的美感和精妙，自然理解的程度就肤浅。名篇之"名"，名在何处，不得而知。

语文教学既是教学，也是生活，还是一种传承。要重视体验式学习，要强调语文实践，要紧紧联系学生读书、生活和其他学科学习组织教学。将语文课程工具性与人文性统一起来，才能实现优秀传统文化与现代语文课堂教学的深度融合。

作者简介：杜智发，内蒙古自治区鄂尔多斯市鄂托克旗乌兰镇中学副校长。2014 年被评为全国教育科学"十二五"规划教育部规划课题"'少教多学'在中小学语文教学中的策略与方法研究"优秀课题主持人。2016 年被评为国家级课题"中华优秀传统文化与现代语文教学实践研究"课题优秀主持人，同时被聘为该课题组的研究员。多篇论文在国内报刊上发表。

经典诵读在初中语文教学中的探索分析

内蒙古自治区呼伦贝尔市海拉尔区南开路中学　张　琳

现阶段的语文授课已经不再是那种的老师站在讲台上，对学生授业解惑，这种授课方式的枯燥无味导致了学生在听课过程中很难全神贯注听讲。如何将学生的注意力牢牢控制在语文课堂中，每名教师都会有着自己的真知灼见。结合多年教学工作实践，笔者认为将朗读与教学进行有机结合，把呆板的黑纸白字呈现出来的课文转化为行云流水般的诵读。这是一种能够准确表达作者思想与感情的诵读，在提高学生欣赏水平的同时，一定还会提高学生对经典文章、诗句的鉴赏，在丰富词汇的同时培养优秀的语言应用习惯。那么如何在初中语文教学中加强经典诵读呢？下面谈几点意见，希望起到一个抛砖引玉的作用。

一、初中语文教师对经典诵读的教授手段探索

经典的文学作品由于其语言及内涵都颇为丰富，这就需要授课教师在讲课之前做足工作。不仅仅要做好"读"的工作，更应该将重点放在对经典文学中的领悟中。通过教师自身对经典文学的独特感悟，来引导学生进行体验式学习，最大程度缩短学生与经典文学作者的距离。

1. 要将学生引入经典文学的情境当中去

经典的诵读文章通常距离现在的时间比较远，比如杜甫的诗词并不是专门为初中学生而作的，大仲马的小说也不是在中国境内所写成的。在这种作品与学生存在时间、空间距离的情况下，授课教师必须给学生引入一种授课情景，在诵读前通过介绍文章的写作背景来让学生们身临其境。

2. 临摹

由于初中生的经历及文学修养尚处于基础阶段，授课教师不要急于求成理会经典文章中的含义及意境。要通过大师对经典作品的诵读对学生进行召唤，开拓他们的诵读视野。比如在讲授《威尼斯商人》《醉翁亭记》等佳作的时候，学生先进行自由阅读与朗诵，随后再通过播放艺术家的诵读录音，学生仔细聆听，用心感悟。伴随着应景的音乐，学生们的思绪也随着艺术家抑扬顿挫的语调跌宕起伏。一会如春风拂面，一会犹如大浪淘沙，这些或悲壮，

或喜悦，或愤怒，或兴奋的语调打动着每一位初中生的心灵。

二、经典诵读在课堂应用中的探索

初中的语文经典诵读教学，必须通过大量的朗诵、反复的练习才能够看到学生阅读能力、分析能力的提高。所以要开展"比、学、赶、超"的经典诵读活动。

通过分组讨论，来对经典文学中的人物进行性格分析与总结，比如葛朗台的自私与吝啬、于勒的身不由己、杨白劳的懦弱与善良都会被学生在听到名家朗诵后，得到相应的角色对照。

语文教师可以通过布置作业，要求每一个学习小组每半个月独立完成三篇录音作业，在课堂上进行播放及评比。这样的作业不仅会提高学生的参与积极性，还会自觉地对文章的结构、中心思想进行剖析。在诵读《白杨礼赞》的时候，我就采取这种授课方式。学生不仅圆满完成了背诵作业，还主动向老师提出问题，进一步加深了对文章主题的理解。

诵读与临摹写作相结合，进一步拓展学生的潜力。由于初中阶段的学生思想尚处于不成熟阶段，每天接触的社会生活有限，所以所写的文章内容过于空泛，中心思想过于浅薄，通过经典诵读使学生进行与文章的对话，来激发初中学生的学习兴趣，从而加强自我学习的意识。

三、经典诵读在现阶段教学的建议

为了让初中学生跟上新课程改革的脚步，最大程度汲取优秀的文学作品，从学校、教师到家长、学生必须对经典诵读高度重视。同时对以往不够正确、不够科学的做法进行改变。提出如下几点建议：

1. 明确经典阅读的作用

很多学校、老师及家长认为"朗读"是无用功，读得再好也不会在中考中加分，与其拿那么多时间进行诵读不如多做几套模拟卷子更出成绩。在这种情况下，就要求教育部门在评测语文教学结果的同时，对经典诵读环节进行考核上的倾斜，以引起师生、家长足够的重视。

2. 杜绝经典朗读过度形式化，将经典融入实际教学中

要通过诵读经典文学，对结构、思想及情感精神进行高度提炼，这种能力并非一朝一夕就可练就，而是需要学生、家长与教师共同努力才能够得以实现。

综上，我们必须清楚认识到，经典诵读不仅会为学生的一生都奠定一个良好的文学修养，而且大量的诵读会让学生在写作过程中写出具有真情实感

的佳作。

作者简介：张琳，内蒙古自治区呼伦贝尔市海拉尔区南开路中学教师。曾获海拉尔区"教坛新秀"，内蒙古自治区青少年科技创新大赛辅导员三等奖，内蒙古自治区优秀自制教具二等奖。

学习经典古诗文的策略与方法

内蒙古自治区包头市第五十一中学　杨利超

习近平总书记在讲话中提到："中国传统文化博大精深，学习和掌握其中的思想精华，对树立正确的世界观、人生观、价值观很有益处。"优秀传统文化蕴含着丰厚的民族精神和道德理念，是我们在新时代对青少年进行道德建设的重要思想养分。学校是进行优秀传统文化教育的重要阵地，如何让中华优秀传统文化与教育教学工作实实在在地融为一体？鉴于这一思考，笔者在平时课堂教学中尝试过以下活动：

一、以古诗文为依托，开展古诗文接龙比赛

有一次，笔者改变以往全体学生独立默写古诗文的惯例，以班级每一行 7 人为一组，要求 15 句古诗文默写，每组成员接龙，不能出现空白句，7 人通力合作，用时最短且全部正确的为第一名，第一名全员有奖励。要求一出，学生们跃跃欲试，个个摩拳擦掌，摆出了一副势在必得的架势。

比赛开始，学生们奋笔疾书，相互配合，争先恐后地完成了比赛，尤其是第一名完成的小组成员，个个表现的志在必得，奖品非他们莫属。然而，一轮下来，没有一个组是全对的。这一结果，学生们很是不甘，争相说着再比一遍。我当即顺应他们，进行第二轮比赛，这一次小组成员多了一份细心。比赛结束，可仍是没有一组全对。这时我听到了泄气声、放弃声。当时，我就采用激将的方式，高声问他们"你们甘心就此结果吗？你们甘心自己输不起吗？"全班高声答道"不，再来一次！"就这样，进行第三次比赛，终于，第一名诞生！我让他们说说感受，其中一个学生说他们有个总指挥，每人负责几句，保证全对，大家都听他的，而且合作很重要。看到学生们满满的笑容，我被感染了。当初第一名的 7 个成员拿着奖品，其他人吃着棒棒糖的场景，至今回忆起来，仍记忆犹新。

功夫不负有心人。经过几次古诗文接龙比赛，学生们默写古诗文的热情高涨，自信大大提升。在期末考试成绩分析时，笔者发现自己所带的两个班级的默写平均分成绩分别是 6.61 分和 7 分，均高于年级平均分 5.63 分，改变了以往全年级排名靠后的现状。

这样的古诗接龙游戏，不仅很好地激发了学生的竞争欲和好胜心，也更好地夯实了学生的古诗文基础。笔者相信，在学生多次识记，反复识记古诗文的基础上，能够达到更好的理解古诗文，进而更好地理解中华优秀传统文化。

二、以教科书为范本，开展课本剧活动

中学语文作为系统学习语文知识的中坚力量，经典古诗文更是其针对中学语文阶段特征，为中学生量身选取的中华优秀传统文化成果。九年级上册的古文以古代白话小说和史传类为主，教师应注意帮助学生通过丰富、曲折、完整的故事情节表现人物性格。学习时，考虑到学生与这一时期作品的所处年代相距较远，将文章的写作大背景加以介绍，有助于学生对人物的理解。

教学任务完成后，为了更好地让学生对古诗文中的人物、情节更深刻地理解，笔者将全班分为三个小组，把第五单元的《智取生辰纲》《范进中举》，与第六单元的《唐雎不辱使命》以抽签形式决定三个小组所演剧目，给学生排练时间，全程自导自演，统一时间进行课本剧表演。

排演期间，笔者欣喜地看到了学生们充满自信的笑脸，看到了学生们全身心投入编排的热情，更看到了每个组"导演"的良苦指导。表演前，看到学生们精心准备的锅碗瓢盆等道具，听到演员们认真校对台词，感受到对手间相互竞争，不甘落后的团队凝聚力。表演时，小演员们将热衷功名的范进与庸俗势力的胡屠户，不畏强权的唐雎与骄横狂暴的秦王刻画得尤为形象，令人记忆深刻。感动于孩子们的认真排练与精彩演出，感动于同学之间的精诚团结与协作，更感动于中华优秀传统文化的传承后继有人。

三、借"经典咏流传"之风，创古诗文咏唱之曲

自央视台播出"经典咏流传"节目以来，利用班级课堂时间组织学生观看，他们时而为猜中传唱人而兴奋；时而为慷慨激昂的曲调而热血沸腾；时而为鉴赏团嘉宾的精彩点评而拍手称赞……其中，学生被演唱袁枚《苔》的一位山村支教老师梁俊和他的学生所感动，有的学生还留下了热泪。一个学生在观看完后说："大山里的孩子们生活条件艰苦，正如诗词中的苔花，如米般微小，但他们依然可以和牡丹一样尽情绽开。"有的学生也表示要学习苔花精神，平凡而卓越的成长。还有的学生表示，这样的古诗文学习一点儿也不枯燥乏味，有情有调，今后他也用谱曲调的方式背诵古诗文。

还有一次，在凤凰传奇唱罢《将进酒》后，一名学生嘴里哼哼有调，好有登台一展风采之势，笔者将其邀上讲台即兴演唱。虽然他对古诗文内容不熟

悉，但是凭借着刚才的视频及满腔的热情，将凤凰传奇传唱的《将进酒》模仿得惟妙惟肖，赢得同窗学子们的阵阵掌声。

曲终人未散，你方唱罢我登场。他们的激情被一首首曲子点燃了，我借势宣布："接下来课外古诗文《富贵不能淫》《庄子·北冥有鱼》和《列子·伯牙善鼓琴》三篇，可以自由谱曲或借助已有歌曲曲调，将其合二为一唱出来。"结果，第二天便有学生登台演唱，虽有第一次当众演唱的羞涩，但也难掩其对古诗文创作的热情。接下来，第三天、第四天……都有学生的不同形式的演唱。

这样的演唱形式，不仅使的学生认识到古诗文不再是生疏枯燥，而是富有情调，更重要的是自己可以谱调，创出自己的风格。所以，学生的背诵古诗文热情再次得到极大的提升，背诵速度更是明显加快，默写质量也有提高。这正是在教学背诵古诗文的一种新尝试，接下来笔者会结合学生的特点，不断完善这一方法，真正做到学生能在"在体验中学古诗文，在快乐中传承古诗文"。

"一枝独秀不是春，百花齐放春满园"，弘扬中华传统文化不单是凭教师一己之力所能达到的，更是学校永恒的教育主题。因此，学校课题小组也积极参与"十三五"重点科研课题"中华优秀传统文化与现代语文课堂教学实践研究"，先后举办了"中华优秀古诗文诵读""汉字听写大会""中华诗词大会"等弘扬中华优秀传统文化的活动。这一系列活动的开展，不仅让师生感受到了中华优秀传统文化的博大精深、源远流长，更激发了学生对古诗文的兴趣；展示了学生诵读古诗文、书写方块字的才华；增强了民族自信、文化自信，也对中华优秀传统文化更好的弘扬与传承。

"路漫漫其修远兮，吾将上下而求索。"对待中华文化"取其精华，去其糟粕"，这是对待它的客观、正确态度。笔者通过一系列的尝试探索，得出结论：优秀文化的根或者精髓不能丢，如尊老爱幼，勤俭持家等。传承的方式需要创新，通过喜闻乐见的形式，更能扩大影响力和民意基础。虽然我们还处于不断的摸索中，但我们相信中华传统文化渗透到校园的每一个角落，大放异彩。

作者简介：杨利超，内蒙古自治区包头市第五十一中学语文教师。"十三五"重点科研课题"中华优秀传统文化与现代语文课堂教学实践研究"课题主持人。所带班级于2013—2014年度获包头昆区"优秀中队"的荣誉称号。先后荣获2015—2016年度"一师一优课　一课一名师"部级优课，第十五届"全国中小学信息技术创新与实践活动"决赛微课程评优赛项二等奖。

传统文化进校园

山西省忻州师范学院附属中学　李海英

党的十八大以来，以习近平同志为核心的党中央高度重视中华优秀传统文化的传承发展。在十九大报告中，总书记又一次指出："深入挖掘中华优秀传统文化蕴含的思想观念、人文精神、道德规范，结合时代要求继续创新，让中华文化展现出永久魅力和时代风采。"

中学阶段是学生人生观、价值观形成的关键期。近年来，我校教学水平逐年提升，学生升学率稳居全市首位。但与此同时，学生的心理问题也逐渐显现出来，比较严重的问题是学生的学习压力大，动力不足。其次是初中阶段叛逆心理严重，学生与家长之间沟通不畅，家长望子成龙心切，对孩子的期望值高，分数成为对孩子唯一的衡量标准，导致孩子抵触对抗情绪严重。也有的同学人际关系出现较大障碍，以至于不得不长期休学在家。面对孩子如此状况，家长也无能为力。

一、开展常态化经典诵读活动

基于此现状，学校再次明确"为学生的健康发展导航奠基"的办学理念，提出"修法明理"的育人目标。学校于2016年9月开始倡导传统文化学习，策划组织经典诵读走进课堂、国学大师讲座走进校园等活动。请专业的国学老师协助编印了校本教材《孝弟三百千》，精选《弟子规》《三字经》《朱子治家格言》《孝经》等传统文化的优秀篇目装订成册。在学校政教处和各年级的组织下，全校五千余名同学开始参加规模宏大的经典诵读活动。利用早操、课间操结束后的时间，经典诵读活动常态化、规模化和秩序化。大课间，朗朗诵读的场景成为校园一道靓丽的风景线。

经典诵读内容丰富、形式多样，有集体展示、班级展示、个人展示、竞赛活动等等。学校利用国旗下讲话、班级板报，LED显示屏、学校展板专栏等阵地。用图片、手抄报、宣传画等形式，宣传文明礼仪行为规范。每班教室张贴"社会主义核心价值观"。针对初中生的年龄特点从安全教育、文明交通、文明就餐、文明聚会等方面加强教育，使文明礼仪教育具体化、生活化。大型集会，注意进退场秩序的训练，以及队礼、国歌，升旗仪式规范的训练，等等。

二、将传统文化节日与校园文化相结合

学习春节、清明、端午等传统文化节日的相关知识，让学生自己动手制作传统节日的手工作品，如捏泥人、剪窗花等；自己动手做课件、了解传统节日的由来，号召学生自发组织或跟随家长参加一些传统节日的纪念活动，活动之后写成文章或手抄报到班级传阅。

此外，学校师生组织"文明礼仪"宣讲团进行宣讲，通过通俗易懂、现身说法、轻松幽默的方式，让学生掌握个人礼仪、家庭礼仪、校园礼仪、社会礼仪等礼仪知识。引导学生从日常行为做起，自觉养成良好的文明礼仪习惯，形成人人有礼貌，个个懂礼貌，处处讲礼仪的"以人为本，和谐发展"的校园文化特色。通过诵读经典，学生的正气得到弘扬。学校形成了和谐的、丰富的、浓郁的文化氛围。

一年一度的校园文化艺术节也融入了"传统文化"的元素。2017年5月，我校第十届校园文化艺术节以"弘扬传统文化，展现魅力风采"为主题，历时两个月，活动多达131项。有"我爱我家"教室文化设计大赛、"唱响中国梦"班级歌咏比赛、"青春杯"写作大赛、"诗意校园，多彩青春"经典诗文朗诵大赛、"绚丽民族风"民族舞比赛，等等。其中最具传统文化特色的是"传统文化大讲堂"，学校聘请有名的国学大师为师生作精彩的感恩教育、孝道教育报告。

播音社团朗诵的《毛泽东诗词》波澜壮阔、气吞山河，学生们用英语表演的短句《三打白骨精》惟妙惟肖、精彩不断，《我爱我家》的舞蹈，《我学弟子规》舞蹈伴诵读，字字珠玑刻心中，句句真理树品行；歌伴舞《六尺巷》故事浅显道理深，历久弥新传佳话……

三、为学生搭建展示平台

校园为学生们搭起了展示个人才华的大舞台，舞台上的学生们生机勃勃、青春靓丽，传统文化的学习在潜移默化中生了根，发了芽，长出了一片新绿。从经典篇目中，学生了解到中华民族传统文化的精髓，民族自尊心和爱国主义情感不觉油然而生。通过诵读，学生能按年级、按要求背诵大量的经典美文，唐诗宋词和格言警句。同时，经典诵读陶冶了学生情趣，开阔了胸襟，帮助学生明是非，辨美丑，养成良好的学习、生活、为人处事的习惯。培养学生豁达开朗的性情、自立自尊自信的人格，形成善良诚实的品质。经典诵读还增大学生的识字量，扩大阅读量，培养学生的阅读兴趣、写作能力、审

美能力。

四、学校生活两手抓，开办家长微课堂

"父母是孩子的第一任老师""孩子的问题也是家长的问题"。作为教育者，我们深知在学生成才的道路上，有慈爱的、合格的父母相伴是一件多么幸福的事。所以，努力让每一位父母成为优秀的家长，成为学生的"贵人"，是学校的首要任务。

学校开办家长微课堂，邀请家庭教育专家为家长们传经送宝，有的老师在工作之余，用心钻研"教子良方"，在每周三次的家长微课堂上与家长们分享全新的家教理念。另一方面，邀请优秀学生家长分享自己的教育智慧，引领家长们的家庭行为和习惯，在长期的正确引领下，家长们的家教观念不断更新，他们自身的境界不断提升，对学生们的帮助和支持也逐年提高。

学校专门成立了家长委员会，他们都是来自各自岗位上的优秀员工，是孩子们效仿的榜样，同时他们也有着正确的教育理念。

家长们还自发的组织了家长读书会。每周日上午这些家长们聚在一起，或研读经典或讨论教子良方，或互帮互助帮助解决孩子们日常学习生活中的困惑。家长们不论住在任何方向，不论路途多远，却要赶到这里学习、充电。通过长期的学习，这些家长成了学生们坚强的后盾，有了问题再也不会束手无策。家长顺畅了，焦虑减轻了，对孩子的控制和要求放下了，学生们自然就学得轻松了。

在传统文化的润泽下，师生和家长不但提高了思想认识，同时也身体力行不断去实践。2017年骄阳似火的六月，高考场外我校不分教工、学生和家长自发组成义工队助力高考。他们奔赴各个考点，免费为考生提供铅笔、橡皮、纸巾、小刀等用品，主动帮助交警疏散密集人员，为考生家长免费送水。大家不怕脏、不怕累，自备塑料袋，将考点乱扔乱发的传单收集起来，大大减轻了环卫的工作压力。在他们的带动下，陪考的家长们也都纷纷加入了他们的行列。如今，我校的义工队每周六下午在学校附近，有时校长亲自带队，为创建文明城市贡献出自己的绵薄之力。

学校不仅是传授知识的地方，更是修德树人的圣殿。通过持续的经典学习，学生不仅懂得尊敬长辈、尊重他人，也学会爱他人、爱学校、爱社会、爱国家、爱人民。《大学》之："古之欲明明德于天下者，先治其国；欲治其国者，先齐其家；欲齐其家者，先修其身；欲修其身者，先正其心。"中国传统文化要求，要学会做事，先要学会做人，只有先把个人的品德修养好了，才能担当"治国平天下"的重任。

弘扬正气，勇于担当，乐观进取，与传统文化的精髓一脉相承。"传承传统文化，争做时代新人"我们一起在路上，我们会不断创新，书写出更加优美的华章。

作者简介：李海英，山西省忻州师范学院附属中学课题组长。曾获忻州市教学能手，山西省骨干教师。曾参与全国教育科学"十二五"规划教育部规划课题"以培养学生能力为导向的教学模式研究"课题。在《山西师大学报》发表论文《中学生作文教学中想象力培养研究》，《忻州师范学院学报》发表《中学生作文教学中的美育》，并多次获中学生习作优秀教师指导奖。

浅谈经典诵读在初中语文教学中的有效实施

新疆生产建设兵团第一师塔里木中学　毛伟英

习近平总书记强调："中华优秀传统文化是我们最深厚的文化软实力，也是中国特色社会主义植根的文化沃土。"经典诗文是中国历史文化的精髓，是历代仁人志士和古圣先贤留给我们的宝贵的文化遗产。因此，笔者认为，语文学习活动中，诵读是一个非常重要的组成部分，让学生在积累与沉淀中开发思维和智慧，培养民族文化归属感。初中语文教师应该在课堂教学中有效地实施经典诵读，全面培养学生的听、说、读、写能力，提高语文素养，让学生从小吸收我国古代文化的精髓，丰厚文化底蕴。长期坚持，潜移默化地影响学生的言谈举止，教给学生一些为人处世的道理，促进其道德修养的提高。

一、提高学生认识，培养诵读兴趣

孔子云："知之者，不如好之者；好之者，不如乐之者。"这就要求教师要充分激发学生对文化经典的诵读兴趣，调动他们的阅读欲望，克服恐惧心理，使他们由不愿读、不想读，到乐意读、喜爱读。

(一)让学生认识到经典诵读教育的价值意义

1. 要认识到经典诵读对民族文化传承、民族精神弘扬、青少年健全人格的重要意义。

2. 在青少年时期诵读文化经典，养成勤学钻研的良好习惯，既可以帮助学生规范、积累和陶冶语言，也能培养说话的逻辑性。

3. 所谓"书读百遍，其义自见""读书破万卷，下笔如有神"，只有反复诵读经典，才能培养良好的语感，促进对文本的理解，挖掘出深层次的思想内涵。教师应让学生充分认识到诵读是一座桥梁，对听、说、读、写各项语文能力都有一定的促进作用。

(二)提供优秀的传统经典著作

教师可根据需要，从各类经典诗文中选择合适的读物，开发有特色的校本课程，供学生诵读。除了《语文课程标准》中的必备篇目，以及每册书后附加的"课外古诗词诵读"10篇外，还可以再选择唐诗宋词中的经典名篇，自主策划编写经典诵读读本。本着从少到多，从易到难，以点带面，循序渐进的分配原则，分层进行经典教学与赏析。教师还可以运用"以作家带动作品"的经典诵读教学模式组织教学，让学生因为喜欢某个作家而因此爱上他的作品，从而激发对经典诵读的热爱，甚至喜欢同一类风格的作品。反之，也可以运用"以作品带动作家"的教学模式，让学生由对某一类作品比较钟爱，而发展到认同某一作家，继而肯定这位作家的各种不同风格。经过长期积累，对经典的史料、典故、词句就会熟记于心，并能恰当灵活地运用。

（三）发挥榜样模范的作用

1. 教师可以引用历史故事、名人典故、诗词格言、掌故趣闻等来激励学生，既让他们从榜样的身上获取知识经验，又让他们体会学习经典的重要性。像白居易"二十已来，昼课赋，夜读书，间又课诗，不遑寝息矣。以至于口舌成疮，手肘成胝"，颜真卿在《颜氏家训》中自叙："吾七岁时，诵《灵光殿赋》，至今日，十年一理，犹不遗忘。"同时，古诗文中"天行健，君子以自强不息""骐骥一跃，不能十步；驽马十驾，功在不舍；锲而舍之，朽木不折；锲而不舍，金石可镂"等不屈不挠的精神，也是激励学生的模范典籍。

2. 教师要具备良好的古典文化素养，做学生的模范。老师如时常能在学生面前把"千古绝句"吟咏一番，也会潜移默化地把自己的情感体验传递给学生，激发学生的学习激情。还会在"润物细无声"的引导下，让学生得到美的享受，美的熏陶，从而产生情感的共鸣。

二、保证诵读时间，合理安排训练

朱熹有言："凡读书，须字字响亮，不可误一字，不可少一字，不可多一字，不可倒一字，不可牵强暗记。只是要多诵遍数，自然上口，久远不忘。"巴金也曾说过："我不懂什么文章作法，也没有学过文艺理论，就是滚瓜烂熟地记下了几百篇经典篇章，然后自然而然地就会写文章了！"因此，经典诵读需多读多练，巧妙安排时间，化零为整，每日必读，熟读成诵。

经典诵读是一个不断积累深化的过程，诵读教育既要有序地安排好诵读的计划和进度，还要确保学生的主体地位。在不影响正常教学、增加学生课业负担的前提下，教师应提倡见缝插针、积少成多的诵读方法；可以进行朝诵暮吟，每日温故知新，强化诵读记忆，并且还可以把经典诗文诵读当成是一项作业。教师在课堂教学中，还可以多给学生提供一些诵读的机会和平台，充分发挥学生的主体地位，让学生试读、练读、自由读、分角色读，引导学生自觉走进经典，实现情感体验。教师还应根据语文新课程标准，结合教材内容，统筹确定每学期的诵读范围，均衡地制定诵读计划，合理安排诵读任务。

三、创新诵读形式，营造书香校园

经典诵读关键在"读"，但也绝非是单纯的读或诵，让学生只知其然而不知其所以然。语文老师在课堂上应该呈现出一种丰富多彩、趣味盎然的局面，应该把诵读当作一种手段，开展灵活多样的诵读活动，让学生在诵读中去领会、感悟和内化。

在初中语文课堂中最常用的方式是范读、齐读、指名读、自由读等。范读既可以是听名家的录音，也可以是教师示范，还可以挑选班级里诵读水平较高的学生来读；齐读是由群体学生共同诵读同一经典篇章，营造出"书声琅琅"的积极诵读氛围；指名读是由单个学生为大家诵读，教师可针对学生诵读时出现的问题予以指导纠正，帮助学生获得体验成功的喜悦；自由读是让学生们自由自在地按照自己的理解去诵读，可以和同学相互交流，相互比赛，激发学生的诵读兴趣，共同提高诵读水平。此外，还有接力读、分角色读、男女生赛读等多种诵读方式，以此来提高学生诵读经典的主动性和积极性。还可以利用现代化教学设备，把经典文本中的画面和意境呈现出来，用音乐制造气氛，渲染情境来吟唱，拓展多种感官对经典的体悟，以美育美，增强诵读效果。

四、开展外延活动，夯实学生文化底蕴

在初中语文教学中实施经典诵读，教师必须建立大语文观念，除了语文课堂之外，教师还需开展丰富多彩的课外诵读活动，把经典诵读教学延伸到课堂之外，延伸到社会的大课堂之中。

开办经典诵读社团。根据地域特点，吸收对经典兴趣特别浓的学生和少数民族学生尤其是维吾尔族学生为社团学员，由国学功底深厚的教师组织指导他们开展诵读活动。

组织竞赛型经典活动。分年级、班级举行形式多样的竞赛式诵读活动。例如：中华古诗词大赛、经典诗文诵读比赛、主题辩论会、知识竞赛、经典诗文演唱等，还可以开展"我看经典""我谈经典""我与经典"等征文比赛，将诵读活动真正落到实处。

组织娱乐型经典活动。如经典诵读接龙、配乐古诗词诵读、经典诗文改编剧、经典诗文书画展、经典诵读录音比赛等娱乐性活动，通过学生唱一唱、演一演、听一听、看一看、画一画，提高他们经典诵读的积极性。

举办经典诵读联谊活动。既可以邀请塔里木大学的专家来学校举办讲座，

也可以聘请校外的名师来校讲演，适当的时候还可以把学生带出校外，与塔里木大学开展经典诵读联谊活动、演出交流活动、研讨会等，为学生提供更多的机会接触了解传统文化经典。

开设经典文化园地。班级可开设"经典文化角"，让学生用剪贴、摘录、手抄报等形式，动手操作建立自己的经典宝库，树立学生积累经典的意识；教师可组织以传统经典为主题的黑板报、校园橱窗展，用此类活动为学生提供经典诵读实践的演练场；组织学生撰写有关阅读经典的调研报告，通过学生收集、诵读大量经典资源，加深对经典文化的探究。

经典诵读在初中语文教学中的实施，是一个漫长而系统的过程。培养学生主动诵读经典的兴趣，丰富学生的文化内涵，积淀学生的文化底蕴，正是我们初中语文教师所追求的终极目标。

作者简介：毛伟英，新疆生产建设兵团第一师塔里木中学初中语文教师。十余篇语文教学论文在各级报刊上发表。

校园文化建设助力师生共同成长

新疆生产建设兵团第一师十四团胡杨中学　王　波

校园文化是以建设有中国特色的社会主义文化为根基，以学校文化活动为主体，由全校师生员工共同创建的。以良好的校风和校园精神为标志，充满时代气息和校园特点。搞好校园文化建设将使学校的物质条件得到改善，使学校的精神追求得到升华，使物质和精神两个方面统一起来，互相促进，不断弘扬优秀文化。从这个意义讲，搞好校园文化建设就是搞好教育，二者高度统一。校园文化是学校可持续发展的动力，是学校综合办学水平的重要体现，也是学校个性魅力与办学特色的体现，更是强化学校教育教学管理水平，营造良好的育人氛围，提升学校办学品味的有力抓手。

一、加强团队建设，构建校园文化之基

教育大计，教师为本。用先进的理念和丰厚的文化引领教师，用事业的发展和价值实践成就教师。

（一）教学管理

追求高效课堂，解放学生、教师是教学管理的首要目标，高度重视教师队伍建设。一系列细节的管控，都反映出了校园文化对教学管理改革的引领作用。

1. 全

学校根据教育、教学工作的实际情况，全方位制订各项规章制度，做到事事有章可循。如：德育管理制度、教学管理制度、总务管理制度等。

2. 细

学校制订的各项规章制度，能较好地体现学校的实际情况，具有较强的可操作性。学校制定各项规章制度时，口号式的文句尽量减少，充实了具有较强可操作性的内容，便于各规章制度的具体执行。

3. 严

学校按照教育教学的高标准，本着先规范再发展的要求，以人性化管理的理念。严格制订各项规章制度，充分体现科学管理思想，做到以人为本，赏罚分明，严格规范了全校师生行为。

4. 实

学校在科学制订各项规章制度的同时，狠抓了各项规章制度的落实。学校按适用范围将教职工管理制度及学生管理制度制成《章程》，定期组织师生学习制度内容。成立了以校领导挂帅，分管副校长负责，各处室负责人、年级组长参加的工作领导小组，分工明确、职责分明，考核措施到位，把各项工作融合在平时的点点滴滴中。

(二)科研管理

打造教育研究型学校。大力倡导"读书、思考、写作"，鼓励师生静下心来做研究的环境。学校工作的"一个中心、两个基本点"："一个中心"，即学校的管理以教学管理为中心，学校的教学管理以课堂教学管理为中心；"两个基本点"，即教师基本素质的提升与学生基本学习习惯的养成。学校力求从经验型向教研型转变，树立"沉进去""走出去""坐下来""钻进去""放开来"的五种"意识"。认真仔细地抓好新课标的落实工作，实行工作例会制度，定期进行工作布置、专题研究和阶段总结，重视信息交流和资料积累制度。教研员经常深入学校、走入课堂，虚心学习，与教师平等对话交流。帮助教师及时总结经验，为教师搭建学习交流的平台，在学习和总结中指导，在指导过程中提高。这种以文化为引领的科研管理完全出于学校的内生性发展需求，必将为学生成才奠基，为教师成长铺路。

(三)德育管理

学校将学生管理和后勤管理合二为一。改用平等、开放、对话的"扁平化"管理思路，以良好的服务打动人心，激活自主意识。通过丰富多彩的校园文化活动，使德育教育内化于心，外化于行。

1. 开展"师生共读 创造书香校园"活动

多层次、多领域开展师生读书活动，营造校园读书氛围。坚持小学生在校每天半小时午读，家长在班级陪读管理，下午回家半小时亲子共读。每学期开展"阅读之星"等评选活动。让阅读成为师生的一种习惯。

2. 丰富多彩的系列活动为校园文化注入了活力

每学期开展家长参与的国学经典诵读比赛；把每个年级的国学经典诵读内容篇目公示在班级信息栏里；开展小市场大梦想跳蚤市场活动；在校内科普基地开展玉米结实情况科普实践活动；学生创建了月刊《小胡杨报》；每半月，班级开展一次书法和绘画展示。这些活动的开展，不仅丰富了校园生活，也开阔了学生的视野，培养了学生的能力，让文化浸润学生们的心灵！

3. 关注学生心理发展规律，加强师生交流沟通

如果采取说教、压服、惩罚的态度与方法，就很容易造成师生的对立，

为此学校在每个班级信息栏里，根据不同年龄阶段的学生的心理特点，展出师生沟通的办法。只有把握中小学生的心理发展规律，深入到学生中去，通过谈心、交流等方法，了解学生的思想动态，根据后勤管理特点对他们进行有效德育，才能引导学生积极向上，促进他们养成良好的行为习惯。

二、完善课程设置，形成校园文化之本

把学生行为习惯养成，思想道德提升放在教育之首。明确以"时时、事事、处处育人的三全育人模式"为目标。让教育生活被精神的光辉温暖、照耀。

(一)校本课程，融入教育

学校以多元教育形式整合资源，设立以胡杨"树文化"系列的校本课程。积极创设情景并采用挫折教育、赏识教育等教育思想，将胡杨精神贯穿于校本课程的实施中，以促进学生的全面发展为目标，为其未来的发展奠定扎实的基础。

1. 综合实践类

学生坚持常年调查本区域胡杨生存状态，并出具调查报告，对学校及周边百年树龄的大树进行挂牌宣传保护，对枯木群进行定位和保护宣传。如：植树，自主经营超市、主题活动策划、调查分析、新闻制作、科技实践、野外科考、研学旅行等。

2. 艺术类

制作工艺品：沙雕画，胡杨叶子、胡杨花、胡杨枝、胡杨年轮、摄影照片、录像等；以及合唱团、民族舞蹈。

3. 文学类

成立师生文学社，创办校刊——《小胡杨》，散文创作、阅读、校本剧、演讲、辩论会等。

4. 德育文化类

以多元智能理论为指导并树立多元榜样，充分利用胡杨精神命名的系列评选、颁奖、宣讲等活动进行良好的品质教育。

(二)学科渗透，适时教育

在学科教学中，渗透德育是一条成功的途径，常常会收到潜移默化的育人功效。各学科教师不仅充分利用好课程本身所蕴含的抗挫折教育的资源来教育学生，而且在教学中针对不同的课程内容对学生进行世界观、人生观的教育。尤其是在语文、思想品德等学科当中，要让学生从教材中榜样人物的身上感受到其良好的心理品质、坚强的毅力，从而使学生获得积极的情感体

验，并通过实际的锻炼来增强学生战胜挫折的勇气和动力。

(三)课题引领，创新教育

教育的信息化作为学校特色发展的主要方面体现：促进学习方式的转变。课堂作为学校教育的主阵地，其课堂效率决定着教育的生命。2015年创建王波领衔的《中小学生行为习惯养成》师市名师工作室，工作室定期开展专题活动与特色活动相结合，从细节入手，用制度规范，考核促落实，使校园内充满了健康和谐、积极向上、锐意进取的良好氛围。2016年成功申报中华优秀传统文化与教学实践相结合的国家级课题，引领学校探索具有地域特色的创新型教育，持续推进学校教科研迅速发展。

三、凸显地域特色，打造校园个性文化

为了使每个学生的个性化得以全面的发展，积极发现和培养个性突出的专门人才，学校力求让校园文化"有看点、有论点、有忆点"，追求属于学校自己的独特文化内容，努力打造个性文化。从身边的人和事感知文化，自学校的历史中发现文化，由人们的内心表达文化，让师生的感情来渲染文化。学校个性文化建设主要有以下着力点：

(一)努力打造个性文化，凸显胡杨精神

胡杨精神概括出几句话就是适应环境、乐观向上、持久坚持、无私奉献、自立自强。学校以"胡杨精神"育人主要体现在：将其内涵融入校园外显文化。学校处处以弘扬"胡杨精神"为宗旨，凸显胡杨义化的特色。通过开发以"胡杨文化"为主题的文化长廊和德育展览室，精心打造各班级的文化墙，张贴胡杨景观图，以及流传至今的胡杨故事，胡杨美文欣赏，营造浓厚的校园胡杨文化氛围，让师生在潜移默化中得到"胡杨精神"教育。真正做到工作上有干劲，学习上有钻劲，面对困难时有韧劲，凸显胡杨文化的"劲美"精神。

(二)物质文化与精神文化并重

学校确定每年10月重阳节为校园"胡杨节"。开展胡杨美食、胡杨美景、胡杨美诗文、最美胡杨人、最美胡杨家庭、班级、宿舍、学生、教师等。设立胡杨星级少年评选机制，分别是：胡杨行动志愿者、胡杨环保小卫士、胡杨阅读之星、胡杨自强之星、胡杨爱心大使。

(三)突破精神文化建设难点

以"胡杨精神"促教风、育学风、兴校风，把"胡杨精神"的文化精髓渗透到校园文化中，不断推进学校文化建设的拓展和深化。十四团胡杨中学以一个树种命名校园文化已具备三个条件：一是生态功能具有不可替代性。二是鲜明突出的文化内涵。三是广泛的社会认知性。

胡杨是以它独特生物生态学特性作为文化的物质基础，被广泛认知作为文化社会的根基。这种以一个树种胡杨形成的树文化，称其为胡杨文化。

胡杨文化类型：按胡杨存在状态可划分两种类型。

一是活立木——胡杨林文化。在校园内原生态胡杨林中设立大型沙盘：沙雕、沙丘及昆岗人居住的生态文化的胡杨微雕柱。

在校园"胡杨乐园"内种植一定量的黑枸杞、绿洲白杨、大漠胡杨等沙生植物，并设立塔里木马鹿、野骆驼、鹅喉羚、大天鹅等上百种野生动物的照片、标本等。

二是枯立木——枯树文化。在十四团境内的塔河十景之———"睡胡杨谷"。那一颗颗枯死的胡杨千姿百态、栩栩如生，可能酷像苍鹰，也可能被图腾为中国龙。不管变成什么，有一点是共同的，那就是都有"精气神"，感受到胡杨"三千年"的执着与坚韧，展现出活灵活现的生命世界，感悟到胡杨的不屈精神和对生命的演绎。它引起人们对生与死的思考，以及对生命价值的诠释。这里蕴藏着很多的"故事"等待我们去开发和挖掘。这为学校将胡杨文化作为课程和教学资源开发提供了得天独厚的优势。

四、凸显兵团特色校园文化建设规划的思考

（一）劲美胡杨（凸显胡杨精神）＋厚重文化（弘扬中华优秀传统文化）＋多彩生活（彰显青春活力）。

（二）打造胡杨乐园，采用园林式建设＝建筑＋美学＋文学（亭台楼阁）。

胡杨乐园绿化分层设计。第一层：乔木，胡杨（地域特色）、梧桐（隐喻吸引英才）、桃李（隐喻莘莘学子）、杏梨（隐喻崇尚学术）。第二层：灌木，月季、丁香、玫瑰花、连翘等。第三层：草本，分配到班级，师生共同参与体验种植。

（三）校园内所有楼台亭榭命名皆宜出自经典名著，校园灌溉水泵设计成假山或风车房，引出两条支流水系，筛选配备一批胡杨诗文，形成小桥流水的园林格局。

学校以"胡杨精神"为核心，打造特色校园文化，使校园文化有"制"可依，有"魂"可守，有"神"可聚。将胡杨精神根植到每个师生的心灵中，对师生起着激励和约束的作用。对于提升学校文化软实力，丰富学校内涵，增强学校整体育人功能，进一步提高学校办学品位和办学水平，提升整个学校的竞争力和美誉度，助力师生共同成长，意义深远而重大。

作者简介： 王波，新疆生产建设兵团第一师十四团胡杨中学校长。新疆

生产建设兵团第一师"学生行为习惯养成"名师工作室领衔人。多次被评为生产建设兵团师市优秀教育工作者、星级校长，多篇教育教学论文交流中获奖、发表，生产建设兵团第一师阿拉尔名师工作室主持人。曾多次组织社会公益团体为民族地区学校捐赠国学经典读本并指导诵读及国语教学。

在初中语文教学中传播传统文化的几点尝试

湖北省天门市皂市镇初级中学　高虎祥

近年来，越来越多的人认识到了传统文化的重要性。我们的文化，就像一条奔腾不息的河流，渗透在每一个中华儿女的血脉里。我们的文化在传承与创新中，不断地丰富着我们的精神家园，成为滋养我们成长的肥沃土壤。语文教学与中华传统文化一脉相承：从根源来看，由传统文化土壤里生长起来的中国语文，是中华传统文化的载体与生动体现。从本质来看，语文教学就是中华文化之旅；从任务来看，引导学生在文化之旅中探究、体验、感悟，是语文教学的使命；从方式来看，语文教学渗透着中华文化的理念与魅力；从境界来看，借由中华文化之旅彰显中国母语的品格、气度，是语文教学永恒的崇高追求。面对当前信息化的挑战，如何利用学校教育阵地，加强传统文化的教育传播，是每一个教育工作者不可推卸的责任。在平常的教学工作中，我在传播传统文化方面做了以下的尝试。

一、借助媒体，带领学生感受传统文化的魅力

几年前，中央电视台推出的《中国汉字听写大会》，吸引了众多的观众。街头巷尾，人们被中国汉字的魅力折服，惊叹于选手识字之多的同时，汉字背后的动人故事在人们心中激荡。2017 年，央视再次推出的《中国诗词大会》，更是展现了中华文化的绚丽多彩，让人们在诗词的世界里流连忘返。2018 年，央视又推出一档《经典咏流传》节目，响应、落实十九大报告"推动中华优秀传统文化创造性转化、创新性发展"的精神，用"和诗以歌"的形式将传统诗词经典与现代流行歌曲相融合，在注重节目时代化表达的同时，也将深度挖掘诗词背后的内涵，讲述文化知识、阐释人文价值、解读思想观念，为现代文明追本溯源，树立文化自信。节目将中华经典的诗词文化与电视媒介、网络平台有机结合，兼顾诗词文化上的意境悠远和表现形式的通俗易懂。还有各地方卫视播出的类似节目，无不让我们看到中华传统文化独特的魅力。

好风凭借力，送我上青云。在平常的教学工作中，我借助媒体的作用，组织引导学生观看这些节目，让学生在观看中体会传统诗词的精彩与精妙。特别是《经典咏流传》这档节目，用流行音乐的形式，对经典进行传唱，让学

生更容易接受。我因势利导，让学生欣赏学唱这些经典诗词，激起学生极大的兴趣。我模仿电视节目，在班里进行成语故事讲述，猜谜语大赛，经典诗词演唱会等语文综合性学习，让每一个学生都参与学习活动，让每一个学生都能感受经典的魅力。实践证明，学生参与这样的学习活动，比以前单纯要学生背诵经典的方式更能吸引学生。在玩中学，在学中玩。不知不觉，学生就掌握了这些经典诗词，同时，也比以往更好地理解了诗词的主旨、意境。

作为语文老师，大家可能都有这样的体会，经典的诗文，由于年代的久远，作者经历的特殊性，其思想内涵可能学生很难理解。即使老师让学生背了什么主旨之类的东西，也只能拿来应付考试，大多学生也是不知所云，不能真正体会这些经典的奥妙。因此，语文老师要多想办法，让学生在学习中真正领会。在教学苏轼的《定风波·莫听穿林打叶声》时，我让学生欣赏了黄绮珊在《经典咏流传》中演唱的《定风波》相关视频，学生在歌手的演唱和专家的点评中，很快理解了诗人当时的心境，理解了诗词的主旨。我趁势布置学生阅读苏轼不同时期的作品，让学生体会苏轼的伟大之处。这一阅读活动，学生兴趣很高，他们在课下收集相关资料，例如苏堤春晓的风景图片，东坡肉的来历与做法等，在阅读中，学生也真正理解了苏轼的旷达与豪迈。类似这样的教学活动，我还让学生探讨李清照的诗歌与她的家国情怀；杜甫诗歌中反映的忧国忧民的思想等。

借助主流媒体的力量，让我们的传统文化表现出无穷的魅力，也让我们的传统文化更容易让人接受，从而得到更好的传播。

二、师生共读，引导学生领略传统文化的魅力

书籍是凝聚民族文化的重要载体。阅读对我们不断强化文化认同、凝聚国家民心、振奋民族精神、提高公民素质、淳化社会风气、建构核心价值等都具有不可替代的作用。雨果说："书籍是改造灵魂的工具。"我们认为，学校教育最关键的一点就是让学生养成阅读的习惯。人的品位和气质往往都是通过阅获得的。语文老师在平常的工作中，更是要培养学生的阅读习惯，引导学生进行有效的阅读，在阅读过程中领略传统文化的魅力。

随着信息化时代的到来，碎片化的阅读成为很多人的习惯。个人认为，书籍是系统知识、思想以及深刻情感、文化的唯一传播者，阅读有一定深度的书籍，可以训练人的理性思维能力，沉淀人的情感，提升人的素养。老师应该引导学生养成良好的阅读习惯。新教育实验在2007年提出了"共读、共写、共同生活"的理念，强调父母与老师应该成为孩子的阅读榜样和伙伴。作为以留守学生为主的农村学校，师生的共读就特别重要了。按照新教育实验

探寻的成果"晨诵、午读、暮省"的模式。在平常的教学工作中,我在晨诵的时间里,通过和学生一起诵读经典的诗文,帮助学生积累人文底蕴,提高学生的语文素养。午读时间,带领学生一起选择符合他们年龄阶段的书籍,读最经典、最美好、最优秀的书籍,例如曹文轩的《草房子》,秦文君的《男生贾里女生贾梅》等,进而读林海音的《城南旧事》等。选择这些书读,意在培养学生的阅读兴趣,体会书中的传统文化之美。暮省时间里,我组织学生进行梳理、思考与反省,或用随笔、日记等形式记下自己的感悟,或组织学生讨论交流自己的读书心得。因为是师生共读,所以大家有共同的语言,同时,真正明白"一千个读者就有一千个哈姆雷特"。在这个过程中,教师注意引导学生领略传统文化的魅力,体会传统文化的时代意义。有一次暮省时间里,我和学生聊起了可持续性发展的问题,我提到了我国传统文化中所说的"竭泽而渔"。通过交流讨论,学生认识到,这里面实际上反映出我们今天所说的可持续发展的观点。传统文化有了新的时代内涵,传统文化更能思考引起学生的兴趣。这应该是我们传播传统文化的意义所在。

阅读经典,传播文化。阅读让我们智慧、富足、幸福。同时,经典的阅读,让我们的传统文化得以传承与发扬,帮助我们构建核心价值观,构建共同的精神家园。

三、走进社会,带领学生探索民间传统文化的魅力

在我们的身边,也有着丰富的传统文化资源。老师也要善于带领学生走进社会,探寻民间传统文化形式,欣赏民间传统文化的魅力。近年来,我们每年都在进行非物质文化遗产的申报认定工作,像我们地方上的荆州花鼓戏,天门糖塑,机智人物徐苟三的故事等。这些民间的传统文化,以其独特的文化形式,向人们展现不一样的世界。在平常的教学工作中,我有意识地向学生介绍这些民间的传统文化。例如,天门糖塑艺人曾登上央视舞台,向全国观众展示天门糖塑的精妙。我利用这些音像资料,让学生了解身边的传统文化。我给学生讲徐苟三的故事,向学生传达正义、机智、勇敢的精神;我带着学生参观老艺人制作走马灯,学生惊叹于艺人们的智慧⋯⋯这些做法,看起来似乎没有什么特别之处,但是,我认为语文课堂得到了有效的延伸,可以让学生在语文学习中回到家乡,回到中华民族文化的源头。

对于传统文化的继承与发展,是一个永恒的话题。我们认为,让传统文化具有重要的当代价值,在保留传统文化底色和本色的同时,闪耀时代色彩是我们传承传统文化的意义所在。赋予传统文化新的理解,丰富传统文化内涵,传统文化才不仅只是过去时,也是现在时,更会是将来时,传统文化才

会真正活在当代人的观念和生活实践中。作为教育工作者，应该把传承和发展传统文化当成责任和使命，在工作中积极探索总结，让我们的传统文化永葆青春。

作者简介：高虎祥，湖北省天门市皂市镇初级中学语文教师。湖北省天门市初中语文骨干教师。中华优秀传统文化与现代课堂教学实践研究课题组成员。先后有《用心积累素材，精心打造美文》《亲情写作案件》等论文案例获得湖北省首届作文论坛一等奖，《关心，使他不断进步》《留守学生心理初探》等论文在天门市论文评比中获奖。并参与《初中生语文阅读练习》资料的编写。

诵读经典，传承中华传统文化的优秀基因

山东省烟台市祥和中学　于海霞

习主席说："中华文明绵延数千年，有其独特的价值体系。中华优秀传统文化已经成为中华民族的基因，植根在中国人内心，潜移默化影响着中国人的思想方式和行为方式。"优秀传统文化范围广、内涵深，初中阶段应该以"朗读"为抓手，有效地开展诵读经典活动，从而潜移默化地影响学生们的思想，传承中华优秀传统文化的优秀基因。

一、重视朗读是汲取了传统母语教学的精华

纵观历史，"读"的训练曾在教学中占据举足轻重的地位，一批批从私塾中成长起来的文豪，在儿时，他们从早到晚做的最多得就是"读"。对晦涩难懂的《四书》《五经》，私塾先生很少细析字义、文义，而是让他们反复地读，直至背诵下来，这就是所谓的"书读百遍，其义自见"。

毫无疑问，诵读在一定程度上成就了一代代文杰。从至圣先师孔子，史圣司马迁，到诗仙李白，诗圣杜甫，千百年来，是小小私塾，通过诵读培育了无数的名人圣贤。现在看来，诵读还是值得发扬的优良传统。文章每读一遍，会有一遍的收获，对文义会有更深一步的领悟。

《论语》《诗经》这些经典是需要用一生去品味的，"知之者不如好之者，好之者不如乐之者""敏而好学，不耻下问""它山之石，可以攻玉""投我以桃，报之以李"。很多名句是不需要老师讲授的，句子的含义，学生读一读就理解了，更深层次的内涵，需要学生通过自己的经历去丰富和加深理解。初中阶段教师应该着重于诵读，通过反复朗读，引领学生自己体味其内涵。

二、诵读会引领学生充分品味母语的精美

许多教师习惯让学生听朗读磁带，但不能以此取代学生自己读，否则就剥夺了学生在课堂上朗读的权利。

语文教材中有多少名家美文，不读怎能去充分感受文章的字字珠玑，节奏的舒缓张弛，语句蕴含的哲理呢？如《荷塘月色》《春》一类的散文，情景交融，清新隽永，适合学生朗读。学生在朗读的过程中，能体会文中所描述的

情景，感受作者所要表达的情感；在此基础上，教师只需微微点拨，学生便会心有灵犀了。

尤其是古文、古诗词，沉淀了中华几千年文化的精华。学生通过反复朗读才能感受语言的错落有致，音韵的优美和谐，真正欣赏到语言的美，激发学生对祖国文化的热爱之情。

如《陋室铭》，"山不在高，有仙则名；水不在深，有龙则灵""斯是陋室，惟吾德馨"。言简义丰、韵律和谐，读来朗朗上口，可以放手让学生通过反复朗读来领会其主旨，感受到古文的语言美、语义深。

《声律启蒙》按韵分编，包罗天文、地理、花木、鸟兽、人物、器物等的虚实应对。从单字对到双字对，三字对、五字对、七字对到十一字对，声韵协调，朗朗上口。学生读起来，如唱歌般。这真是非读不能领味其美啊！

三、多诵读典范的美文佳作能有效地抵制不良语言现象对学生的冲击

学生在课堂上多朗读，能丰富并规范他们的口语表达，在一定程度上抑制了社会上、媒体中不良的语言表达的影响。

报载，中学生在网虫中所占比例极高，而通行的网络语言让我们看了目瞪口呆。有些是对祖国语言文字的扭曲与伤害。应该让学生朗读优美的文章，让他们通过朗读，充分领悟祖国优秀文化的魅力，自觉抵制不良语言现象。语文教学对此责无旁贷。学生通过朗读品味了优秀的中华传统文化之美，不良语言现象自然退位。

央视《朗读者》朗读类真人秀栏目，就是邀请各个领域有影响力的嘉宾，通过自己对经典的理解，通过声情并茂地朗读，传达生命之美、文学之美、情感之美。没有分解，不要赏析，就是朗读。通过自己的阅历，通过自己的情感，去丰富作品、传达情感，却能让人感动，令人震撼！

四、朗读能提高学生的口头和书面表达能力

心理学认为：熟读成诵就是对文章反复感知的结果，能够储存到长期的记忆中去，再经过大脑的整合和同化，成为有序的记忆组块，在进行语言交流和表达时，就能够准确地再现和进行矫正。朗读的过程是多种感官参与活动的过程，在朗读时，眼看、心想、嘴念、耳听，对提高记忆力有很大的帮助。朗读对提高学生的口头或书面表达能力有着重要作用，学生在朗读时，特别在熟读之后，对文章留有较深的印象。在词句上，文章的表达上有所积累，在交际中灵活运用。

多让学生在课堂上朗读，是丰富学生语言仓库的有效途径；学生每读一

遍，都会有一批好词佳句在大脑中沉淀下来，为日后的写作提供丰沃的土壤。同时，当众朗读，也锻炼了学生的语言表达能力，提高了学生的自信心。

朗读既能提高学生说普通话的能力，又能帮助学生理解作品的思想内容；丰富学生的想象，激发学生的情怀，培养学生健康的审美观。因此，在语文教学中，朗读指导应纳入课堂的学法指导中。

那么，我们应如何指导学生朗读和培养学生的朗读能力呢？

新的《语文课程标准》中，对朗读有明确的要求："能用普通话正确、流利、有感情地朗读""注意加强对学生平日诵读的评价，鼓励学生多诵读，在诵读实践中增积累，发展语感，加强体验与领悟"。

1. 教师多给学生创造在课堂上朗读的机会，把学生从教师无尽的讲析与提问中解放出来，这也应该是语文教学改革的一个重要方面。朗读的方式很多，可单人朗读，领读，分组朗读，分角色朗读，齐读，伴读等。

2. 教师指导学生朗读技巧。让学生在课堂上朗读，不能撒手不管，教师要提出朗诵的要求，加强朗读的指导：朗读课文时要用普通话，咬字准确，带感情朗读，注意停顿和重音，读出轻重缓急，读出文章的韵味。

朗读可按照正确朗读，流利朗读，情感朗读三步进行。朗读正确是指不读错字音，不丢字添字、不重复、不颠倒，读的字响亮，做到心到、眼到、口到。朗读流利是指在做到正确之后，从容不迫地读。不能一字一拍地读，也不能一口气连读下去。要速度适中，口齿清晰地朗读。朗读有感情是指正确理解课文的结果，对课文内容有了深刻的理解，读的时候就能做到真挚自然，不矫揉造作。

3. 教师宜适时适当地范读。教师通过自己的朗读突出情绪渲染，点燃学生的激情，唤起他们的求知欲，引导学生进入朗读的广阔天地中，感受文章字里行间蕴藏的内涵及感情。如《沁园春·雪》，整首词始终洋溢着蓬勃向上、气贯长虹的豪情与力量。在教学中，以自己的激情朗读引导学生体味毛泽东词作的大气磅礴，格调高亢，激发学生的学习兴趣；再指导学生以他们自己的激情朗读去领会作者当时心中所充满的热爱祖国河山、以天下为己任的豪情壮志。在这篇课文的教学过程中，朗读无疑是主角，它帮助我们出色地完成了教学任务。朗读既使学生体会了词作展现的意境、作者表达的感情，又培养了学生欣赏诗词的能力，并从中受到了美的熏陶。

"优秀传统文化是一个国家、一个民族传承和发展的根本，如果丢掉了，就割断了精神命脉。"我们要把朗读作为纽带，把语文课堂和弘扬优秀传统文化有机统一起来，让孩子们在继承中发展，在发展中继承。让朗读在课堂上占有一席之地！让朗读尽情激发学生对祖国文化的热爱！朗读会使语文课变得更丰富多彩，充满魅力。

作者简介：于海霞，山东省烟台市祥和中学语文教师。首届"芝罘名师"、芝罘区优秀班主任、教育部全国教育科学规划课题先进个人，齐鲁名师 2014、2015 年国培优秀学员，中华传统文化省级培训优秀学员，山东省远程研修烟台市语文学科专家，山东省远程研修传统文化工作坊主持人。

深入挖掘文本蕴含，传承中华传统文化

辽宁省盘锦市大洼区田家学校　白晓俭

传统文化是中华民族的根基，是人文精神的底蕴。中华传统文化对培养学生的综合素养具有重要作用，对学生形成健全的人格有着深远的影响。在初中语文课堂教学中，进行中华传统文化教育是很好的教育渠道。我们学校在中华优秀传统文化与语文教学实践研究方面做了大胆尝试。

一、教好文言诗文，从文本中体会中华传统文化底蕴

我国是世界文明古国，中华民族有着五千年文明史，涌现出众多名垂千古、闻名世界的文学巨匠，先秦散文、唐诗、宋词、元曲、明清小说，一首首诗词曲赋，一篇篇散文名篇，一部部文学名著，在中华民族的历史长河中熠熠生辉，鼓舞和激励着一代代中华儿女。现行初中语文教材中增加了文言诗文的比例，选入教材的古诗词、文言文，文本本身就是很好的中华传统文化。因此，在教学工作中，我们要求语文教师一定要抓住教材文本，让学生学好文言诗文，让学生从文言诗文文本中去体会中华民族传统文化的底蕴。

《诗经》是我国第一部诗歌总集，其中作品朴实而内涵深刻，值得学生反复诵读。熟读成诵，鼓励学生在课外收集并积累《诗经》中的其他作品。学习《论语》十二章，学生对学习态度、学习方法、为人处世有了更多的认识。《礼记》《墨子》《孟子》《列子》《庄子》《韩非子》《淮南子》《山海经》《世说新语》，这些经典著作都有篇目选入初中语文教材，充分利用这些课文，让学生认识经典、了解经典、学习经典。《左传》《战国策》的节选，把学生带入到文章的那个年代，领略战略家的风采，学习其语言艺术。被誉为"史家之绝唱，无韵之离骚"的《史记》更让学生领略一代史学家、文学家司马迁的风范。

我国古代诗文中有众多精品，诸多名句流传千古，为人们所吟诵，并广为引用。在教学中，我们要学生背诵并积累，"大漠孤烟直，长河落日圆""忽如一夜春风来，千树万树梨花开"景色美丽而壮观；"出淤泥而不染，濯清涟而不妖""不以物喜，不以己悲""生于忧患，死于安乐""与民同乐"写出古人的品格与情怀；"春蚕到死丝方尽，蜡炬成灰泪始干""落红不是无情物，化作春泥更护花"无私奉献精神跃然纸上；"浊酒一杯家万里，燕然未勒归无计""日

暮乡关何处？烟波江上使人愁""夕阳西下，断肠人在天涯"极力写出诗人思乡情怀；"无可奈何花落去，似曾相识燕归来""千古兴亡多少事？悠悠，不尽长江滚滚来""东风不与周郎便，铜雀春深锁二乔"写尽诗人无限感慨；"老骥伏枥，志在千里""长风破浪会有时，直挂云帆济沧海""安得广厦千万间，大庇天下寒士俱欢颜""先天下之忧而忧，后天下之乐而乐"呼出了远大志向和政治抱负；"了却君王天下事，赢得生前身后名""人生自古谁无死？留取丹心照汗青""报君黄金台上意，提携玉龙为君死""会挽雕弓如满月，西北望，射天狼"抒写了爱国情怀和报国之志；"海日生残夜，江春入旧年""会当凌绝顶，一览众山小""不畏浮云遮望眼，只缘身在最高层""沉舟侧畔千帆过，病树前头万木春"寓深刻哲理于诗句之中；"持节云中，何日遣冯唐？""闲来垂钓碧溪上，忽复乘舟梦日边""怀旧空吟闻笛赋，到乡翻似烂柯人"巧用历史典故，意义含蓄而丰富；"海内存知己，天涯若比邻""但愿人长久，千里共婵娟""何当共剪西窗烛，却话巴山夜雨时"寄托了多少美好愿望。

这些广为流传的古诗文，本身就是中华民族的优秀传统文化。语文教学中，老师们深挖文本，从文本出发，探讨文本内涵，让学生热爱古诗文，乐于学习古诗文。通过诵读、背诵和积累，体会和领悟中华传统文化之美。

二、挖掘教材课文，从教学中拓展传统文化知识内涵

现行语文教材中，许多课文包含了中华传统文化的内容。我们在教学中，深入挖掘语文教材中的课文文本，对中民族传统文化的内涵进行拓展。在《黄河颂》教学中，让学生充分认识黄河是中华民族的发祥地，激发学生的爱国热情。通过《故宫博物院》《中国石拱桥》《苏州园林》的学习，增强学生对我国建筑美和我国劳动人民智慧的认识。《口技》《核舟记》让学生了解并热爱我国传统民间艺术，《安塞腰鼓》使学生见识民间民族艺术，《春酒》《云南的歌会》《端午的鸭蛋》让学生了解民俗、丰富知识，等等。

学习《论语》，让学生认识孔子"己所不欲，勿施于人"的宽厚与仁慈；感受到孔子"学而不思则罔，思而不学则殆"的缜密与严谨；学习《示儿》，让学生感受陆游的"王师北定中原日，家祭无忘告乃翁"那强烈的爱国思想；了解《傅雷家书》《汉乐府》《乡愁》等诗词文化及名人轶事，使学生感受到作品中浓浓的传统文化气息，切实领会这些经典美文所凝结的文化精髓。

有的教师在平时的教学实践中，注重从阅读提示、课文注释入手，挖掘有关文化常识；从课文语句入手，挖掘相关的历史背景、哲理内涵；从故事情节入手，挖掘著作特定的文化内涵；从课文主题入手，挖掘文中体现的优秀传统美德。在教授莫怀戚的《散步》时，从"分歧"这个情节切入，让学生通

过换位思考的方式进行讨论，在"走大路"和"走小路"上进行选择，从而拓展学生的思维，挖掘其中蕴含的民族伦理道德理念，以及浓浓亲情中寄寓的"尊老爱幼"的传统美德，让学生对中华传统文化有更加细致、系统的认识，从而潜移默化地优化了学生的价值取向。

三、开展名著阅读，从名著中领悟民族优秀传统文化

《义务教育语文课程标准》对课外文学名著的阅读有着明确的要求，现行初中语文教材中也选入了《小圣施威降大圣》《智取生辰纲》《杨修之死》《范进中举》《香菱学诗》等我国古典文学名著的片段，教材附录中安排的"名著导读"，也有名著的精彩片段节选。借助教材课文和"名著导读"，依据《语文课程标准》，在初中生中开展文学名著阅读，是让学生感受中华传统文化的极佳方式。

（一）抓住教材中的名著节选，认真教读，不断拓展

《西游记》是学生喜闻乐见的神话小说，尤其是孙悟空这个人物形象，七年级上册语文教材中选入了《小圣施威降大圣》这段故事。教学中，教师们设计了一些开放性问题，以拓展学生的思维。例如：你喜欢大圣还是小圣？为什么？你对课文有怎样的新的见解？学了本课，你有怎样的收获？等等。同时，让学生课外阅读《西游记》原著片段，或者观看《西游记》影视作品，课上与同学们分享。这样，既增加了同学们的阅读量，又锻炼了他们的思维能力。

有的老师在讲《香菱学诗》时，把分析人物形象作为重点，学生对作者刻画人物非常细腻的特点有了深刻地了解。《红楼梦》中人物众多，个个形象生动传神，如"勇晴雯病补孔雀裘""俏平儿情掩虾须镯"……老师向学生推荐阅读《红楼梦》原著，让学生通过了解其他人物形象体会作者刻画人物的独到之处。有的老师在讲《智取生辰纲》一课时，让学生在分析《水浒传》中人物形象的同时，理解其中所蕴含的不屈的反抗精神，进一步认识到正是对这种不屈不挠的反抗精神的传承，才有了近代史上中华民族对西方列强侵略的英勇反抗，也有了对中华传统文化的一脉传承。

结合名著阅读，老师们进行了"走进水浒"综合性学习系列活动。教师向学生推荐选题，学生根据自己的兴趣自由选择，确立研究主题。例如《水浒传》写作的历史背景、梁山108将的原型探究、作品中人物外貌与性格的研究、绰号的来源、从歇后语看水浒故事，等等。然后分小组研究讨论。准备活动中，同学们有的阅读《水浒传》原著，有的听《水浒传》传统评书，有的欣赏《水浒传》的电影、电视剧精彩片段，有的搜索有关《水浒传》的歇后语、人物绰号。然后，有的画图表，有的做读书笔记，有的写心得、写书评影评，在班级展览、交流。在活动过程中，学生不仅学到了更多的知识，而且感受

到了我国古典小说的魅力。

初中语文九年级下册中，《杨修之死》《隆中对》《出师表》是有一定关联的三篇课文，学习时，老师们把它们结合起来，再联系古典小说《三国演义》加以拓展。诸葛亮的《出师表》，文章表达了作者的忧虑及以身许国、忠贞不二的爱国之情，这是优秀传统文化的重要内容，也是对学生进行"知恩图报"这一中华传统美德教育的很好教材。在教学《出师表》时，教师先要求学生课前查阅资料，了解诸葛亮当时所处的时代背景和社会环境，了解他写《出师表》的目的。然后，再理解文章中表达的爱国忠贞和知恩图报的传统文化情怀就容易了。接下来，教师可以让学生找出文中表达诸葛亮出身、忧叹和表达思想感情的句子，并让学生结合这些句子和时代背景设想：如果你是诸葛亮，生活在这样的乱世，对恩人的知遇之恩应如何报答？如果你是刘备或者刘禅，看到诸葛亮的行为你会有何感想？这样，学生就可以设身处地地理解到诸葛亮行为和思想的伟大，也就潜移默化地接受了传统文化中的忠贞和爱国思想，甚至可以明白"滴水之恩，涌泉相报"的道理。

(二)分享心得

根据不同学段学生年龄、心理特点，分阶段、有步骤地安排学生阅读古典文学名著，并要求学生做好读书笔记，定期写阅读心得体会，在班级和学校交流、展览。

(三)开展形式多样的活动

结合名著阅读，开展有益的活动，例如征文比赛、演讲比赛、故事会等，检验学生的阅读效果，激发阅读兴趣。

四、举办特色活动，以活动为载体弘扬中华传统文化

寓教于乐，是最好的教育方式之一。丰富多彩的课余文化生活，既给同学们创造了展示个人才艺的舞台，又增强了同学们对中华传统文化的热爱之情，起到了一定教育的效果。

每学期举办一次朗诵比赛，朗诵内容既可以是我国古代优秀的诗词曲赋、历代文人的优美散文，也可以选择能体现中华民族传统文化内涵的现代诗文。

我校还曾多次举办以中华传统文化为主题的讲故事活动。四大名著《西游记》《水浒》《三国演义》《红楼梦》中的故事片段，在学生绘声绘色的讲述中丰富了知识、开阔了视野、娱乐了身心、受到了启迪。教材中所选的文言文，诸如《陈涉世家》《唐雎不辱使命》《隆中对》《邹忌讽齐王纳谏》等，都是很好的读本。将教材中的文言文讲成故事，让他们既听了故事、了解了历史、体味了古代文化的寓意，又大大提高了学生的诵读兴趣、增加了文化底蕴。

还有，唱诵经典、表演课本剧，同学们演唱根据古诗词谱写的歌曲，声情并茂；学生自编自演的课本剧，情节改编得有声有色，人物形象十分逼真。

五、走进教师课堂，以教研为契机促进传统文化传播

作为校长，我坚持经常走进课堂听课。为了推进中华传统文化进课堂，我坚持每周至少听一节语文课，然后和任课教师进行交流，或组织语文组教师进行集体教研。学校要求，语文教师要把在教学中渗透中华传统文化纳入教学计划，集体教研中，也要把中华传统文化的渗透和传播作为重要内容进行深入研讨。我校在2016年12月承担了国家级科研课题"中华优秀传统文化与语文教学实践研究"，共有15名教师参与课题研究。2017年6月，大洼区课题组举办了中华优秀传统文化教师系列大赛，分为朗诵、书法、写作和课堂教学几类，我校课题组教师积极参与并取得了较好的成绩。在课题组组织的第一次年会上，王萍参赛的《陋室铭》获微课一等奖，课题组教师均获得相关荣誉。该课题仍在实践当中，我校教师正努力探索在语文课堂教学之中传播中华传统文化。

几年来的探索、尝试、实践，语文教师在课堂上，挖掘传统文化因素；在教学中，传播中华传统文化；在课外阅读中，渗透传统文化内容；在集体教研中，探索传统文化传播渠道。通过挖掘文本、探索内涵、拓展外延，老师的渗透传播，学生的学习积累，同学们的中华传统文化知识得到丰富，越来越多的学生热爱传统文化，越来越多的语文教师热衷于中华传统文化的渗透、传播和弘扬。我校在中华优秀传统文化与语文教学实践研究方面取得了一定成绩。我们将一如既往总结经验、探索方法、不断努力，让中华传统文化在师生中扎根发芽。借助语文课堂主阵地传播传统文化、陶冶学生情操、培养道德素养、提高鉴赏能力、提升欣赏品味，弘扬民族精神。

作者简介：白晓俭，辽宁省盘锦市大洼区田家学校校长。盘锦市政协委员、盘锦市科研标兵、盘锦市优秀校长。主持参与了"十二五"教育部规划课题子课题"优质课堂中新授课教学技艺义运用的研究"，主持参与了"十二五"辽宁省教育科学规划课题"义务教育均衡发展背景下的初中化学高效学习的实践性研究"，主持参与了"十三五"辽宁省教育科学规划课题"小学生深度学习研究""建构主义理念下中学物理相异构想的研究"。在《神州杂志》刊物上发表了《关于九年一贯制学校德育管理工作的探讨》《谈谈语文课堂教学中的语言艺术》等论文。获得"十三五"重点科研课题"中华优秀传统文化与现代语文课堂教学实践研究"课题优秀实验校长。

润物无声的写字教学

——浅议部编本初中语文教材的"读读写写"

湖北省宜昌市夷陵区实验初级中学　刘晓磊

比较部编初中语文教材和人教旧版教材，笔者发现，在阅读、写作教学等方面都更为系统的部编教材，却"缺失"了"写字教学"。人教旧版教材"附录"中每册都有的"书法"部分，在部编本中却了无痕迹，为何？

一、关于"写字教学"

《语文课程标准》对于"识字写字"部分的教学是这样建议的：识字、写字是阅读和写作的基础。写字教学要重视对学生写字姿势的指导，引导学生掌握基本的书写技能，养成良好的书写习惯。

"基础"二字道尽了"写字教学"的重要性。"阅读"与"写作"是语文学习中最为主要的两部分。而"写字"的能力能极大程度影响阅读写作的效率。如此而言，"写字教学"自然有着举足轻重的意义。故而在人教旧版教材中，七年级和八年级共四册书的"附录"部分，都涉及有"书法"，或是教授写字方法，或是欣赏名家书法。如此具有奠基意义的学习内容却在更加注重《课标》的落实、编写更为科学和系统的部编教材中取消，实无可能。

二、"写字教学"在"读读写写"中的渗透

诚然，旧版教材的"附录"在部编教材中已不见踪迹，但若细心比对新旧两版教材"读读写写"与"附录"，便能有所发现。

（一）从正楷到行楷，渗透教学思路

《课标》在第四学段目标中对"识字与写字"作了如下要求：在使用硬笔熟练地书写正楷字基础上，学写规范、通行的行楷字，提高书写的速度。《辞海》称正楷字"形体方正，笔画平直，可作楷模"。显然，这种字体是最值得学生掌握的。所以《课标》要求了学生要能书写"正楷"字，且达到"熟练"程度。又由于"行楷"的书写速度更快，所以还要在熟练使用正楷的基础上，学习"行楷"，以提高书写效率。可见《课标》指示了初中学段的"写字"教学思路，即从正楷到行楷。

这一思路与部编教材"读读写写"栏目的编写思路完全吻合。部编本七年级全册的"读读写写"皆为"正楷"字，八年级全册皆为"行楷"字，这是相较于旧版教材"读一读写一写"的一个显著变化。旧版教材的"读一读写一写"在整个初中学段所使用的字体皆是"正楷"，字体缺少变化，教学价值较低。对于《课标》明确要求掌握的"行楷"，只在七年级上册的附录《写好硬笔行楷字》中有所体现。虽然文中较为详尽地说明了如何写好行楷字，然而对于学生而言，仅用一篇文章去介绍，其效果如何与用一整学年时间去学习和运用相比呢？毕竟写字的学习，是一个循序渐进的过程，不积小流便无以成江海。学生于每一课进行字词学习时，都能浸润在符合学情的字体学习里，这样的写字教学才是润物无声的。

（二）从空白框到书写专用格，渗透教学方法

相较于旧版教材"读一读写一写"的空白方框，部编教材最明显的变化，便是多出了"田字格"和"空白格"。七年级"田字格"与"正楷"的搭配，八年级"空白格"与"行楷"的搭配，细审之下，匠心独运。

最为方正，可为楷模的"正楷"，当然需要搭配"田字格"了，如此才能凸显那规矩的一撇一捺，都有细微的讲究。学生字写不好看，责之于他们在写字时，无法把握字的每一笔每一画应在何位置，又有何比例关系。以致于字写出来，各个部件或笔画之间，疏密不适，长短参差。而"田字格"有"横中线"与"竖中线"，它们又将整个格子分为了"左上格""右上格""左下格""右下格"。田字格像坐标系，如此将正楷字放置其中，便可以直观清晰地展现出每一笔画或部件在坐标系中的方位了。例如七上《散步》课后的"霎"字，这个字新旧教材的"读读写写"皆有。这种笔画多，整体略显"臃肿"的字，学生最易在书写时出现比例失调的情况而丧失美感。故以往笔者在执教旧教材时，要求学生在方框旁临写此字，学生总是写得歪七扭八，头大身小。而如今在使用部编教材时，学生能清楚地看到部件"雨"整体位于田字格的上半部分，"雨"中的一竖于田字格的竖中线重合。而部件"妾"基本位于田字格的下半部，且"妾"的第一横与横中线重合。有了这些信息去定位，学生再利用旁边的空白田字格写出来的"霎"明显美观多了。

而对于"行楷"，虽然其基础亦是"正楷"，但由于其涉及笔顺的改变、笔画的连带和减少，相较于"正楷"更具书写个性。此时若再用"田字格"去规范，可能会略显呆板，失其灵动之意。故而八年级"读读写写"将字体改为"行楷"的同时，亦将书写格换为了"空白格"。如此一来，学生对于字的细节处理便有了更多空间，不至于让连带的笔画也被固定在不变的"坐标方位"。此外，每一个字的大小皆占空白格的 3/4 左右，这个比例亦是教材提供给学生写字的启示。

"临摹名家书法，体会书法的审美价值"是学段目标中的另一项要求。其中"摹"是范字之上摹写，或用透明纸压在范字上描写。"临"是看着范字，在另外的地方临写。很明显，旧教材的"读读写写"只适用于"摹"这种方式。而部编教材由于引进了书写格，降低了模仿的难度，不仅适用于"摹写"，同样适用于"临写"。当然，在日常的教学活动中，教师也要有意识地引导学生去观察和模仿"读读写写"所提供的范字，以最大化地利用教材资源。

(三)名家硬笔书法，渗透审美意识

"临摹名家书法"中有一个词极为关键，即"名家"。我们不妨思考，为何不是"通行"或"规范"的书法，而是"名家"的书法？"体会书法的审美价值"一句已然给了答案。显而易见，"名家"的书法，要比"通行规范"的书法，如办公所用"楷体"等，更具有个人特色。如此，便可以提供给学生更多的审美空间和价值。

为此，旧版教材先后选取了"颜真卿""王羲之""张旭""孙过庭"四位书法名家，向学生展示其名作真迹，供其体会审美价值。然而书中所提供真迹毕竟皆为软笔书法作品，虽仍有极大审美价值，但对于以学习和使用硬笔字为主的中学生而言，可能欣赏起来有一些难度，且意义不大。部编本语文初中教材主编王本华曾言："新教材的'读读写写'重视字词积累，并注重培养学生的汉字审美意识。"其中"审美意识"一方面来源于书写格与字体的巧妙搭配(田字格配正楷的规范，空白格配行楷的灵动)，另一方面则来源于字体本身了。部编教材"读读写写"的书写邀请的是著名书法家丁永康先生。细细品味他在教材中的词语书写，七年级的正楷较于电脑楷体，笔力遒劲之中又不失柔和，整体比例自然和谐，极为中正规范。而八年级的行楷，行笔流畅自若，大小一致，灵动秀美。这四册书的"读读写写"体现出了他极高的硬笔书法造诣，为学生提供了极大的审美价值。

三、位置的变化，渗透教学地位

"写字教学"在旧版教材的"读读写写"中渗透较少，主要体现在"附录"之中。第一册附录渗透"学习行楷"的教学目标，第二册渗透"临摹名家书法"的教学目标，第三四册渗透"体会书法审美价值"的教学目标。然而每册书都将附录集中安排在最后，这容易给师生一些错觉：放在最后的多半不重要，且名为"附录"，即是附带品，随意看看便好。为此部编教材改变了这种编排方式，直接取消了"附录"，将原有的几个主要教学目标，全部渗透在了每一课的生字词学习中。如此便是将"写字教学"的地位空前地提高了，且利用教师灵活地安排，更能潜移默化地对学生进行书写的指导。

　　旧教材"附录"消失的背后，却是部编教材润物无声的"写字教学"在渗透。若我们能够合理利用"读读写写"，定然能顺利达到《课标》的要求，将学生引领向汉字的博大精深之处。

参考文献

1. 张军：《田字格在练字中的作用》，《课程教育研究》，2014 年第 8 期。

2. 李娟娟：《写好中国字——部编一年级教材"写字指导"的变化》，《湖南教育》，2016 年第 11 期。

　　作者简介：刘晓磊，湖北省宜昌市夷陵区实验初级中学语文教师。湖北省宜昌市"汉字听写大会"优秀指导教师、宜昌市夷陵区师德模范、夷陵区优秀装备工作人员、夷陵区优秀教育工作者、夷陵区优秀教师、夷陵区青年教师新秀。多篇论文、教学设计获奖或发表。

让语文教学中的传统文化熠熠生辉

辽宁省盘锦市大洼区第一初级中学 王海英

在漫长的历史长河中，绵延五千年的中华文明，博大精深。先人们留下了无数灿烂的文化精髓，诗词曲赋、传说故事、民俗小说、历史成语……成为中华民族宝贵的精神财富，滋养了一代又一代的华夏子孙，民族精神也在传统文化的积淀中不断传承发展，中国传统文化是华夏民族精神文明的结晶和体现。它也成了中华民族得以稳站世界民族之林的保障。

让我们痛心疾首的是，随着外来文化的渗透，这瑰宝正遭受到了空前的冷遇。尤其在我们上语文课时，害怕影响学生的考试成绩，为了赶进度，对传统文化基础知识方面很少涉及，或仅是表层，浅尝辄止。这是我们教学的思维误区，这是中华传统文化的悲哀。好在大家已认识到这些，正把关注的目光移向它。国家也用媒体向国人宣传，提倡传统文化。从 2008 年奥运会的开幕式传统文化的再现，到现在董卿制作的节目《中华诗词朗诵大会》《朗读者》，掀起了一股股传统文化之风，强劲有力，深入人心。刚刚闭幕的两会报告当中提出的，我们中华民族五千多年文明历史所孕育的中华优秀传统文化，党领导人民在革命、建设、改革中创造的革命文化和社会主义先进文化，都是我们中国特色社会主义文化的优势所在。作为教师，我们必须充分利用好语文课堂这个载体，在教学中渗透、讲解一些基本的传统文化知识，培养学生对传统文化的兴趣，让他们意识到传统文化之美，认识和理解传统文化的真正价值，自觉地去继承与发扬中国优秀的传统文化，从而提升全民族的文化素养。

一、初中语文课本中蕴涵了丰富的传统文化

初中语文教材既是各种语文知识的载体，也是各种文化知识的载体，他的本身就蕴涵着丰富的传统文化。如《关雎》唯美描述了淳朴的爱情；陶弘景的《与朱元思书》是古代山水小品文的典范；郦道元的《三峡》是古代地理知识名篇佳作；龚自珍的《己亥杂诗》是古代五言律诗、七言绝句的典范之作；《夸父逐日》是上古时代神话传说故事，等等。这些名作不仅是古代文学遗产的精华，也是古代文学作品中的精品。词与曲，是中国特有的诗歌形式，初中语

文教材中也选入了一些具有代表性的作品：辛弃疾的《为陈同甫赋壮词以寄之》是气势磅礴的豪放之作，张养浩的《山坡羊·潼关怀古》是元曲中思想性与艺术性完美结合的佳作。"记""说""序""论"等也是古代运用非常广泛的一种文体。如陶渊明的《桃花源记》是风格清新的叙事小文，宋濂的《送东阳马生序》以赠序的形式告诫后生，韩愈的《马说》讲述了对人才赏识的重要。至于有着中国风格和中国气派的古典小说，称得上是中国古典文学中的瑰宝。教材选录了一定数量的具有代表性的短篇小说和长篇小说片断：如《三国演义》中的《杨修之死》，《水浒传》中的《智取生辰纲》，《红楼梦》中的《香菱学诗》，《儒林外史》中的《范进中举》等。这些选录的内容是我国古典小说的代表作品，突显了中国气派和中国作风，故此，语文教师只需在原有教材的基础上稍微进行课外拓展，传统文化知识就自然而然渗透进学生的脑海里，激发学生对传统文化的阅读热情。

二、课堂师生互动中渗透着传统文化

教师在教学过程中还应有意识的渗透传统文化，让学生的脑海里时刻有着对传统文化知识的回顾。在讲到花草时，会引用"乱花渐欲迷人眼，浅草才能没马蹄"；讲到春雨时，会吟诵"天街小雨润如酥，草色遥看近却无"；讲到英雄时，会感慨"生当作人杰，死亦为鬼雄"；讲到分别时，会惜言"海内存知己，天涯若比邻"；讲到鼓励时，会说"少壮不努力，老大徒伤悲"，等等。如在教学巴金的短文两篇《日·月》时，教师设计了这样几个问题：1. 你能背出有关日·月的诗句吗？2. 说出关于日·月的成语。3. 你能说出一个有日·月故事吗？一石激起千层浪，学生踊跃发言。有学生背出"日出江花红胜火，春来江水绿如蓝"时，有说夸父逐日的……老师又趁机发问："你能为大家讲述有关日·月的神话故事吗？"学生议论纷纷。当一个学生讲嫦娥奔月的故事时，有几个学生争抢讲其他的神话故事。就这样，把传统故事的教育渗透在整节课的教学中，使学生受到感染和熏陶。再如在教学《云南歌会》时，我以"民俗"为切入点导入，学生们异常活跃，答案精彩纷呈：有"春节"的趣事，有"端午节"习俗，有"清明时节雨纷纷"的祭祖，有"举头望明月，低头思故乡"的思念，有"插茱萸"的登高，有雕"核舟"的技艺，也有"口技"的神奇，等等。《乡愁》是一首新格律诗，我依据传统格律诗的特点，教学生把握诗歌的重读和节奏来诵读这首诗，学生读起来朗朗上口，异常热烈。在这堂课的最后，我设计了一个拓展练习，让学生以"乡愁是_____"的句式说一两句有诗意的话。学生各抒己见，妙语如珠。如"乡愁是'何当共剪西窗烛'的期盼，是'断肠人在天涯'的无奈，是'乡音无改鬓毛衰'的'沧桑'"，是"归雁洛阳边"的传递，是"燕然未勒归无计"苦涩……再如一位老师在教学《岳阳楼记》时设计了这样一道探究题："具有'先天下之忧而忧，后天下之乐而乐'精神的人很多，你能举几个例子说说吗?"学生通过交流探讨，从大禹治水三过家门而不入，到屈原"长太息以掩涕兮，哀民生之多艰"；从杜甫"安得广厦千万间，大庇天下寒士俱欢颜"，到陆游"位卑未敢忘忧国"……真是仁者见仁，智者见智。学生发言过后，教师又不失时机地引导，"他们这些人确实是我们的榜样，我们在以后的学习生活中，该怎么做呢?"这一问，拨动了学生的心弦，让学生真切的去感受、去思考。这样，在师生互动教学中教师有意识地渗透传统文化，学生无意识地接受了传统文化，使传统文化真正地走进了课堂，散发着它独特的文化魅力。

三、学生课内练习中吸收了传统文化

课外练习，教师会特别选取一些浅显的传统文化知识，供学生理解和识记，如诗词背诵、成语接龙、对对子、诗词仿写、讲传说故事……如：(一)文天祥的《过零丁洋》中表现民族气节的诗句："人生自古谁无死，留取丹心照汗青"；龚自珍的《己亥杂诗》写诗人辞官之后的离愁别绪的诗句："浩荡离愁白日斜，吟鞭东指即天涯"；欧阳修曾叹："泪眼问花花不语，乱红飞过秋千去"。其实，"落红不是无情物，化作春泥更护花"(《己亥杂诗》)，又何尝不是一种新意呢?阐明新陈代谢哲理的诗句："沉舟侧畔千帆过，病树前头万木春"；(二)补写成语：1. 前事不忘，后事之师；2. 只可意会，不可言传；3. 失之毫厘，差之千里。(三)将下列对联补充完整：1. 写鬼写妖，高人一等；刺贪刺虐，入木三分；2. 风声、雨声、读书声，声声入耳；3. 家事、国事、天下事，事事关心。(四)请你写出你熟悉的歇后语，不少于5个。这样，学生暂时带点强制性地接受了传统文化知识，长大后就会变成宝贵的精神财富，受益终生，教师又何乐而不为呢?

四、学生课外阅读中，感受着传统文化

中学语文教学过程中，还需要注意培养学生的阅读习惯。在教学过程中，要保证学生愿意读书，保证学生会读书；教师在整个教学环节中才会轻松自如。教师应该给学生一个合理安排课余时间的机会，用于做课下作业，不应该将其全部占用。教师在教学过程中，还需要有针对性地指导学生阅读课外书籍，让语文教学中传统文化渗透到每道题、每堂课。例如在课余时间引导学生阅读《孔子》《孟子》《左传》《战国策》等优秀的古代文学作品。家长是支持每一位学生买书的。教师可以利用这条件，帮助学生养成阅读我国传统优秀

文学作品的习惯。

五、语文活动课，领略传统文化

语文活动课是与其他学科及生活联系的纽带，提高学生的综合实践能力和语文素养，开阔视野。利用好这个机会向学生宣扬传统文化，让学生了解更多的课堂上涉及不到的传统文化，领略传统文化魅力。现在青年人喜欢过洋节，每到"洋节"投入更多的精力、财力，花更多的时间。于是，我们想到利用活动课让学生了解传统节日的时间、各地习俗，新时期的变化等。让学生在投入精力学习的同时喜欢上传统节日，也会逐渐地改变他们的人生观、价值观。

教师引导学生利用活动课交流自己对传统文化的心得，学生之间互相交流、沟通，要比老师的灌输效果好上百倍。当一部分学生对传统文化兴趣浓了，对其他学生就会产生影响，逐步带动起一个班、一个年组，甚至整个学校……让传统文化的魅力大放异彩。

六、孩子的书写中，传承中国传统文化

作为传统文化之一的书法艺术，与中华民族精神成一体，是我国几千年文化的结晶，有深厚的文化内涵，是世界艺术之林的奇葩。从最初的文字形成到书法艺术日臻完善，有源远流长的历史，体现着伟大的民族精神。

古代社会是十分重视书法教学的，人们也重视书法本身的文化内涵，把它当作修身养性的法宝，涌现出了许多书法大家，如王羲之、颜真卿、柳公权，等等。遗憾的是，在向国际化、信息化、现代化迈进的过程中，在享受新技术给我们带来高效率、便利化的时候，整个社会却步入了少纸、无纸的时代。随着敲击键盘的速度越来越快，人们的字越写越难看，更多学生甚至大学生都感到：写一手漂亮的汉字真不容易。

我们要多引导学生初步了解汉字的历史和文化价值，正视汉字，喜爱汉字，临摹并写好汉字，在书写汉字教育中激发学生的民族自豪感。

从"女娲造人"的传说走来，遇见最美的《诗经》，领悟先秦诸子散文，聆听曹操的《观沧海》，感动于"高山流水"遇知音，深究唐诗宋词的精髓，拜读古典名著的魂灵。有精神的洗涤净化，有技艺的传承……成长发扬一脉相承。

作者简介：王海英，辽宁省盘锦市大洼区第一初级中学教师。荣获大洼区科研标兵称号。多次参加国家、省、市的科研课题研究工作，积极撰写论文，获得奖项。"十五"课题"教会语文创新与学习的研究"获教育优秀成果一

等奖，参加省级"十一五"教育科研课题"关于学科教学方式的研究"被评为二等奖，撰写的《浅谈教师的职业特质与服务奉献》获全国中小学教育科研成果二等奖，参加省级"十一五"教育科研课题"课堂兴趣教学"，省级"十一五"教育科研课题"关于学科教学方式的新探究"获优秀成果奖。

浅谈中学古诗词配画教学的作用

新疆生产建设兵团第二师 223 团中学　吕国珍

中国古诗讲究意境，每首诗都自成境界。诗中有画，画中有诗，让学生通过理解诗文，再现诗文的画面，是一种再创作的过程。运用古诗词配画的形式来促进古典诗词的教学，受益多多。

一、以美带学，寓美于乐

在古诗词配画教学实践中，我尝试将音乐、诵读、欣赏等带入课堂，动静结合，视听交融，创设出身临其境、美不胜收的效果。让我们来欣赏孟浩然的《过故人庄》一诗，伴着轻音乐的响起，抑扬顿挫的诵读，学生想象着那苍翠的树木在村边环绕，似把村庄环抱相拥；青翠的远山在城外横斜，似与村庄依依相伴。走进村里，顾盼之间竟是这样一种清新愉悦的感受。当那故人相待的热情，作客的愉快，主客之间的亲切融洽，都跃然纸上了，想到这里，学生自然会拿起画笔画出那一幅非常朴实的田园风景画。诗人的心意也了然于心，那份自然美、生活美、友情美也在画意当中了。在"古诗词"中挖掘其艺术创作素材，让学生在理解语言文字的基础上，以绘画的形式再现语言文字所表达的意境，带领学生在如画的诗词间漫游，在醉人的诗韵里畅谈，在绝美的意境中挥毫，让学生在"美"中作画，提升审美情趣。

二、理解意境，培养想象力

古诗词中含有大量美的因子，如果通过学生笔端描绘出来，不仅想象力得到培养，表现力也得到提高，而且能让绘画语言得以丰富，还能让图画表现诗词意境。美国著名文学评论家马尔科姆·考利斯说过："文学鉴赏，是开着许多窗户的一幢房子，教师的任务不是让学生被动地顺着教师自己的那一扇窗户观望文学作品，而是应当启发每个学生都主动地打开自己的那扇窗户。"不错，古诗词配画这种教学方法，就是积极主动地让学生打开自己的那扇窗户，就是一种再创作的过程。苏轼的《水调歌头》展现了一副月夜孤饮图，在画面的引领中，夜风习习，吹凉谁的衣。飘云缕缕，抬眼望，不知何时轻揭面纱的月，光辉徐徐。月夜中诗人对天举杯，仰天叩问，夜深沉，苍穹中没有熠熠的繁星，只有一盘孤单的满月，与你把酒问青天。学生发挥想象：此时的苏轼，真的很难想象，没有亲人、没有爱人，只端着一壶暖酒，与满心的惆怅为友，询天问月，并写下了这篇流芳万世的名词。可在当时，在诗案的压迫下，一篇旷世奇作的诞生，又有谁会为他鼓掌喝彩呢？不禁为他悲从中来。当清风掠过，诗人微醺的脸色显出几分清醒，缓缓推开朱窗。月华如水映出诗人迷蒙的眼神，举杯对月，唯愿天下共好、人间团圆。学生在画面的引领下，通过联想和想象，领略了苏轼他那伟大的情怀，也让我们看到人生中的怅恨和悲怨因此转化为了哲学上的旷达。

三、品诗赏画，感悟诗情

中国古诗讲究意境，每首诗都自成境界。诗人向我们展示的不仅是一首首韵味耐赏的诗文，更是一幅幅鲜明生动的画境。诗中有画，画中有诗。让学生通过理解诗文的内容，再现诗文的画面，对感受诗境和感悟诗情有很大的帮助。就拿《天净沙·秋思》来说，28 个字勾画出一幅羁旅荒郊图，由暮色苍茫的秋野图景和内心深处无尽伤痛而独行寒秋的天涯游子剪影两幅画面构成。寥寥数笔淋漓尽致地勾画出了一幅悲绪四溢的"游子思归图"。我们可以想象，昏鸦尚能有老树可归，而游子却漂泊无着，有家难归，其间该是何等的悲苦与无奈啊！接下来，眼前呈现一座小桥，潺潺的流水，还有依稀袅起炊烟的农家小院。这种有人家安居其间的田园小景是那样幽静而甜蜜，安逸而闲致。这一切，不能不令浪迹天涯的游子想起自己家乡的小桥、流水和亲人。在作者勾勒的秋景图上，一面是枯藤、老树、昏鸦在秋风萧飒中一派灰暗，一面是落日的余晖给枯藤、老树、昏鸦涂上一抹金黄的颜色；"小桥流水人家"，呈现一派清雅、安适的景象，与沦落异乡的游子相映，使"断肠人"更添悲愁。学生边背诵古诗，边展示着一幅幅精美的配画，品诗赏画，让古诗诵读成了视觉和听觉的盛宴。古人有言，"情由心生""因景生情"，作者笔下景的变化往往和人物心情有关，而心情又往往和人物的遭遇相连在一起。因此对诗歌中环境的分析，很容易得知作者的内心情感之喜悲。通过沟通诗人和学生的情感，让学生被美的境界所激发的感情与诗人所寄予的情感产生共鸣。

四、诗画一体，拓展绘画文化

将古诗和绘画文化延伸到校园活动中，让学生掌握更多的知识，并通过自己动手制作，加深对古诗绘画文化的拓展。著名作家余秋雨曾说："在孩子们还不具备对古诗文经典充分理解的时候，就把经典教给他们，乍一看莽撞，实际上却是文明传承的绝佳措施。幼小的心灵纯净空旷，有经典奠基可以激发起他们一生的文化向往。"诗中有画，背诗要想象重现诗中的画面；画中有诗，读诗要欣赏诗中的精妙语言对画面的描述，如诗如画，这是学习古诗的美好境界。我们可以通过丰富多彩、主题鲜明的古诗词配画学习实践活动，为学生创设一种富有古诗文学习特色的校园文化氛围，。

借助诗配画这一载体，来培养和提高学生的艺术审美能力和动手实践能力。培养学生良好的学习兴趣，丰富视野，陶冶情操。

作者简介：吕国珍，新疆生产建设兵团第二师 223 团中学校长。荣获先进个人、第二师优秀少先队辅导员，"女职工岗位明星""三八红旗手"称号，多次荣获 223 团先进工作者，优秀工会干部、女职工、共产党员、班主任、教育教学能手、教研工作者、教育工作者，党风廉政、关工委、兵团儿童先进个人。2016、2017 年获国家课题实验优秀校长。多篇论文发表在报刊上。

链接生活，构建初中古诗教学活力课堂

广西壮族自治区钦州市第五中学　商本琼

自从 2014 年 4 月教育部颁布的《完善中华优秀传统文化教育指导纲要》（以下简称《刚要》）以来，语文教育界同仁对在语文教学中融入优秀传统文化已取得了共识，并就如何融入优秀传统文化进行了较为深入地研究和广泛地实践，取得了丰硕的成果。笔者仅就初中古诗词教学融入优秀传统文化，"链接生活，构建初中古诗词教学活力课堂"一些粗浅的体会书写于后，就教于方家。

一、初中古代诗词教学融入传统文化必须有利于学生树立正确的价值观

中国是一个诗歌的国度，诗歌艺术源远流长。从文化的层面来看，古代诗词是传统文化的重要载体，也是传统文化的重要组成部分。其文无论内容还是形式均蕴含丰富而深邃的传统文化要素。古诗文学习就是在接受传统文化的熏陶与传承。初中生通过学习古诗词，可以培养热爱民族语言的兴趣，有助于发展健康个性，形成健全人格。因而，弘扬优秀传统文化，古诗词教学责无旁贷。

但是，初中古代诗词教学必须古为今用，必须与党中央倡导的社会主义价值观相一致，必须有利于初中生树立正确的价值观。教育部的《纲要》中，有一个词不可忽视，那就是"优秀"。优秀传统文化，用毛泽东的话来说是传统文化中"民主性的精华"。从传统文化精神这一层面来说，大体上有这么几个方面：

（一）中庸尚和

中国人崇尚和谐，认为"和"是最好的秩序和状态。而要达到"和"的理想，儒家认为，根本的途径就是保持"中"。"中"指事物的度，即不偏不倚。孔子用"持中"的办法来实现和谐，他认为凡事叩其两端而取其中，便是"和"的保证，便是实现"和"的途径，以"中"为度。"中"与"和"作为中国文化的基本精神之一，使得中国人崇尚和谐，做事不走极端；求大同而存小异，使人们相处的和谐融洽。

(二)以人为本

人本主义一直被认为是中国传统文化的重要特色之一，也是中国传统文化基本精神的重要组成部分。它包含两个方面的含义：一是强调人在一切事物中居于最重要的地位，人的一切行为都应该为了实现人自身的价值；二是强调人的作用，提高人的地位，摒弃神主宰一切的思想。人本主义强调人的现实幸福和本能欲望，反对宗教禁欲主义；强调人的理性，反对神学蒙昧主义；强调人的自由、平等、博爱，反对神权对人的束缚和封建等级制度。

(三)重礼崇德

中国传统文化特别重视对人的精神塑造，不仅强调修身养性，而且倡导谦和、礼让与宽容。儒家推崇仁、义、礼、智、信，强调礼义廉耻。其中"礼"的含义十分广泛，它不仅包含忠、孝、节、义等做人准则，而且涵盖了社会生活的方方面面，被人们视为几千年来维系中华民族团结的道德基础，对于今天人们为人处世具有极其重要的意义。

中国文化在重礼崇德的同时，也关注人的物质需要。在肯定人的物质追求的同时，提倡重义轻利。

(四)刚健有为，自强不息

刚健有为，自强不息是中国人处理天人关系和人际关系的总原则，是积极的人生态度最集中的理论概括和价值提炼。中国文化所倡导的刚健有为，其要义在于敬业和乐业，因为只有敬业和乐业才能有所作为。自强不息包含着中华民族的自尊、自信、自主和自立，集中反映了中华民族奋发向上的顽强生命力和百折不挠的开拓进取精神。使人们以积极、乐观、有为的态度看待人生，使勤劳刻苦成为中华民族的品格，从而维系着民族独立，推动着民族进步。

中国传统文化博大精深，涉及哲学思想、思维形式、政治制度、生产生活、风俗习惯，等等。这些只能是在党和国家倡导社会主义核心价值观的背景下，着眼于初中生正确的价值观的形成，水到渠成地对初中生进行有关中国传统文化的基本精神的教育。

二、初中古诗教学融入传统文化应该找准教学切入点

在初中语文课堂的教学中，融入传统文化教育可以有很多教学切入点。教师要结合教学文本的特点有意识地向学生渗透各种传统文化。这不仅会让课程教学得到极大的丰富与拓宽，也是对学生文化视野的一种培养。这样才能让学生的综合语文素养得到有效的构建与发展。

(一)"和诗以歌"的形式将传统诗词经典与现代流行相融合

《经典咏流传》用"和诗以歌"的形式将传统诗词经典与现代流行相融合，

让经典具有新时代属性，产生新的先锋文化，开创文化的美感。笔者在教学《登鹳雀楼》古诗时，把相应的古诗先在《经典咏流传》的节目中下载播放，将古诗词以现代流行音乐进行演唱，让学生们感受，还让具有模仿性强、古诗学习方面好的学生在《经典咏流传》中扮演了重要的角色，蕴含在诗词背后的文化内涵等都需要通过鉴赏深入挖掘和解读。其实，古诗的来源都在我们生活中，比如《水调歌头》，学生对着歌很熟悉也会唱，唱让学生更容易背下，如果让学生死背，感觉他们就没那么激情，正因为《经典咏流传》节目，让笔者有了启发，学生也有了灵动以歌的形式来记古诗，有情趣又愉快。这样加深了同学们对古诗的了解，快速记下古诗。也从经典故事到经典艺术创作，再到我们的生活。《经典咏流传》给我们带来了文化大餐。

曾宝仪讲述了自己在节目中遇到的"流泪事件"，她说当她听到《登鹳雀楼》的时候，就会莫名流泪，而她把歌曲放给朋友听的时候，朋友也会泪流满面，鉴赏团的成员也帮助她寻找原因，最后她总结原因说"这就是经典的力量"。庾澄庆概括说："录制这个节目是从担心到放心到开心。"撒贝宁说："还有下一个阶段就是痴心。"康震的回答则充分运用了一位文化学者的智慧，他说，一句话应该是有一个句号，同时包括了四个逗号：诗是最经典的，歌是最动听的，人是最美好的，鉴赏是最到位的。

(二)深入体悟中国古诗所独有的意境

学生深入体悟中国。古诗所独有的意境，让学生在体会诗词的意境的过程中来丰富自身的文化素养。不同的文体具有不同的特点，抓住其特点进行教学，会收到事半功倍的效果。中国古代诗词尤其是唐诗宋词，其最大的特点就是以意境为审美追求。

所谓意境是指审美意趣构造之境，中国古代意境有三重意义。第一重意义指向作品，具体表现为言与意、形与神、虚与实、隐与显、含蓄与明朗等一系列的矛盾对立运动。第二重意义指向接受者的审美感觉。中国古代艺术在其形式的长期发展中形成了以含蓄、寓意、双关、寄托、讽喻、比兴、曲喻、暗示乃至象征等手法构成的一整套意义生成和表达系统。比如《关雎》《蒹葭》与之相应，也形成了知音、体味、顿悟、兴会、兴象等一整套艺术感知方式。这种感知方式，类似于西方当代现象学所探寻出的那种直觉感悟方式。第三重意义建立在文本与读者建构活动的基础之上，它反映了艺术的审美本质，它是文学文本通过读者的阅读实践获得的韵外之致、文外之旨，是审美意象所系、审美情感所在的最高审美境界，是审美的浑融境界。意境既有超逸高迈的形而上层次，同时又直接秉有生机盎然的内在活力。韵味隽深的意境与生生不息的人生境界互为表里，与宇宙普遍性的情感形式互为表里。正是在这种形上与情感直接同一的意境中，我们才能得到了冥冥的宇宙感、神秘感、超越感，又体验到绵长的命运感、生命感和人生境界感。均应找出其教学切入点，充分挖掘作品蕴含的传统文化要素，从而实现语文素养与人文素养双丰收。

(三)注重生活化教学模式让学生感受古诗词的神奇之美

教学的目的不仅在于使学生理解和领会知识，更在于使学生能够实现对知识的灵活运用。而古诗词教学也是如此，不仅仅是要欣赏古诗词，还要在恰当的时候能运用古诗词来表达自己的感触，使表达能力更上一层楼。

比如每当逢年过节时候，古人都有"每逢佳节倍思春"的感慨，文人墨客们都写下了很多脍炙人口的名篇佳句。我们可以引导学生："此时你最想用哪一句诗人的诗来表达自己的心情？或哪个朝代的诗人对这个节日写下了哪首诗？"如，2017 年的重阳节，笔者就问了："同学们，如果现在的你登上一座高山，这时的你，想到了谁，哪首诗？"有人说："唐代杜甫的'会当凌绝顶，一览众山小'。"有人说唐代的王维的《九月九日忆山东兄弟》"独在异乡为异客，每逢佳节倍思亲。"这时笔者就会引导学生明白这两首诗的不同之处。杜甫的名篇《望岳》通过描绘泰山雄伟磅礴的气象，热情赞美了泰山高大巍峨的气势和神奇秀丽的景色，流露出了诗人对祖国山河的热爱之情，表达了诗人不怕困难、敢攀顶峰、俯视一切的雄心和气概，以及卓然独立、兼济天下的豪情壮志。而王维的《九月九日忆山东兄弟》诗因重阳节思念家乡的亲人而作。王维家居蒲州，在华山之东，所以题称"忆山东兄弟"。写这首诗时他大概正在长安谋取功名。繁华的帝都对当时热衷仕进的年轻士子虽有很大吸引力，但对一个少年游子来说，毕竟是举目无亲的"异乡"。当有学生考试失意时，我们可以问："同学们，我们可以用李白的哪句诗来劝慰他？"大家齐答："长风破浪会有时，直挂云帆济沧海。"

古诗词的文字还具有高度概括性，通常能够以少量文字勾勒出优美的意境，展现出独特的创作情感，故而学生极易在学习古诗词的过程中出现认知障碍。基于避免前述问题发生的考量，语文教师应当在古诗词教学中引导学生对诗词内容展开充分的想象，从而使学生更好地领悟古诗词的内涵。

在初中古诗教学中融入中华优秀传统文化，是一个重大的同时也是一个必须解决的教研课题，需要进行长期不懈的探讨和实践。我们有理由相信：在中学语文教育界同仁的共同努力下，在中学语文教学园地上，必将盛开语文教学和优秀传统文化的并蒂之花。

参考文献

1. 黄筱娜：《文化转型与民族文化建设》，北京，中央文献出版社，2003 年。
2. 石麟：《中华文化概论》，郑州，中州古籍出版社，2010 年。
3. 甘安顺：《中国文化创新论》，北京，中央文献出版社，2007 年。

作者简介：商本琼，广西壮族自治区钦州市第五中学教师。2017 年度市"平安校园"建设先进、市"优秀图书管理员"先进个人，多次被学校评为"优秀教师""优秀班主任""先进德育工作者"。参加市教师"平凡师爱、魅力师说"征文比赛荣获优秀奖，多次指导学生参加区内外各种竞赛并取得优异成绩。曾主持和参与多项课题研究，有多篇论文获奖和发表。

以五种课型为例谈初中古诗词教学

山东省菏泽市东明县第一初级中学　杨密芳

古诗词是初中语文学习的重要组成部分，但是在现行的初中语文教学中，古诗词的教学多处于零散、随意的状态之中。造成这种现象的很大一部分原因是，在现行语文教材中，古诗词作为教学基本篇目所占的比重不大，编排上也分散在各个主题单元之中，甚至有好些古诗词仅仅是作为单元或整册教学之后的课外诵读内容，所以往往被忽视。在具体的教学过程中，古诗词也是教学难度较大的一种文体，要么教师口若悬河，学生沉默一片；要么教师咬文嚼字，学生死记硬背；要么教师泛泛而谈，学生哈欠连连。这些习见的陈旧课型最终导致的结果是效率低下，缺乏生机。

那么如何通过散见于课本的若干篇目，使学生见微知著？我想，最根本的还是着力抓好课内教学，提高古诗词教学水平，激发学生学习古诗词的兴趣。自开展中华优秀传统文化与现代语文课堂教学研究以来，我针对上述情况，尝试以背诵课、朗诵课、欣赏课、精讲课、写作课五种课型进行古诗词教学，并取得了一定的成果。下面将以这五种课型为例谈谈初中古诗词教学：

一、背诵课，即以背诵记忆为主，采用限时记忆的方法，争取让学生在固定的时间里能背诵更多的诗词作品

《义务教育语文课程标准》中所推荐的优秀诗文背诵篇目主要就是"供学生读读背背，增加积累"。也可以这样理解，这些诗文不一定非得让学生去理解，但必须让学生背会，作为储备知识先积累下来，正所谓"操千曲而后晓声，观千剑而后识器。"初中阶段正是一个人积累知识，储备学识的重要阶段，也是一个人记忆力发展的黄金时期。也只有注重学生的积累，才能为学生以后的学习成长打下坚实的基础。因此，背诵课的出发点就是增加学生古诗词量的积累，通过大量背诵一批古诗词，为此后的诗歌鉴赏理解，作文写作，包括古诗词创作打下坚实的基础，以达到"熟读唐诗三百首，不会作诗也会吟"的境界。

背诵课如何上？具体来说，有时是五分钟竞背，即给学生一首诗或词，要求五分钟之内背下来，看谁背得又快又好。五分钟结束后，集体齐背或开火车背。有时是给学生提供多首诗或词，限时背诵，看谁背的最多，背诵时间结束后，学生于班上交流展示。

经过一段时间的实践，学生古诗文的积累，在短时间内有了大量的增加。

二、朗诵课，即以朗诵为主，课上教师具体讲解朗诵方法，亲身示范朗诵，学生实地练习

学习古诗词的重要途径是读，读出节奏美，就能读出情感美、音韵美、意境美。遗憾的是，在我们现在的诗歌教学课堂上，很难听到那节奏明朗、声音谐美、感情充沛的朗诵声。大多是老师以讲代读，陷入逐字逐句讲析的深潭，使古诗词教学功利色彩趋于浓烈，学生学起来也是索然无味。因此，当学生通过背诵课积累诗词的同时，再穿插以美读为主的朗诵课，无疑为古诗词教学增添了一道亮丽的色彩。

朗诵课如何上？首先教师要做好范读。每一首诗的朗诵教学中，都要认真准备，推敲琢磨，反复吟诵。其次，结合诗的内容给学生作朗读技巧指导。如诗歌朗诵要讲究停顿、讲究重音，使朗诵的作品色彩丰富、充满生气，有较强的感染力。语调要讲究抑、扬、顿、挫，朗诵的音调高低要随着作者情感的起伏或慷慨激昂或沉郁忧愤，或缠绵悱恻或悠然自得。再次，要在课堂上给足学生练习朗诵的时间，针对学生朗诵中出现的问题给予指正，不轻易放过学生朗诵上的每一个细节。也可以抓住某一种朗诵技巧进行专一训练，以便于学生能够真正掌握。最后，班内交流展示，采取生与生、师与生之间的互评互议，共同提高。

朗诵课大多立足于每一堂课解决一两个实际的问题，如处理节奏、重音、情感表现等。这样，学生不但提高了诗歌朗诵水平，也对学习诗歌产生浓厚的兴趣。

三、欣赏课，即以观看诗会中国、诗词大会、汉字五千年、朗读者、唐之韵等相关视频的形式，加深学生对中华文学经典的理解

此类课型与现实生活相结合，把课外大家喜闻乐见的资源引进课堂，既丰富了古诗词教学形式、教学内容，也开阔了学生的视野。比如《中国诗词大会》，在课堂上播放总决赛的视频让学生观看，大会现场出现的诗词名句，如果是学生学过的，学生也会跟着抢答，如果是未听说过，则会在专家解说后有了较为深刻的了解。再如观看《唐之韵》，其中对唐代各个时期的代表诗人的人生经历有着翔实的介绍。观看完后，学生无疑对一些诗人的认识更进了一步。而且这些方面的内容，很多时候都是教材中不曾出现，老师也未必能讲到的，欣赏课将会很好地弥补这一空缺，从而达到由课内到课外，由书本到生活的迁移。

四、精讲课：教师选取某一首或一组诗文进行精讲，讲某一首诗的创作背景，表现技法，情感表达；讲某一诗人或词人生平经历、人格品质等

这类课的主要目的在于促进学生广泛积累古诗词的同时又能对某些诗词作品及诗人作家有更为深入的理解和把握。

（一）找诗眼

所谓诗眼就是指作品中的点睛传神之笔。它可以是一句诗，也可以是一种意象，还可以是一个字。对于一首诗词的学习，抓住了诗眼就等于抓住了诗词的核心，可以更直接、更简单地帮助学生理解诗歌要义。比如诗歌的意象，在中国古典文学中，有许多的事物被诗人赋予了特定的情感思绪："柳"谐音"留"，代表恋恋不舍、依依惜别之意，如"渭城朝雨浥轻尘，客舍青青柳色新。""月亮"有思念家乡、思念亲人之情，如"举头望明月，低头思故乡。"梧桐含孤独寂寞之感，如"无言独上西楼，月如钩，寂寞梧桐深院锁清秋。"蝉象征着品质高洁，如"居高声自远，非是藉秋风。"梅寄寓着坚韧毅力，如"零落成泥碾作尘，只有香如故。"……学生了解这些意象所具有的特定情感，那么在古诗词的教学中，就可以让学生顺利地把握住诗中的言外之意、弦外之音，吃透那些看似平淡，实则意味深长的普通词句，将使诗歌的学习变得简单了很多。

（二）抓基调

即抓住诗歌的情感基调。诗人每写作一首诗都寄寓了自己独特的情感体悟。这种情感可以是直接表达出来，也可以是借助某种事物或某处景色加以表现。如"月落乌啼霜满天，江枫渔火对愁眠。""万里悲秋常作客，百年多病独登台。""此夜曲中闻折柳，何人不起故园情？"……而诗中能够直接表达情感字词句，或是寄寓着情感的某种事物就奠定了整首诗的情感基。因此，在诗歌教学中，先抓住诗歌的情感基调，再分析作者是如何围绕这一点来表情达意的。

（三）分类教学

即根据古诗文的内容、形式、风格，或者是诗人，对古诗词进行分类教学。可以把古诗词按题材分为边塞诗、山水田园诗、送别诗等几类，针对一类诗歌的特有风格特点展开教学，使学生对该类诗歌有更深层次的认识和理解。如讲边塞诗，先让学生背诵一组边塞诗歌作品，再从边塞诗的概念、内容、代表诗人、诗风、常见意象、表现手法等方面逐层讲解，最后再对一组边塞诗歌进行赏析。

也可以针对李白、杜甫、白居易、李商隐等诗人的多首诗词进行讲解，从而让学生对这些诗人的生平经历、诗词风格、精神境界等有更多的了解，理解其诗词作品会容易些。如讲李白，先让学生背诵一组李白的诗歌，让学生初步感受李白神奇独特的丰富想象、自由洒脱的诗歌风格。再介绍李白传奇的生平经历，其间穿插一些生动有趣的小故事，更能激发学生学习的热情。

五、写作课：即诗歌创作课

背诗词、诵诗词、赏诗词、讲诗词最终都要归入写诗词。如果说背诗词、诵诗词、赏诗词、讲诗词是对中华优秀诗词文化的继承，那么诗歌创作就是对中华优秀诗词文化的发扬。也唯有创作，才能使中华优秀诗词更富有生命力。

写作课如何上？从模仿入手。著名美学家朱光潜先生写其《谈美》一书中提到，"古今大艺术家在少年时所做的功夫大半都偏在模仿""诗和其他艺术一样，须从模仿入手"。著名语文教育家魏书生也说："天下文章一大抄。"可见，模仿是初学者学好古诗，用好古诗的第一步。针对这一点，教授古诗文时常会适时引导学生进行练笔。有时是直接仿写古诗词，例如教完毛泽东和陆游的《卜算子·咏梅》后，我让学生尝试以《卜算子》为词牌填词。初次尝试，学生直呼太难，不知如何下笔，我便把要求降到最低，只要符合该词牌格式即可，结果大部分学生写出一首词来。如刘胜超写的《卜算子·咏竹》：

春雨迎它来，风雪激它进。无论盆地与山尖，唯有青竹在。青竹不争耀，却把人间照。已是万物复苏时，它在林中笑。

又如让学生模仿周敦颐的《爱莲说》，另写一篇《爱××说》，如李同妹写的《爱梅说》：

春夏秋冬之花，可爱者甚蕃。明春迎风首放；艳夏牵牛相继；爽秋丽菊随后；众奇葩之中，予独爱墨梅之绝世而独立，清高而自洁，傲霜而坚凛。

迎春，迫不及待者也；牵牛，坚韧不拔者也；丽菊，隐逸淡泊者也。噫！虽四季之花各有其特，但予独爱梅之凛然也！

当然，学生作品的文采、内涵自然无法与名家相比，但对于初学古诗词的学生来说，学习古诗词创作毕竟是迈出了第一步。有了这第一步，才会走好后面的每一步。

总的来说，古诗词的教学，教师综合运用背诵课、朗诵课、欣赏课、精读课、写作课这五种课型。努力创设诗词学习情境，激发学生学习兴趣。以诵读为主线，串联感受、理解、领悟与扩展，始终把学生的朗诵能力、感悟能力、表达能力、鉴赏能力放在重要位置，才能最终激发学生的创作力。教师亲身示范引导，创设自主学习环境，让学生主动参与，拓展创新，让学生的知识、能力与素养得到和谐的发展。

参考文献

1. 盛鲁杰：《课程标准(2011)导读与教学实施·小学语文》，北京：北京理工大学出版社，2012年。
2. 艾青：《诗论》，上海：复旦大学出版社，2005年。
3. 魏书生：《教学工作漫谈》，桂林：漓江出版社，2005年。
4. 朱光潜：《朱光潜谈美》，上海：华东师范大学出版社，2012年。

　　作者简介：杨密芳，山东省菏泽市东明县第一初级中学任教。东明县骨干教师、小学语文科教学能手。

语文课堂上的经典品尝

湖北省襄阳市老河口市孟楼中学　朱俊霞

经典是什么？是耀眼的宝石，是璀璨的珍珠，是中华五千年无数先人智慧的结晶，是熠熠生辉的文化宝库。经典作品是经时间的筛选留下的硕果，是古今中外文化的精华。

中华优秀传统文化犹如美酒陈酿，愈经时间的沉淀愈发的绵香悠长。闻着，芳香四溢；品着，意味深长；小酌着，韵味无穷。欣喜我是一名语文老师，可以漫步于中华优秀传统文化之林，引领学生们在语文课堂上闻香，品味儿，浅尝着。

一、品爱国情怀，树远大理想

爱国主义教育一直是学校教育的核心，语文教材中不乏爱国主义的篇章，如鲁迅的回忆性散文《藤野先生》，讲述了鲁迅从东京到仙台学医的几个生活片断。其中有东京"清国留学生"的生活情况，有东京到仙台的旅途回忆，有在仙台的食住情况，也有受到日本具有狭隘民族观念的学生的排斥。还有一次看电影受到的刺激，重点是记叙藤野先生的可贵品质，同时交织着对自己的责备和对老师感激心情，巧妙地突出了作者为祖国而刻苦学习的精神。这些内容看似闲散零乱，其实形散神凝，错落有致，一条鲜明的爱国主义思想线索贯穿了全文，使每个看似平淡无奇的生活片段闪耀着夺目的光华，是一篇很值得咀嚼品味的文章。我们在与鲁迅交融的过程中，和鲁迅同喜、同乐、同悲、同愤，自然而然能体会到作为弱国子民被人歧视、侮辱时的无奈与悲愤，爱国主义情怀的萌发便水到渠成。他们甚至还可以强烈体会到国强民则富，国富民则强的道理，唯有国富民强才可屹立于民族之林，从而激发起学生为祖国的繁荣富强而奋发读书的愿望。

爱国主义情怀是不分国界的，再如法国短篇小说都德的《最后一课》，小说从小弗郎士的视角，通过小弗郎士对学业由开始的讨厌，转变成了热爱；对于韩麦尔先生由恐惧转变为崇敬；对于敌人普鲁士兵们由懵懂的好奇演转成深深的憎恶等一系列心理变化，进而去体察小说主人公小弗郎士在这最后一堂课上所受到的前所未有的感召和教育，来感悟他爱国情怀的升华。小弗郎士终于理解老师，敬爱老师了，他从没有像现在这样喜爱法语课，因为这一刻他懂得了"当一个民族沦为奴隶时，只要他好好地保存着自己的语言，就好像掌握了打开监狱的钥匙。"一个小学生都能明白的道理，我们的初中生就更能感同身受了。

二、赏经典作品，学写作方法

写作教学一直以来都是师生头痛的事，老师苦于没有教材可教，学生苦于没有素材可写。其实，教科书中的经典作品篇篇可以作为写作的范本。我们就以朱自清先生的散文《背影》为例，谈谈如何作为写作父爱的范文来教。

(一)写作技法之一：抓住人物形象的特征来命题立意，组织材料

《背影》一文就是通过对父亲在车站给儿子送行情景的描述，表现了父亲对儿子无微不至的关怀和深深的热爱，同时也反映了儿子对父亲的怀念和感激之情。这篇散文的写作特点是抓住人物形象的特征"背影"来命题立意，组织材料，在叙事中抒发父子深情。

"背影"在文章中出现了四次，每次的情况都有所不同，但思想感情却是一脉相承的。

第一次是文章的开头，开篇点题"背影"，有一种浓厚的感情气氛笼罩全文。

第二次是在车站送别的场面中，作者对父亲的"背影"作了具体的描绘，这是写作的重点。父亲胖胖的身躯，穿着黑布大马褂，深青布棉袍，步履艰难，蹒跚地爬过铁道为儿子买橘子。这个镜头表现了父亲爱儿子的深厚感情，使儿子感动得热泪盈眶。

第三次是父亲和儿子告别后，儿子眼望着父亲的"背影"在人群中消逝，离情别绪，催人泪下。

第四次是在文章的结尾，儿子读着父亲的来信，在泪光中再次浮现了父亲的"背影"，思念之情不能自已，与文章开头呼应。

(二)写作技法之二：写作时要首尾呼应

《背影》开头写"我与父亲不相见已二年余了，我最不能忘记的是他的背影。"开篇点题"背影"。结尾再次写到"我读到此处，在晶莹的泪光中，又看见那肥胖的、青布棉袍黑布马褂的背影。"思念之情不能自已，与文章开头交相呼应，既强调了文章主题，加深了读者印象，又使文章结构严谨，浑然一体。

(三)写作技法之三：写平常小事，做背景铺垫

买橘子本是一件平常得不能再平常的小事，但如果放到一个具体的情景中，"橘子"的色彩就会发生变化。"祖母死了，父亲的差使也交卸了，正是祸

不单行的日子。"本已悲痛的父亲只好"回家变卖典质，还了亏空；又借钱办了丧事。"面对"满院狼藉的东西"、不能自谋生路的儿女，其内心的困顿与凄苦可想而知，可父亲却反过来安慰我："事已如此，不必难过，好在天无绝人之路！"父爱在"患难"中得以凸显。生活的重压丝毫没有削弱一位老人对儿子的爱，借买橘子表现父亲对儿子无微不至的关爱，一件平常小事便已不在没有价值。

（四）写作技法之四：注重细节刻画，聚焦情感

"他用两手攀着上面，两脚再向上缩；他肥胖的身子向左微倾，显出努力的样子，"这是一个艰难攀爬的动作，却让朱自清感受到了父亲的苍老。这苍老，仿佛让他看到了父亲如负重老牛般奔波劳碌的一生。想到自己虽然已长大，但父亲还在吃力，尽力的为儿子擎起一片晴空，怎能不令人感动，令人心酸，令人潸然泪下呢？这个细节刻画虽然语句不多，但饱含深情，因为在这父子即将远别的特定情境下，父亲那劳碌奔波的背影，才那样感人至深，给作者留下难以磨灭的印象。

三、诵经典作品，扬百代精神

诗、词、曲是中国古典文学璀璨的明珠，是永恒的国学经典。诵读诗、词、曲，不仅对学生的语文学习能力和人文素养的提升有很大的帮助，还能陶冶学生的情操，树立正确的价值观和人生观。

诵读陶渊明，我们返璞归真，不为名势所累。"晨兴理荒秽，带月荷锄归。"描绘了一幅山间晨曦耕作图，表达了作者醉心山水的洒脱和对田园生活恬淡的向往。我们惊叹于诗人"不为五斗米折腰"的洒脱，更佩服于诗人寄情于山水的悠然自得。"采菊东篱下，悠然见南山。"因为有了"心远地自偏"的精神境界，才会悠闲地在篱下采菊，抬头见山，是那样地怡然自得，那样地超凡脱俗！"悠然"二字说明诗人所见所感，非有意寻求，而是不期而遇。洒脱、豁达、宠辱不惊，处事泰然的陶渊明便浮现于眼前。

诵读李白，赏唐朝盛世。"山随平野尽，江入大荒流。"这两句写出度过荆门进入楚地所见到的壮阔景象。其中"随"将群山与平野的位置逐渐变换、推移，直接地表现出来，给人以空间感和流动感。"入"字写出江水奔腾直泻的气势，显得天空辽阔，境界高远。景中蕴藏着诗人喜悦开朗的心情和青春的蓬勃朝气。"长风破浪会有时，直挂云帆济沧海。"意思是说，尽管前路障碍重重，但仍将有一天会乘长风破万里浪，挂上云帆，横渡沧海，到达理想的彼岸。这一名句激励了多少有志之士，为了实现理想施展抱负，勇往直前。"君不见黄河之水天上来，奔流到海不复回"。这是巨人昂首天外，用目光提起黄河滚滚狂涛向海里倾倒才能找到的感觉。正是这个宣言"安能摧眉折腰事权贵，使我不得开心颜"的超级巨人，把盛唐精神推上了照耀千古的最高峰。

诵读苏轼，追豪放派词人的心路历程。苏轼善于从人生遭遇中总结经验，也善于从客观事物中出规律。在他眼中，极平常的生活内容和自然景物都蕴含着深刻的道理，"人有悲欢离合，月有阴晴圆缺，此事古难全。"苏轼虽感到人生如梦，但并未因此而否定人生，而是力求自我超脱，始终保持着顽强乐观的信念和超然自适的人生态度。于是旷达的词人吟出"但愿人长久，千里共婵娟。"的千古名句，表达了对远方亲人朋友的思念之情以及美好祝愿。继而，在沉郁中奋起，"会挽雕弓如满月，西北望，射天狼。"到那时，我一定会把雕弓拉得满满的，向西北方的天狼星猛射过去。一个不服老、狂放不羁的苏轼借狩猎将自己渴望一展抱负，杀敌报国，建功立业的雄心壮志抒发得淋漓尽致。

徜徉在经典著作中，一股股淡淡的书香总会弥漫开来，或驻足观赏，或浅尝辄饮，或沉浸其中。这一篇篇好文词章，这一本本经典名著，这一首首诗词古曲，无不闪烁着璀璨的光芒。让我们放低身段，做一个勤劳的蜜蜂，去采摘优秀传统文化的朵朵鲜花，去传播优秀传统文化的精髓，把语文课堂打造成传承优秀传统文化的主阵地，让优秀传统文化的芳香在我们这里无限延伸、拓展。

作者简介：朱俊霞，湖北省老河口市孟楼中学语文教师。论文《作文指导课的"三"字诀》获中国梦全国优秀教育论文评选大赛一等奖，执教《让景物描写为作文增彩》获老河口市教研室组织的中学优质课赛讲一等奖。

读名家名篇，品经典精华

湖北省天门市拖市一中　李　妮　曹运军

中华民族五千年的文明是人类的一座知识宝库，不同时代都有其经典名作带给我们坚定的人生信念、极其丰富的思想内涵和扎实的语言表达能力。如何有效地进行名家名篇的教学，笔者在新课标的教学理念指导下，根据教学实践的探索，浅谈自己的一些感悟：

一、导入要把握品读文章的切入点，激发学生的学习兴趣

兴趣是最好的老师，要想学生对文本产生浓厚的兴趣，选择适当的导入至关重要。因此老师应根据文本慎重设计，合理导入。

(一)以渲染与文本意境相同的歌曲作为切入点

以传唱千年不衰的涉及文本中人物情感的古诗词名句作为切入点。我在教读《乡愁》是用一首《乡愁四韵》将学生带入了一个感情低缓而深沉的意境。之后，让学生展示课前准备的成果，关于乡愁的古诗名句，学生积极踊跃，收集多达十二句，并且都有出处作者，学生对作者及与当作背景也都介绍得清清楚楚，多个学生的展示开阔了学生视野，也激发了学生学习的热情。

(二)以列举与文本中人物品德类似的名人作为切入点

我在教读《强项令》时的导语：我们历史上有很多家喻户晓的名人，如《包青天》中的包拯，《海瑞罢官》中的海端，同学们知道他们为什么名扬千古吗？学生答道："因为他们能执法严明，不畏权贵……"师说："这堂课我们来认识另一位秉公执法、不畏权贵的'强项令'(板书)(释题强项令意为"硬脖子县令")这位"硬脖子县令"是谁？请同学们阅读文章，进行了解。

(三)以简介作品的历史地位作为切入点

我教读《关雎》时，是这样导入的："同学们，《诗经》是中国诗坛的开山之作，在华夏文明的灿烂长廊中，以其语言生动凝练，意境蕴藉悠远，音韵优美和谐，而千年不衰，让人百读不厌，它滋润涵养着我们华夏民族的文化艺术与人文精神，是一部对我国历史文化产生过极其广泛而深远的影响的文化典籍。而《关雎》是《诗经》的首篇，也是十五国风的第一篇，足以见得其在《诗经》中的重要位置，它的艺术风格在某种程度上完全可以显示出《诗经》的古典

魅力。今天，我就和大家一起来欣赏《关雎》这篇美文吧。"

无论以哪一种形式作为切入点都必须巧妙地把中华传统文化和所教读的文本联系起来，为传承文明找到一个支撑。

二、品读必须找到"分析"和"诵读"最恰当的结合点，以引导学生的自主学习

常言道："书读百遍，其义自见。"我们不仅要读准字音，读出音节，还要读出韵味，读出智慧。在读中领悟文意，在读中积累词汇，在读中质疑思辨，在读中陶冶情操。教读经典名篇一般可采用三步走：

(一)美读开路，读出韵味，帮助学生整体感知

读，需范读开路。范读的方法可以是教师自己诵读，声调的抑扬顿挫，配以形体语言，让学生快速进入角色，以达到整体感知，初具形象的目的。

也可以选用范读课件，配以音乐、画面，来渲染氛围，让学生尽快进入文本的意境，帮助学生整体感知。如教读《背影》，选用配乐朗读并配有萧瑟的乡村场景、车站、车站买橘等相应的画面，让学生边听、边看，这样学生很快就进入了意境，对整体感知起到了良好的促进作用。

必须注意：对于篇幅较长的小说，一般来用浏览法来完成，总之，只要读有目的，或字词的理解，或人物形象的把握，或故事情节的疏理，这对文意的理解体会是极有帮助的。

(二)精读稳基，读出神韵，帮助学生品出文本精华

教读名家名篇必须引导学生精段细读，品味语言的生动性、活泼性，体会作品写作的技巧性、艺术性。这样就能读出神韵，帮助学生品出文本精华。

初读课文后学生对课文有了整体感知，要加深理解，教师就必须对精段进行仔细地导读，这样既可教学生学法，变"给人以鱼"为"教人以渔"，又可提高学生的理解分析能力。

精段细读，又根据文本的写作风格不同而灵活变化。有精读语段；有对比阅读；有侧重赏析语言；有侧重写法分析。

在这一流程老师应注意自己的角色——"导"，不能影响学生主动意识的充分发挥，教师只作伙伴式的谈话，微笑地期待，学生畅谈自己的意见。特别是那些具有探究精神的见解。

例如：我在教学《故乡》时，在引导学生精段细读板块选择"对比阅读"。

1. 观察对象

用课件展示出小说主人公是一男一女，一农民，一个小市民——是最具有代表性的两个典型人物。一个麻木可悲，一个泼悍可恶，但两个人物的命运又同样是可叹的。

2. 描写人物的聚焦性

写闰土是先见其人(这来的便是闰土)用课件展示。

写杨二嫂是先闻其声(哈,这模样了)用课件展示。

闰土和杨二嫂肖像变化前后特征及原因。

闰土和杨二嫂肖像变化前后的特征,学生很容易找出来。

闰土肖像的巨大变化是长期在海边艰苦劳动造成的,表明他生活十分贫困。

杨二嫂的巨大变化是饥饿造成的。

闰土和杨二嫂的肖像巨变,反映了什么。

3. 对比的着眼点(学生表演)

主要以闰土为例,看闰土言、行、神、心变化前后特征及其原因。

少年闰土:语言中智慧和热情,动作机智敏捷,神态很高兴,心里有无穷无尽的稀奇的事,跟"我"谈得来"你我相称"没有隔膜。

中年闰土:语言中丧失了少年时的智慧和热情,而且很迟钝。(动着嘴唇且没有作声),动作迟疑(他迟疑了一会,终于就了坐),神情是先欢喜和凄凉,后来变得呆滞,以致沉默,态度恭敬,心理只觉得苦却说不出来。称我为"老爷",说明我们之间已经隔了一层可悲的厚障壁了。

4. 照应着笔点

作品前后照应的地方很多,教师作为讨论的参与者,只需提示两点,但要注意其作用。

5. 虚实的着笔点(用课件展示)

写故乡的过去、现在、未来,作者只实写了现在,对故乡的过去"要我记起他的美丽,说出他的佳处来,却又没有影像",后写故乡的未来,更是一幅虚幻的月夜图"朦胧的展开"。作者用实写展示给读者的只是苦难的现实,而过去和未来究竟如何正是作者难以说出又正在寻找的东西,只能用艺术化地虚笔处理。

这五个问题不一定是按顺序在课堂上出现,要视学生讨论的进程和走向适时的穿插。在学生主动阅读的基础上点拨恰,当地处理好上面的五个问题,学生对小说的内容及写法技巧方面就有了更深刻的理解。同时,学生也学到了分析文章的一定技巧:把握中心、纵观全文、注意细节、品味情感。

教学中对精彩段落要引导学生细读,再加上幻灯声画的再现,帮助学生仔细品味,让学生读出神韵,有利于教学重点的落实及教学难点的突破,有利于学生品出文本的精华。

(三)再度美读,激发美感,帮助学生体味崇高

如果说,读后谈体会,是理解的深入,是诵读的出发点,那么,带着感情读，是理解的升华，是诵读的最高境界。我教读《我爱这土地》，侧重于引导学生赏析语言，体会诗歌各意象的含义。把握好诗歌情感之后，让学生饱含深情地诵读，一遍、两遍……学生能读中生情，情之所至；以情定声，声情并茂，最终将作者炽热的爱国情感读得酣畅淋漓。这时你能说，学生没有体会作者崇高的爱国激情吗？

三、做足"情"文，升华"悟"性，把握学生思维发散区，引导学生适度拓展

我教读《鲁提辖拳打镇关西》时，先引导学生弄情鲁提辖义救金氏父女，拳打恶霸郑屠的情节后，着力调动学生情感，品析人物疾恶如仇，艺高胆大，心细如发的形象，深入领悟人物除暴安良的内心情感。至此，我设计了一个拓展题：鲁提辖的行为在当时能让人拍手称快，但在当今的法制社会中能行吗？为什么？设置这一题的目的是让学生弄清在古代人们有冤无处申，有理无处诉，只有借助侠义之士的壮举来实现人们的愿望，而在社会主义法制国度里，只有依靠法律，才能真正保护自己。

总之，教读经典名篇，要注重有感情朗读，读中生情，读中感悟，只有充分的读，才会有深刻的理解和感悟，才能品悟出经典的"精""气""神"，才会越读越精彩。当然，这些只是笔者的一点体会，但我相信"教者若有心，学者必有益"只要有一颗将中华传统文化发扬光大的责任心，师生就可能"闻得书香心常悦，腹有诗书气自华"。

作者简介：曹运军，湖北省天门市拖市一中校长。2015年参加中国教师发展基金会"十二五"规划全国重点课题"农村学校心理健康教育有效途径的探索"研究，任课题组组长，被评为"教育科研先进工作者"。2016年参加湖北省中小学德育"五项专题"研究与实验课题"问题学生有效转化教育机制的实践与研究"的研究。

李妮，湖北省天门市拖市一中语文教师。论文《风雨历程　同舟共济——拖市一中三年来语文课改情况概述》在第二届全国课程标准《语文》"优秀论文、优秀案例、优秀录像课"评选中获优秀论文一等奖。

初中语文古诗词教学浅见

北京市大兴区教师进修学校　李学栋

中华民族的优秀传统文化中的古诗词，博大精深，源远流长。作为一名语文教师，想要让学生更好地理解之，需要我们做的事情有很多。

首先，需要我们想办法，让学生尽可能地喜欢它、学习它、弄懂它，并且践行它。在这方面，各学科老师都责无旁贷，而语文老师更能发挥独特的、不可替代的作用。

中华民族的古典诗词，以高度凝练的语言，形象地表达了作者丰富的思想感情，反映社会生活，同时还具有节奏音韵。古典诗词对于广大读者具有感染教育的作用。一首好的古典诗词，都会有一种神奇的魅力，都能够让读者回味无穷。在语文课堂上，我们非常需要注重古典诗词的教学，以培养学生对诗词的鉴赏能力，从而提升语文素养。

一、强化诵读，理解内容，品味语言

（一）初步认识，感知韵律

中华优秀古典诗词，首先美在韵律上。格式整齐，合辙押韵，诵读起来，不由让人感受到和谐的音韵美以及节奏美。其次，美在凝练上，一字一词包含着极丰富的内容。

例如："终南阴岭秀，积雪浮云端。林表明霁色，城中增暮寒。"（祖咏《终南望余雪》）其中，一个"浮"字，把积雪写"活"了，堪称点睛之笔，生动描绘了高处云端的积雪在阳关照耀下闪闪发光的景象，化静为动，为画面平添了生气。

（二）强化兴趣，突出诵读

俗话说"熟读唐诗三百首，不会作诗也会吟。"可以这么说，中华优秀古典诗词中所蕴含的丰富感情、深刻内涵，都凝练在它的语言中。我们只有要求学生反复吟诵，才有可能帮助他们把握诗词作者的感情脉搏。古典诗词的教学需一点一滴地积累沉淀。古典诗词作为中国文化财富中最为宝贵、最为精彩的一部分，学生应大量的积累，内化为自身的财富。

宋代方岳说："书不厌频读，诗须放淡吟。"可见，我们只有让学生们反复地吟诵，仔细地品味，才有可能使他们感受到中华优秀古典诗词的语言美和韵律美。

《义务教育课程标准》里强调："诵读古代诗词，有意识地积累、感悟和运用中，提高自己的欣赏品位和审美情趣"。由此可见，诗词的朗诵应该是古典诗词文教学的一个重要方面。朗朗地书声不仅仅能加深学生的理解，而且能提高他们记忆的速度，同时，这种朗诵还可以让学生们深入体会到古典诗词所描绘的画面。

1. 培养习惯，增加积累

教学中要注重利用各种手段，培养学生养成积累古典诗词的习惯。

如：可以充分利用每节课的常规训练时间，轮流让学生带领大家反复朗读他所准备的一首古典诗词。之后给全体同学讲解这首诗词。这样，既为班里每一位学生提供了大胆展示自己的空间，又能够拓宽其他学生的视野。还可以要求全体学生每周一诗，在理解的基础上，背诵默写。长期坚持下来，每个学生都能够有不同程度的古典诗词积累了。义务教育阶段，学生如果能够按照《课程标准》的要求，能够积累到 120 首古典诗词，可算基本达标。如能在此基础上，再多积累一些，对于提升学生的语文素养，增加学生对于中华优秀传统文化的理解传承，则是有好处的一件事。

2. 积累知识，加深理解

教学中要注重利用各种手段，帮助督促学生不断积累古典诗词的知识。

我们可以要求学生结合自己读到的古典诗词，借助相关书籍、网络、笔记本等，坚持检索、理解、记忆与该首诗词相关的一些词语知识、背景知识等。

如李白《送友人》"青山横北郭，白水绕东城。此地一为别，孤蓬万里征。浮云游子意，落日故人情。挥手自兹去，萧萧班马鸣。"就可以让学生查找、理解并识记"郭"（外城）"班马"（离群之马）等词语的意思，这样才可能比较正确地理解这首诗。

再如唐代诗人朱庆馀的七言绝句《近试上张籍水部》"洞房昨夜停红烛，待晓堂前拜舅姑。妆罢低声问夫婿，画眉深浅入时无？"就需要让学生仔细了解创作背景。这是一首在应进士科举前所作的呈现给张籍的行卷诗。作者自比"新妇"，将考官张籍比作"新郎"，借此诗委婉含蓄地征求考官张籍对自己考试中作答情况的意见。可见，了解并积累相关背景知识也是很重要的。

3. 指导训练，提升能力

训练古典诗词的诵读，并不是一件简单的事情。需要老师精心设计和指导。

(1)划分节拍,读好停连

可以教给学生基本的诗歌节奏、停顿的知识。如近体诗按照句数分为绝句和律诗,绝句和律诗又按照字数分为五言和七言,五言诗可以分为二三拍,或二一二拍,或二二一拍,如孟郊的《游子吟》就可以分为二三拍:

慈母/手中线,游子/身上衣。临行/密密缝,意恐/迟迟归。谁言/寸草心,报得/三春晖。

也可以分成二二一拍:

慈母/手中/线,游子/身上/衣。临行/密密/缝,意恐/迟迟/归。谁言/寸草/心,报得/三春/晖。

七言诗一般可分为二二三拍、二二一二拍,或二二二一拍。如李白的《闻王昌龄左迁龙标遥有此寄》就可以这样分:

杨花/落尽/子规啼,闻道/龙标/过五溪。我寄/愁心/与明月,随风/直到/夜郎西。

掌握了诗歌的节奏划分,学生在诵读时会根据预感和初步感知自己划分,便于诵读。

(2)聆听示范,模仿借鉴

可以通过网络找一些名家的朗诵,播放给学生。但这种绝不能取代教师的范读。对于中学生来说老师在他们的心目中是神圣的,榜样的作用是无穷的,耳濡目染之中学生必然会学习老师,久而久之也爱上古诗词的诵读。教师应把握节奏,将诗读得抑扬顿挫,饱含感情,或深情柔婉,或慷慨激昂,这种感染力和震撼力更能带动学生情绪,使听者的心也会随之而起伏不平,给学生无穷的回味。

(3)方式多样,读出情感

诵读的形式可以灵活多样。可以齐读,要读出气势、读得整齐。可以指名朗读,训练个别学生的阅读语感。亦可以小组朗读,形成一种竞争氛围;可以分角色朗读,读出感情、读出韵味。可以师生合读,相互带动,读出声韵。通过不同形式的朗读,丰富了课堂情趣,定能让学生不再对朗读望而生畏,而是感受到浓厚的诗味。最后,无论是课前还是课上,以至于课堂接近尾声时，朗朗读书都是不可缺少的一个环节。教师要随着学生对诗歌领悟的不断深入，而强化诵读，最终在节奏鲜明的朗读中注入情感，完成与诗人的对话，做到真正与诗人"心有戚戚焉"。

二、启发联想，想象画面，领悟意境

(一)捕捉语言，理解内涵

绝大多数古代诗人在作诗时都力求一字传神、一语惊人。而能够捕捉住古典诗词中的关键的词语或语句，是学习古典诗词的一个很好的突破口。

比如，王安石《泊船瓜洲》一诗，其中"春风又绿江南岸"中的"绿"字，王安石曾想到过好多的字眼，像"到""过""入""满"，等等，但都觉得不太理想，都不如"绿"这个字效果好。因为"绿"字更能使诗意深沉，情思浩荡，能够更生动形象地写出江南春风和煦，百草逐生的景色，也更能表达诗人奉诏入京的喜悦之情，同时还蕴含着作者罢相后再次被征召回朝的丝丝忧虑。

再如《木兰诗》，南北朝民歌，语言比较朴实，同时也很是凝练。可以捕捉的地方很多。在此仅举一例。木兰回到家乡之后，"开我东阁门，坐我西阁床"一句，没有语言障碍，字面意思很容易理解，因而很容易被学生忽略。其实，让学生捕捉住这一句，好好探究一下，才有可能进一步理解木兰此时的兴奋之情。其实，这句运用了互文手法，应该理解为"开我东阁门，坐我东阁床。开我西阁门，坐我西阁床"，是说木兰回家后，一定要将自己原来生活的地方都看遍，而且看什么都亲切，看什么都欣喜。这样，才能更好地表现出木兰回到家里的那种异乎寻常的兴奋。

(二)想象画面，领悟情感

1. 故事创设，引入情境

比如，在学习《观沧海》时，先让同学们课前收集曹操的资料，课上分享，老师适当地做一些补充。这一系列和曹操有关的小故事充分激发了学生的学习兴趣，学生终于知道，原来小说中的曹操和现实中的曹操有着如此巨大的差异。这个时候再让学生阅读《观沧海》这首诗，学生就更能体会"曹操是改造文章的祖师"这句话的意思了。营造了一定的情境之后再讲授《观沧海》，学生看到的就不只是空洞的讲解，而是有血有肉的诗歌，看到曹操面对茫茫大海时建功立业的雄心壮志，对前途的乐观自信。

其实我们在教学中不必将诗人作者神圣化，讲授过程中将他作为我们的新朋友或老朋友，偶尔讲一些文人掌故八卦，不仅能够拉近学生与作品的距离，更能引发学生的兴趣。

2. 视听盛宴，美化情景

(1)用音乐渲染气氛

除了在朗诵时插入恰当的背景音乐渲染气氛外，还可以找一些改编成音乐的古诗词，如大家都熟悉的苏轼《水调歌头》(王菲《但愿人长久》)《蒹葭》(邓丽君《在水一方》)，欣赏之外，我们可以大胆让学生自己选择自己喜欢且恰当的歌曲演唱，例如当时有学生用《送别》唱《次北固山下》，用宁浩的《中华民谣》唱《闻王昌龄左迁龙标遥有此寄》，在此不仅要词调相吻合，还要给我们讲出来为什么此曲配此诗，唱的过程学生可能会更关注曲调，教师应当指导学生完成欣赏过程，从唱中体味诗境，唱活画面，激起学生的学习热情。初中学生，对诗歌的鉴赏能力还没有达到一定的深度。所以，浅层的形象感知是最直接的，调动起兴趣才能更好地学习。

(2)用图画搭建阶梯

学习欣赏古典诗词，不仅可以配乐而吟，更可以配图而赏。例如学习《峨眉山月歌》，可以联系到《望天门山》。当然对天门的形象"开"和"回"是怎样与山水联系在一起的，是学生较难理解的问题。我们可以从网络上找到相关图片：图片中将两座山绘成门样，红日碧水间，两山夹缝中滔滔长江水急流回旋，冲破两山阻隔，一泻千里。远处，一叶白帆飘荡而来。借助演示文稿，物象直观，由文到图，学生理解了"门""开""回"的意义，对诗的意境的理解就容易了，从而展现了作者初出巴蜀时乐观豪迈的感情和自由洒脱、无拘无束的精神风貌。同样如此，大胆一点，我们可以让学生根据自己对诗歌的理解，将文字转换为图画，呈现出来。例如画面感很强的马致远的《天净沙·秋思》以及王湾的《次北固山下》。

(3)用视频促进想象

学习《木兰诗》，引导学生熟悉课文内容，厘清故事情节后，可以播放由美国动画片《花木兰》剪接而成的动画画面，学生看完动画片后，又用心朗读完这首诗歌。然后，让学生讨论我国民歌中的"木兰"形象与美国动画片中的"木兰"形象的异同，以训练学生求异思维和求同思维的能力。他们的积极性很高，纷纷举手发言，课堂气氛也很活跃。学生们在课文与动画片的"求异"阅读中，发现了"两个"木兰出征时、立功时、还家时的不同之处；在课文与动画片的"求同"阅读中，发现了"两个"木兰的共性：都有着爱家、爱国之心。这堂课引入电影作品的相关情节、相似人物，使"诗情"与"画意"相结合，极大地激发了学生的学习兴趣，有效地激活了学生思维，又丰富了课堂信息的容量，使教材与媒体之间优势互补。

3. 联系实际，创新情境

古典诗词虽然在时间上离我们很遥远，但教师可以通过情境的设置将古典诗词与现代生活建立联系。学习王维《竹里馆》，最后可以设置一个这样的活动，老师提出：当今世界是一个人尽其才、搞活经济的时代。假如王维生活在当代，同学们觉得他最适合做哪一项工作？这样的问题，可能会引起学生积极热烈的讨论，同学们经讨论后有的认为做画家、做艺术家；有的认为他应该开办一个诗歌培训学校；有的认为他应该到北大去当教授；更多的认为他应该开一家具有山水"归隐"特色的旅游公司。在此基础之上，教师顺着学生的思维发展进一步提出问题：王维是一个山水田园诗人，他的经济活动应该是山水与文化的结合，那么开一个山水公司是最恰当的了。那么怎么来策划这样一个公司呢？教师进行适当提示、指导：可从公司取名、公司形象、服务宗旨、景区设置、景点具体美化、日程安排、人员等方面进行策划。此处或是给竹里馆写一段讲解词，这样可以大大提高学生的参与度。

另：拟写对联、编辑手机短信、发朋友圈、微博、书信往来……都是不错的教学情境。

4. 角色扮演，融入情景

角色扮演就是结合教材内容，模仿某种典型情景或剪取某个生活片断，让学生担任一定的角色，去展示情境，进而融入情境，在角色体验中受到感染和教育。老师可以要求学生"换位思考""换位体验"，要求他们把自己假定为诗词中的作者或诗词中的某一个人物，这样有利于促进学生充分发挥想象力。学生如果真正能够进入角色，很可能就会悠然二舍一种亲切感、责任感，乃至自豪感。这既能激发学生深入理解、品读古典诗词的兴趣，又对培养探究、合作、表达等能力的培养大有益处。例如，学习苏轼《定风波》时，最后可以设置这样一个环节："随你吟啸，随你行"的角色扮演环节。为了提高课堂效率，我们可以先设置好大概的框架，学生根据自己对这首词的理解，假设自己是苏轼本人，通过填补词中的留白处，将自己的体悟投射到实践体验中。

古典诗词是我们中华民族五千年灿烂文化的重要组成部分，它的内涵极其丰富，作为语文老师，有责任带领学生遨游其中，把中华民族文化传承下去，让中华民族文化发扬光大、泽被后世。

参考文献

1. 中华人民共和国教育部：《义务教育语文课程标准》，北京：北京师范大学出版社，2012年。
2. 夏雪梅：《以学习为中心的课堂观察》，北京：教育科学出版社，2012年。
3. 刘玉静：《合作学习教学策略》，北京：北京师范大学出版社，2011年。

4. 王彤彦：《义务教育阶段学业标准与评价：初中语文》，北京：北京师范大学出版社，2017年。

作者简介：李学栋，北京市大兴区教师进修学校中学语文学科教研员。大兴区初中语文名师工作室导师，北京市学科带头人。北京市中小学地方教材《高效阅读》副主编。北京教育学会语文教学研究会常务理事、北京市教育科学研究院基础教育教学研究中心中学语文教研室兼职教研员。中国教育学会科研规划"高效阅读"总课题组北京市地方课程"高效阅读"实施推广核心专家组成员，"十三五"重点科研课题"中华优秀传统文化与现代语文课堂教学实践研究"课题组核心研究员。

中华优秀传统文化融入校园文化的路径探析

湖北省荆州市实验中学　余志成

所谓的优秀传统文化，就是指在历史演变过程中所沉淀的反映民族精神和文化风貌且对民族历史起积极作用，推动历史向前发展的思想文化和观念形态的总称。中华优秀的传统文化的继承和发扬，有利于学生思想道德素质的提高和学校教育水平的提高，为丰富校园文化的内容并提供校园文化发展的动力。校园文化是学校在办学实践中形成的文化环境、学校传统和精神、校园制度和文化活动的统称，包括校园物质、精神、制度和活动文化。校园文化是增强学校教育力量和培养中国特色社会主义接班人的重要内容，所以充分发挥校园文化的力量是必要的，而要充分发挥其力量，就要将优秀的传统文化和校园文化密切地融合在一起，做到校园文化以优秀传统文化为基础。

一、为何要将中华优秀传统文化融入校园文化

(一)校园文化是中华优秀传统文化传承的重要载体

一个国家，一个民族想要兴盛发达，就必须要以优秀的传统文化来支撑，中华民族之所以能够实现伟大复兴，就是因为有我国优秀传统文化的传承。而在中国发展兴起的时候，必须将中华优秀传统文化继承和发扬下去，那么首先要找到一个有效的载体，所以校园文化就可以达到传承中华优秀传统文化的效果。由于每个学校的发展理念和办学宗旨有所不同，校园文化就有它独特鲜明的个性。它要紧紧把握时代的潮流，顺应时代发展而进行创新。在融入优秀传统文化的同时，给优秀传统文化注入新的内容。所以校园文化是中华民族优秀传统文化发展和继承不可缺少的载体，使校园文化在正确的道路上健康发展的同时，又可以使中华优秀传统文化发扬光大。校园文化具有环境效应，在学校这个大环境里，优秀传统文化更容易被继承，在环境中被潜移默化。中华文化融入校园文化中，会让老师和学生主动去接受它们，从而吸收它们。可以将中华优秀传统文化传承的效力发挥到最大。

(二)中华优秀传统文化是校园文化的来源

学校是培养学生思想品德修养的重要地方，是为实现中华民族伟大中国梦提供人才的地方，学校的校园文化肩负着重大的使命。在建设校园文化的

时候，应在传承中国优秀文化的基础上，体现出校园文化的特色。优秀的中华传统文化为校园文化提供了丰富的资源。如何吸收优秀文化的精华和摒弃其糟粕是至关重要的。因为学生的价值观和思想道德观念很容易受到校园文化的影响，而中华优秀传统文化就可以帮助校园文化做出选择，中华优秀传统文化的内容丰富多彩，具有非常高的价值观念。所以校园文化建设可以在优秀传统文化的基础上，将校园文化建设成为以注重个人品德修养的文化力量。老师和学生是校园文化的主体，也是校园文化的建设者，要充分发挥他们的能动性。将优秀的传统文化与校园文化融合，可以打造出更加具有人文底蕴的校园文化。老师和学生置身于这种环境中，可以促进人文意识养成。促进学生各方面积极向上发展。

二、将中华优秀传统文化融入校园文化的路径

(一)将中华优秀传统文化融入校园物质文化

我们应该认识到，只是单纯的重视校园环境的建设，让校园文化成为几处建筑或者草地上的一些石碑，这样不能将校园的人文气息充分体现，也没有办法满足学生对于文化的需求，肯定会不利于校园物质文化的发展。校园物质文化是校园人文精神和内涵的重要体现，可以通过一些精巧实用具有美观性的设计，让其分布于校园的各个角落。比如在校园的草坪上放置一些刻有教育意义的文字石头，可以是一些名言或者一些具有警戒意义的词语，在教室的墙面上粘贴一些名人名言和历史人物图片，在宣传栏处定期更换有关传统文化的海报等。这样才能使校园物质文化内容更加丰富多彩，从而让学生在校园处处都能体会到中华优秀传统文化的力量。

(二)将中华优秀传统文化融入校园精神文化

一个学校的办学理念和校训都蕴藏着深厚的力量，这些就是校园精神的体现。校园精神是通过校园主体积极参与被大多数人认同后在长期的时间里不断积累的。推动优秀传统文化和校园文化相融合，让校园文化汲取优秀传统文化的养分，首先要做到尊重优秀传统文化的精神。第一，我们不仅要让学生在课堂上学习到，还要让他们切身地感受到，可以带学生们去参观博物馆，可以让他们阅读传统文化的书籍。第二，将优秀传统文化渗透到课堂中，让优秀传统文化在教育中大放光彩。

(三)将校园文化融入校园制度文化

一个学校的制度，是学校教育有效开展的重要手段，可以对学生的思想感情和道德行为起到积极的影响。要把中华优秀传统文化深入到校园制度文化里，让学校的制度更加人性化规范化。学校的制度文化是校园文化的重要

组成部分，而制度文化也是传统文化的重要组成部分，他们对人与人之间判定起到规范作用。校园文化制度要体现出它强大的功能，可以从传统文化中的"仁、义、礼、智、信"等内容中提取精华，从而表现出公正平等的原则。要健全学校的规章制度，帮助学生们树立正确的行为观。鼓励正确的行为，惩戒错误的行为，通过正确与错误的，客观公正的评价他人和自我。还可以以优秀传统文化为向导，注重制度但是也要体现人性化，体现以学生为本的观念，让学生认可学校的规章制度，并且自觉遵守这些规章制度，养成良好的习惯。

(四)将优秀传统文化融入校园活动文化

开展校园活动很容易受到学生的欢迎，将教育意义蕴藏在校园活动中，更加容易被学生接受。经常开展一些学科竞赛、知识竞赛和体育竞赛等活动，可以在一定程度上提高学生的整体素质。校园活动是为了丰富学生的课余生活，应该让学生充分发挥自身的优势，展现自我。在开展校园活动时，以优秀的传统文化为基础，体现校园文化的底蕴。比如说，在传统的民族节日里开展爱国演讲比赛或者辩论赛。

三、结束语

无论何时何地，我们都要继承与发扬优秀的传统文化。我们在发展校园文化时，要结合校园的发展，以传统文化为指导，来建设有特色的校园文化。在日新月异的今天，国家需要有能实现中国梦的接班人，而校园就是创造接班人的地方，我们要注重校园文化的发展，就要充分发挥优秀传统文化的积极作用，让它与校园文化渗透结合，让学生在一个好的文化环境中成长，做到德智体美劳全面发展。

作者简介：余志成，湖北省荆州市实验中学语文教师，荆州市小语学会会员。被区教育局评为"优秀共产党员"，多次被学校评为"教研工作者""优秀德育工作者"。多篇论文在国内报刊上发表，并获奖。

雅言传诵文明，经典浸润人生

——六十五团第一中学传统文化进校园经验探索

新疆生产建设兵团第四师六十五团第一中学　董　玲

中华经典诗文是我国民族文化的精髓，是我们中华民族的魂与根。优秀经典诗文蕴含的丰富哲理，可以成为人的一生财富。我校自开展"经典诵读"活动以来，师生们踊跃参加，不断改革诵读活动的形式、成果的展示及诵读的评价，同时组织专人定期进行诵读检查，加强诵读的资料积累。通过经典诵读活动，我们的校园更加和谐，师生之间的关系更加融洽。

一、密织经典诵读网格化管理体系

诵读经典是对青少年进行革命传统教育的有效形式，也是开展青少年读书活动，提升少年思想道德修养的好途径。诵读活动还能增强学生民族自尊心、自信心和自豪感，树立正确的世界观、人生观、价值观。为此，我们巧妙地将经典诵读与学校各项活动紧密整合到一起，从大处着眼，小处着手，形成了一套网格化课题管理体系。

1. 层级管理，各司其职

我校成立了以教学主任为组长，全体语文教师为主要成员的诵读小组。第二层级是课题组和党建、教务、教研、远教中心、工会联合开展大型活动。各班班主任在活动中起到穿针引线的作用。教学主任负责活动的组织实施，人员的分工，职责的明确，活动方案的起草，诵读课程的安排落实，日常班级诵读情况的督查。中小学语文教研组负责活动的具体操作，拟定计划，组织教师开展相关活动。

2. 建设师资队伍

诵读活动进行过程中，教师自身的文化素质不断提升，建设一支作风过硬，业务精湛，能力适应性强的师资队伍，是开展好经典诵读的有效保证。

3. 营造诵读经典诗文的氛围

建设书香校园，营造诵读经典诗文的氛围是学校层面重点做的工作。在校园教学楼的外墙、楼道中张贴名诗名句，教室里张贴发人深省的哲理对联，在学校的阅报栏中或者墙报上宣传耐人寻味的经典故事，让学生随时随地就可以从墙报、牌匾、阅报栏中读到经典诗文中的名句、文段，学生在充满书香的校园环境中学习，他们的精神世界由此而丰富，人格由此而更加完美。其次，我们课题组教师在教学中也时时营造浓厚的诵读氛围，属于语文的早读教师就会提前到教室里指导学生诵读。平时上课要求学生轮流在黑板上写下自己所欣赏的名言警句，全班学生齐声朗读，教师适当点拨。每一节语文课之前语文教师都会安排 5—10 分钟的经典诗文诵读，让学生在诵读中感悟先哲们的睿智思想。每周还抽时间安排一节诵读课，教师选择一些适合学生诵读的篇目，进行简单的阅读指导。学生还可谈自己的看法，阅读收获。长期积累，从而提高学生的语文素养。利用黑板报、手抄报等多种媒体，展示经典佳句，营造诵读的氛围，使学生走进经典，耳濡目染中华优秀传统文化，陶冶情操。指导学生撰写诵经读典的体会和感受，评选优秀诵读日记，开展经典诵读主题活动。

4. 针对一至九年级学生制定了结合课本的课外阅读推荐书目

以《小学语文课程标准》《初中语文课程标准》"优秀诗文背诵推荐篇目"为基础篇目，由浅入深地引领学生接触和了解千古流传的文化经典。在此我们配以优雅的古曲，诵读古诗的朗朗书声，在校园里此起彼伏。学生在课本要求的阅读背诵以外，教师结合学生的认知特点，采取分时段进行，由浅入深、循序渐进地安排诵读内容。这样做的目的不仅仅是让学生记住名篇佳作，更重要的是让学生明白一个道理，养成一种品质，学会一种本领。针对学生背诵感到枯燥，兴趣不浓的现象，我们从背诵中找规律，先从简单的开始，从朗朗上口开始，先领诵、再齐诵，然后全班反复背诵，收到了明显的效果。教师在与学生的一道诵读中也受到了人文的熏陶，夯实了自己的文化底蕴。

二、丰富多彩的活动让经典根植于学生心中

1. 课前朗诵，熟读成诵

倡导见缝插针，积少成多的诵读方法。利用每天上午早读前 10 分钟和每天中午上课前 10 分钟，进行经典诵读活动。还在每周的课程表上专门计划一节经典诵读课，由语文教师组织并指导学生诵读，帮助学生尽快进入学习状态。与各学科教学相结合，灵活安排，充分利用时间。校内向校外延伸，激励学生开展多种形式的诵读活动。学校委派专人检查，校领导不定时抽查，确保诵读时间。做到读而常吟，"学而时习之"。为了让经典真正浸润学生们的灵魂，2017 年 9 月开学伊始，课题组在全校开展了寻找座右铭活动。每个学生根据自己的实际情况寻找座右铭，并在语文阅读课中向全班同学讲述自己座右铭的含义以及选择的理由，并做成精美的书签夹在班级的书中，让大

家一起欣赏同学的座右铭。活动促使了全体学生们更加积极背诵经典。针对课内古诗词，课题组的教师们尝试让学生大胆地唱出来。我们发现学生学习诗词的积极性提高了，背诵的效率提高了，这样不仅丰富了语文课堂，还提高了学生的学习积极性。

2. 举办诵诗比赛，激发热情

我校利用班队活动时间以个人、小组或班级为单位进行诵诗竞赛，其内容设计丰富。有的是各种角度的归类对诗，有的是诗句接龙，有的是你问我答，有的是对歌竞赛，有的是游戏表演，有的是小品表演，有的是读后感交流。

3. 组织学生根据经典诗文进行编写手抄报活动

我校组织学生参加经典诵读的创新作文大赛，一批文质兼美的优秀作文脱颖而出，极大调动了学生阅读经典的积极性。

4. 积极组织经典吟唱

校园里，广播站每天播出"经典咏流传"系列经典古诗词、格言、古训等；课堂上，老师领着学生们把经典古诗唱起来。

一年一度的"古诗词吟诵会"上，师生一起唱响《游子吟》《长相思》。课堂上，老师领着学生们学唱经典，《春晓》《江南》《村居》……师生共同感受音律之美，品味古诗词的悠远意境，将中华文化之美沁入心田，将民族文化自信根植于心中。

5. 推行孝信雅行的教育活动

利用春节、元宵节、清明节、端午节等传统节日，在学生中开展传统文化教育活动和道德体验活动，突显教育的实践性。让学生认知传统、弘扬传统，增进其爱祖国、爱家乡、爱他人的情感。利用"三八"妇女节、母亲节、父亲节等节日开展"感恩父母 践行孝心"的实践活动，以劳动节、教师节、重阳节为契机，组织开展"感恩老师""感恩社会""关爱长辈"的教育活动。一系列活动的开展，让学生在活动中学会感恩师长，孝敬父母，在实践中学会行孝感恩、尊重他人，从而培养学生正确的人生观、价值观。

6. 假期生活在阅读的海洋中畅游

为提高学生的阅读量，每个假期我们课题组教师都安排学生阅读两到三本课外读物，不仅要写读书笔记，还有自己的阅读心得。开学第一课就是"假期读书汇报会"。课堂上，每位学生侃侃而谈，结合自己的学习、生活谈感受认识。由于走入了文本，学生深有感触，认识深刻。优秀名家的作品陆续走进学生的视野，各类题材、体裁的经典文学作品学生们都尝试着阅读。读书汇报会上学生们畅所欲言，激情洋溢的语言使每位学生从别人身上认识到自身的不足，也认识到今后努力前进的方向。通过经典阅读，让学生在继承和发扬中华民族的优良传统中成长为一名有责任心、有爱心、懂得感恩、懂得回报的人。我们的目标就是：不一定所有人都能够成才，但是我们一定努力让每一名学子都能够做一个堂堂正正的人；不一定每个人都要干一番轰轰烈烈的大事，但是要让每个人都能够有耐心做好身边的琐事；不一定每个人在学习上都出类拔萃，但是要让他知道自己应该怎样去学习和学习什么；不一定每个人都是你的好朋友，但是要让学生懂得所有人之间都应该和睦相处；不一定每一名学生都有特长，但是每个人都应该有自己的兴趣爱好与发展取向。

三、收获和体会

1. 丰富了学校的德育内涵

诵读活动的开展，丰富了学校的德育内涵，推动了学校未成年人德育工作的发展。师生的精神面貌得到较大的改观，良好的校风、学风、班风逐步形成，有效地促进了我校学生养成教育的全面实施。

"经典古诗文"不仅语言精炼优美，而且意蕴深刻，是对青少年进行爱国主义教育，培养学生初步树立正确的人生观，陶冶高尚情趣的重要教材。通过歌颂祖国大好河山和美丽风光的古诗，使学生充分感受到我们祖国江山如画，从而激发作为中华儿女的自豪感，具备高远的志向和博大的胸怀。不少古诗抒发了亲情、友情和乡情，培养学生爱家乡、爱长辈、爱亲朋的健康情感。

2. 提高了师生的文化底蕴

开展经典诵读活动，学校教师学生主动参与，广泛融入，一起学习、讨论、背诵，探讨经典的人多了，查阅资料的人多了，吟诵的多了，运用经典语句的多了，极大地丰富了自身的文化底蕴。

雅言传诵文明，经典浸润人生。经典诵读犹如一道亮丽的风景，为我校师生带来了勃勃生机。相信我们全校师生一定会一步一个脚印地扎扎实实地走下去，让中华传统文化在我们这所校园扎根，让中华传统文化深入学生们的心灵！

作者简介：董玲，新疆生产建设兵团第四师六十五团第一中学教务主任、教学能手、优秀教研员、新疆生产建设兵团第四师学科带头人。被评为中国教育学会小学语文教学研究会先进工作者、兵团承担的教育部课题"小学生语文能力评价实验研究"先进个人、国家级课题"少教多学""优秀传统文化"优秀主持人，全国课题优秀学术指导称号，农四师教育学会先进个人。发表论文20篇，22篇获奖，辅导的学生作文有70余篇获奖。

如何在初中语文教学中弘扬中华优秀传统文化

新疆维吾尔自治区额敏县第一中学　施露霞

传统文化是中华民族几千年来风雨前行中持续继承与积累的各种璀璨的文化元素，像民族精神、审美情趣、生活价值、行为标准、道德操守、思想理念等，是祖先们的智慧结晶，对后人具有巨大的感化、教育价值。初中语文教材中的内容都是名篇佳作，蕴含着丰富的情感思想及发人深省的哲理，其教学活动理应是弘扬中华优秀传统文化的主阵地。在初中语文教学中如何弘扬中华优秀传统文化，是教师需要研究的重点课题。

一、利用教材内容，渗透优秀传统文化

教材是初中语文课堂活动开展的基础与依据，因此教师在教学中应充分利用教材内容，找出蕴含其中的优秀传统文化知识，并透彻分析其中的内涵与思想。然后，教师应科学梳理这些优秀文化知识的脉络，并找出其和教材内容的结合点恰当地加以渗透，从而让学生在认真学习、深入思考教材内容的过程中，可潜移默化地被优秀传统文化知识所感染与熏陶，这就给弘扬中华优秀传统文化创造了有利条件。比如，在学习人教版初中语文教材八年级上册中与《苏州园林》有关内容的时候，教师就可以教材为基础，细致探究教材中涵盖的优秀传统文化知识。在实际教学中，教师可引导学生揣摩"上有天堂下有苏杭"这句千古名言的意思，使得学生明白将苏州比喻成天堂，主要是因为苏州积聚了大量举世闻名的古典园林。从某个角度来讲，苏州园林属于历史文化遗产的一部分，还是传承优秀传统文化知识的特殊载体。例如园林厅堂的命名、装饰、雕刻、书条石、楹联、匾额，以及叠石寄情、花木寓意等，处处都蕴含着丰富的优秀传统文化。在实际教学过程中，教师应借助多媒体设备，为学生播放苏州园林景观拍摄视频或图片，让学生通过直观的方式形象地感知苏州园林的魅力，同时体会到其中散发的浓郁的传统文化气息，以便促使学生更加积极地弘扬优秀传统文化知识。

二、鼓励课外阅读，渗透优秀传统文化

阅读是初中生获得知识、开阔视野的有效形式，阅读能力也是初中生应

该具备的重要能力。因此，在初中语文教学中，教师在指导学生学习教材知识的同时，还应为学生推荐一些优秀书籍进行阅读，使得他们在延伸教材学习的过程中，还能汲取到大量的优秀文化知识，从而帮助学生不断丰厚知识积淀，并且可促使他们主动弘扬优秀传统文化。比如，在学习人教版初中语文教材七年级上册《论语》十二章的时候，教师在引导学生细致分析"人不知而不愠，不亦君子乎？""学而不思则罔，思而不学则殆"等教材内容的基础上，还可鼓励学生在课余时间阅读我国其他经典的传统文化作品，像《红楼梦》《西游记》《水浒传》《三国演义》《三字经》《弟子规》等，使得学生在课外延伸阅读中体味到更多的传统文化知识，并感知到其中浓郁的教育意义与珍贵情意，从而使学生在高度认同这些优秀传统文化内涵的同时，推动学生自觉将其当成行为指南。

三、组织故事竞赛，渗透优秀文化传统

初中生的年龄特点决定他们都有很强的荣誉感与好胜心。因此，在初中语文教学中，教师就可充分利用学生的这一特点组织教学活动，从而实现高质量渗透优秀传统文化的目的。比如，在国庆节到来之际，教师就可为学生组织一场"歌唱祖国，弘扬经典"为主题的传承优秀传统文化的比赛活动。在比赛前两周，教师就应告知学生比赛规则与时间，让他们以小组为单位通过网络搜索、阅读书籍等方式，收集大量的能突显爱国之情的经典历史故事参加比赛。其中，可以用分角色表演或声情并茂朗读形式。学生们通过认真准备，收集到了诸如《小兵张嘎》《黄继光》《我的战友邱少云》等，并用生动的形式将故事内容淋漓尽致地展示出来。教学实践表明：学生们在赛前准备及实际比赛中，都能认真品读、深入揣摩经典历史故事的内容与情感，有利于他们对故事中蕴含的优秀传统文化的体会，使他们高效传承优秀传统文化。

四、密切联系生活，渗透优秀传统文化

中华优秀传统文化，是古人对生活的总结、领悟与再创造，是来自于生活中的艺术形式，具有形式多样、内容丰富的特点。比如，"信、智、礼、义、仁"的家训以及明清小说、元曲、宋词、唐诗等都是历经岁月洗涤流传至今的优秀传统文化，其中都蕴含有大量的生活气息。因此，在初中语文课堂教学活动中，教师应科学解读教学大纲，依据学生特点制定合理的教学目标，把多姿多彩的学生生活作为组织教学活动的切入点，尽可能延伸优秀传统文化的内涵。只有这样，学生才能更加深刻地领会优秀传统文化的真谛与价值，才能激起他们继承与弘扬优秀传统文化的积极性。比如，在学习人教版初中

语文教材七年级上册中《观沧海》这一首经典古诗的过程中，教师就可引导学生借助反复诵读的方式，体会大海包蕴万千、吞吐日月的壮丽景象。在此基础上，教师还应利用引导学生品读诗文细节的方式，让学生真切了解作者建功立业、统一中国的抱负及开阔的胸襟。接着，教师应趁机提问学生，古人尚且都以保家卫国为志，我们该怎么做？激励学生在生活中，主动将社会主义核心价值观作为个人成长中的指导思想，并为实现复兴中国梦而积极学习。

五、以学生为主体，渗透优秀传统文化

学生是初中语文课堂教学中的主体。因此，在组织初中语文教学活动的时候，教师应以学生为中心设计渗透优秀传统文化的方案，尽可能地确保自己所设计的课堂活动能较好地适合初中生的心理特点、兴趣爱好及学习需求。只有这样才能让学生们在主动分析与学习语文知识的过程中，真切体会到优秀传统文化的韵味与价值，才能更加认同这些传统文化知识的内涵，从而自觉将其内化为自身的一种素质，最终形成正确的价值观、世界观与人生观。比如，在学习人教版初中语文教材七年级上册《天净沙·秋思》这一篇古词的时候，教师就应坚持以学生为中心，借助多媒体设备为学生播放与作品内容相近的古树上的枯枝、夕阳、乌鸦、小桥、溪水、木屋、土路、瘦马，特写出风吹荒草倒的情景，再配上略带凄凉的音乐，让学生具体感知到作者马致远深深的思乡之情。在此基础上，教师应指导学生闭上眼睛回想家乡温暖、热闹的情景，以及强大祖国带给我们的安全感，从而激起他们浓浓的思乡、爱国之情，最终推动学生提高自身的家国情怀。

总之，在初中语文教学中弘扬中华优秀传统文化知识，是新课改不断推进的必然结果，也是优化语文课程教学的有效措施。因此，教师应深度解析教材，结合教学目标找出作品内容与优秀传统文化的结合点，然后选择恰当的教学方式与方法，在提高初中语文教学有效性的同时实现弘扬中华优秀传统文化的目标。

参考文献

1. 颜芬：《中华优秀传统文化与现代语文课堂教学实践研究——初中文言文阅读教学"五步法"》，《学苑教育》，2018 年第 3 期。
2. 龙政翰：《初中语文教学中中华优秀传统文化的渗透》，《新课程（中学）》，2016 年第 9 期。
3. 谢文勤：《如何在初中语文教学中落实中华优秀传统文化教育》，《课程教育研究》，2016 年第 26 期。

4. 毛文平：《试论如何在初中语文教学中弘扬中华优秀传统文化》，《新校园（中旬）》，2016
    年第 6 期。

　　作者简介：施露霞，新疆维吾尔自治区额敏县第一中学初中教务主任。
2011 年、2013 年、2015 年被评为优秀教师，2017 年被评为县级优秀教师。
2005 年 12 月新疆维吾尔自治区教育学会举办的现场作文比赛中，荣获优秀辅
导员称号。自治区现场作文竞赛中，多次荣获作文指导奖项。2016 年 11 月在
《新一代》发表了《探讨合作学习在初中文言文教学中的应用》，在《中小学教
育》上发表《关于初中语文高效教学的解读及思考》。

"三力"合一

——论初中语文课外阅读有效教学

海南省农垦中学　吴清苗

在新时代，初中学生基本上是"看着动画""翻着漫画"成长起来的，是热衷于"看图"而非"看书"的一代。据不完全统计，读过四大名著的学生寥寥无几，不知"泰戈尔何许人"比比皆是，可谓是"一问三不知"。课堂上，大部分学生读书吃力、表述乏力、抒情无力。考卷里，丢分最多的，无非是阅读题了。由此，不得不让人慨叹：中学生失掉阅读力了！对于语文学习来说这是硬伤。而作为语文教师，面对这样的局面也是可悲的，也该深刻反思了！语文教师都明白课外阅读的重要性，也知道学生的阅读能力不是短期速成的，但还多是采取"放养式"阅读模式，自主阅读变成随意读，放任学生于课外无助阅读，更谈不上进行有效课外阅读教学。课堂上，老师们简单枯燥地进行所谓课外阅读理解训练，机械地讲授课外阅读应试技巧。加上缺乏教师长期引导和激励，学生渐渐对课外阅读失去了兴趣，怎么可能自主进行课外阅读？教师又怎能有效地开展课外阅读教学，又怎谈得上培养并提高学生课外阅读能力呢？

直面如此惨淡的课外阅读现实，怎么办？个人认为：语文教师应尽快深入摸查学生课外阅读真实状况然后"对症下药"，有计划来设计课外阅读教学，做到课前"蓄力"，课内"发力"，课外"助力"，如此"三力合一"，可以有效地推进初中语文课外阅读教学。

一、课前"蓄力"

课前"蓄力"，即要想学生愿意并喜欢课外阅读，就得想办法激起学生阅读的欲望，为课外阅读教学的顺利开展储蓄力量。

(一)引领学生亲近课外阅读

目前学生对课外阅读能力的认知，仅仅限于记住经典名著的应考的文学常识和按答题路径回答好考试中的阅读题，错误地认为花时间去读与考试无关的课外书是浪费时间，从而远离课外阅读。因此，语文教师于课堂内外要有意地帮助学生树立正确的课外阅读观，引领学生亲近课外阅读。可搬出新课标中对中学生阅读的要求，让学生清醒地了解自己不足。也可通过实例和数据分析使学生认识到课外阅读的重要性：如果没有平时的阅读积累，不可能提升阅读能力。

除了转变学生的课外阅读认知，更重要的是要有意地为学生设置良好的课外阅读环境。正所谓"近朱者红"，想必"近书者"多多少少也会受到熏陶。校园里有一定的读书软环境，如校园文化的建设，校图书馆等，但对学生影响最直接的环境应该是教室，所以在班级里创设一个读书环境是最必要的，也是最有效的让学生亲近课外阅读的方式之一。在班级读书文化建设基础上，布置班级图书角。每学期伊始，每位学生，包括老师，带来几本自己的书籍，这样一个班级里就有了至少二三百本书，然后登记造册，统一放置在图书角上供同学交换借阅，并配以借阅记录本，在这样的环境熏陶下，越来越多学生会走进读书世界。此外，还鼓励在家里设置读书角或开展亲子阅读，多条让学生亲近课外阅读的途径。

(二)重视教师的榜样力量

试问我们的语文老师一天到晚苦口婆心强调学生要爱读书多读书，自己平时读书了没有，读过多少名著，市面上流行的阅读刊物又知道多少？这里教师不读书的理由有很多，有繁重的教学任务，也有职业的倦怠，甚至存在认识上的误区。必须强调教师以身作则，率先垂范。俗话说得好，有样学样，一个爱读书的老师自然会带动一批爱读书的学生。于永正老师说："教育不是说教，教育是示范，老师做了，才有说服力。"老师不仅要在理论上大力宣讲课外阅读的好处，自身更要珍惜业余时间博览群书，为精彩课堂蓄力，为学生做出好榜样。一个能口若悬河，口吐莲花的充满书味的老师必然能吸引学生，如能在教学过程中经典名著随口道来必能深入学生之心。甚至可以与学生一同阅读一部书，并将自己的读书笔记给学生看，与学生诚心交流。这样的语文教师才是实实在在的有说服力的老师，学生自然愿意积极遵循教师的教学阅读。

二、课内"发力"

课内"发力"，即语文教师在教学过程中要发挥聪明才智，给予学生实实在在的阅读指导，勇于创新阅读教学方式，充分提高课外阅读教学的效率。那么，教师在语文课堂上如何"发力"呢？

(一)因文而异，依法指导

由于初中学生面对这茫茫书海是盲目的，不知如何选择阅读书目，随意性很大，结果缺乏指导的阅读效果往往不佳。为此，教师在充分调动学生自主选择阅读课外阅读的欲望后，阅读指导是非常必要的，甚至可以定时安排阅读指导课。要放手让学生自主阅读，得指导学生根据不同的阅读目的采用不同的阅读方法，也要教学生不同体裁的文章要用不同的方法阅读，比如对诗词曲赋就重在诵读赏析，"书读百遍，其义自见"。对于长篇小说要"养成默读的习惯，有一定的速度，每分钟不少于 500 字"，从浏览到精读，由浅到深，循序渐进，必有所得。这样学生不仅慢慢愿意自主阅读，而且知道怎么读，就可以保证读书兴趣的持续发展和不断提高。学生就是学生，学生的发展具有不确定性，需要教师给予足够的外部强化和指导。

(二)举一反三，学以致用

课外阅读最终是要落实到学生于课外自主阅读上，课堂上的专门课外阅读指导课毕竟有限。叶圣陶曾说过："语文教材无非是个例子，凭着例子要使学生能够举一反三。"因此，教师一定要充分利用好教材这个范本，教会学生举一反三，学以致用。在平日语文课堂教学中，善于把一篇篇经典文章作为例子，传授给学生一些阅读的方法和技巧，引导学生在课外阅读中求拓展、求提高，使学生的阅读实现由课内向课外多角度的有效迁移、拓展，以一篇带动几篇，或是更多。教师教授完某篇文章后，可引导学生阅读与课文有相似点或相关联的文章，从而达到拓宽视野，提高获取信息的阅读能力。例如，学生学完朱自清的《背影》之后，教师可以推荐学生阅读高尔基的《母亲》，或者朱自清的其他文章，如《儿女》《荷塘月色》《绿》等。这样自然过渡衔接，学生能有效充实课外阅读。建议一开始不要推荐较为难理解的课外文章，应遵循"由浅入深"的原则。在阅读教学中，结合教材的特点，要落实重点训练课文，同时也要通过阅读优秀的课外读物，引导学生运用读书方法，促进知识的迁移，使课内外互相结合及补充。如学习了《紫藤萝瀑布》借紫藤萝的命运来抒发作者惜时而行、焕发活力的积极情怀的借物抒情手法，可以组织学生一起阅读杨朔的《茶花赋》《雪浪花》等美文，从而达到课上剖析一篇，课下明白一类的效果，使学生掌握借物抒情散文的特点和阅读方法。

(三)巧借外力，情动课堂

这里的"巧借外力"，主要是巧妙借助图片、MP3、幻灯片、影像等多种方式辅助阅读教学。初中生较感性，拒绝枯燥单一的学习方式，往往会对带有插图、有配音和视频的学习材料产生兴趣。所以教师在引导学生课外阅读时要善于根据初中学生的心理特点，合理运用多媒体信息技术，让学生在课堂上享受文、图、声、像多样光景的阅读乐趣，激发起课外阅读的兴趣。例如，在学生朗读精选美文这一环节上，教师配以美妙的音乐辅助学生朗读，以"声动"唤醒学生的"情动"，会使更多学生分享自己的"作品"。也可引导学生观看经典名著改编而成的影视作品，让学生在比较中感受到经典作品经久不衰的魅力。甚至有条件的可引导学生由单一的纸本阅读改为屏幕阅读或网上阅读等，这样的阅读更贴近学生的生活。

三、课外"助力"

课外"助力"，即要想助力课外阅读教学使其永葆活力，那就得有计划有目的地开展一系列丰富有益的课外阅读活动。有两点要注意：

（一）多姿多彩，因势利导

阅读教学从来都不应是单一的教学活动，正所谓"得法课内，得益课外"。教师必须结合具体的校情学情，尽可能地创设条件，不辞辛苦筹划，通过开展丰富多彩的课外活动，永葆阅读教学之"活力"。鼓励学生参加丰富多样的读书活动，比如现今流行的课本剧、中外经典共读、三分钟名著推荐、读书交流会、名著手抄报、朗读者、图书漂流、自制读书卡、跳蚤书市，等等。这将极大程度地掀起课外阅读热潮，拓宽学生的视野，丰富学习生活，从而使学生自然而然地、轻松地进入到阅读的世界。后续借此良好读书氛围，再引导展开专题阅读等活动，深入到课外阅读的知识海洋中，挖掘课外阅读魅力之花。

（二）因人而异，求实务实

引导学生向课外延伸阅读时切忌急功近利，也不能搞一刀切，应充分考虑学生的个体差异性。比如考虑到有些初中生的阅读耐力是有限的，阅读基础很差。教师推荐的课外作品就要"由短变长"，即先向学生推荐短篇文章，规定好阅读的时间。在学生阅读能力逐渐提升后，再推荐较长的文章，甚至是长篇大作。对于很少阅读小说的学生，教师先推荐其阅读世界著名短篇小说大师的作品。待学生达到一定量阅读基础上时，教师再推荐其阅读中篇小说或长篇小说，甚至是大块头名著，必须花大力气循序渐进有效地落实课程标准中规定的课外阅读量。大可利用寒暑假加强经典名著的阅读，并巧设简单题目检查。

在自主阅读过程中，学生会产生自己的阅读体会，也会产生疑问困惑。这时教师要及时鼓励学生养成边阅读边动笔的习惯，及时记录点滴"智慧火花"，最好能定期开展读书交流活动，给予学生阅读引领与肯定，使他们体验阅读的快乐，拥有阅读的成就感。从而长久地保持阅读兴趣，形成良好的阅读习惯。

为此，教师一定要时时热情引导和充分关注学生的课外阅读的情况，并监督学生完成相应的任务。建议老师要有专门的学生阅读记录本，及时记录学生阅读过的书目、内容，小记学生阅读的喜好，进行阶段性的小结和反思，并坚持将这项工作常态化。

总而言之，初中语文课外阅读教学之路漫长而艰辛，但只要我们肯下功夫，坚持踏踏实实地课前"蓄力"、课内"发力"、课外"助力"，三力合一的良性发展结果必然会促进学生的课外阅读水平"步步高升"！

作者简介：吴清苗，海南省农垦中学任教。现担任"十三五"重点科研课题"中华优秀传统文化与现代课堂教学实践研究"子课题"现代课堂教学特质指导下的古诗文教学研究"主持人。曾主持或参与校课题"练笔成集""海南乡土文化中学语文实验教材""成语、名言警句积累与运用""小组合作练笔"及"合作阅读名著"等研究工作。

获得"优秀课题主持人""作文竞赛优秀指导教师""新课标作文教学名师"、省中学生语文读写能力大赛"优秀指导教师"、省"双五百"人才工程培训项目"最受欢迎授课教师"、校"十大教学能手"、学校"创一级"工作"先进班主任"等荣誉称号。多篇论文在国内报刊上发表并获奖。

强化民族文化基因，培育语文核心素养

内蒙古自治区乌兰察布市集宁区第五中学　崔　标

语文的文化素养是我们中华民族极其强大的民族基因，只有固本强基，才能使我们民族的发展拥有强大的动力和可持续性，因而强化语文核心素养的培养与研究显得尤为紧迫和重要。

众所周知，中国是四大文明古国之一，传统文化的发展与传承历来受到高度重视，中学语文课程已成为传播传统文化的重要载体。所以，强化民族文化基因，培养语文的文化素养就成了我们教育教学中义不容辞的责任，且紧迫感是不言而喻的。

目前，我国各个领域均得到了很好的发展，尤其近年来我国不断加大教育建设，使得我国整体教育教学水平有了很大的提高。但教育教学中的问题依然令人担忧，还远远没有适应我国社会主义经济建设和文化建设的前进步伐。

不断进行的教育教学改革，使我国教育理念、教学方式等都发生了很大的变化。对传统文化教育产生的影响也越来越大。已经成为目前教育界极为关注的话题。因此就这一话题展开讨论，表达一些自己的看法。

一、中学语文教学中传统文化教育的作用

(一)利用传统文化教育的优势，帮助学生树立正确的人生观

中学生正处于青春期，往往会出现叛逆的现象，而且受到虚拟世界的影响，极易在此阶段形成不良习惯，对人生观的理解也会存在偏差。针对此种情况，教师除了日常对学生耳提面命外，也可以在语文教材中充分挖掘优秀的传统文化，使学生在学习的过程中逐渐受到影响。如在学习有关于孟子、文天祥等人的事迹时，教师可以加大讲授力度，将传统文化影响力合理扩大，使学生灵魂得到熏陶，在今后的学习和为人处事中自觉地向其靠拢，同时也可以促进学生重新审视自我。

比如，从古到今，我们就是浸润在和平相处的理念之中。我们懂得"己所不欲，勿施于人"，我们渴望"天下为公""选贤举能，讲信修睦"。具体来讲，就是"人不独亲其亲，不独子其子，使老有所终，壮有所用，幼有所长，矜寡

孤独废疾者，皆有所养。男有分，女有归。货恶其弃于地也，不必藏于己；力恶其不出于身也，不必为己。"其实，这也就是我们民族的精神血脉。我们鄙视"宁叫我负天下人，休叫天下人负我"的极端利己主义者。每一位读书人入学的第一门课就是要明白：我们担负着"齐家治国平天下"的责任，自由平等公正法治一直流淌在我们的血液之中。这样的教育引导更容易让学生接受，形成自己的思想，变成我们的共识。

(二)利用语文教学的主渠道，使我国传统文化得到传承和发扬

历史、政治、地理等学科固然是向学生介绍我国发展历史的重要学科。但其将过多精力集中在向学生传播发展历程，使学生对我国从古至今的发展有一定了解，却无法很好地将传统文化融入教学中，也就难以使学生通过学习这类学科养成良好的品质。而在语文教学中则能够很好地弥补这一缺憾，语文教学中往往会蕴含许多大道理，并且在教师的引导下很容易使学生感受到传统文化的内涵。

另外，中学语文内容较之其他学科而言，更具深度，也更有文化底蕴。通过学习中学语文，也能够有效丰富学生自身，而中学生天马行空的想象力往往可以给予教师更多灵感，从而促进传统文化的传播。

陶渊明的《桃花源记》中说"土地平旷，屋舍俨然，有良田美池桑竹之属。阡陌交通，鸡犬相闻。其中往来种作，男女衣着，悉如外人。黄发垂髫，并怡然自乐。"那对自由的渴望，对温饱的期盼是埋藏在骨子里的基因。在中学语文的内容设置上，正是依靠无处不在的民族文化基因，发展着我们民族的精神。而最基本的民族精神就是我们追求的理想。

当然，我们渴望温饱、渴望自由，但是，我们更渴望和平。我们在生命和道义之间，我们更善于取舍。正像孟子所言："生亦我所欲也，义亦我所欲也；二者不可得兼，舍生而取义者也。"

中国共产党的先驱者可以说是这一种精神最强有力的表率，如：陈毅的《梅岭三章》就是最好的注脚：

"取义成仁今日事，人间遍种自由花。"

我们正是用这样一种信念，来教育引导我们的孩子，来成就我们中国梦的实现。

二、在中学语文教学过程中融入传统文化教育的相关措施

(一)将传统文化教学延伸到课外

传统的教学方法已经不能满足当代教育的要求，要想在语文教学中体现传统文化，仅靠课堂教学的一种方式显然难以达到目的。所以教师可以向学

生推荐课外阅读材料，这样不仅可以有效地丰富学生的视野，而且可以帮助学生提高运用传统文化的能力，如阅读古文可以有效地锻炼学生的翻译能力，也可以提高学生的理解能力。除此之外，我国中学生往往处于繁重的学业中，考试压力、教师以及家长的期望等均会造成学生更多的心理负担，而听音乐可以有效缓解压力带给人愉悦的心情。此时教师也可以鼓励学生多听古风类歌曲，一是可以促进古风歌曲传扬，二是为学生换一种音乐风格，三是传播传统文化。让学生充分的了解我们丰富的文化内涵。

"一言既出，驷马难追。"既文雅，又通俗易懂，让学生们从中理解到诚实守信的重要价值，"对人以诚信，人不欺我；对事以诚信，事无不成。"

"人之所以为贵，以其有信有礼；国之所以能强，亦云惟佳信与义。"

子曰："非礼勿视，非礼勿听，非礼勿言，非礼勿动。"

人不可有傲气，但不可无傲骨。——徐悲鸿

前人的这些观点理论，恰好从多个侧面讲述了诚实守信，文明礼貌是我们民族的根基，是我们的核心素养。更是我们需要牢记心间的传统美德。

"衣冠不正，则宾者不肃。进退无仪，则政令不行。""礼，体也，言得事之体也。""君子恭敬撙节，退让以明礼。曰：鹦鹉能言，不离飞鸟；猩猩能言，不离禽兽。今人而无礼，虽能言，不亦禽兽之心乎？"又《礼运》曰："礼之於人也，犹酒之有蘖也。君子以厚，小人以薄。"

"往而不来，非礼也；来而不往，亦非礼也。"如此等，这些课外的文化经典恰是我们语文课本最需要的补充。

"仁义之道，守之而不失；俭约之志，终始不渝。"诸葛亮在他的《诫子书》中说："静以修身，俭以养德。"无不提倡一种精神素养。更为强调"勿以恶小而为之，勿以善小而不为。"点滴小事都不可小觑。真正印证了教育无小事的论点。

"多行不义必自毙""义以生利，利以丰民；先义而后利者荣，先利而后义者辱""义之法在正我，不在正人"。

"君子义以为质，得义则重，失义则轻，由义为荣，背义为辱。"

大量的文献资料给语文的课外延伸教育，提供了可能，也提供了方便，更提供了丰厚的精神营养。

(二)营造良好的传统文化教育氛围，提升语文空间

营造课堂气氛是课堂教学中最重要的环节之一，它不仅能有效提高学生的学习兴趣，而且能促进师生交流，是提高教学效果的重要手段。因此，在今后的语文教学中也应注意营造课堂气氛。我国有许多优秀的文学作品中蕴含了传统文化，在学习此类文章时教师则可以利用多媒体教学来为学生营造相关环境。如在学习《背影》时，教师则可以利用多媒体为学生展现担当精神的例子，并将其与课文结合起来，此种方式也可以称为情境教学法。这样的例子俯拾皆是，如《孟子》云："天时不如地利，地利不如人和。"讲的就是人心的团结，一个国家不讲王道，而只讲霸道，是不会长久的。所以说："域民不以封疆之界，固国不以山溪之险，威天下不以兵革之利。得道者多助，失道者寡助。"道的内涵，就是以民为本的思想，就是自由、平等的共处。

用习近平总书记的话说，天上不会掉馅儿饼，我们必须撸起袖子加油干。明白"必先苦其心志，劳其筋骨，饿其体肤，空乏其身，行拂乱其所为，所以动心忍性，曾益其所不能。"宋代周敦颐在他的《爱莲说》中，也表达了这样的精神修养"予独爱莲之出淤泥而不染，濯清涟而不妖，中通外直，不蔓不枝，香远益清，亭亭净植，可远观而不可亵玩焉。"这样纯洁的美德，在我们的历史上有没有消失过？

(三)提升学生的学习积极性

无论学习任何知识，若学生无法对该知识产生兴趣则会使教学效果大打折扣。因此教师也应改变传统"填鸭式"教学方式，运用多一点鼓励的语言矫正学生的厌学情绪，在形式上可以将其更改为小组教学等新型教学方式。此种教学方式往往需要多个学生组成同一个小组，如此不仅可以促进同学情感，也利于在学习、交流中寻找到更有效的学习方法，而我国传统文化中则包括团体精神这一美好品德，通过小组学习有效提升学生的团队精神。

三、结语

语文教学，既是在培育孩子们运用祖国语言的能力，也是在传承我们民族的文化基因。把我们的故事讲好，讲精彩。需要我们兢兢业业的去做工作，让世界了解我们中国，了解我们中华民族，了解我们厌恶穷兵黩武，热爱和平的民族基因。当然，先提条件，我们一定从提高语文教育的水平开始。

中学语文作为中学阶段十分重要的学科之一，不仅关系到学生今后的升学，也直接关系到学生对我国历史、传统道德、传统文化的理解和传承，更是实施素质教育的重要手段之一。因此，在今后的语文教学中，教师应充分体现传统文化教育，并通过语文教学，使学生能够接受传统文化的熏陶，这对于学生培养良好的道德品质起到很好的促进作用，特别是在社会飞速发展的今天。

作者简介：崔标，内蒙古自治区乌兰察布市集宁区第五中学书记、校长。在"十二五"规划办教育部规划课题"'少教多学'在中小学语文教学中的策略与方法研究"课题研究期间担任课题负责人。连续三年被评为课题优秀校长。2016 年申报"十三五"重点科研课题"中华传统文化与现代语文课堂教学实践研究",被聘为课题组研究员,担任子课题主持人。2015 年作为地区知名教育工作者,被集宁师范学院聘为"国培计划"中小学教师培训项目兼职教授,主讲中小学德育管理、班主任工作,承担外出讲学、名师培训等任务。曾两次获得乌兰察布市"先进教育工作者""名校长"称号、市"十五"时期中青年"科技开发创新带头人"、自治区教育系统"先进个人"自治区语文学科"学科带头人""教学能手"、全国"优秀教育工作者""优秀体育工作者"等殊荣。

多措并举，在语文课堂中弘扬中华优秀传统文化

湖北省天门市多宝第二中学　陈章华

传统文化和美德是一个国家和民族的灵魂。加强中华优秀传统文化教育，正确引领中学生认识中华民族的历史传统、文化积淀，传承和发扬中国博大精深的优秀传统文化，学习和掌握其中的思想精华，对树立中学生正确的世界观、人生观、价值观很有益处。学史可以看成败、鉴得失、知兴替；学诗可以情飞扬、志高昂、人灵秀；学伦理可以知廉耻、懂荣辱、辨是非。作为一名语文教师，要深知中华优秀传统文化是语文教学的根，要多措并举，在语文课堂教学中艺术性的弘扬中华优秀传统文化，着力挖掘和升华其含蕴的"中华民族的基因、文化血脉、精神命脉"，赋予其崭新的时代内涵，使其与学生现代生活深度融合，化为他们的行为规范，以达到"以文化人"的目的。

一、努力营造弘扬传统文化的氛围，提高课堂效率

教师在语文课堂教学中艺术性的营造传统文化的氛围，能让学生感受民族文化的魅力，在潜移默化中提升人文素养，提高课堂效率。上课前根据文本内容或时令特点选择一首精美的古诗词，花四五分钟时间指导学生快速背诵，可以增加学生对传统文化知识的积淀。课堂上根据文本选择恰当的音乐，用或慷慨激昂或轻松明快的乐曲衬托文本之美，学生在耳闻目染中体味语言文字之美，感受音乐艺术之妙，能够培养学生对音乐文化艺术的兴趣。教室里"请""谢谢""哦，对不起""不好意思""能不能"等口语化的文明用语时常挂在嘴边，学生先是惊讶，慢慢地在自己的语言中也开始运用了。这样就"润物无声"地让学生在无意识中懂得了"礼"，提升了学生的素养，也能激发学生学习语文的兴趣。

二、深入挖掘文本传统文化的精髓，提升学生素养

语文教师运用自身独特的创造力和审美价值取向，深挖文本中的传统文化内涵，巧妙的引导学生，让学生在学习文本的同时受到传统文化的熏陶。

我们可以从文本的人物性格入手，挖掘良好的性格特征，用人物的高尚人格来影响学生。在学习杨绛先生《老王》时，普通凡人老王身上质朴善良、

热心助人、懂得感恩的优秀品质，通过教师艺术化的渲染强化，若能勾起学生情感的共鸣，定能让学生受到熏陶，达到以文化育人的目的。

我们也可以从文本的主题思想入手，品味向上的思想感情，用作品的主题意境来感染学生。在学习诗人龚自珍《己亥杂诗（其五）》时，诗人"落红不是无情物，化作春泥更护花"的经典名句，一方面是诗人言志抒怀的心声，另一方面也是诗人崇高人格道德境界的写照。教师在教学中紧扣"落红""花"，深挖诗歌的意境，品味诗人在失意时仍有的这种壮志，有目的地引导学生联系生活实际，反复咀嚼回味，定能使学生从经典中感受人生的启迪，起到锤炼学生意志的作用。

我们还可以从文本的故事内容入手，赏读生动的故事情节，用蕴含的情感来熏陶学生。在学习作家史铁生的《合欢树》时，美丽年轻的母亲在"我"小时候作文获奖时为打消我的骄傲情绪而"急着"讲述自己当年的"光荣历史"，一个睿智机敏、善于引导的母亲形象跃然纸上。"我"双腿残疾后，不论"我"怎样绝望暴怒，母亲永不言弃，呕心沥血为儿子的病情、写作而劳碌奔波，在母亲的心中，"孩子永远都是最好的"。教师在教学过程中，艺术化地让学生回顾自己的生活，让文本与学生生活形成情感共鸣，学生的感情自然触动，感恩之情油然而生。母亲积劳成疾去世之后，"我"未能及时行孝、及时回报母亲，依然通过躲到公园安静的小树林里臆想和关于合欢树的回忆这两件事表现得淋漓尽致。"树欲静而风不止，子欲养而亲不待"，学生已经理解到"我"的悲痛、伤心，教师适当加以煽情，"孝"的美德就会在学生心中生根发芽，潜滋暗长。

三、积极探究传统文化的底蕴，倡导个性阅读

语文教材的选文无不语言优美，意境悠远，蕴涵着丰富的人文内涵，选编的课文有反映领袖事迹的；有体现关爱他人、诚实守信、传统美德的；有反映革命传统的等。这些选文无不洋溢着自然美、人性美、无不充满着浓浓的亲情、友情……这取之于丰富的思想和文化积累。因为语言文字具有民族性和历史性，她承载着民族文化的博大精深，传达着生活信息，泛着人文的光芒。当我们走近语文，捧起一部部经典著作，也就走进了中国文化。教师就要引导学生着眼于对文学语言、形象和审美情趣的品味。

《新课标》强调指出："注重个性化阅读，充分调动自己的生活经验和知识积累，在主动积极的思维和情感活动中，获得独特的感受和体验。学习探索性阅读和创造性阅读，发展想象能力、思辨能力和批判能力。"这就要求教师要让学生作为阅读的主体，用心灵去体验文本，从而发现美和欣赏美，丰富

学生的情感世界，进而感受祖国文化的博大。

《三国演义》是同学们喜欢看的一部影片，电视中那错综复杂的人物形象，那明争暗斗的唇舌交锋，刀光剑影的打斗场面，给同学们留下了深刻的印象。每每提到《三国演义》或《水浒传》，同学们就会兴奋不已。教学《赤壁之战》时，老师就告诉学生，这篇课文让学生自己讲大败曹军赤壁的故事，同学们很感兴趣。课前，老师把一些资料粘贴在学习栏里，把学习目标写在黑板上，特别强调能感悟多少就说多少，发现什么就交流什么，谁发现的多，谁的思维就最敏捷。这样一来，有的同学查资料圈圈点点，在文中旁注；有的同学借光盘来重温刀光剑影沙场。"能发现多少就说多少"，不拘一格，给学生留下更多的自由空间，"看谁思维敏捷"，具有挑战性，调动了学生的积极性，教室里呈现出积极参加与主动思考、热烈交流的场景。上课了，老师坚持让学生做课堂的主人各抒己见，讨论声一阵高过一阵，有的声情并茂，有的指指点点，仿佛他们已进入了角色，似乎正在拜见诸葛亮呢！这样，课堂上立即形成了百家争鸣的可喜景象。这种让学生根据课文进行切身的体察，既能体现个性化阅读，又能大大提高了学生的传统文化素养。

四、积极开展传统文化多样的实践，扩大学生视野

对一个国家或民族而言，传统节日文化集中地反映了国家或民族具有文化根基意义的民间文化传统特色，会对各种上层文化和现代文化产生深刻的影响，成为构筑国家意识形态、价值观以及民族文化精神的重要基础。我们编写了校本教材——《中国传统节日文化》，收集了有代表性的春节、元宵、清明、端午等八种有代表性的传统节日。从节日来历、节日习俗、节日历史、节日传说等多方面进行介绍，意在引导学生了解中华传统节日文化，懂得传统节日内涵，进而启迪学生心灵，培养学生的爱国主义情感、增强民族凝聚力和认同感。学生学习后，教师组织"我心中的祖国传统文化"知识竞赛，极大地激发了学生掌握传统文化的兴趣。

为响应市教育局的号召，我们精心组织学生参加"汉字听写大会"，让学生感受汉字的魅力，领略蕴藏在其中的不可侵犯的民族尊严、崇高强大的民族意识和自强不息的创造智慧。在学校，课题组还组织了小型的"成语大会""诗词大会"，学生在竞赛中相互学习、相互交流、共同进步。用多种多样的文化活动为学生在语文学习中搭建了解传统文化的平台。

为了创设更多的契机让学生有更多的学习、展示机会，我们还年年组织学生参加征文大赛。用民族精神、民族魂在学生成长的心灵中占据更大的位置，学生既写出了许多具有真情实感的好文章，又培养了他们的民族自豪感，

有效突显传统文化在语文教学中的重要性。

每年清明节，学校还组织学生到本镇的烈士陵园、"百人坑"纪念碑前祭扫，让学生在肃穆的环境中牢记国耻、缅怀先烈，自然而然的接受革命传统教育。

每学年伊始，我校还组织志愿者服务队，进入我镇福利院，通过为敬老院老人打扫卫生、修剪指甲、表演节目等丰富多彩的活动，让老人老有所乐。"老吾老以及人之老，幼吾幼以及人之幼"，相信坚持这样，中华优秀传统文化精髓一定会植根于学生心中。

多种多样的传统文化活动的开展，不仅增加了师生在传统文化方面的积淀，还培养学生高尚的思想情操和道德情趣。教育是一种慢的艺术，是一种等待的艺术。在今后的教育教学中，我们将继续默默耕耘，静待花开，继续让中华优秀传统文化在语文课堂教学中绽放。

作者简介：陈章华，湖北省天门市多宝第二中学语文教师。湖北省教育学会会员。主持省级课题"农村中小学小说教学艺术研究"研究顺利结题，参与国家"十二五"课题"多宝二中信息技术环境下德育教育研究中期成果"研究。多篇文章在报刊上发表并获奖。

优化语文教学的几点思考

山西省大同矿区新泉中学　师美琴

教育是事业，事业的意义在于奉献；

教育是科学，科学的价值在于求真；

教育是艺术，艺术的生命在于创新。

走上工作岗位，我与语文就结下了不解之缘，25 年不离不弃。期间经历数次课改，但我一直坚信：语文教育是最能体现素质教育的一门课程。"大语文观"注重把语文与学生的生活相结合，把语文和育人相结合，突出语文教育实现人的发展。下面我从教学方法的选择、语文基础知识的落实、能力的培养三个方面谈谈用素质教育的要求来优化初中语文教学的几点做法：

一、选择可行教法，科学进行语文素质教育

学生语文素质的提高与老师辛勤的教导和采取可行的、适合学生特点的教法是分不开的。在语文教学中，我非常注重教学方法的多样性，力求让课课都有新鲜感，堂堂都有诱惑力：

首先，不同文体的课文采用不同的教法，有时同一文体的不同课文也采用不同的教法。例如《社戏》是鲁迅先生表现童年生活的经典作品。文中有迷人馨香的江南夜景，有淳朴厚道的乡下农民，有机灵可爱的少年伙伴，更有回味无穷的社戏吃豆。全文营造了一个桃花源似的美好境界，弥漫着作者人到中年感怀少年时光的淡淡感伤。一直很喜欢这篇课文，每次教它，都有新体验。第一次教《社戏》时安排"月夜行船""船头看戏""月下归航"三个部分，流水式教学；第二次教授《社戏》按照"整体把握""情景再现""人物品味""语言赏析"来进行；今年教《社戏》我把它当作经典例文，仿写句子、段落，甚至仿写全文，上成了作文辅导课。

其次，不同年级的学生采取不同的教学方法，即使同一年级不同班级的学生其教法也不完全一样。重点班讲授需要拓展，不能照本宣科。初一年级课堂要活泼生动，开放性训练多，初三年级课堂要内容丰富，知识性训练多。记得在 68 班讲授《植树的牧羊人》时，我采用的是先讲后练——先讲的是正面

描写与侧面描写，然后让学生读文章去寻找，体会各自的作用。因为这是一个基础扎实，课堂纪律很稳定的班级。推开70班的门，几个男生正扭作一团，周围是一圈看热闹的女生，班里如一锅沸腾的水。我走上讲台，彼此问好后，我在黑板上写下课题，问："看到这个题目你们想到什么问题？"还在兴奋中的学生纷纷举手："牧羊人为什么植树？""牧羊人在哪里植树？""牧羊人植什么树？""牧羊人是个什么样的人？""牧羊人的树植活了吗？""牧羊人怎样植树？"……带着这些问题读课文，寻找问题的答案。在相关的语句里体会牧羊人的特点，同时明确什么是正面描写，什么是侧面描写。如果我一进门就去讲语文知识，估计听懂的学生可能不到10位。

所以采用什么教学方式要随机随境随生而定。

二、落实语文知识，为提高语文素质打好基础

我们知道，素质教育的核心是培养学生的创新能力。而能力的提高是以一定的知识为基础的。具体到语文教学上来，语文素质教育的最终目的是培养学生的语文能力。而要提高学生的语文能力，首先就要打下坚实的语文素质基础——学好语文知识。因此，我在语文教学中，非常注重落实各项语文知识，以便为提高学生的语文素质打好基础。在讲授八年级上册第三单元时，我将《三峡》《与朱元思书》《答谢中书书》《记承天寺夜游》作为一个整体来学，以"怎样写景"为主线，贯穿四篇课文的教学。先正字音、熟读课文，再结合课下注释翻译课文，同时整理一字多义等文言现象，然后总结四篇课文描写了什么景物，表现了景物什么特点，最后以"四位作者怎样来写景"作为讨论研究的问题，让学生合作完成，学生在相同点、不同点比较中得出答案——1.抓住景物特点。2.选取有代表性的景物。3.调动多种感官，从形、色等多角度描写景物。4.运用比喻、拟人、对偶、夸张等修辞手法来写景。5.正面描写和侧面描写相结合。6.动静结合。7.情景交融，借景抒情。8.合理采用写景的顺序。课后布置了游记作业。这样既完成了学生对自然美、意境美的感悟，又锻炼了学生总结阅读与写作知识的能力，读写结合，古为今用，充分挖掘了文本的使用价值。

三、注重能力培养，体现语文素质教育目标

素质教育的目标是培养学生的能力。因此，语文素质教育的最终目的也应该是培养学生的语文能力。基于此，我在语文教学实践中，着重从听、说、读、写等方面来培养学生的基本语文能力，并力求为学生创设一个自由发展的良好环境。让会说者更会说，并以说带动其他；让会写的越写越好，并促

进其能力的提高。使学生的整体素质和谐发展。在第三次教授《社戏》时，我问"为什么说平桥村是我的乐土？""我在这里受到了哪些优待？"学生从文中寻找问题答案时，有的说有人陪着玩，有的说受人重视，受人吹捧，交往轻松自在，没有约束，看到一个全新的世界，体验与书塾全然不同的生活……我随即问道：你有这样的一个地方吗？结果孩子们好像打开了话匣子，纷纷说了起来，一直到这节课结束，于是我当即留了一个作业：以"我的乐土"为题写一篇日记。

日记写得很成功，有的写在姥姥身边的日子，有的写自己的小屋，还有的写暑假旅游的生活，甚至有的同学写父母不在家时的自在，连平时不爱写日记的同学也写了。于是在第二天的课上，我有意引导学生学习文章中的写作技巧，并学以致用。例如文中有三处写心情的句子："我的很重的心忽而轻松了，身体也似乎舒展到说不出的大""淡黑的起伏的连山，仿佛是踊跃的铁的兽脊似的，都远远地向船尾跑去了，但我却还以为船慢""那声音大概是横笛，宛转，悠扬，使我的心也沉静，然而又自失起来，觉得要和他弥散在含着豆麦蕴藻之香的夜气里"。模仿这三个句子，同学们在课堂上分别口头创作了"考试之后""回家路上""欣赏音乐"三个片段。同学们感觉到用上这些句子，作文一下子生动了起来，有了学以致用的成就感，学习兴趣也浓了起来。

后来又模仿"船头看戏"。这部分创作了《一节无聊的课》，同学们作文里出现最多的句子有"支撑着仍然看，也说不出看见了什么，只觉得老师的脸渐渐有些稀奇了，那五官渐不明显，似乎和黑板融成一片""老师将书一合，我以为要下课了，不料他却又慢慢放下，说：'拿出练习册！'""我实在熬不住了，趴在桌子上呼呼睡去。"同学们的创作模仿鲁迅先生的语言，也模仿了文章中的某些情节，作文有话说了，语言也生动了。

四、开展多样化的语文活动

每一个人都渴望有一个属于自己的舞台，尽情地表现自我、完善自我；每一个人都或强或弱的好胜心理，心底里总不甘落后于人。很多人都喜欢跟着潮流走，快乐地融入团队共奏的主旋律。当学生们已走近阅读，喜欢阅读时，教师应该再次扮演好导演的角色，给学生提供一个个与阅读相关的大舞台。那是在教学《五柳先生传》时，我从《世说新语》中找出五个小故事，让学生与文本对比，进而发现陶渊明独立世俗外，狂歌五柳前的人生追求。陶渊明的生活："环堵萧然，不蔽风日，短褐穿结，箪瓢屡空，晏如也。"我选取了王武子的故事与之做比较："武帝尝降王武子家，武子供馔，并用琉璃器。婢子百余人，皆绫罗裤（衣罗），以手擎饮食。烝豚肥美，异于常味。帝怪而问之，答曰：'以人乳饮豚。'帝甚不平，食未毕，便去。"小组讨论后进行展示，出乎意料的事情发生了。这个小组一共六个人，有两个同学双手交缠，做成轿辇，抬着一个同学上场了。这个高高在上的同学，横披着校服，神情高傲，得意扬扬。另一个同学扮作管家，招呼来来往往的客人，剩下的同学扮演宾客，假装提着礼品走上台来，与管家打着招呼。宾主落座，一问一答间，宾客窃窃私语中，说出裘皮大衣，说出琉璃杯盏，说出人乳饮豚。那位演王武子的学生表演时的神情、动作、语言，透着满满的趾高气扬，豪奢纵欲。全场学生看得入神，对王武子的奢华了然于心，轻而易举地明确了东晋士大夫陶渊明"短褐穿结，箪瓢屡空"是多么难得，理解了陶渊明独立于世俗之外的高洁志趣。

当时我没想到学生会以这样的表演方式来展示，以前我只知道孩子们喜欢观看表演，没想到他们更喜欢参与表演，或者说他们更喜欢以这样的方式表现自己。表演是课本内容的再现，学生用自己的行动来展示他们对文本的理解，其中人物的神情表露，动作的设计，补充出来的对话，更是他们再创造能力的体现。在这种再创造的过程中，他们有了成就感与愉悦感，因此，他们乐此不疲。

开展多样化的语文活动，让学生爱语文、学语文、用语文。"好书推荐"，让学生初涉鉴赏性阅读形式，充分秀出自己的好学与博学。演绎课本剧情，不仅惟妙惟肖，还有自己的发明创造。课前三分钟演讲，诗歌朗诵比赛，时文名段品评，讲故事，语文知识竞赛等让学生在讲述、竞赛、品评、交流等活动中发现不足，寻找差距，进而纳他人之长，补己之短……

同时，我的语文教学中有"三个注意"：

注意一，课堂上多倾听学生、多关注学生表情和思想动向。

以前我们教师备课，可以比较详细地规划好多少时间先介绍什么，然后再讲解什么，接下来如何如何练习，最后再总结，等等。现在我们强调学生自主合作探究，教师在课前就很难预测学生某个环节到底花多少时间，因而教案只能是一个大致的设计，在语文探究式教学中，教师要注意倾听学生对课文的感受和解读。特别在阅读教学中就不能过分强调学生的思维方式、思想观点与教师的完全吻合，对于学生的独特思维方式和新奇独到的见解，教师要善于发现、肯定和引导，否则，会在有意无意之间扼杀学生的个性和创造性。给优生以雄心，要定下更远更高的目标，没有最好，只有更好。给中等生以信心，鼓励他们通过努力赶超优秀生。给差生以上进心，努力挖掘他们的潜能，学生尝到了学习的甜头，多了学习的劲头。

注意二，导语的设计要激发兴趣，能引导学生走进文本。

心理学认为，好奇心和兴趣是积极追求知识的一个前提，是学习的先导。凡是学生感到新奇或有兴趣就会引起注意，学习就会有成效。教师要充分利用学生的这一心理特点，设计一个好的导入环节，设计一个好的开场白，一开始就抓住学生的注意力，激发起学生的求知欲望，将学生引入良好的学习情境之中。教师要使课堂高效，学生的"自主"一定要与教师的"主导"有机结合。教师要具备在课堂上进行"二度备课"的能力。每节新课之前，导入语简洁、鲜明、生动、新颖，富有诱导性和启发性，恰当地运用导入语，使学生集中精力，激发起对学习新知识的兴趣，以饱满的热情和探究的欲望投入到新课的学习中去。常用的导入方法有：讲故事法、谜语法、点拨法、回忆法、想象法、设疑法、纠错法等，还可以利用多媒体教学手段，以声像法来引入新课，会收到更好的导入效果。正确的读书方法（如：比较读书法、点线面读书法），恰当的读书方式（如默读、朗读）都会提高读书效率，使人获益。限时速读、跟（老师或录音机）读、分角色读、分组读、齐声读、提名单个读；还可以听读（即听老师范读、听录音、听同学读或开展朗读比赛等等）。授中，语言精彩纷呈，板书科学实用，方方面面调动学生的兴趣，引入教学文本。

注意三，使用教材时要体现语文的人文性和工具性。

语文是综合性最强的一门人文学科。通过教学，不仅要求学生获得语文知识，而且更要达到陶冶情操、净化心灵，从而树立正确的人生观、价值观。叶圣陶先生说过：语文教学的根在听说读写，是听说读写之内的挖掘与创新，而不是游离于听说读写之外的花样翻新。工具性与人文性的统一，是语义课程的基本特点。如上鲁迅的《从百草园到三味书屋》一课。其中写到的每一种花草、昆虫我都下载了实物图让学生一一认知、熟悉，我跟他们讲何首乌有美容功效，桑葚特别好吃，覆盆子有药用价值；我还介绍云雀的习性，鸣蝉的发育形态，蜈蚣的药用价值……我将我热爱自然的心态袒露无遗，学生们自然也特别热爱花草树木，无形中引导学生既掌握了课文生字，又热爱自然，产生了探究自然的情趣。

当然，我的教学不是很完美的，比如不注重基础。但我相信，我的学生终有一天会长大的。等他们长大了，相信语文素养会给他们带来美好的人生体悟。教师的责任是教书育人；而语文教师的责任就是点亮学生的心灯！

作者简介：师美琴，山西省大同市矿区新泉中学教研室主任。山西省十一届党代表、市级教学能手、学科带头人、区级师德标兵、优秀教师、"红烛计划"首批领军教师。发表国家级论文1篇，省级论文3篇。目前完成了1个市级课题，主持着1个国家级课题，课题成果获一等奖。

实践篇

"感悟作文"课的教学策略

湖北省赤壁市教研室　雷介武

　　拙作《聚焦"感悟"，开启学生的写作情思》一文（见《中学作文教学研究》2017 年 5 期），认为学生"感悟能力"的培养，是提高学生写作能力的核心所在。其基本观点是：①有了真切的感悟，就能笔法细腻，写出感人至深的文章。②有了真切的感悟，就能描述具体，写出内容饱满的文章。③有了真切的感悟，就能重点突出，写出详略得当的文章。④有了真切的感悟，就能旧题出新，写出新颖独特的文章。⑤有了真切的感悟，就能无中生有，写出以小见大的文章。

　　围绕这一点，我和一线教师经过了数年的"基于学生，基于课堂"的数据分析和实践研究，经验和教训告诫我们：一要纠正作文教学的关注点，让写作技巧的指导简明、可用；二要扣准作文训练的着力点，让感悟能力的培养切实、可行。

　　那么，如何将这"虚"的作文教学理念化为具体而实在、操作性强的课堂教学呢？我们的研究团队围绕"生活细节课、创设情景课、观察景物课、分享故事课、阅读借鉴课"五种课型实施教学，效果不错。

一、生活细节课——回味生活，咀嚼细节

　　在课堂上围绕某个预设的"触点"，引导学生打开记忆的闸门，回味真实的生活经历，帮助他们在看似平淡的生活中咀嚼那些有价值的细节，由点及面，由表及里，深入到情感爱心、精神品质和哲理思维等诸多方面，从而训练学生将目光投向生活细节，从丰富的细节中感悟到生活的真谛，逐步培养学生的感悟能力。

课例：《遗憾，也是一种美》

（执教：湖北省赤壁中学　周维）

【教学过程】

　　一、导入

　　生活中，总有诸多事情不如自己所愿，无论我们多么努力，似乎总是留

有遗憾。而这种遗憾经过时间的沉淀后，我们愈发感受到它的厚重。正如李商隐诗中所写的——

二、说遗憾

PPT①：此情可待成追忆，只是当时已惘然

教师引导：描述学生近期体育中考失利事情，启发学生感受遗憾。

学生活动：选择你感到最最遗憾的事，仔细回忆当时的情景，说一说最最触动到你的是什么？心里有什么感受？学生5—8人回答。

三、品遗憾

PPT②：横看成岭侧成峰，远近高低各不同

教师引导：遗憾是人生必不可少的一部分，或许会带给我们无穷懊悔，我们无法回避，也不必回避。因为，从另外一个角度来说，遗憾，或许还能帮助我们成长。

学生活动：谈一谈从你的"遗憾故事"中，有哪些成长的收获？学生4—5人回答。

四、写遗憾

PPT③：古往今来多少憾，写作诗文四五行

教师引导：在同学们的感悟中，我们不仅咂摸出遗憾带给我们的难过、懊悔，还有成长的收获，褪去艰难苦涩后的释然、洒脱，这不也是遗憾的一种美丽吗？

学生活动：根据你回忆的憾事及感悟，厘清思路，写一个片段，100字左右。

要求：写出遗憾的细节、当时心理状态，流露真情实感。学生自由写作6分钟。

师生互动：学生5—8人展示作品，师生共同点评。

五、课堂小结

遗憾，总是重重叠叠着生命的印迹。亲友的离开，思念的忧伤，学习的挫败，成长的艰辛……遗憾是那么刻骨，却又那么美丽！因为它让我们懂得珍惜，懂得坦然，心灵逐渐丰富。

平时作文中，如果我们也能寻找生活中感悟最最深刻的故事或经历，写出你真切的感受，一定能写出优秀的文章来。

这节课就是围绕"遗憾"这个触点，引导学生回味生活。在实施过程中，教师引导学生围绕"遗憾"选材说话，要求他们清晰说，有感情地说，教师进行针对性地点评。同学们的思维活跃在真实的生活经历中，于是在纷纷的抢答中，他们的思维相互启迪，他们的情感相互感染，一个小小的社会故事、

一个简短的生活片断，本来只有浅层的内心感觉，却能提炼出深刻的生活感悟。他们突然发现，自己平凡的生活中，竟然隐藏着这么多生动的故事情境，竟然饱含着这么丰富的情感。那些一经发掘的情感一旦爆发，便势不可挡。同学们说学习的遗憾、生活的遗憾、交友的遗憾、亲情的遗憾……好多同学说着说着，竟泣不成声。

然后，教师适时、适当地指导学生将心中的遗憾及感悟转化为具体文字，抓住重点进行记叙、描写。

也许，这是开启了学生感悟日常平凡生活的一扇门吧！

二、创设情景课——创设情景，交流体验

课堂中，组织学生或开展活动，或借助音频、视频、图片等再现学生熟悉的生活场景、社会实践，以创设情景，引导学生在情境中交流各自的体验或感悟，培养学生敏锐的情感触角，提高他们对生活的认知度。

课例：《于细微处见精神》

(执教：湖北省赤壁市赵李桥中学　刘　芸)

【教学过程】

一、激趣导入

二、看图说话(PPT：小姑娘照片)

①学生活动：用简洁的话说说图画的内容。(预设：学生只局限在看上，老师引导学生从听、触、想等方面描述)

②教师指导：用"步步追问法"来描写小姑娘。(步步追问、想象延伸、抒发情感)

③学生活动：深入地、全面地描述所见、所听、所想。

④小结方法：观其形、察其神、揣其言、状其动、绘其心；联自身、调感官、抓特征、用修辞、见真情。

三、看广告说话

①观看"母爱"主题的公益广告。

观察学生的情绪反应。(闪着泪光、陷入沉思、表情凝重……)

②再次观看"母爱"主题的公益广告中的经典细节回放。

请学生结合短片内容，围绕"母爱"捕捉细节，描写感人的画面。

③学生文字展示，师生点评。

四、总结

一滴水能折射出太阳的光芒，一片树叶能透现春天的生机，一个眼神、

一抹微笑，甚至眉头一皱、鼻子一哼，都能体现人物个性。生活因细节精彩，人物因细节而传神。让我们用心观察生活、捕捉细节、感悟生活吧！

这节课用"女孩照片"和"公益广告"创设情境，组织学生通过观察和说话的教学活动，通过"步步追问法"的方法指导，引导学生看、听、触、想，多方感悟、多维思考。学生在看看、听听、议议、写写的实践活动中，一步步地从整体到局部，再到细节；思维一步步从眼前深入到社会，深入到未来。

在此基础上，学生通过"细节与感悟"的片断写作训练，师生点评，互动提升，能将方法内化为能力，外化为习惯。

三、观察景物课——观察景物，想象联想

单纯的景物描写是没有生命力的，独到的情思才能真正打动读者的心。我们要经常组织学生到大自然中去，引导他们开启五官，细致观察景物，由此及彼、由表及里，努力将眼前之景与生活体验结合起来，思索、感悟，想象联想，一定会触发学生的诸多情思。然后，在课堂上调动学生的这些观察体验，写出融情于景，融理于景，融思于景的文章来。

课例：一片风景一种心情

（执教：湖北省赤壁市官塘中学　丁亚萍）

【教学过程】

一、导入新课(图片)

大自然是丰富多彩的，春有繁花，夏有绿树，秋有红枫，冬有白雪。今天我们就来学习如何将眼中美景用文字展现表达出来(写出来文章)。

二、学习借鉴——语段是如何描写景物的

桃树、杏树、梨树，你不让我，我不让你，都开满了花赶趟儿。红的像火，粉的像霞，白的像雪。花里带着甜味儿；闭了眼，树上仿佛已经满是桃儿、杏儿、梨儿。花下成千成百的蜜蜂嗡嗡地闹着，大小的蝴蝶飞来飞去。野花遍地是：杂样儿，有名字的，没名字的，散在草丛里，像眼睛，像星星，还眨呀眨的。(朱自清《春》)

(1)学生活动：讨论1分钟后展示，约点3—4个学生。

预设：①抓住了春天花的特征。②写景的有一定顺序，从高处的花写到低处的花。③运用了多种修辞手法，调用多种感官，虚实结合。④传达出了作者对春天的喜爱之情(品"闹""桃儿、杏儿、梨儿"句)

(2)总结归纳：言之有物、言之有序、言之有法、言之有情。

三、观察运用——"我"眼中的秋景(PPT出示一组秋景图片)

(1)学生活动:请大家用我们刚刚掌握的技巧来描绘自己见过的秋天之景。

提示:结合自己真实的体验。说说在秋天你看到什么事物(或颜色)?能听到什么声音?能吃到什么果实,味道如何?能闻到什么味道?看到这些景物你有什么感悟(心情)?

(2)学生活动:交流,全班展示。

四、练笔实践——"我"眼中最美的一处或一种秋景

过渡:秋天的景物太多太多:有落叶铺成金色地毯的深林;有潺潺流水的清澈山涧,有落花满地的校园,有绿树包裹的村庄,有染红天际的晚霞……下面请大家写一个小片段。

(1)课堂练笔,写一个小片段。(要求:①一处秋景②一种方法③一种感情)

(2)点评3—4位学生的作品。

这节课先从朱自清《春》的片断开始,指导学生学习景物描写的方法,特别引导学生体会"闹""桃儿梨儿杏儿""还眨呀眨的"等词语是如何表现作者情感的,让他们真切感受情感在写景文章中的魅力。

然后通过一个"秋天的田野"图片触发学生对秋天的观察记忆,通过一句话描述训练学生的摹景方法。在初步打开学生对于秋天的体验后,再通过众多学生的"说秋天",和学生大量的秋景图片,彻底开启学生对秋天的感受。最后进行写作小练笔。

这样,整节课在学习中总结规律,在观察中触发情思,在交流中拓展思维,唤醒同学们更多的记忆,更多的生活体验……同学们的作品自然有话可说。从课堂最后呈现的效果来看,学生100字左右的写景文完成得非常出色,不仅内容饱满,语言优美,更展现出了真实而灵动的情思。

四、分享故事课——分享故事,触发情思

要求学生关注家事、国事、天下事,组织他们分享来自各种途径的故事,课内课外相结合,让同学们收集、讲述故事,并发表见解。除了能帮助学生更多更广地了解社会与历史,更能从中触发他们对事的看法及思考,提升他们对世界的认知层次。

课例:《讲故事,写作文》

(执教:湖北省赤壁市官塘中学　章筱)

【教学过程】

一、激疑导入

二、听小说故事,补写文字

学生活动:大家一边听这个故事,一边商量,假如你是本文作者,你会在横线处填写什么比较好?请谈谈你这样写的理由。

PPT出示故事:《天堂的位置》

一个小学老师来邀请我,对小学四年级学生做一场演讲。

我问他:"要谈些什么呢?"

他说:"跟孩子们讲讲极乐世界吧!"

这对我有一定难度。因为极乐世界乃是与生命痛苦相对的概念,对大人都有点说不清楚,何况是十岁的孩子。再说,我觉得十岁的孩子只要在生活中无灾无病,就是住在极乐世界了。

在老师的坚持下,我还是勉励的去对孩子演讲。因为他说:"我只是希望培养孩子美好的向往,这种向往不是你最主张的吗?"

我看着那些天真无邪的孩子,首先在教室的黑板中间画了一条线,把黑板分成两半,右边写上天堂,左边写上地狱。然后我对孩子说:"我请你们每一个人在天堂和地狱里各写一样东西。"

孩子心目中的天堂就这样呈现出来了:① _____。

在游戏中,孩子也同样写出他们心里的地狱:② _____。

我对孩子们说:"当我们画出一条线之后,就会知道,天堂是具备一切美好事物与美好心灵的地方,有人叫作天国,或者净土、极乐世界。地狱呢?正好相反,是具备了一切丑恶事物与丑恶心灵的地方。那么,有没有人知道:人间在哪里呢?"

孩子们都说:"人间是介于天堂与地狱中间的地方。"

我说:"错了。"

孩子们露出不可思议的神色。

我告诉孩子:③ _____。

如果人一直坏脾气,住在肮脏的环境,对未来毫无希望,就等于是地狱里的人。

如果一个人④ _____。

如果在很久很久以后，真的有一个地方叫作天堂，应该也是为那些心里有天堂的人所准备的。

为小朋友演讲后，回到家里，天色已经昏暗。我把灯打开，心里感到微微的喜悦。想到这些话并不是特别为小朋友准备的，而是对我自己的激励，我多么希望自己也能天天保有内在的美好品质，以一种有爱，美好，光明的态度生活。

当我每次触及到心灵中美好的部分，就感觉自己有一次确定了天堂的位置。

（附参考答案：①花朵、笑、树木、爱情、自由、水果、光、白云、星星、音乐、朋友、蛋糕、灯、美女、俊男、冷气、书本……②黑暗、肮脏、灰色、哭泣、哀号、残忍、恐怖、恨、流血、丑陋、臭、呕吐、毒气……③"人间不是介于天堂和地狱之间。人间既是天堂，也是地狱。当我们心里充满爱的时候就是身处天堂，当我们心里怀着怨恨的时刻就是住在地狱呀！"④内心长生欢喜，住在清静的所在，有爱与美好的向往，那就是天堂里的人。）

三、说媒体故事，谈理解感悟

（1）学生活动：中秋、国庆双节期间，中央电视台推出了《走基层百姓心声》特别调查节目"幸福是什么？"。"幸福"也成为了媒体的热门词汇。

那么，"你幸福吗？"你的幸福从哪里来？请你结合自己的生活细节，谈谈你的理解。

（2）点5—6个同学谈自己的感悟。

四、讲生活故事，写思考感悟

（链接中考）请根据你对下面材料的理解，自选角度，写一篇文章。可以记叙经历、抒发情感、发表见解。

今年4月，网友上传一组烈日下一名小学生为女老师撑伞的照片，引起社会热评。有的网友说："现在的老师啊，缺乏对学生起码的关爱，师德不存啊！"有的网友说："现在的学生，小小年纪就知道拍马屁！"而一位知名教育专家说："众多指责令我也心有不安。因为，我许多行为的'恶劣'程度远超过撑伞，如搬家时让学生帮我搬东西……我觉得只要师生间彼此关心，举手投足发自真情，就无可厚非。"

当媒体记者采访这位女老师时，她哭着说："当天是这个孩子自愿替我撑伞的。要错也是我错了，请不要伤害孩子，他很单纯。"

（1）教师布置：如果你来写这篇文章，你会确定怎样的立意，写些什么？

（2）学生活动：各自思考，自由讨论5分钟后，点5—6个同学谈自己的想法。

这节课的目标非常明确，就是"由故事到感悟"，引导学生如何从一个故事，引发自己的感悟。教学中的三个有关"故事"的学习任务，角度不同，处理方式各异，一层进一层地引导学生，从故事中感悟深刻的道理。

第一，听小说故事，补写文字。故事《天堂的位置》，教者呈现故事的时候，故意省略了作者关于感悟的文字，要求学生在相应的空缺处填写。第二，说媒体故事，谈理解感悟。借鉴中央电视台《走基层百姓心声》特别调查节目"幸福是什么?"，让学生从一个与幸福相关的故事中，感悟自己对幸福的不同角度，不同程度的理解。第三，讲生活故事，写思考感悟。链接中考作文题中"学生为教师撑伞"的故事，训练学生多角度思考与感悟生活。

三个故事活动、三个层次、三种训练方式，旨在引导学生如何从一个故事去感悟生活，效果非常好。

五、阅读借鉴课——阅读借鉴，还原场景

要求学生广泛阅读，特别是要从课内文中借鉴作者的感悟点，指导他们还原经典文的生活场景，领会作者是如何感悟生活并表现生活的。简言之，就是模仿、借鉴经典名篇的作者是如何感悟生活，如何表达感悟的。

课例：《还原生活，借鉴作者独特的感悟》

（执教：湖北省赤壁市教研室　雷介武）

【教学过程】

一、导入。

二、PPT：《最后一课》描述的场景

后边几排一向空着的板凳上坐着好些镇上的人，他们也跟我们一样肃静。其中有郝叟老头儿，戴着他那顶三角帽，有从前的镇长，从前的邮递员，还有些别的人，个个看来都很忧愁。郝叟还带着一本书边破了的初级读本，他把书翻开，摊在膝头上，书上横放着他那副大眼镜。

（1）教师简介《最后一课》的背景及故事。

（2）请同学们假想自己正置身现场，假想自己就是文中主人公。

（3）同学们讨论交流：这些并非教师的"镇上的人"来听课，从中你感悟到了什么？

（4）对比一下：看作者感悟到了什么？（PPT呈现原文感悟：现在我明白了，镇上那些老年人为什么来坐在教室里。这好像告诉我，他们也懊悔当初没常到学校里来。他们像是用这种方式来感谢我们老师四十年来忠诚的服务，

来表示对就要失去的国土的敬意。)

小结：有感悟就有抒情；有了深切的感悟，抒情就真实而自然了。

三、PPT：《阿长与〈山海经〉》描述的场景

过了十多天，或者一个月罢，我还记得，是她告假回家以后的四五天，她穿着新的蓝布衫回来了，一见面，就将一包书递给我，高兴地说道：——"哥儿，有画儿的'三哼经'，我给你买来了！"

(1)教师简介《阿长与〈山海经〉》的故事梗概；

(2)请同学们假想自己正置身现场，假想自己就是文中主人公；

(3)讨论交流：从阿长买来我渴望然而又特别难买的书的行为中，你感悟到了什么？

(4)对比一下：我们再看作者感悟到了什么？

(PPT呈现原文片断：我似乎遇着了一个霹雳，全体都震悚起来；赶紧去接过来，打开纸包，是四本小小的书，略略一翻，人面的兽，九头的蛇，……果然都在内。又使我发生新的敬意了，别人不肯做，或不能做的事，她却能够做成功。她确有伟大的神力。谋害隐鼠的怨恨，从此完全消灭了。)

小结：有感悟就有细节描写，有了深刻的感悟，其细节描写自然就生动而具体了。

本节课先截取名作的一些典型场景描写，教师做好教学渲染，营造氛围，特别要做好作品背景的介绍，让学生假想身置其间，通过还原当时的生活场景，然后要求学生对此进行感悟、思考。也许学生的感悟比较浅显，不全面，通过学生间的讨论交流，教师的引导点拨，能帮助他们逐步增强感悟的灵敏度、高度和深度。

学生充分讨论交流后，思维扩散了、情感膨胀了，他们的答案已呈丰富多彩的态势了。这个时候，他们或许期待与原文一比高下。于是，教师适时出示原文，定会给学生更多的启迪。

写作的过程自始至终都离不开对事物的感知和对生活的感受。"写作材料来源于生活"这句话本身没错，但说"学生缺乏材料即缺乏生活"并不准确。实质上，学生缺乏的是"感知生活"的五官和心灵，一个人感官麻木，成了"木头人"，对生活视而不见、听而不闻，外界生活再丰富多彩，也毫无意义。大凡优秀作家总是感觉敏锐、思维发达。写作教学就是要培育学生敏锐的生活感受力和敏感而丰富的心灵(荣维东)。巴金说："我在生活中的感受使我成为作家。"王蒙在谈文学创作时说："作家的能力首先是感受生活和表现生活的能力"。俄国文学评论家车尔尼雪夫斯基说："观察从来就不只是眼睛的事情。"生活的舞台每天都在上演精彩的戏剧，一个人勤于思考，就会时时有发现，

事事有见解。一篇文章如果不能带给我们思考，就是没有意义的文字。

大多数教师在课堂上"孜孜以求"的进行写作技法指导，不是不能教，也不是不需要教，而是应该怎么来教。李华平在《"广"处有深意》一文写道：遗憾的是，不少语文教师正是在这里走向了歧途，只是一味地传授所谓的写作技巧，导致学生作文离地"空转"。犹如一辆汽车遇到烂泥坑，轰隆隆喘气半天，冒一阵青烟，溅一身泥浆，还是爬不起来。语文教育前辈刘国正先生曾经告诫我们"脱离生活，写作就变成无源之水，技巧就变成无所附丽的文字游戏"，这种文字游戏，除了附庸风雅，就是败坏胃口。

那么我们的作文课堂到底应该如何处理呢？我认为应该"三管齐下"：

(一)写作专题课的写作素养培养

在初中阶段有限的作文指导课里，应该用科学的教学策略，集中进行学生感悟能力的培养，开启他们的写作情思，力争在最少的课时里，开启学生对生活、对自然，对社会的敏锐感悟力。以上陈述的"生活细节课、创设情景课、观察景物课、分享故事课、阅读借鉴课"五种教学课型，就是培养学生写作素养的良好途径。

(二)阅读教学课的写作渗透

写作技法的指导，主阵地应该还是在阅读教学中进行渗透，适时进行片断训练，"跟课文学写作"(李爱梅)。教材中一篇篇经典美文，有太多的可供借鉴、运用的写作技法，如学习了《我的叔叔于勒》可借鉴出人意料的写作技法，学习了《故乡》可借鉴用生动传神的语言和动作刻画人物的写作技法。通过这样的学习，将大量的写作技法铺散在阅读课的学习中，一定能丰富、提升、巩固学生的写作知识，更能灵活地运用在自己的写作中。

(三)课外持之以恒的片断写作

要培养学生敏锐的感悟能力，仅仅依靠课堂是远远不够的。还必须在课外进行大量相应的积累和训练，用科学的训练方法观察、感悟、思考，持之以恒，必能提升学生感悟生活的能力，丰富学生的写作素材。方能与课堂教学相得益彰，达到事半功倍的效果。如何进行片断写作？具体有以下四种训练途径：

1.(小)人物描摹：要求把平日读到或观察到的不同肖像、不同年龄、不同性别、不同性格、不同身份的典型人物记录下来。一周至少记一个典型人物。

2.(小)故事思考：生活中见到(听到)，或在书报、电视中读到的一些重要事件记录下来，并写出自己的思考。

3.(小)风景(物品)观察(感触)：观察身边景物，并细致描绘出其特征，并写出自己的感触。还可在阅读中积累描写景物的相关词语。

4.（小）片断感悟：将平日影响自己情绪的生活细节记录下来。如一个眼神、一句话、一个动作、一个微笑、一个背影等，简洁的生活小片断，它们或许让你兴奋、气恼、感动、失落……

通过这四个途径的训练，引导学生由此及彼、由点及面、由表及里，将感悟能深入到情感爱心（亲情、友情、乡情、山河情、爱国情，宽容、尊重、同情、悲悯、仁爱、无私）、价值观念（公私、义利、成败、得失、祸福、荣辱、苦乐，真理、正义、自由、和平；幸福、责任、尊严、理想）、精神（奉献、拼搏、进取、乐观、自信、自强、自立）、品质（善良、忠诚、正直、诚信、谦逊、节俭、勤劳、刻苦、勇敢、坚韧）、哲理（人生感悟、生活感悟）。

有米方能炊，相信学生拥有了大量的生活素材及其真实而深刻的感悟之后，再运用常见的一些写作技巧，就能写出一篇篇精美而感人的文章来。

作者简介：雷介武，湖北省赤壁市教研室副主任。湖北省优秀语文教研员，中国教育学会先进工作者，全国"新作文"研究会理事，中国高等教育学会教师教育分会课题组核心研究员，"湖北国培计划培训团队"授课专家，《中学作文教学研究》封面人物，中华诗词学会会员。发表专业论文和诗歌散文100 多篇，参编或主编著作 12 本，多次执教国家级或省市级示范课和研讨课，主持的省级课题"文本价值的教学选择"，并获全国基础教育成果奖一等奖。自 2016 开始主持国家级课题"作文教学教什么"研究，多篇文章发表于报刊上。

《香菱学诗》教学实录

陕西省西北工业大学启迪中学　张　俊

　　《香菱学诗》是人教版九年级上册第五单元的最后一篇文章，本单元所选的课文都是明清时期最具代表性的白话小说章节选段。按照成书时间，将其依次排列。本文是我国古典小说的巅峰之作《红楼梦》的第四十八回："滥情人情误思游艺，慕雅女雅集苦吟诗"的章节，主要塑造了"香菱"这一角色，侧面烘托了宝玉、黛玉、宝钗三个主人公的形象。我国古典小说经历了从单一的链式结构到复式的网状式结构，从人物塑造的脸谱化到人物塑造的立体化，从注重故事情节到注重人物内心情感的巨大变化过程，从而作为压轴篇目《香菱学诗》也就负担起了展示古典小说非凡魅力的重任。因此，让学生对中国古典小说产生浓厚的兴趣，对优秀传统文化心生向往成为这节课的教学目标之一。

　　课前准备：上周，每天坚持读《红楼梦》一小时。课间十分钟，学生们读书热情高涨，还会互相讨论有关情节和人物。

　　师：《红楼梦》是中国最著名的古典名著之一。在第五回中，贾宝玉梦游太虚幻境翻看"金陵十二钗"副册时，看到这样的景象（出示 PPT），第一页是一幅画，画着一株桂花下面有一池沼，其中，水涸泥干，莲枯藕败，旁边写着一句诗"根并荷花一茎香，平生遭际实堪伤，自从两地生孤木，致使香魂返故乡。"这首判词说的就是今天的主人公——香菱。

　　师：香菱是谁？

　　生：是《红楼梦》中的一个人物。

　　生：是薛姨妈的丫鬟，是薛蟠的小妾。

　　生：是甄士隐的女儿，从小被拐卖了……

　　师：看来大家对香菱的身世和身份还是比较了解的。今天我们就一起去听听她的故事，课文题目是《香菱学诗》，针对课文题目质疑，你能提出怎样的问题？

　　生：香菱学诗，怎样学诗？

　　生：香菱学诗，是否学成了？

　　生：香菱为什么要学诗？（学诗的目的）

师：好的，那我们首先来看香菱学诗是否学有所成？（PPT 展示香菱做的两首诗）

大家觉得这两首诗写得怎么样？

生：我觉得第二首好，感觉有意境。

生：比我写得好（大家笑），比较生动，有感情，情亲吧，伤离别之类的。

师：那我们看看黛玉等人对这首诗的评价：（PPT 展示，《红楼梦》第四十九回）

话说香菱见众人正说笑，他便迎上去笑道："你们看这一首。若使得，我便还学，若还不好，我就死了这作诗的心了。"说着，把诗递与黛玉及众人看时，只见写道是：

> 精华欲掩料应难，影自娟娟魄自寒。
> 一片砧敲千里白，半轮鸡唱五更残。
> 绿蓑江上秋闻笛，红袖楼头夜倚栏。
> 博得嫦娥应借问，缘何不使永团圆！

众人看了笑道："这首不但好，而且新巧有意趣。可知俗语说'天下无难事，只怕有心人。'社里一定请你了。"

师：看来香菱的诗得到众人的一致认可，学有所成。那她学有所成的原因是什么呢？

生：她刻苦。

生：黛玉教得好。

师：你说她刻苦？从哪里看出来的？（目的：学生运用圈点批注法，自我赏析语句，分析人物）

师：她"默默的回来，越性连房也不入，只在池边树下，或坐在山石上出神，或蹲在地下抠土……皱一回眉，又自己含笑一回"。（教师举例）

（这段文字表现香菱构思时的专注神情，"出神"说明浮想联翩；"抠土"说明反复斟酌；"皱眉"说明用字不妥；"含笑"说明有了奇句，感到满意、欣慰。）

生："据我看来，诗的好处，有口里说不出来的意思，想去却是逼真的。有似乎无理的，想去竟是有理有情的。"在刚起步的第一阶段，她就悟到了诗的滋味和真谛，很有学诗的天分。语言简朴，道理深刻。她把诗歌意象和生活经验有机地结合。

生：她刻苦，宝钗说她睡得晚，早早又起来想，废寝忘食。原文这样说：

"则见：香菱拿了诗，回至蘅芜院中，诸事不管，只向灯下一首一首的读起来。宝钗连催她数次睡觉，她也不睡。'茶饭无心，坐卧不定'"。（教师板书"呆"）

生："则见：越性连房也不入，只在池边树下，或坐在山石上出神，或蹲在地下抠地，来往的人都诧异。"我觉得她学的到了忘我的境界，就像……着了魔。（教师板书"魔"）

生："宝钗笑道：这个人定要疯了！昨夜嘟嘟哝哝，直闹到五更天才睡下：没一顿饭的工夫，天就亮了。"证明香菱学诗废寝忘食。（教师板书"疯"）

生："一时，探春隔窗笑说道：'菱姑娘，你闲闲罢！香菱怔怔答道：'闲'字是十五删的，错了韵了。"这里写出了香菱学诗学到了痴迷的程度。

生：第八自然段"原来香菱苦志学诗，精血诚聚，日间做不出，忽于梦中得了八句"说明她刻苦。

师：这些句子说明香菱学诗学得很苦，真是到了废寝忘食，快发疯的地步。所以啊，真可谓"苦吟诗"。曹雪芹的评价是（苦志学诗，精血诚聚）（出示幻灯片）

师：香菱学诗的成功，除了她自己的刻苦，还有一个人功不可没……

生：林黛玉！

师：那我们看看林黛玉是如何教的，请注意黛玉的"笑"。

生：香菱一来黛玉处，黛玉就笑着说，说明黛玉见香菱来很是高兴。香菱提出要请林黛玉教她作诗时，林黛玉毫不推辞，欣然接受，并说："既要作诗，你就拜我作师。我虽不通，大略也还教得起你。"一下便消除了香菱的顾虑，使她敢于向黛玉认真地学诗，并且最终使香菱学会了如何作诗。林黛玉作为一位贵族小姐，能够这样诚恳待人，助人为乐，向地位很低的初学写诗的香菱传授经验，并且还认真地教，毫不保留，这一点是极其可贵的。在地位又低、才气又平的香菱面前，林黛玉这位贵族千金没有一点架子，从未摆出什么威严，这本身已是十分不容易的事情了，何况林黛玉又对香菱悉心传教，无私培养，循循善诱，这种"有教无类""诲人不倦"的人师品德，尤为难能可贵，更令人赞叹不已。

生：这一情节还能看出黛玉热心和同情弱者。香菱跟她一样都是孤儿。

生：黛玉对各个诗人和诗句如数家珍，说明其有才学，学富五车，但是还谦虚得说自己"不大通"，说明她谦虚，有才学。

生：她对诗句有自己的见解，给香菱说的也细致，还鼓励香菱"放开胆子去作"，她比较喜欢田园诗，我觉得她心地善良，天真，单纯，不像宝钗那么复杂。

师：说到宝钗，按照亲疏远近，香菱更应该跟宝钗学诗才对啊，为什么舍近求远，找黛玉呢？

生：黛玉比宝钗更有学问。

师：是吗？我们可以看看贾元春省亲时，对宝钗黛玉两人的评价，再看看他们平日作诗评比时，我们发现宝钗黛玉的学问不相上下。

师：提示大家，刚才看了林黛玉的笑，我们再找找宝钗的笑。

师：找到了吗？大家读读看看，这些宝钗边笑边说的话，什么感觉？

生：感觉宝钗在嘲笑香菱学诗行为的愚蠢。

生：怕麻烦，她自己会，却偏偏让拿去问黛玉。

生：宝钗可能觉得香菱不配学诗，她觉得女子无才便是德，不愿意教香菱。

生：受封建思想毒害吧，说宝玉要是有香菱的努力做什么不成，应该是让宝玉考科举为官吧，难怪宝玉不接话。

师：你要是宝玉，你是选择热情善良的黛玉还是选择墨守成规的宝钗？

生：黛玉！

师：我们从一个简单的章节里，窥见了《红楼梦》中最重要的人物的性格，可见，塑造人物性格可以从多方面下笔。可以烘托，可以侧面描写，这就是写作的魅力。

师：还记得第三个问题吗？为什么学诗？学诗苦，学诗累，还被薛宝钗嘲笑，那为什么还要学呢？这要从香菱的身世说起。（PPT 图片香菱一生）香菱本名甄英莲，是乡绅甄士隐的女儿，应算是出身书香门第。3 岁时被拐卖，人贩子能对她有多好？可想当时的香菱过着怎样的日子。后来薛蟠买了她做小妾，没有地位，没有亲人，薛蟠又是著名的"呆霸王"，香菱必然成了出气筒。这时薛蟠要出门做生意，薛宝钗才将香菱带入大观园中见识见识。你们觉得她为什么要学诗呢？

生：她喜欢诗，原文说："没事就看两眼"，可见她喜欢，也许小时候受过这样的教育，感觉亲切吧！

生：大观园中的姑娘都会作诗，她羡慕，所以想学。

生：香菱想像林黛玉他们一样，变得优秀。

师：是啊，大家都有追求美的欲望，你们看别人漂亮，不也想打扮成那样吗？香菱觉得大观园的姑娘优秀，自然也想变得有才情些。

生：她命不好，学诗可能是感情寄托。想表达自己的情感，总要有个宣泄的渠道吧。也许还对未来充满希望呢？

师：是啊。生活不只有眼前的苟且，还有诗和远方。香菱学诗是情感寄托，是想变得更优秀，是受大观园环境影响，是对自己儿时模糊记忆的追思。所以香菱是"慕雅女"。所以原文的章回题目是"滥情人情误思游艺，慕雅女雅集苦吟诗"。

师：这样的女子，最后命运如何？看看判词吧，"根并荷花一茎香，平生遭际实堪伤，自从两地生孤木，致使香魂返故乡"，在两地、孤木暗指薛蟠的妻子夏金桂，最后一句就是香菱最后的结局——死亡，恐怕是被正妻折磨死的，《红楼梦》中最后也写出了香菱难产死亡的结局。这样的女子，细想之为人也，根基不让迎探，容貌不让凤秦，端雅不让纨钗，风流不让湘黛，贤惠不让袭平，所惜者幼年罹祸，命运乖蹇，致为侧室。且曾读书，不能与林湘辈并驰于海棠之社。最后惨死，真是应该怜惜——甄英莲(真应怜)。

师：让我们随着音乐再来感受《红楼梦》中这些悲苦的女子，这些花一样的女子，却都在"薄命司"中出现，还记得第五回的那杯酒的名字吗"万艳同杯(悲)""千红一窟(哭)"，想想这些女子，到底是什么让他们命运多舛呢？

师：一入大观钟灵地，怎让性情空虚赋。(板书)(音乐，电视剧《红楼梦》主题曲)

【教学反思】

《香菱学诗》是一篇自读课文，本课从内容上看学生比较容易把握，但学生要更深入地学习是有难度的。因此，在教学设计上我把对香菱学诗的过程、学诗成功的原因以及从中得到的启示作为教学的重点。对于黛玉这个人物则主要是让学生了解，从教学的效果来看，所预期的目标基本实现，但对于部分难点，比如文中涉及的三首诗的理解，没有能很好引导学生在比较中加强理解。另外，在教学过程中学生发言的机会我多给了很多，主要想看看学生对于文章的深度理解能到什么程度。由于是一篇自读课文，应该学生查的内容已经让学生提前预习准备好，在学生的语言表达能力，收集信息能力做得比较成功。但是在语言赏析，让学生读得太少，有时无法完全深入挖掘，有时候好的句子多读几遍往往要比多讲一些效果更好。

在媒体的选择上，选用了一首《红楼梦》的主题曲，学生对这首歌非常喜欢，很好地激发了学生学习本文的兴趣。另外，还有一些人物的相关图片，虽然对于学生想象力有影响，但毕竟让学生对于文学中的一些人物有了一定的认识，关于文学常识和字词的内容，起到了检测学生预习的作用。其他的一些文字性的内容则以问题为主，通过问题来实现学生的再读，使学生的读更有指向性，更有效。但整体看来媒体的运用还是有些单一，如果能再增加关于课文朗读的一些音频或视频片段就更好了。

从教学策略上来说，这节课以发挥学生的自主性为主，从学生在课堂上的表现来看，一定程度发挥了他们的自主性，学生读、说、写的时间更多了，但还不够，没能让学生的自主性完全发挥出来。应该增加学生讨论的时间，让学生与学生交流，相信他们在交流的过程会互相影响，互相促进。最后留的思考题，增加了学生读书的兴趣。

作者简介：张俊，陕西省西北工业大学启迪中学语文教师。"十二五"规划办教育部规划课题"'少教多学'在中小学语文教学中的策略与方法研究"课题子课题优秀实验教师，"十三五"重点科研课题"中华优秀传统文化与现代语文课堂教学实践研究"子课题实验教师。

《〈孟子〉二章》教学案例分析

内蒙古自治区兴安盟科右前旗教研室　于　龙

【教学案例】

学习目标：

1. 重点：积累常用的文言字词的意义和用法。

2. 重点：把握文章的大丈夫的精髓及生于忧患，死于安乐的意义。

3. 难点：正确认识课文所阐述的修身义理，并积极进行反思。

教学准备：导学工具单、多媒体课件

教学时间：1 课时

【教学过程】

一、导入新课

我们七年级时学过《论语》十二章，知道孔子是儒家学派的创始人，那么谁还记得孔子的思想主张。

"仁""义""礼"。

的确，"仁者为天"是儒家一直遵奉的文化思想。那么继孔子之后，另一后儒家学派的代表人物，他继承并发扬了孔子的思想。孔子被尊为"圣人"，他被尊为"亚圣人"，他是谁呢？

明确：孟子。

何为圣人呢？就是上达天庭、下至庙堂，都能通晓义理的人。

(PPT：《鱼我所欲也》、孟子及《孟子》)

二、**PPT**：目标导学检测

1.《富贵不能淫》

(1)齐读课文注意字音、节奏。

(2)字、词(课件)。

2.《生于忧患，死于安乐》

(1)范读课文、注意字音、节奏。

(2)检查字、词。

3.强调字词识记积累

(1)通假字。

(2)词类活用。

三、整体感知课文

PPT：《富贵不能淫》论证了何谓大丈夫，《生于忧患，死于安乐》从个人、国家两方面论证了生于忧患，死于安乐。那么儒家思想讲的是"修身齐家治国平天下"，那么我们看《孟子》二章中如何体现了修身义理，又是如何谈论治国理政呢？

（小组讨论）

1.《孟子》二章中作者是从哪几个层面来阐述修身义理的呢？

六个历史人物的事例是为了得出什么结论？

明确：故天将降大任于斯人也，必先苦其心志，劳其筋骨，饿其体肤，空乏其身，行拂乱其所为，所以动心忍性，曾益其所不能。（逆境出人才）

2.人要有所作为，成就大业，就必须在哪些方面经受磨炼，从而达到修身的目的？

明确：客观。

思想——苦其心志

生活——劳其筋骨，饿其体肤，空乏其身

行为——行拂乱其所为

主观：思想斗争（人恒过，然后能改，困于心，衡于虑，而后作；征于色，发于声，而后喻）（意志）。

3.《富贵不能淫》一文中从修身角度讲，是如何体现大丈夫精神的？

明确：（要讲仁德、守礼法、做事合乎道义，得志与否都要坚持原则，再加上外部因素……）大丈夫的浩然正气就得以彰显，这是从"精神"层面来讲。

4.作者从个人修身上升到治国理政的高度，文中"入则无法家拂士，出则无敌国外患者，国恒亡""得志，与民由之；不得志，独行其道"。又是分别从哪些角度来谈治国、理政的呢？

（板书：拂士、敌国、民贵）

5.（探究）PPT：《生于忧患，死于安乐》从个人和国家两个角度来谈。从个人角度来讲，人要有"忧患"意识；从国家角度来讲，国家要"居安思危"。正所谓"多难兴邦"，那么现在社会安定，经济繁荣，人民安居乐业，孟子的思想还有现实意义吗？

明确：孟子的思想仍具有启发意义：能担大任的人，必先得从思想、生活、行为等方面磨炼自己；而贪图安乐自然增长不了才能。人要能够经受住挫折困顿的考验，在挫折困顿中奋起，这样才能有所作为。若颓然丧志，一蹶不振，自然也就消沉下去了，其实这就体现了逆境修身的重要性。

《富贵不能淫》中也谈到了入世前要修身（居天下之广居，立天下之正位，行天下之大道）。入世时，无论个人际遇如何，都要坚守原则；只有历经磨难才具有大丈夫的浩然正气，才能担当得起"大任"，这种大丈夫的浩然正气在当下我们称其为"文化自信"。

另外，治国理政方面来说，拥有贤臣、采纳谏诫，保持警觉，居安思危，"民本思想"及其重要，因此具有深远意义。（举现实生活实例）

当今，习近平总书记也非常推崇孟子的思想及传统文化，他在很多讲话和报告中均有体现：

PPT：乐民之乐者，民亦乐其乐；忧民之忧者，民亦忧其忧。

——习近平《之江新语·为民办实事成于务实》

老吾老、以及人之老；幼吾幼，以及人之幼。

——习近平《干在实处，走在前列》

不忘初心，方得始终。《十九大报告》

全党同志一定要永远与人民同呼吸共命运，心连心。《十九大报告》

坚持以人民为中心，人民是历史的创造者。《十九大报告》

四、诵读

由此可见，中华传统文化对我们后世的影响极为深远，我们应取其精华，去其糟粕，如《富贵不能淫》中，妾妇之道，女子要遵从父母之命、三从四德的思想，就应取缔。那就让我们齐声诵读经典片段，让传统文化伴我们成长。

五、生谈收获，老师小结

课件：妙笔生花。

通过本课学习，我相信大家会深深地被这位"亚圣"所折服，那么就请同学们以自己的角度按你对孟子思想的认识来写一篇读后感吧！

六、附板书设计

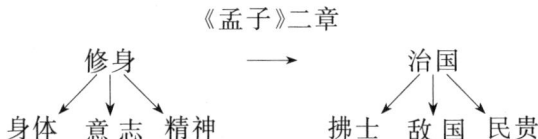

《孟子》二章

修身 ——→ 治国

身体 意志 精神　　　拂士 敌国 民贵

【案例分析】

前面的这篇《〈孟子〉二章》的教学设计是内蒙古自治区兴安盟教研室一次送课下乡活动中的课例。执教者是兴安盟科右前旗第六中学陈建文老师。结合统编教材中选用的这篇经典传统文化课文，我在指导他备课的过程中，提出了如下指导意见。

【思考】

一、理解教材的编写意图，是解读文本的关键

1. 新教材与旧版本教材的比较

旧版本教材所选入的是《得道多助，失道寡助》《鱼我所欲也》和《生于忧患，死于安乐》这三篇课文，其阐述的"义理"是：治国→修身→治国（或）舍生取义→修身→治国。统编教材则选录了《富贵不能淫》和《生于忧患，死于安乐》，这两篇课文都是阐述"修身与治国"的道理的。这样，就更加体现了孟子的"做人要有义理、有原则"的主张，体现了儒家文化道德标准。

儒家的文化核心是"仁义"。"仁"是儒家文化创始人孔子所创，"义"是在孔子一个世纪之后的孟子所创。孟子的"义"是在继承孔子"仁和"的理论基础上发展而来的。孟子从人间万象的社会中看到了孔子所主张的"仁和"还存在着一定的缺陷，做人只讲究"仁和"是不够的，必须"舍生取义"才能与"仁和"互为统一，必须用"义理"才能更加明确做人的准则。

那么，怎样才能做到孟子认为的"义理"呢？这需要从儒家学派的"格物、致知、修身、齐家、治国、平天下"的总体主张来研究。新教材中所选录的《富贵不能淫》和《生于忧患，死于安乐》只是从"修身"和"治国"这两个角度来阐述"义理"的。首先，修身要有层次，先是人要在逆境中磨炼，也就是课文中讲到的"苦其心志，劳其筋骨，饿其体肤，空乏其身。"然后是人要在思想上进行省悟，也就是课文中的"人恒过然后能改，困于心，衡于虑，而后作；征于色，发于声，而后喻。"第三是修身的最高境界——大丈夫精神，即课文中的"富贵不能淫，贫贱不能移，威武不能屈。"这种"大丈夫精神"被于丹解读为孟子的"浩然正气"，这种"浩然正气"又被原文化部部长王蒙解读为今天的"文化自信"。只有达到这三个层次，才能真正理解孟子的"修身"内涵。其次，要理解这两篇课文中所阐述的"治国"思想。两篇课文中所谈及的治国理政的言辞虽然不多，但不可小觑，有这样三个维度：第一，国家强盛要有"法家拂士"辅佐君王。第二，有高于或相匹敌的国家与之争锋。第三，要有"民本思想"，也就是课文中的"得志，于民由之"。就是说君王要与百姓一同遵循正道前行，大臣要有"穷则独善其身，达则兼善天下"的胸襟。所以，两篇课文的思想内涵就是阐述"修身与治国"的关系必须要统一。这是课文的思想内涵所致，同时，我们在理解文本时还要考虑到继承和发展优秀传统文化的现实意义的议题。

习近平总书记在他的系列讲话中多次提到"优秀传统文化继承与发展"的

问题，他曾多次在不同的场合强调"优秀传统文化是中华民族的根与魂"，尤其是在他的讲话中多次引用孟子的名言。如《之江新语·为民办实事，成于务实》中引用了"乐民之乐者，民亦乐其乐，忧民之忧者，民亦忧其忧"，在他的《干在实处，走在前列》一文中引用了"老吾老以及人之老，幼吾幼以及人之幼"，从这里我们不难看出，习近平总书记对传统文化体系的认同与尊崇，也充分体现了他对万民一体人间大同理想乐园（人类民运共同体）的追求抱负。"不忘初心，方得始终""中国共产党人的初心和使命就是要为人民谋幸福，为中华民族谋复兴"的民本思想，正是我们学习这篇课文的现实意义所在。尤其是孟子的浩然正气就是我们全社会大力倡导的"文化自信"，更具有现实意义。因为，一个民族、一个国家以及一个政党只有对自身文化价值的坚守和积极践行，才能够对其文化的生命力持有坚定的信心。古仁人尚能在"逆境中磨砺"，尚能坚守"大丈夫精神"，坚守原则义理风范做事，今天，我们共产党人更应坚定文化自信，去实现中华民族伟大复兴的中国梦。教师只有站在这样的高度来审视《〈孟子〉二章》，才能把握文本的思想内涵，进而实现工具性与人文性的教学目标。

二、创造性地使用教材，需要合理取舍教学内容

理解了新教材编写意图，怎样来教读这篇课文呢？这需要老师教学智慧与科学的设计。

说句实在话，文言文教学很少能够突破文辞、文句、文段、文章等纯工具性教学的窠臼。因为这是文言文教学的必然任务，也是课程标准的必然要求。尤其像《〈孟子〉二章》这样的散文在初中二年级的教学中，更要让学生掌握好课文中必要的语文知识，这是语文素养的要件之一。但是，选择这样一篇课文做公开观摩课，其内容丰富，体量较大（相对初二上学期的学生），而且只有一课时，进行怎样的教学设计，确实考验着我们每位老师的教学智慧和专业能力。

我在与陈建文教师备课的过程中，首先分析了教材文本的编写意图，确定教学目标。因为教学目标的设计一定要有"繁简度"，它是构成课堂教学活动的首要成分和核心要素，是确定教学活动内容、选择教学方式方法的依据，也是课堂教学活动的预期结果。一堂课的教学时间有限，教学目标越多，每个目标分配到的时间就越少。与其面面俱到，不如突出重点，追求一课一得，效果更为突出。通过大量的分析、对比、归纳，最后从微观（积累文本字词、用法、意义）、中观（正确认识课文所阐述的修身、义理并积极进行反思）、宏观（把握文章大丈夫精髓及生于忧患死于安乐的意义）确定了三个教学目标（见前面的《教学设计课例》）。

　　这两篇课文是按着孟子写作时间的先后顺序选录的，但是，从文本"修身"的三个层次看，是从客观到主观再到精神层面，所以，要打破按顺序的常规教学壁垒，合理取舍整合教学内容，创造性地使用教材。从第一个教学目标看，教学内容没有先后之分，可将文中所有的文字等教学内容梳理疏通，但突破第二个教学目标，就必须要颠倒两篇课文的前后顺序，因为这是教学目标的定位所致，更是对教师学会合理取舍教学内容的高层次要求。从文本中我们可以发现，"修身"的层面有：逆境磨炼、思想省悟、大丈夫精神，这是从低到高的修身境界要求，有了这样的修为，才能"治国"。这样的教学内容决定了先讲第二篇课文（第一部分）后讲第一篇课文（有关大丈夫的部分），最后在通讲两篇课文"治国"的相关内容。这样设计教学，目的是让学生从整体上把握孟子的"义理"思想，也使课堂节省了时间，使教学线索清晰明了，一以贯之。当然，这样的教学，一定要在学生充分预习的基础上进行。所以，我们给送课学校的学生提早下发了"读写新课堂三板块五环节学习工具单"，帮助学生做好预习，从课堂反馈看，效果很好。故此，陈老师选用"检测"的方法来完成第一个教学目标后，直接进入到"定向阅读"板块，以"主问题设计"牵引课堂教学向前发展，从而达到了教学层次有效地推进。

　　三、教研结合，开展优秀传统文化与现代语文课堂教学研究

　　教学研究是课堂教学发展的不竭动力。上好一节课，需要教师大量收集相关的资料，需要细致的加工处理，需要对文本有自己独到的视角，需要科学的设计教案，需要专业理念的引领……这些"需要"，都要进行相关的研究，正所谓"台上一分钟，台下十年功"。没有教研做课堂教学的支撑，教师是无法拿出一节好课的。我们科右前旗确立了"优秀传统文化与现代语文课堂写作教学研究"课题，这个课题对于古诗文教学具有重要的研究价值。我们现阶段主要开展了以下几个角度的研究：

　　1. 阅读经典，提高学生语言素养

　　我们都知道，很多文学与语言大家都在传统文化中浸染过，像鲁迅、胡适、叶圣陶、夏丏尊、茅盾、王力等都是从"传统文化"中一路走出来的，我们很多人都知道毛泽东批阅《二十四史》、李克强研读《资治通鉴》的故事，所以，要引导学生多读优秀传统作品，丰富其语言。就像我们不仅要教学《〈孟子〉二章》，更要引导学生去读《孟子》，读有关解读《孟子》的文章，以利于提高学生的语言素养。

　　2. 了解传统文化，培养审美情趣

　　中华传统文化首先应包括思想、文字、语言，之后是六艺，即礼、乐、射、御、书、数，再后是生活富足之后衍生出来的书法、音乐、武术、曲艺、

棋类、节日、民俗等。传统文化与我们的生活息息相关。

中华传统文化博大精深，我们要选取与我们的教育教学相关联的内容来培养学生的审美意识。如古诗词的教学就具有重要的审美意义。诗歌作为中国的优秀文化能够流传下来不仅仅是由于诗词语言的华美，更因为诗人与众不同的人生经历、诗词中所展现的爱国之情及伟大抱负，更因为诗词中对于美的关注等。

像语文教材中所涉及的诗词无不体现着"美"。《孔雀东南飞》歌颂了对爱情忠贞之美，《蜀道难》表现了瑰丽想象之美，《登高》则抒发了诗人暮年悲壮之美，《观沧海》体现的则是一种政治家的心胸宽广之美，等等。如此之美的诗词，如果不能给予学生审美的享受，那绝对是对古典诗词的一种亵渎。

3. 立足传统文化，培养学生写作素养

（1）树立非功利的经典阅读观。朱自清在《经典常谈》中强调经典训练的价值不在实用而在文化，"吸纳经典作品的文化精髓是我们阅读经典的目的所在，写作素养多在潜移默化中形成"。所以，不论在时间还是心态上都要引导学生保持一种清静与闲适。

（2）开设学子讲堂，讲诸子百家，说风土人情。

（3）以优秀传统文化为载体，进行写作。

【点评】

《富贵不能淫》和《生于忧患，死于安乐》是统编教材选录的课文，与旧版本教材选录的课文既有相同点又有不同点。相同的是新旧教材都选录了《生于忧患，死于安乐》这篇课文，不同的是旧教材选录了《得道多助，失道寡助》和《鱼我所欲也》。还有一个不同点是学情的变化，旧教材选录的《〈孟子〉二章》是在九年级，而现在是在八年级上学期的教材里。

选入统编教材的《〈孟子〉二章》都是阐述"修身"和"治国理政"的义理的文章。对于这两篇课文的教学，比较常见的就是在二到三课时内熟读、背诵，从文辞、文句、文段、文章这四个层面来弄懂课文大意，掌握一些特殊句子的使动用法，并少许理解课文所阐释的道理，走完这个过程就算完成了教学任务。但是，今天的课不同于以往的常规教学课，在大容量、课时少的情况下，教师有效取舍组合教学内容，敢于打破文言文常规教学的壁垒，对教学资源进行有机整合。依据确定的教学目标，采用科学合理的教学设计，站在孟子的"浩然正气"和"文化自信"这样的文化高度，较为完整地解读了孟子的"义理"思想主张和家国情怀，引领着学生深刻地解读儒家从"修身"到"治国"一以贯之的核心文化。这种在宽广深邃的文化视角下的解读，是有新意的，是完全符合统编教材编写意图的，这是较高层次的教学设计，这是其一。

其二，能够敢于把课文前后顺序打乱，重新组合教学内容，从两篇课文的"修身""治国"这样的共同点切入教学，这在目前的语文教学中实不多见。可见教师对这篇课文的把握是成竹在胸，这样的教学设计超乎寻常，是一般教学设计所不能企及的。从这样的课堂教学来看，拓展了文言文教学的空间，直接回答了文言文到底应该教什么，怎么教的问题，有创新价值，值得语文老师积极地思考。

其三，在探究"修身"和"治国"这些问题的过程中，使文本精神得到了充分的张扬。如"修身"的层次是"身体要在逆境中磨炼""意志要在反思中醒悟""精神上要有浩然正气"，再如"治国""在内需要有法家拂士的辅佐""在外要有与敌国的较量""君主要有民本思想"。这样从低到高，从外到内进行解读，在"主问题"的探究中关注文本，在反复地对课文中的一些重要语句的疏通和理解上让学生提高对儒家"修身""治国"内涵思想的认识，进而使学生在传统文化中得到潜移默化的熏陶渐染，这样来解读文本内涵才是最有积极意义的。

其四，这节课都有较好的推进层次，老师的主导作用体现的鲜明有力。这可以从教学设计和教学环节上得到印证。陈建文老师首先是从儒家学派的创始人孔子导入，让学生了解儒家文化"仁义"的由来。然后通过"读写新课堂三板块五环节学习工具单"来检测学生对课文的预习，达到工具性教学的目标。第三是从两篇课文的"修身""治国"的共同点引导学生解读文本。第四是设计两个"主问题"探究文本的思想内涵，联系现实生活体现优秀传统文化学习的重要性。最后让学生在齐声诵读中结课，并给学生留一篇作文（读后感），可以说课堂教学前后照应，跌宕起伏，浑然一体。

其五，语文是一门充满感情的课程。语文教师上课要有感情，更要有激情。尤其是像《〈孟子〉二章》这样充盈着儒家文化情怀的作品，倘若老师缺乏激情，那简直就是对作品对圣人的亵渎。激情可以表现在抑扬顿挫的朗读上，也可以表现在教师极富感染力的教学语言中，但从根本上讲，激情来自对文本的深刻理解和教师心灵的震撼。我们看到，陈老师的整堂课一直都被儒家文化的情韵所笼罩，无论是开课时教师对儒家圣人的尊崇之情，还是中间引导学生时充沛的感情，尤其是解读"大丈夫精神"就是"浩然正气"就是"文化自信"时，极富穿透力的语言，都突显了教师对语文教育满怀深情的张力。这固然是由于"教学设计"切中了文本的肯綮所致，与教师的人文情感的投入是分不开的。

当然，语文教学不可能做到完美，一节好课也会有不少遗憾。这正好给我们听课教师留下了想象和创造的空间，引导我们孜孜以求，永无止境。

作者简介：于龙，内蒙古自治区兴安盟科右前旗教研室中学语文教研员。国家级优秀教师，曾获得陈香梅教育基金及优秀教师奖。曾出版《语文树丰叶斑斓》和《读写新课堂》语文教学专著。多篇散文、诗歌散登于报刊。

古诗词鉴赏
——炼字用词

陕西省西安市西光中学　刘　静

【教学目标】

1. 根据 2018 年《中考说明》关于古诗词考查的相关内容，模拟中考或预设中考出题方向，将考点与古诗词鉴赏的方法融入灵活多变的试题中，通过老师引导、学生总结的方法，提高学生对古诗词的鉴赏能力。

2. 创设一定的情境，在提高学生古诗词鉴赏能力的同时，提高学生对美的鉴赏，提高学生的语文素养。

【教学重点】

1. 引导学生梳理赏析字词的思路。

2. 指导学生通过品读，整体感知诗词的同时，扣住重点词，从四个方面赏析古诗词之美。

【教学准备】

1. 曹轩宾演唱的《别君叹》视频。

2. 多媒体播放设备。

【教学时数】

1 课时

【教学过程】

一、导入课题

播放曹轩宾根据《送元二使安西》改编的歌曲《别君叹》视频。

师：同学们观看的是今年最为流行的一档综艺节目《经典咏流传》中曹轩宾根据《送元二使安西》改编的歌曲《别君叹》视频，同学们陶醉其中的同时，能否用一个字或者词对它做点评？

【答案预设】雅致、悲凉、凄美

师：同学们品析深刻，今天我们一起深入到古诗词中，感受这种独特的文字之美。引出《用心感悟发现美 妙笔生花写出美》题目。

为什么我们要探究古诗词之美呢？因为中考对古诗词的鉴赏能力的考查是一个恒定的考点。

二、中考试题呈现和总结考试方向

（屏显）

2016（副）①"漫漫"二字，写出春雨的什么特点？

②诗的后两句用了什么修辞手法？

2017（副）①"＿＿"和"＿＿"两个字，写出了吴地夜晚雨势的平稳连绵。

2018（中考说明）①严羽在《沧浪诗话》中说："发句好尤难得。"本诗中的第一句"烟笼寒水月笼沙"就是"尤难得"的"发句"，请加以赏析。

师：我们不难发现以下规律。

（屏显）

1. 考查内容：赏析。

2. 考查策略：直接、隐晦。

3. 考查题型：多变、灵活。

师：我们可以从哪些角度鉴赏古诗词中的美呢？

（屏显）

1. 炼字用词。

2. 修辞格。

3. 写作手法。

4. 句式。

师：我们今天主要从炼字用词方面赏析古诗词之美。

三、炼字用词之美技巧讲解。

（屏显）

1. 曹操《观沧海》："秋风萧瑟，洪波涌起。"句中的"涌"好在哪里？（动词）

老师带领同学总体感悟《观沧海》后，请学生各抒己见。

【答案预设】写出了海水波涛汹涌、气势磅礴的特点等。

老师明确：面对景物描写的诗句时，可以采用"画面还原"的解读方法。此方法是抓住诗句中的意象，将它加上联想，在脑海中形成一幅画面，用准确、优美、完整的语言加以描写。

（屏显）

"涌"字生动、形象地写出了沧海波涛汹涌的形态和惊心动魄的声势，也写出了作者对大海的惊叹和赞美。

（屏显）

2. 王维《送元二使安西》："劝君更尽一杯酒，西出阳关无故人"道出了浓浓的友情，请结合诗句说说你的理解。（副词）

师：此句要求"说说你的理解"，从哪个角度理解句子呢？

【答案预设】抓住重点字、词。

老师请学生找出诗句中的重点字。

师："更"。在词语难以判断时可采用比较法。在确定所选赏析词语后可以采用换词法，比如将"更尽"换成"喝完"让学生比较。

（屏显）

"更"在这里是再、又的意思，"更尽"生动、形象地再现了作者与朋友分别时难以割舍的场景。表现了朋友之间依依不舍的留恋之情。

师：我们通过一定的技巧，对诗句中的字、词作了一定的赏析，我们能否总结对字词怎样较为完整地进行赏析呢？

学生各抒己见。

老师明确：

（屏显）

1. 注意审题，找出核心字眼。

2. 还原画面，用心体会画面，明白作者表达意图。

3. 找出主语（人、事、物），结合主语概括特点。

4. 感悟主语、作者的情感。

5. 注意语句流畅和美感。

四、在练习中寻找技巧

同桌 2 人为 1 组，5—8 分钟，讨论完成。

（屏显）

1. 刘禹锡《酬乐天扬州初逢席上见赠》："巴山楚水凄凉地，二十三年弃置身。"句中"_____"既体现了作者所处之地的环境恶劣，又体现了作者_____。

学生各抒己见。

老师明确：人物的感情经常是很复杂的，那我们在呈现人物心理状态时需要从不同角度，所以需要使用多个词语，这种方法就叫多词并用法。这里可以填写：孤独、苦闷、心酸、愤懑这样的词。

（屏显）

2. 崔颢《黄鹤楼》："一切景语皆情语"，"晴川历历汉阳树，芳草萋萋鹦鹉洲"中叠词可以让我们感受到自然景物的美好。请结合语句分析。

学生各抒己见。

老师明确：在古诗词中，叠词往往当形容词来使用，它描写事物的状态、样子。"历历"在《核舟记》中出现过"珠可历历数也"意思为"清清楚楚"的样子，在这里写出了天空澄澈、明亮的状态美。"萋萋"出现在《蒹葭》中，"蒹葭萋萋，白露未晞"，在这里写出了芳草的繁茂、葱茏的特点。这两个叠词表露出作者对春日的喜爱和赞美之情。把学过的知识迁移过来，这种方法叫知识勾连法。

五、总结

（屏显）

1. 炼字用词之美。

（动词、副词、双关词、形容词、叠词）

2. 厘清答题思路。

3. 掌握基本的答题技巧。

画面还原法、换字法、多次并用法、知识勾连法。

六、课后练习

（屏显）

在中考考查范围（中学阶段40首＋小学阶段75首）自选5首诗，从5个炼字角度自己命题，同桌互答。

【教学反思】

本课是针对初三年级学生复习阶段设计的，所以教学目标和教学重点直接针对中考。

自我感觉本课的教学设计并未太多新颖别致之处，但是朴素的课堂、扎实的基础、条理清晰的呈现方式也是初三复习阶段必不可少的手段。从炼字用词的角度解读古诗词的美感，到梳理答题思路，再到总结答题技巧。给了学生具体可行的解题策略和方法。

作为复习课，本课的容量偏少，课堂效率不够高。如今，语文教学仅仅从教学技巧和方法入手远远不够。还需要关注学生语文素养的提高。我会积极听取各位专家和前辈的意见和建议，以提高学生的语文素养为己任，让学生在语文课上有所得。

作者简介：刘静，陕西省西安市西光中学语文教师。2006 年获西安市灞桥区"中学教师全过程评优活动"一等奖，多次承担校外、区级优质课展示。

课堂温度与学习效果

——一堂古诗赏析专题复习课所引发的思考

陕西省西安市新城区教研室　胡　洁

外出听课，不时会有老师吐槽"越来越不会上语文课了，学生也越来越不爱语文课了……"这问题困扰着许许多多热爱语文教育，渴望挥洒汗水化为精彩的语文老师们。听罢西安市西光中学刘静老师的课，很受触动，简言自己听课后的一点思考，希望对解决这个长期的羁留问题有所帮助。

一、寻回失落的情味——合宜的情境创设是舒活思维筋络的佳径

不知道大家有没有关于语文老师或语文课的类似记忆：不讲豪言壮语却掷地有声，不必长篇大论却令人敬佩，不会刻意煽情却唤醒你心灵中的美好纯真……在各种效益论的钳制下，我们的语文课堂特别是以复习备考为目的的课堂，越来越不曼妙了。我们自觉或被迫地算计这节课解决了多少个问题，如果是考试能为学生挣得多少分数。毕业年级为争取更高的分数，准备着，有些颇具前瞻性的老师，即便所带的非毕业年级，也在为将来争取更高的升学成绩，时刻准备着。

这里没有讨伐之意，现象的存在必然有它存在的因由，包括现象本身都远非三言两语能说清道明。在这个颇具"众惑力"的学科教育大问题前，有相当一部分"执拗"的老师在积极突围。也许成功尚如星星之火，未成燎原之势，但它们带来了希望与活力。

刘老师这节课，让我们感受到了这种努力。与其他我们所熟悉的专题复习课相比，最为显见的不同在于：开场三分钟，就把学生的情绪引导了一个高点，开宗明义宣称：这节课是有感情、有温度的。

上课铃声响后，没有起立问好的环节，直接播放近来央视热播的综艺节目"经典咏流传"中刷爆微信朋友圈的曹轩宾演唱的《别君叹》，这一选择见智商，更见情商。

首先，中央电视台主流媒体强档推出，已为节目的艺术水准、思想高度把关定调；微信朋友圈的热传，又从公众趣味的角度完成了一份参数巨大的社会调研，以此为学习资源，可谓坐享其成。

其二，本课为诗歌专题复习课。音乐性、抒情性和凝练性是诗歌体裁的显著特点。《别君叹》以学生熟悉也是课标推荐背诵篇目《渭城曲》作为开篇，继而引出仿古体诗风格进行的后续创作。典雅考究、毫无冗赘的遣词造句，加上优美婉转的曲调，深情款款、陕味儿十足的演唱（——终于听到了"文气"的陕西话），与诗歌之美相得益彰，加上歌者本人、嘉宾评委与台下观众或忘情轻和，或泪流满面，或拍案叫好的现场反应，从视、听双重感官通道，带学生入境。

其三，触动学生心灵的敏感地带。亲情、友情是人类最真挚，最容易引发共鸣的区域。试想，在美好的春日清晨，身边是相处三年之久的同学，分别的日子渐渐逼近，虽然学生们无法"劝君更尽一杯酒"，两个多月后，很多人真的就分飞各天涯了。

用这种方式打开一节课，就其实际效果而言，找到了传统与现代，文学与生活，精英创作、大众娱乐与课堂学习很好的交汇点，有助于学生去探寻对诗情的感觉，对语言的感觉，对文化的感觉，对生活的感觉。

二、搜获迷途的趣味——多样灵动的学生活动是保持良好学习状态的妙方

学生是学习的主体，当学生们真正成为学习活动的主人时，他们的主人翁意识才能被更充分地激发出来。因而，多样灵动的学生活动，能在课堂教学过程之中，调整学生的学习状态，吸引他们的关注，让他们乐于表现等。

刘老师的课以赏析古代诗歌炼字用词的精妙为主题，选取了一些颇具典型性的考题，采用自主发言和指名回答两种方式，师生、生生进行交流互评。老师耐心地听取学生解决问题的思路与答案，继而给予肯定、鼓励或具体指导。她还针对学生答题普遍出现的失误，总结出相应的策略。可以说，到了这里老师开始中规中矩地展开习题讲练了。学生们也很快平息了情感的波澜，回归到他们平常的样子。

情境创设成功了，学习素材选精了，接下来要做的就是如何经营好这些战果了。单就课堂学生学习活动而言，再高妙的策略，用多了也会疲沓，特别到了复习阶段，学生倦了，学习内容不那么新鲜了。此时，"善变"才有吸引力——在课堂节奏，学习活动的形式上多点变化，增添一点趣味。比如本课重点是炼字用词，老师在引导学生体会不同用词带来的表达效果的变化时用了换字法。能否和学生打赌，看谁能给诗句另换恰当的词而不伤其句义；比如分组竞赛，小组成员设计与炼字用词有关的问题，相互考问……一样的素材，不同的"烹饪"方法，"口感"自然大不相同。

承前所述，课堂温度直接影响学习效果。寥寥数言，难以尽诉所思所感。唯愿抛出话题，吸引更多优秀的同行参与讨论与实践探索。

作者简介： 胡洁，西安市新城区教师进修学校、新城区教育局教研室中学语文教研员，西安市中语会理事。陕西省教学能手，西安市优秀教学能手。西安市教育局教育质量综合评价改革专家。西安市新城区中学语文学科专家库成员。多篇文章发表于《中学语文教学参考》《软件技术导刊》。曾主持或参与多想省市级课题研究。主持 2015 年西安市小课题"初中生课外阅读指导"获评"优秀"。现为贾玲老师主持的"中华优秀传统文化与现代语文课堂教学实践研究"课题子课题"中华优秀传统文化在中学语文阅读与写作教学的应用研究"团队核心成员。

《女娲造人》案例分析

重庆市涪陵第十五中学校　牟智慧

【案例背景】

中华传统文化，是中华文明成果根本的创造力，是民族历史上道德传承、各种文化思想、精神观念形态的总体。中国神话是中华传统文化的组成部分，神话故事的教学是语文教学不可缺少的一部分。现代社会科技发展日新月异，神话故事能赋予当代学生想象和美好的意义。

"深度学习"理念背景。"深度学习"，是指在教师引领下，学生围绕具有挑战性的学习主题，全身心积极参与、体验成功、获得发展的有意义的学习过程。

2014—2017 年，我校是涪陵区首批"深度学习"教学改进项目的实验学校，实验学科为语文。"深度学习"教学改进项目是我们涪陵区与教育部基础教育课程教材中心合作的项目之一，这个项目的专家是北京师范大学、首都师范大学的教授和北京市海淀区教师进修学校的教研团队。

通过长期研修，老师在教学中逐渐关注单元整合，语文学科核心素养，学生思维能力地提升这些问题。在教学时，大家就会自觉地从"深度学习"的角度去思考、设计教学方案。

本课例是选取人教版七年级下册第六单元"神话、故事、寓言"单元，并根据语文课标，师生共同制定"深度学习"单元主题、学习目标、学习活动和持续性评价。

确立具有挑战性、吸引师生兴趣的单元学习主题是——"奇妙想象"。确立单元"深度学习"学习目标是：学习想象情节，通过夸张来想象人物，学习改编神话故事，学习概括主要情节，通过想象故事寄寓道理。根据本单元、本地方和本校实际，确立富有挑战性的学习活动是：学生收集、整理、改编、表演《夏天官与蔡龙王》等涪陵本土的神话故事，汇编成册《涪陵本土民间神话故事集》；班级举行"涪陵神话故事会"。学生兴趣盎然，活动积极性高，用多种方式收集神话故事：网上搜索、询问家人、请教老人、到涪陵图书馆查阅；再个人或小组进行整理、改编、排演。在这一系列的过程中，学生对学习内容——"神话"越来越了解，越来越喜爱。师生共同制定公开的评价标准，评价形式有学生自评、学生互评、教师评价。

【教材解读】

《女娲造人》是语文人教版七年级第六单元的第三篇课文，这个单元的另外四篇课文是：《小圣施威降大圣》《皇帝的新装》《盲孩子和他的影子》《寓言四则》。

《女娲造人》这篇课文的作者是袁珂，课文内容是根据《风俗通》有关"女娲造人"的记载改编的神话故事。作者以大胆新奇的想象，在原有故事的基础上进行了富有人性化的演绎与扩充，使得这个古老的神话传说充满生活气息，焕发出迷人的色彩。

马克思在谈到希腊艺术时曾指出："任何神话都是用想象和借助想象以征服自然力，支配自然力，把自然力加以形象化"。由此可知，神话带有浓厚的想象色彩。

课文详细叙述了女娲造人的具体过程，表现了原始民对人类自身来源的好奇、追索，以及在当时社会生活条件下所做出的极富想象力的解释。

教学重点放在激发学生想象力上，可以通过其他类似的神话故事加以引导，看图片想象故事，更可以让学生对女娲造人的动机、方法等，作另一种推测，进行想象的训练。

【设计思路】

本单元是"奇妙想象"单元，这个单元的五篇课文整合在一起学，学完以后同学们汇编成册《涪陵民间神话故事集》，班级举行"涪陵神话故事会"。初一学生从小到大听读了很多神话，有好奇心，喜欢读神话故事。第六单元学了神话小说、童话故事、儿童诗、寓言故事这些想象丰富的作品，有助于激活学生的想象力。

教学目标

热爱神话，激活想象。

学习依据文本改编神话的方法和创意改编神话的方法。

创编涪陵本土神话。

重点难点

学习依据文本改编神话的方法和创意改编神话的方法。

【教学过程】

活动一：导入

大家已经收集、整理、改编了《夏天官与蔡龙王》等一些我们涪陵本土的神话故事，我们争取通过接下来的学习把故事越写越精彩，把故事越讲越动听。

活动二：研读原文

1. 课文《女娲造人》是作者袁珂根据《风俗通》里的两则短文改编，译文如下：

①通常说天地开辟以后，还没有人类。

②女娲揉团黄土造成人。

③这项工作太费力了，女娲忙不过来，就把一根绳子放到泥浆中，拉出来，溅出的泥点子就成了人。

④女娲神祠里祷告，祈求神任命她做女媒。

⑤于是女娲就安排男女婚配。

2. 梳理故事情节

3. 袁珂改编的《女娲造人》有 1000 多字，都是由《风俗通》这 5 句话，89个字改编而来。同一个故事，不同的表达，改编的故事更翔实丰富了。下面我们就跟随作者来探寻、学习创编神话的方法。

活动三：激活想象，探寻方法

1. 齐读课文第 4 段

"走呀走的，她走得有些疲倦了，偶然在一个池子旁边蹲下来。澄澈的池水照见了她的面容和身影：她笑，池水里的影子也向着她笑；她假装生气，池水里的影子也向着她生气。她忽然灵机一动：世间各种各样的生物都有了，单单没有像自己一样的生物，那为什么不创造一种像自己一样的生物加入到世间呢？"

这是袁珂自己对女娲造人的原因想象出来的，说原因是偶然在池水边看到自己的影子，想到创造像自己一样的生物。

我们也可不可以像袁珂一样想象女娲造人的原因？

同学们的想象是……

（方法收获：扩写原文，丰富情节）

2. 齐读课文："想着，她就顺手从池边掘起一团黄泥，掺和了水，在手里揉团着，揉团着，揉团成了第一个娃娃样的小东西。"

品读造人的过程。

这是女娲用什么方式造人？——揉团黄土

这里主要用了动作描写，有哪些动词？

3. 齐读课文："说也奇怪，这个泥捏的小家伙，刚一接触到地面，马上就活了起来，并且一开口就喊：'妈妈！'"

品读第一个泥人活了以后的动作、语言描写。

"开口就喊"是与生俱来，不假思索，天经地义——读干脆。

"！"短促，激动。

为什么叫"妈妈"？妈妈——愿意为了你像马一样苦累的女子。

"妈妈"，深情呼唤，众多人不断呼喊。

（方法收获：描写画面、生动传神）

活动四：深入想象，升华中心

1. 请一名同学朗读课文13、14段，其他同学思考这两段写出了什么？

"她工作着，工作着，一直工作到晚霞布满天空，星星和月亮射出幽光。夜深了，她只把头枕在山崖上，略睡一睡，第二天，天刚微明，她又赶紧起来继续工作。"

"她一心想把这些灵敏的小生物布满大地。但是，大地毕竟太大了，她工作了许久，还没有达到她的志愿，而她本人已经疲倦不堪了。"

教师追问：女娲会不会放弃造人？女娲中途会不会犹豫是否该停止造人？想象女娲当时的心理活动。

"工作"——责任、本能、义无反顾、上天赋予。

2. 比较两组句子。

第一组：

揉团成了第一个娃娃模样的小东西
她用黄泥做了许多能说会走的可爱的小人儿
出现了许多小小的叫着跳着的人儿

揉团成了第一个娃娃模样的东西
她用黄泥做了许多能说会走的人
出现了许多叫着跳着的人

对比后，思考：女娲对造出来的人都有那些称呼？在文中圈点出来。这些称呼有什么特点。（小、儿）

第二组：

她亲手创造的这个生物
她给她取了一个名字
她用黄泥做了许多人

> 她亲手创造的这个聪明美丽的生物
>
> 她给她心爱的孩子取了一个名字
>
> 她用黄泥做了许多能说会走的可爱的小人儿

（添加修饰语：聪明、美丽、心爱的、可爱的）

去掉这些词再读——没有了女娲对孩子的爱。

（方法收获：以情动人，语言讲究）

3. 补充阅读《女娲补天》片段。

一天夜里，女娲突然被一阵"轰隆隆"的巨大的响声震醒了，她急忙起床，跑到外面一看，天哪，太可怕了！远远的天空塌下一大块，露出一个黑黑的大窟窿。地被震裂了，出现了一道道深沟。山冈上燃烧着熊熊大火，田野里到处是洪水。许多人被火围困在山顶上，许多人在水里挣扎。

思考："女娲"课本里的注释：造人补天的神。为什么不换一个神补天？女娲是人类的母亲，不仅造人还会牺牲自己去拯救、保护人类。

所以：女娲是不会放弃造人的，在中途也绝不会犹豫是否该停止造人！

（方法收获：深入想象，彰显人物）

活动五：总结依据文本改编神话的方法

通过学习袁珂依据《风俗通》改编的《女娲造人》，我们学到了哪些改编神话的方法？

依据文本改编神话的方法：

扩写原文，丰富情节

描写画面，生动传神

以情动人，语言讲究

深入想象，彰显人物

活动六：探究创意改编神话的方法

1. 观看中国美术水墨动画《女娲造人》视频。

（方法收获：这个《女娲造人》故事的顺序情节有所改变。）

2. 观看电影《西游记之大闹天宫》中"女娲补天"视频片段。

（方法收获：联系其他故事、人物，丰富故事）

3. 涪陵本土川剧《夏天官与蔡龙王》在涪陵大剧院公演，编剧将原来的 21 场戏缩减成 7 场，欣赏时间从原来的 7 小时缩减到 2 小时。仅仅是改编剧本，就花费了半年的时间。

（方法收获：改编也可缩短，取其精华）

4. 创意改编神话的方法：

顺序可改，情节可调

联系其他，丰富故事

合理缩短，取其精华

活动七：学生创编本土神话

作业：改编涪陵民间神话《夏天官与蔡龙王》故事中的"龙王现真身"片段。

要求：用本节课学到的改编神话方法，想象丰富，语言精彩。我们将择优收录进我校编辑的专刊《涪陵民间神话故事集》。

【案例分析】

1. 神话故事的课堂教学要真正让学生发现、热爱神话的想象之美。现代社会科技发展日新月异，神话故事能赋予当代学生想象和美好的意义。

2. 神话故事的课堂教学要教会学生如何让想象"丰富"。

活动三中，先让学生品读作者对女娲造人原因的想象，并让学生自由想象女娲造人的其他原因，然后品读女娲造人过程中揉团黄土的动作描写和人类的语言描写；教会学生补充情节、加入描写，让想象更丰富。

3. 神话故事的课堂教学要教会学生如何让想象"深入"。

活动四中，先让学生深入思考女娲造人疲倦不堪时的心理活动，女娲会不会放弃造人？会不会有一丝犹豫是否该停止造人？然后让学生通过品味女娲对人充满爱的称呼，再补充《女娲补天》的故事加以佐证。通过深入想象，让学生真正理解女娲是绝不会放弃造人的，是不会有一丝犹豫的，人类是她的孩子，她对人类有深厚的情感。

4. 神话故事的课堂教学要教会学生用精彩的语言"表达"想象。

活动四中，让学生通过品味女娲对"人"充满爱的称呼："小东西""能说会走的可爱的小人儿""小小的叫着跳着的人儿""聪明美丽的生物""心爱的孩子"，学习作者用恰当的、充满感情的语言来表达想象。

5. 神话故事的课堂教学要教会学生创编神话的"方法"。

活动五中，带领学生通过梳理学习袁珂依据《风俗通》改编的《女娲造人》，总结依据文本改编神话的方法：扩写原文，丰富情节；描写画面，生动传神；以情动人，语言讲究；深入想象，彰显人物。活动六中，补充课外资源，带领学生探究创意改编神话的方法：顺序可改，情节可调；联系其他，丰富故事；合理缩短，取其精华。

6. 神话故事的课堂教学要让学生去尝试神话的"创编"。

活动七中，让学生收集、整理、改编、表演《夏天官与蔡龙王》等涪陵本土的神话故事，汇编成册《涪陵本土民间神话故事集》；班级举行"涪陵神话故事会"。这是根据本单元、本地方和本校实际，让学生真实、真正地去尝试神话的"创编"。

作者简介：牟智慧，重庆市涪陵十五中语文教师。先后担任学校语文教研组长、教科室主任。重庆市骨干教师，涪陵区"学科带头人""教学能手"，涪陵区骨干教师。优质课《女娲造人》获涪陵区赛课一等奖，《飘动的红丝带》获重庆市优质课竞赛一等，《好嘴杨巴》获全国赛课二等，参加重庆市班主任基本功比赛获二等奖。所获荣誉：重庆市"优秀女园丁"，涪陵区"十大杰出青年"提名奖，涪陵区"优秀共产党员"。先后主研的市区级课题有"开放式写作""少教多学与语文习惯教育的相关性研究""生命教育研究""生命德育课程建设"。参研的教育部"深度学习"教学改进项目，所著课例《奇妙想象》在北京海淀区交流展示。

《湖心亭看雪》课例分析

山西省大同市北岳中学　白雪琴

【教材分析】

《湖心亭看雪》是人教版八年级上册第六单元教学内容之一，本单元都是描绘自然山水的优秀诗文，阅读这类诗文，可以激发灵性、陶冶情操、丰富文化知识积累。单元教学要求在反复诵读中，进入情景交融的境界，并对作品的语言特色有所体会。

《湖心亭看雪》是一篇描写雪景的小品文，出自明末清初文学家张岱之手。文中用白描手法寥寥几笔勾勒了一个亦真亦幻、凄清淡雅的雪世界。文章字里行间流露出作者复杂而微妙的情感：既有独自赏雪的孤寂，又有偶遇知音的欣喜，还交杂着作为亡国遗民的痛心与无奈而更让读者感同身受的是作者的那份"痴情""痴性"，痴迷于天人合一的山水之乐，痴迷于世俗之外的雅情雅趣。

【教学目标】

(一)知识目标

1. 积累一些文言实词、虚词。

2. 了解作者和写作背景。

3. 了解雪后西湖的奇景和作者游湖的雅趣。

4. 背诵课文。

(二)能力目标

1. 揣摩文中描写西湖雪景的文字，把握作者的语言风格。

2. 把握文章运用的白描手法。

3. 赏析课文融叙事、写景、抒情于一体的写作特色。

(三)情感目标

本文展示了作者遗世独立的高洁情怀和不随流俗的生活态度，但又流露出消极避世的意绪，应引导学生批判地对待，历史地分析。

（四）创新目标

练习写白描片段和游记。

【重点难点】

1. 深入理解本文的写景特点。

2. 有感情地朗读课文，背诵课文。

3. 理解作者的精神世界，把握写景与叙事、抒情的关系。

【教学方法】

1. 诵读法。

2. 讨论法与点拨法相结合。本文文字较浅显，注释较详细，学生自读课文，把握文意不成问题。在此基础上教师引导学生把握文章的写作特色和语言风格。

3. 多媒体课件辅助教学。

【课堂实录】

一、导入新课

西湖美景美不胜收，就连唐代大诗人白居易也曾吟出"未曾抛得杭州去，一半勾留是此湖"。多媒体演示"西湖雪景"今天让我们步入张岱的世界，去品品《湖心亭看雪》。

二、演示教学目标并指名朗读

知识目标：

1. 积累一些文言实词、虚词。

2. 了解作者和写作背景。

3. 了解雪后西湖的奇景和作者游湖的雅趣。

4. 背诵课文。

能力目标：

1. 揣摩文中描写西湖雪景的文字，把握作者的语言风格。

2. 把握文章运用的白描手法。

3. 赏析课文融叙事、写景、抒情于一体的写作特色。

情感目标：

本文展示了作者遗世独立的高洁情怀和不随流俗的生活态度，但又流露出消极避世的意绪，应引导学生批判地对待，历史地分析。

创新目标：练习写白描片段和游记。

［设计意图：通过展示知识目标、能力目标、情感目标和创新目标，让学生明确本课要学会哪些知识，培养哪些能力，激发怎样的情感，培养哪些方面的创新能力？使本课学习做到"有的放矢"，克服"盲目学习"和"随意学习"，做到"胸有成竹""推陈出新"，克服"无的放矢""学无所用"。］

资料链接

作者简介：（课件演示）

张岱，字宗子，又字石公，号陶庵，又号蝶庵居士，明末清初山阴（今浙江绍兴）人，寓居杭州。明末以前未曾出仕，一直过着布衣优游的生活。明亡以后，消极避居浙江剡溪山中，专心从事著述，穷困以终。

代表作《陶庵梦忆》和《西湖梦寻》缅怀往昔风月繁华，追忆前尘往事，字里行间流露出深沉的故国之思和沧桑之感。他的文学创作以小品文见长。文笔清新生动，饶有情趣，风格独特。

张岱曾有《自题小像》一文："功名耶落空，富贵耶如梦。忠臣耶怕痛，锄头耶怕重，著书二十年耶而仅堪覆瓮。之人耶有用没用？"覆瓮，比喻著作毫无价值，只可以作盖酱罐用，多用为谦词。作者在自嘲中讽世骂时，显示自己的卓然独立。

［设计意图：通过资料连接使学生对文学常识，包括作者、作品、时代背景，有所了解，走进作者的内心世界，对学习课文，深入了解课文内容会大有裨益。常言道："不入虎穴焉得虎子！"］

三、温故知新

演示课件"西湖荷花图""湖上杨柳图""雨后西湖图""江上垂钓图"分别引导学生联想主题语文中学到的写荷花、咏西湖、咏杨柳、咏雪的诗句。然后放映让学生朗读。

---

1. 晓出净慈寺送林子方

　　　　杨万里

毕竟西湖六月中，风光不与四时同。

接天莲叶无穷碧，映日荷花别样红。

2. 钱塘湖春行

　　　　白居易

孤山寺北贾亭西，水面初平云脚低。

几处早莺争暖树，谁家新燕啄春泥。

乱花渐欲迷人眼，浅草才能没马蹄。

最爱湖东行不足，绿杨阴里白沙堤。

3. 饮湖上初晴后雨

苏轼

水光潋滟晴方好，山色空濛雨亦奇。

欲把西湖比西子，淡妆浓抹总相宜。

4. 江雪

柳宗元

千山鸟飞绝，万径人踪灭。

孤舟蓑笠翁，独钓寒江雪。

［设计意图：子曰："温故而知新，可以为师矣！"通过温习主题语文中学到的上述诗句，使学生对湖上四季美景有所了解，让学生感受西湖的美。使学生产生"晴空一鹤排云上，便引诗情到碧霄"的感觉。为学习新课文奠定了基础。做到"胸有成竹"，克服"无米之炊"，正所谓"知己知彼"，才能"百战不殆"。］

四、课文朗读

［设计意图：通过范读、跟读、感情朗读、齐读等，使学生读准字音，读出语义，读出情感。正所谓"善读之可以医愚""读书百遍，其义自现"。］

五、自主学习

1. 学生对照课文，参照注释，借用工具书，疏通文句，并把有疑惑的地方做上标记。

2. 把自己的自学成果在小组内展示交流，并讨论在自学过程中遇到的问题。

3. 自测自学合作的成果。

演示课件交流：

A. 给括号的字正音

（更）定	gēng
（毳）衣	cuì
雾（凇）	sōng
（沆砀）	hàngdàng
（喃喃）	nán

B. 解释画线的词语：

是日更定	这　初更以后晚八点
人鸟声俱绝	消失，没有
拥毳衣炉火	鸟兽的细毛
雾凇沆砀	冰花一片弥漫
上下一白	全
焉得更有此人	哪能　还
强饮三大白	痛饮　酒杯
客此	在此地客居
舟子	船夫

　　[设计意图：通过自主学习与交流，使学生对基础知识进行有效的学习与交流，既培养了自学能力，又为进一步学习课文奠定了坚实的基础。体现了"我的课堂我参与，我的课堂我做主"的新理念。]

六、合作探究

第一步：品读冰雪（演示课件）
图 A

- 雾凇沆砀，天与云与山与水，上下一白。
- 雾凇沆砀，天云山水，上下一白。

图 B

- 湖上影子，惟长堤一痕，湖心亭一点，与余舟一芥，舟中人两三粒而已。
- 湖上影子，惟长堤一道，湖心亭一座，与余舟一艘，舟中人两三位而已。

　　师：同学们，A 图中的两段文字有什么区别？
　　生：第一段多出了三个"与"字。
　　师：这三个"与"字可以省略吗？
　　生：不可以省略。
　　师：为什么不能省略？
　　生：因为大雪过后，天空是白的，云层是白的，水也是白的。上下全是白的。
　　师：既然全是白的，那么，能分辨出来哪是天空，哪是云层，哪是湖面吗？
　　生：不好分辨。

师：也就是说，天空、云层、湖面形成一个整体，天地合一了？所以不能省略三个"与"字。

能从这句景物描写的美句中，读出作者的心情吗？用"因为……所以……"的格式回答。

生1：因为寒冷，所以悲凉。

生2：因为大雪，所以孤独。

生3：因为天地之大，所以显得人格外渺小。

师：雪后的湖上景色如此美丽，难怪作者要在大雪三日后，独自一人到湖上来看雪。说明作者喜爱什么？

生1：喜爱雪后的西湖美景。

生2：热爱大自然。

生3：作者孤芳自赏，自我清高。

生4：作者不随流俗，不与人同流合污。

图B中作者运用了4个数量词，能不能替换一下，为什么？每人说一个词。

生1：不能替换。因为"一痕"，说明雪后的长堤依稀可见，隐隐约约、恍恍惚惚、似有若无，而一道没有这种效果。

生2：不能替换。因为"一点"说明远处看湖心亭很小，尤其是和皑皑的白雪世界相比，显得十分渺小。

生3：不能替换。因为"一芥"说明舟小。

生4：不能替换。因为"两三粒"说明了数量和人的渺小。

师：啊！"一痕、一点、一芥、两三粒"既说明了明暗，又说明了长短、形态、大小、数量、动静。能对比一下这几个词所指景物的大小吗？

生：所指景物"一痕"大于"一点""一点"大于"一芥""一芥"大于"两三粒"。

师：人与大自然相比那简直是"太仓米"，这使我想起一句诗"寄蜉蝣于天地，沧海之一粟"。

生：人与昆虫一样，实在太渺小了，简直是大海中的一滴水。

师：理解的很好。可是作者为什么要写这些呢？有什么言外之意吗？

生1：作者为人的渺小而伤感。

生2：作者为此而孤独忧愁。

生3：作者有远离他人，远离世俗的感觉。

生4：作者清高孤傲，以为大自然中为我独尊。

师：这段文字使用了什么写作手法呢？这种写作手法有什么特征呢？

演示图片 C

白描是一种描写的方法。原为中国画的一种技法，是一种不加色彩或很少用色彩而只用黑线在白底上勾勒物像的画法，作为一种描写方法是指抓住事物的特征，以质朴的文字寥寥几笔就勾勒出事物形象的描写方法。

白描手法用于写人的范例：（抽象、概括）

A. 枯藤老树昏鸦，小桥流水人家，古道西风瘦马，夕阳西下，断肠人在天涯。

——《天净沙·秋思》马致远

B. "一个凸颧骨，薄嘴唇，五十岁上下的女人站在我面前，两手搭在髀间，没有系裙。张着两脚，正像一个画图仪器里细脚伶仃的圆规。"

——鲁迅《故乡》中的杨二嫂

师：从表达方式来看，图 A、B 中的两段文字是什么？

生：描写。也就是写景。

师：作者写景的目的是什么？

生 1：衬托作者的心情。

生 2：借景抒情。

师：对！作者在文中把叙事、写景、抒情融为一体，或借景抒情，或借事抒情，或借物抒情，或直抒胸臆。

第二步：品读情怀

联系课文内容，说说你对下列诗句的感悟：

演示图片 D

孤高情怀有谁知，独与天地相往来。

一个人，登台长吟：

念天地之悠悠，独怆然而涕下。

一个人，登高作啸：

万里悲秋常作客，百年多病独登台。

一个人，寒江钓雪：

孤舟蓑笠翁，独钓寒江雪。

第三步：品读情感

联系课文说说你对诗句的感悟：

莫说相公痴，更有痴似相公者！

寄蜉蝣于天地，渺沧海之一粟。

酒逢知己千杯少，话不投机半句多。

同是天涯沦落人，相逢何必曾相识。

高山流水有知音，人生能有几回同。

相识满天下，知音有几人？

[设计意图：俗话说"划船要靠浆，打鱼要靠网"品读要掌握其方法和要领。要"授人以渔"而非"授人以鱼"。品读训练合作探究，使学生掌握了一些品读的要领和技巧。"涓流积至沧溟水，拳石崇成泰华岑"，知识积累得多了，方法掌握在手，分析和写作的时候就会得心应手，运用自如，像北宋著名梅尧臣一样，落笔成诗，出口成章。]

七、比较阅读

《江雪》
柳宗元

千山鸟飞绝，万径人踪灭；
孤舟蓑笠翁，独钓寒江雪。

1. 赏析二文写作手法上的不同？

（在描写手法上，《湖心亭看雪》主要使用白描，西湖的奇景和游湖人的雅趣相互映照。《江雪》主要使用烘托手法，景为人设。）

2. 二文表达感情上的不同？

（在表达的情感上，《湖心亭看雪》表达了作者清高自赏的感情和淡淡的愁绪；《江雪》表达了作者怀才不遇的孤独感。）

[设计意图：《孟子》曰："心之官则思，思则得之，不思则不得也。"通过对学生进行对比和思维训练，使学生学会思考。正如日本创造学家角比嘉佑典说："我们应学会从各个角度看问题，一样的东西，从坐着、站着、蹲着、站在凳子上等各个不同的方位，不同的角度，就会看到不同的样子。"要鼓励学生大胆地想象，克服思维定势，打破常规思考问题。]

八、训练提升

演示图片

> 运用白描手法写一段话：可以写人，也可以写景；
> 收集有关"西湖""冬雪"的诗歌；
> 背诵和默写课文。

[设计意图：人们常说："学而不化非学也。"通过练笔和收集资料，使学生发现了自己的成功之处，找出了存在的问题，相互交流、相互借鉴、相互学习、相互促进，因为发现问题比解决问题更为重要。同时，也体现了榜样的示范作用。从而使学生开阔了眼界，提高了认识，语言表达能力，习作水平和创新能力都得到进一步提升。]

作者简介：白雪琴，山西省大同市北岳中学初中语文教师。曾荣获山西省教学能手、山西省"三晋名师"，大同市"二期名师培养工程"培养对象、大同市教学能手、大同市学科带头人、大同市"百千万名师工程"教学骨干、大同市教育系统优秀教师、大同市人事局优秀工作人员、"十佳"班主任等称号。

品对联情韵，赏文化瑰宝

——中国传统文化之对联教学设计

湖北省襄阳市诸葛亮中学　王　辉

【教学目标】

1. 知识能力：了解对联的有关知识。
2. 过程方法：在欣赏和拟写对联中提高驾驭语言文字的能力和创新能力。
3. 情感态度价值观：培养对传统文化的兴趣。

【重点难点】

1. 了解对联常识，学习欣赏对联。
2. 把握对句要领，学习拟写对联。
3. 拟写对联。

【课前准备】

学生查找对联的知识，并收集自己喜欢的对联两则。

【教学方法】

激趣法、点拨法、探究法。

【教学过程】

一、讲述故事，激趣导入

明人解缙少时，门对富豪的竹林。除夕，他在门上贴了一副春联："门对千根竹，家藏万卷书"。

富豪见了，疑有讽己之意，叫人把竹砍掉。解缙深解其意，于上下联各添一字："门对千根竹短，家藏万卷书长"。

富豪更加恼火，下令把竹子连根挖掉。解缙暗中发笑，在上下联又添一字："门对千根竹短无，家藏万卷书长有"。最后富豪气得目瞪口呆。

对联，充满智慧，以它独有的艺术形式，体现了中华文字的丰富性，短小精悍，尺幅之间包藏天地，正所谓：对地对天，天地有情皆可对；联古联今，古今无事不成联！今天我们就走近对联，去领略这一传统文化的奇特魅力。

[设计意图：讲故事，激发学习兴趣。明确学习任务，自然导入本节课学习内容——对联。]

二、走近对联，睹其容颜

说说你了解的对联的知识

1. 什么是对联

对联，也称"楹联""对子"，是一种由字数相同的两句话组成的对仗工整，韵律协调，语义完整的文学形式。它发源于我国古诗的对偶句，始创于五代时期，盛于明清，至今已有一千多年的历史。

2. 对联的起源

秦汉以前，民间每逢过年就有悬挂桃符（上面画着神荼和郁垒）的古老风俗。有诗为证：《元日》（王安石）"爆竹声中一岁除，春风送暖入屠苏。千门万户曈曈日，总把新桃换旧符。"到了唐以后，有人开始把桃符上的门神神荼和郁垒换成了秦琼和尉迟恭。中国古代第一副对联：新年纳余庆，佳节号长春。是五代时期后蜀主孟昶所作。

[设计意图：检查课前自主学习成果，提高学生收集整理信息的能力。]

三、品读欣赏，感其情韵

1. 对联有什么特点

小组合作探究，品读你收集的对联，试着归纳一下。对联的特点为：

（1）字数相等，词性相同。上下联的字数必须相等，词性对应相同。

（2）结构相对，内容相关。上下联的结构要相对，意义要相互联系。

（3）忌有同字，仄起平收。上下联中不可有相同的字，上联末字是仄声，下联末字是平声。

2. 趣联欣赏

数字联：花甲重开外加三七岁月，古稀双庆内多一个春秋。

（理解"花甲""古稀""三七""春秋"等词的意义，让学生算一算老寿星的年龄）

同音异字联：饥鸡盗稻童筒打，暑鼠凉梁客咳惊。

（引导学生从表现的场面、趣味性上及平仄和谐、同音异字的奇特方面欣赏）

嵌字联：天下万物皆润泽，世间无水不之东。

（嵌有"润之""泽东"一字一名）

拆字联：冻雨洒人东两点西三点，切瓜分客横七刀竖八刀。

双关联：莲子心中苦；梨儿腹内酸。

（"莲"与"怜"谐音，"梨"与"离"谐音）

比喻联：天作棋盘星作子，谁人敢下？地当琵琶路当弦，哪个能弹？

（用比喻的手法，气象宏大，用反问，豪迈之情溢于言表）

行业联：

虽是毫末技艺，却是顶上功夫。（理发店）

春风化雨催桃绽李，新笔凌云起凤腾蛟。（教师）

名人名胜联：

海到无边天作岸，山登绝顶我为峰。——林则徐

有志者，事竟成，破釜沉舟，百二秦关终属楚；苦心人，天不负，卧薪尝胆，三千越甲可吞吴。——蒲松龄

大肚能容，容天下难容之事；开口便笑，笑世间可笑之人。——北京潭柘寺联

（"笑""容"二字巧妙，道出了世态人情，写出了人生众相）

青山有幸埋忠骨，白铁无辜铸佞臣。——西湖岳飞墓联

（拟人，青山本无意，白铁也无情，皆因忠佞起，称幸或叫屈）

［设计意图：展示欣赏名联、趣联，拓宽学生视野，感受中华对联文化的博大精深，感受祖国语言文字和传统文化的魅力，激发探究欣赏的兴趣。］

四、学以致用，牛刀小试

自主合作探究，学习拟写对联。

（一）补对联

1. 福州乌山的琵琶亭有一副对联，上联是：一弹流水一弹月。下面最适合作为下联的一句是（　　）

A. 半入江风半入云　　B. 一味清凉上月时

C. 二分明月万梅花　　D. 三月细雨春妩媚

2. 某餐馆门口贴着一副对联，上联是："＿＿＿＿＿＿＿，＿＿＿＿＿＿＿，弃之可惜"，下联是："杯中酒，口口都香甜，量力而行"。（用李绅《悯农》中的有关语句填入上联）（答案：1.A。2.盘内餐，粒粒皆辛苦）

（二）改对联

删改下面一副对联的上联或下联，使之对仗工整。

1. 上联：苟有恒，何必要三更才入眠五更就起床

下联：最无益，莫过一日曝十日寒

（改后上联：苟有恒，何必三更眠五更起）

2. 按对联要求调整下联的顺序和结构。

上联：胜地据淮南，看云影当空，与水平分秋一色。

下联：桥过下扁舟，何处问箫声，有人吹到三更月。（扬州二十四桥联）

（改后下联：扁舟过桥下，问箫声何处，有人吹到月三更）

（三）写对联

1. 为下列对联对出下联或上联。

①春晖盈大地；_____。

②_____；皑皑冬雪兆丰年。

③品国学涵养正气_____。

2. 某班要举办一次"文学沙龙"活动，其中有个项目是"读名著，对对子"。现在邀请你参加这个项目的活动。请你根据上联，完成下联。

参考人物：孔明、悟空、香菱、黛玉……

上联：拳打脚踢武松勇擒虎

下联：废寝忘食香菱苦学诗

提示：答本题时不仅要考虑对联知识，还要紧扣原材料的内容

（参考答案：1.①正气满乾坤②绵绵春雨润万物③读经典陶冶情操。2. 鞠躬尽瘁孔明忠蜀国，神通广大悟空智擒妖）

［设计意图：纸上得来终觉浅，绝知此事要躬行。通过对联"补——改——写"过程，循序渐进让学生一步步感知对联的特征，为进一步的学习奠定基础。设题难度逐渐加深，关注全体学生，调动学习热情，人人参与，享受课堂。］

五、总结提升，畅谈收获

同学们，对联是中华传统文化中一条清澈的小溪，它以独特的形式深受大家的欢迎。生活中，处处留心皆学问，事事练达即文章，希望同学们关注传统文化，树立大语文观，巩固课堂所学。

作者简介：王辉，湖北省襄阳市诸葛亮中学语文教研组长。湖北省襄阳市青年教学能手、骨干教师、学科带头人、教育科研先进个人，樊城名师。"十二五"教育部规划科研课题"'少教多学'在中小学语文教学中的策略与方法研究"课题子课题组长，"十三五"重点科研课题"中华优秀传统文化与现代语文课堂教学实践研究"课题成员。

创设全新情境，互动绽放精彩

——《醉翁亭记》教学案例

山西省临汾市蒲县第一中学　张　群

【案例背景】

本课是人教版八年级下册第六单元的一篇。本单元所选课文以写景记游的古代散文为主，旨在引导学生在游赏祖国大好河山的过程中借景言情，感事抒怀，学习古仁人的旷达胸襟、闲适自得、高雅志趣。文言文教学向来是语文教学中的"老大难"。由于与现代语言环境相隔甚远，学生学习文言文的兴趣相对不浓，再加上文言基础薄弱，学生在文言文的学习方面或多或少存在着畏难或倦怠的情绪。再者，课堂教学大同小异甚至千篇一律的单一教法：读通课文、疑难字词句释义、文本研讨、总结全文、拓展延伸，等等。这些严重影响着学生的学习，不夸张地讲，可以用"苦不堪言"来形容。因此，我想在《醉翁亭记》的授课过程中时一次大胆的创新尝试，用"旅游赏景"的形式来激发学生的兴趣，引导他们积极主动地参与本文的学习，点燃学生学习文言文的热情，提高学习效率，感受传统文化的魅力。

【教学目标】

1. 以游览的形式对文本进行分析、梳理。
2. 厘清写作顺序，感悟文章主旨。

【重点难点】

1. 了解游记散文的特点及写作顺序。
2. 分析本文蕴含的"美"及感悟主旨。
3. 激发学生的自主学习兴趣，真正走进文本。
4. 引领学生欣赏美，感悟美。激发学生对祖国大好河山的热爱，以及对旷达胸怀及伟大人格的赞美敬仰。

【课前准备】

1. 在学生熟读课文，借助工具书或注释整体感知文意的基础上分析文本。

2.展示流程和安排：学生们自主充当导游来引领大家游览滁州"醉翁亭"。

【教学过程】

一、温故知新，导入新课

同学们，在上节课的学习过程中，我们了解了作者欧阳修，并结合资料、课下注释及工具书了解了文章大意。现在请我们一起进行一场"你问我答"的 PK。

（学生自由起立点名提问接龙，要求是涉及作者的文学常识、字词句的释义……注意先出示问题，再点出学生的名字，这样有助于学生们集中注意力思考问题。出错的由出题人选择"处罚"形式）

非常好，刚才大家用游戏的方式一起复习了所学知识，请一定记得"温故而知新"的道理。接下来，继续我们的滁州之旅。下课的时候我们还要评选出"最佳导游"及"最美游客"，旅游快车开动吧！（用角色体验来激起兴趣）

教师小结：同学们，"温故而知新，可以为师矣。"只有遵从科学的学习规律，及时复习，才能真正地做到落实。落实，一定要落到实处。刚才有的小组表现突出，全员参与，并且准确率很高，而极个别小组确实存在不足之处。相信在下次的"比武"中将会有更多的勇士昂起自豪的头颅！

二、角色体验，再析文本

好，接下来，继续我们的滁州之旅。我们要进行的是角色体验。同学们，谁会是今天的"最佳导游"？"最美游客"又会花落谁家呢？旅游快车开动起来！谁愿意第一个体验做导游？自己踊跃起立，众位游客就交给你了。

曹瑞同学已经站起，请大家用最热烈的掌声欢迎小曹导游！

片段展示一：

导游1：游客朋友们，大家好！我是导游小曹。欢迎大家来到美丽的滁州市。欢迎乘坐本次旅游专列。今天我们要随北宋大文学家欧阳修一览名胜，目的地—醉翁亭。现趁客车行驶的时间，哪位朋友为大家介绍一下你所了解的滁州及醉翁亭？

生 A：滁州市位于安徽省东部，是座四面环山的美丽的历史文化名城。它有着秀美绮丽的自然风光。有文为证，"环滁皆山也。其西南诸峰，林壑尤美……"

生 B：据《醉翁亭记》载，建造亭子的是僧人智仙。

生 A：我要补充一点，滁州市有很多名胜值得一游，比如琅琊古道、明中都城等。

生 C：滁州市还有丰富的人文古迹，是历代文人墨客的钟爱之地。唐宋文人韦应物、欧阳修、辛弃疾等曾先后在做作官,其他诗人如苏轼、王安石等也曾到此游览,写下了不少名篇佳作。

导游1:不知哪位记得他们写的诗?

生D:韦应物的《滁州西涧》

主持人:好,请背诵韦应物的《滁州西涧》?

生D:《滁州西涧》

独怜幽草涧边生,上有黄鹂深树鸣。

春潮带雨晚来急,野渡无人舟自横。

生F:欧阳修有首《题滁州醉翁亭》,我给大家吟诵几句:

四十未为老,醉翁偶题篇。

醉中遗万物,岂复记吾年。

……

导游1:大家说得真好。朋友们,不知不觉中我们现已到达滁州市了。哪位来说说我们到醉翁亭的行程呢?

生G:滁州—琅琊山—酿泉—醉翁亭

导游1:刚才介绍了滁州市总体情况,现在请介绍我们所见到的滁州市的地理特点,以及琅琊山的风光。

生H:"环滁皆山也,其西南诸峰林壑尤美,望之蔚然而深秀"

导游1:谁来解释一下?

生C:鸟瞰滁州市四周都是山。其中最著名的是西郊的琅琊山。群峰连绵,树林阴翳,草木茂盛,山谷深邃。远望去,又幽深又俊秀。

导游1:现在,我们已经到了醉翁亭,请描述醉翁亭的位置。

生I:"山行六七里,渐闻水声潺潺而泻出于两峰之间者,酿泉也。峰回路转,有亭翼然临于泉上"。它位于琅琊山深处,酿泉边上。

导游1:刚才我们游览了醉翁亭,俗话说饮水思源,大家知道"醉翁亭"这亭子的来历吗?

生J:我要补充的是取名字的是时任太守的欧阳修。"作亭者谁?山之僧智仙也。名之者谁?太守自谓也。"

片段展示二:

导游2:美丽的风景总能让人产生别样的情感。看到眼前的此等美景,谁可以用一个字来概括自己的心情？

生 K：我的心情和醉翁一样，一个"乐"字足矣。

生 L：我也有同感。

导游 2：那文章中是如何写"乐"的呢？

生 M：全篇共用了十个"乐"字。第一段"山水之乐，得之心而寓之酒也"，首次出现"乐"字，与结尾"醉能同其乐，醒能述以文者"形成首尾呼应；"然禽鸟知山林之乐，而不知人之乐；人知从太守游而乐，而不知太守之乐其乐也"进一步抒发情感。

导游 2：我们知道，欧阳修当时是被贬之人，请思考，处于如此境地的他何乐之有呢？

生 N：山水美，有了山水之乐。

生 O：与滁人游，有了游人之乐。

生 P：还有禽鸟之乐，宴酣之乐。

生 Q：还有太守与民同乐。

……

导游 2：大家说得很全面。听了大家一席的谈论，才发现竟有这么多的"乐"。游山玩水中表现了怎样的感情呢？

生 R：我认为表现了作者寄情于山水以排遣郁闷的复杂感情和与民同乐的政治理想。

生 S：我认为还能看出作者旷达豁然的胸襟……

导游 2：朋友们，滁州市的游览就要落下帷幕了。今天，我们不仅观赏了琅琊山优美的风光，探访了醉翁亭，也看到一位身处失意但襟怀豁达、与民同乐的欧阳修。朋友们，"读万卷书，行万里路"，让我们也向他学习，努力成为知识渊博，志趣高雅，心怀坦荡，眼中有美景，心中有百姓的人……

三、片段写作，城市名片

祖国处处好风光！滁州市是个好地方，景美人美情也美；我们的家乡蒲县也是个好地方，山清水秀，钟灵毓秀，人杰地灵。在改革开放，旅游业大好发展的今天，向世人介绍我们的家乡显得特别重要。

片段写作要求：

1. 介绍滁州市或者蒲县，如画美景，风土人情，……不仅让更多人了解该地，还要让其涌起想到此一游的强烈愿望。

2. 字数 300 左右，文采飞扬，情蕴其中。

【案例反思】

《醉翁亭记》是一篇流传千古的美文，大文豪欧阳修不仅向世人展示了一幅美不胜收的大自然画卷，同时也让人们看到一位襟怀坦荡，与民同乐的地方官。

激发学生的学习兴趣是文言文教学必须置之首位的问题，有了兴趣才会自主思考，才能提高课堂效率。既然是游记，那就在"游"字上做文章。把枯燥的课堂变成别致的心灵之旅，兴致一来，课堂效率自然就高了。一定要创新，教师要改进教学思想，改变授课方式；学生才能改变学习方式，变被动为主动，进而好学乐学。教学相长，互相成就，自古如此。开放思维，打开思路；开放课堂，师生双赢。

《醉翁亭记》作为传统文化的经典之作，不仅是一篇颇具文化价值的文字盛宴，它更大的价值在于向世人、向后人传承浸润民族精髓。这是非常难能可贵的精神财富。在组织教学的过程中，除了要完成文言文教学的基本任务之外，静享文字，慢品情思，让学生们在析美文赏美景的过程中感受传统文化的魅力才是其真正的意义所在。

参考文献

1. 黄麟生、林润之：《语文教学技能培育教程》，南宁：广西人民出版社，2006 年。
2. 余敏辉：《欧阳修文献学研究》，北京：北京师范大学，2005 年。

作者简介：张群，山西省临汾市蒲县第一中学校语文教师。现任学校教研室主任，兼任学校语文学科组组长。曾多次获得上级政府及有关部门表彰，在省市国家级教学期刊发表多篇教育教学论文。

《蒹葭》教学案例分析

陕西省华阳思源实验学校　王艳君

【教材分析】

《蒹葭》是《诗经》中的名篇，文质优美，集中体现了《诗经》的特点。整首诗以四言为主，多用押韵，重章叠句，反复咏唱，一步步把诗人的惆怅、凄婉、深沉的相思之情推向高潮。案例中，我以邓丽君的歌曲《在水一方》和芦苇画面激情导入，激起学生的学习兴趣，然后展示出学习目标，让学生回顾有关《诗经》的文学常识，再通过解题，从四个方面引导学生赏析全首诗，这四个方面分别是：诗歌的音韵美、意象美、情感美和理趣美。最后，在课堂检测和施航的《蒹葭》歌曲中，再次让学生体味整首诗的"美"，从而达到背默的目的，教师及时给予评价和教学内容小结，布置作业，最终实现课后巩固。

【学情分析】

课程标准要求，初中学生要准确地读出诗文节奏，并理解有关字词的含义和用法。了解常见的文言句式与现代汉语的不同，能概括出内容要点，分析作者的情感态度和价值观，能在赏析诵默中体悟诗文中的形象和语言特点，从而培养学生的赏析能力和对中国文化的传承能力。

1. 学习特征

学生语文基础差，语文能力弱，学习水平参差不齐，总习惯于被迫式学习，所以在学习的主动性和积极性方面可以说是零。

2. 学习习惯

学生不能主动的在课前预习，课后巩固，只能在课堂上让老师引领着去学，自主学习能力差，这与学生自小的习惯养成教育有很大关系。

3. 学习交往

学生缺少合作意识，独来独往，遇到问题，总是习惯与唱独角戏，不问也不去和同伴商讨探究。

4. 课前对学生的要求

要求学生自读，对不认识的字或不懂的词结合文下注解以及有关工具书初步落实好，再在诵读中体味诗的内容和诗人所要表达的思想情感，接受中国古代优秀文化的熏陶。

【教学目标】

知识与技能：了解《诗经》的有关文化常识；识记并掌握重点字词的读音、含义和用法；感受诗的美，提高对诗的赏析能力。

过程与方法：通过"吟诵—涵咏—体会—点拨—引导—拓展"，感受诗意，积累品读诗歌的方法。

情感态度与价值观：培养学生健康美好、奋发向上的人生态度，感受灿烂辉煌的中华民族文化。

【重点难点】

1. 重点

(1)了解《诗经》(收集《诗经》的有关材料并识记有关知识点，《诗经》的历史地位，摘录诗歌的起止范围，篇数，体制内容，表达方式和艺术特色等有关文化常识，进一步明确什么是"六义"或"六诗")。

(2)赏析诗的"美"——音韵美，意境美，情感美，理趣美。

反复朗读中从诗的意象、意境和情感三个方面逐一的进行引导体悟，加上PPT中自始至终的画面提示和音乐熏染，让学生在浓浓的气氛中愉快学习，在探究中达到对诗歌"美"的掌握。

2. 难点

讲授赏诗的一般方法，在引导鼓励中，在图文并茂的PPT中，激发学生对诗的感知兴趣和求知欲，再通过课外的拓展训练，学以致用，达到赏析能力逐渐地提高。

3. 教学课时：1课时

【教学过程】

一、创设情境，导入新课

(以播放舒缓优美的歌曲《在水一方》视频和图片创设情境，激发学习兴趣。指出《蒹葭》在中国诗坛的地位。)

导语：刚才我们听了邓丽君的《在水一方》，她宛转悠扬的歌声把我们又一次带进了蒹葭苍苍、佳人在岸的优美意境。每当我们吟唱起这些如珠如玉的情句时，我们便荡气回肠、缠意绵绵；每当我们诵读起这些优美朴实的诗句时，我们便被这原始的、不经雕琢的生命和情感所震撼。那么，今天就让我们一起欣赏《诗经·蒹葭》这颗古老而璀璨的明珠吧。

1. 说出这首歌曲的灵感从哪里来？

2. 说出这首诗的出处。

（利用"窗口播放"功能，播放歌曲《在水一方》，集听、看、思于一体，它既可以集中学生的注意力，还可以培养学生的审美能力，提高学生感受美、理解美的能力。使学生对诗意有初步的了解。在此基础之上，再以不同形式的朗读引导学生由浅入深地感受诗歌的结构美、音乐美、画面美、情感美。这样的导入，会引起学生感情的共鸣，从而收到先声夺人的效果。）

二、解题，了解《诗经》

1. 复习检查上节课所学《诗经》的有关内容，为运用旧知识解决新问题作铺垫。

2. 一两个学生回答自己对《诗经》有关内容的掌握及诗题的含义，其他学生补充。

3. 以 PPT 形式展示《诗经》的有关知识点及"蒹葭"一词的含义，达到强调识记的目的。

三、品读诗的音韵美

1. 检查字音。（一生上台标注需要积累的词语并解说）

2. 这首诗歌在形式、字数、停顿和押韵上的特点。

明确诗的"重章叠句"的表达形式；了解"重章叠句"是《诗经》中常见的一种表达形式，有一唱三叹的美感。

3. 邀请三个同学每人读一节，要求读出重音，读出节奏，读出情感。

4. 播放名家的朗读，师生齐读。

四、品读诗的意境美

1. 积累词语的意思，让学生释译，初步感知诗的意境。

2. 提出问题并板书：走近这幅画，你依稀看见了什么？景物有什么特点和作用？

3. 请学生发挥想象，用自己的语言说出这幅淡雅的画。老师再展示出给这幅画面配的优美文字，并要求学生齐读。

4. 培养学生用情感朗读课文的能力以及丰富的想象力。

五、品味诗的感情美

1. 运用朗读手段分析诗歌中追求者、伊人的形象，体会诗歌的情感美。

（学生自主思考与合作探究，从中找出有关问题的语句，品味人物形象，入情入境。）

2. 老师提问：（学会情感朗读课文的能力和丰富的想象力和表达习惯）

（1）伊人在哪儿？给追求者的感觉如何？

（2）追求者在哪？追求者是怎样追寻伊人的？

（3）伊人、追求者各是一个怎样的形象呢？

（4）诗人的情感有怎样的变化？

3.老师小结并板书：整首诗歌给人以雾里看花、水中望月之感，让我们深深体会到那种凄婉而深沉的相思之情。

六、品味诗的理趣美

1.求者炽热追寻的"伊人"仅仅是一位美丽的女子吗？还能不能有其他的理解。

"伊人"到底是谁，而一千个人心中就会有一千个伊人——是她？是他？是知音？是恋人？是贤者？是隐士？是理想、功业、品质、前途等，不一而足。可见，《蒹葭》不仅是一首爱情恋曲，更是一阙追求者的歌。

2.从抒情主人公身上你领悟到了什么？

小组讨论：由小组长收集总结组上的探究结果并上台展示，让学生的批判性反思能力和自我展示能力得到充分的体现。

七、课堂检测

1.《诗经》是我国第一部诗歌总集，共有多少篇？《诗经》"六义"指的是什么？

2.《蒹葭》中开篇点明季节的诗句是什么？

3.《蒹葭》写清秋萧瑟景象（环境）的语句是什么？

4.《蒹葭》中表现男子对所爱之人不畏艰难险阻的追求的诗句是什么？

5.《蒹葭》中借交代对象与地点表现相望所爱之人，可望而不可及的无限情思的诗句是什么？

6.《蒹葭》中用反复吟咏的形式创造可望而不可及的虚幻意境，蕴含执着、炽烈的相思之情的句子是什么？

（老师针对讲的内容，设计出问题，让学生作答。学生独立思考，在诗中找出答案并齐声读出答案。）

八、唱诵默写

老师以歌曲的形式唱出诗内容，并请一位"幕后老师"再唱，把学生再次带入优美的意境中，为后面的背诵默写做准备。学生听唱、跟唱，并诵读默写全诗。

九、教学小结

（总结梳理本节课内容，进一步强调《诗经》的特点及对诗歌的一般赏析方法。）

全诗共三节，以四言为主，描写与抒情结合，以 ang 和 i 为韵，用水岸边的秋景起兴，重章叠句，反复咏叹，把主人公渴慕、惆怅和凄婉的情绪推向高潮，表现了一种可望而不可及、深沉的相思之情。

十、课外拓展

（进一步加深对《蒹葭》的理解，通过课下查找资料进一步明确《蒹葭》的艺术地位。使学生的探究由课内延伸到课外，使学生将本节所学到的知识、方法以及情感上的体验及时地整理、归纳和运用。）

1. 诵读默写《蒹葭》。体悟诗歌内容，落实课堂内容。播放音乐，在图文并茂中再次走进诗歌意境，走进诗人的内心世界，使自己受到诗歌魅力的熏染。

2. 发挥想象和联想，改写《蒹葭》，体味诗的魅力。

3. 赏析《诗经·木瓜》要求：拟写一个题目并赋予赏析性的文字。

（通过赏析《木瓜》和改写《蒹葭》进一步提升学生的赏析能力，巩固教学内容。打开电子白板，示范改写内容；让学生展示交流对《木瓜》的赏析文字。）

> 投我以木瓜，报之以琼琚。匪报也，永以为好也！
> 投我以木桃，报之以琼瑶。匪报也，永以为好也！
> 投我以木李，报之以琼玖。匪报也，永以为好也！

【教学反思】

这节课总的来说还是比较成功的，我和学生都被诗歌中优美的旋律所吸引，被他那反复咏叹的深情和浓浓的愁思所感染。

1. 注重了朗诵。诗歌教学就应该是以朗诵为主，不能作繁琐的分析，不能上成练习课。诗歌所表达的情感以及意境，只有通过不断地朗诵，让学生细细品味，才能逐步走入诗歌的艺术之美。在教学时我努力使学生通过美读来感受先人的情感美，来领略华夏民族文化。

2. 用优美的《在水一方》设置情境，课堂气氛好，在课堂上努力做到了师生互动，营造了良好的教学氛围，使学生能体会到诗的隽永淳厚的意味。

3. 学生深入地理解诗人表达的情感，感受诗歌的结构美（重章叠句的作用）。重章叠句和反复咏叹的手法学生较容易理解和接受了。

4. 教学方法上采用自读法、朗读法、探究法、提问法、练习法等综合方式，效果不错。

存在的问题：时间安排上有点前松后紧，在"品味诗的理趣美"和"课堂检测"的环节中给学生留的思考时间不够，有点走马观花、灌输的嫌疑。另外，在PPT的制作中，开头的导入部分，应以影片的形式把歌曲和画面结合起来，自动循环放映，那样效果会更好，以后还要改进。

作者简介：王艳君，陕西省华阳思源实验学校语文教研组组长。2015、2016年分别被评为校、县级教学质量工作先进个人。论文《创建团队精神，达到课堂高效》在2016年"更新教育观念，实施素质教育"全国论文评选中被评为一等奖，2016年微型课题"初中语文综合性学习教学策略的研究"结题。2016年被评为"十三五"重点科研课题"中华优秀传统文化与现代语文课堂教学实践研究"课题优秀主持人。

学法·学情·学成

——《穿井得一人》教学案例分析

陕西省西安市第六十七中学 马美茹

【背景说明】

目前，我校正在进行国家"十三五"重点科研课题"中华优秀传统文化与现代语文课堂教学实践研究"子课题"现代课堂教学特质指导下的古诗文教学"的研究。为了让课题研究真正落到实处，语文组开展了古诗文教学公开课活动。在活动开展时，教学进度正好到部编版七年级上册语文课本第六单元。本单元是以想象为主题的单元，包含了童话、诗歌、神话和寓言多种体裁。其中《寓言四则》里面包含了《穿井得一人》《杞人忧天》两篇文言文。

《穿井得一人》是一篇寓言，主要是通过对故事的理解、把握理解寓意，达到启迪思想的目的。全文虽然只有88字，然而，站在不同的角度，对课文的寓意的理解是不一样的。

《穿井得一人》讲述的是这样一个故事：宋国有个姓丁的人，家里没有水井，需要出门去打水，经常派一人在外专管打水。等到他家打了水井，他告诉别人说："我家打水井得到一个空闲的人力"。有人听了就去传播："丁家挖井挖到了一个人"；全国人都把"凿井得一人"这个消息相互传说着，一直传到宋国国君的耳朵里。宋国国君派人向姓丁的问明情况，姓丁的答道，"得到一个空闲的人力，并非在井内挖到了一个活人。"

如今，我们正处在网络自媒体时代，对于各种信息的分辨人们仍处于一个盲从的阶段，而《穿井得一人》就教给人们对待传言的正确态度。文章既有人与人之间语言沟通的方法，也有教化人要有审慎的态度、去伪存真的求实精神的作用；既有实际用途，又具有古文化的熏陶感染作用。体现了中华文化的博大精深，刚好切合于课题内容。同时，课文浅显易懂且容易拓展，方便挖掘深度还可以巧妙引导。经过反复揣摩与论证，最终选定了《穿井得一人》这篇文章作为公开课的课题。选定之后，参考同行建议，逐步推敲，完成教学设计，最后上课。我所执教的《穿井得一人》一课获得组内教师好评。然而，在成绩的背后仍然发现了一些问题。

【案例记录】

由"以讹传讹"游戏导入。

教师叫 5 名学生走上讲台作为参与者，授课教师对第一名同学附耳说话，然后由该同学依次附耳传话，最终将老师所言之语同最后一名同学的话进行对比，再由学生讲述出现谬误的原因，进而导入本文。

第一个教学板块：了解故事。

1. 教师用自己制作的微课介绍吕不韦和《吕氏春秋》，学生观看并初步了解。

2. 学生采用自己喜欢的方式读课文。

3. 给自己讲一讲课文，找出其中难以理解的地方。

4. 学生就自己觉得很难理解的问题问老师，老师进行解答。

5. 师生之间互译课文。

第二个教学板块：编写课本剧。

为了能准确地理解本文的寓意，要给文章中出现的人物加上恰当的语言动作或者神态心理描写，以此来把握文章的寓意。

1. 揣摩丁氏、"闻而传之者"、国人、宋君，"丁氏对曰"时的心理和神态、语气。

2. 学生根据自己的想象来读课文，进一步理解课文内容。

第三个教学板块：明白道理。

丁氏的话与后来的传闻发生那么大的出入，宋国的国君决定追究这起事件的责任人。如果你是断案大臣，你觉得谁应该为这起谣言负责？学生思考、讨论后在黑板上写出结论，多角度分析本文的寓意。

第四个教学板块：学会生活态度。

1. 古代发生的类似"以讹传讹"的事件还有哪些？（同桌议论、发言）

2. 列举自己在现代生活中出现的类似"穿井得人"的事例。（学生举例并交流）

3. 面对这样的事情我们应该采用怎样的态度？（教师出示《察传》和《三字经》中的文字，学生讲解并归纳其思想内容）

当师生一起共同学习到第四个板块时，教师提问："古代类似的事件还有哪些？"此时有两个同学举手，分别告诉大家"三人成虎"和"曾子杀人"的故事。课上到这里，听课的老师都为学生的丰富的文化积淀竖起了大拇指。

接着授课老师又抛出了一个问题："古代由于信息传播渠道不快捷不通畅，所以出现了这样的问题，那么，现代社会有这样的事件出现吗？"本以为会达到"一石激起千层浪"的效果。学生会众说纷纭。然而，看了下时间此时离下课只有七八分钟了。授课教师此时直接显示了诸多现代环境下利用灵活无序的网络传播谣言的例子。其中还包括教师辛苦制作的视频。这时候的课堂没有给学生思考的时间。学生成了观众。不仅如此，后面的授课内容几乎全部变成了老师"一言堂"，全部由老师掌控。大部分学生此时已经不说话了，就看着 PPT 在更换，课堂成了老师的"个人秀"。

【案例分析】

一、发挥学生的主体作用

《语文课程标准》指出"学生是语文学习的主人。教师是学习活动的组织者和引导者。"素质教育要求教师把学生从传统的被动的受教育地位转变到主动的求知地位上来，在教学活动中，教师不仅要向学生传授知识，更要引导学生养成自觉地寻求知识，获取知识的能力。为此，我们必须在教学中充分体现学生的自主地位。

本节课的前部分从"以讹传讹"游戏导入到学生自主诵读、解决疑难问题再到编写课本剧和学生的举例都非常有力的体现了"学生为主体"这一理念。课堂上课外拓展环节却又由学生自主学习变成了一言堂，学生被老师的思路左右。原因之一是教师不放心，不放手。教师要在课堂上发挥学生的主体作用就要求教师善于放手。

(一)善于放手是要让学生具有参与意识

著名心理学家皮亚杰认为，"个体的认识起源于活动，活动在个人智力和认识发展中起着重要作用。个体只有投身于各种活动之中，其主体性才能得到良好发展。"教师在课堂教学中，要为学生提供一定的活动机会，并留充足的时间让学生参与到活动中，去发现问题并解决问题。

(二)善于放手是要让学生具有有合作意识

对话讨论是调动全体学生进行自我探索的有效手段，有利于师生之间、学生之间的情感沟通和信息交流，达到双赢的教学效果。

(三)善于放手要让学生具有质疑意识

张载说过："在可疑而不疑者，不曾学；学则须疑。"教师要注意培养学生质疑的勇气，鼓励学生大胆质疑，提出并坚持自己正确的想法，带动全体学生积极参与，使学生能主动地去学习，只有经过"怀疑""思索""辨别"三步以后，学问才是自己的学问。

现代课堂是一个开放的课堂，一个开放高效的课堂需要师生的互动，更需要给予学生充分的课堂权利。语文课程标准指出"学生是语文学习的主人。

教师是学习活动的组织者和引导者。"在教学中充分体现学生的自主地位，教师要做到能放手、敢放手、善放手。

二、改变传统的备课观念

（一）善于进行学情分析

课外拓展环节变成教师的一言堂，原因之二则是教学设计环节缺乏了对学生学情的正确的分析和把握。

学情分析指的是对学生在学习方面有何特点、学习方法怎样、习惯怎样、兴趣如何，成绩如何等。设计理念包括教学方法和学法指导，以及教学设想的分析。

学情分析的两个层面：一是科学的理性的层面（对教材的分析）——这是最简单，最基本的分析。教师只要根据学科特点和知识发展客观规律备课，但如果备课只关注这个层面的分析，就会发现备课时学生是天才，上课时候学生是蠢材。二是非理性分析——学生的非智力因素（包括兴趣、动机、情感、意志和性格）。这节课就是由于授课教师在学生的非智力因素方面关注不够，所以不了解学生在日常生活中有没有遇到过类似信谣、传谣的事件，或者是教师对学生的认知能力把握不够到位，不知道学生会不会归纳概括或者总结类似事件。因而，导致了一言堂的出现，也反应出教师的课前准备工作的漏洞。

建构主义学习理论认为："学习是引导学生从原有经验出发，生长（建构）起新的经验。"老师讲清楚，不代表学生能内化为自身的知识。面对学生知识层面达不到，理解能力达不到，就显得我们的问题在于只顾完成教学任务，只顾传授知识，而忽视了学生学的情况，忽略了课堂是一种发现问题、解决问题的过程。教师的思维不能代替学生的思维。有的学生的思维可能会超越教师、超越教材，出现新颖、独特的想法。教师只有关注学情分析，才能提前预见并及时了解学生学习中随时可能出现的教学意外，做到适时引导，有效控制。

（二）备教学方法和教学手段

对于任何知识都能用合适的方法教给各种层次的学生。在熟悉教材，充分了解学情的基础上，还要考虑用什么样的方法教学生更易于接受。学习金字塔告诉我们，听讲这种我们最熟悉最常用的方式，学习效果却是最低的。两周以后学习的内容留下的仅仅只有5%，阅读能记住的10%，视听能记住的20%，演示能记住的30%。而讨论、实践、教授他人能记住的才会更多。因此，在教学时，一定要充分考虑不同的内容，用怎样的方法学生更便于接受和理解。不同的教学手段所达到的教学效果是不一样的，要多种措施并用。

对于任何知识都能用合适的方法教给各种层次的学生。容易的问题，如果方法不恰当，学情分析不到位，学生也难以接受。用五十种方法教一个学生和用一种方法教五十个学生的区别大约就在这里吧。

《新课标》告诉我们："跳出备课预设的思路，灵活应变，尊重学生的思考，尊重学生的发展，尊重学生的批评，寻求个人理解的知识的结构，课堂会因生成而变得美丽。"学生语文核心素养的提升需要我们通过恰当的学情分析，达到"教师可因此而少教，学生因此能多学"的境界。

三、重视语文教学的熏陶感染作用

本节课课堂生成中出现的《察传》的教师解释和《三字经》的老师分析这样的情况，原因之三是教师为了完成公开课教学或者是为了讲授文言文知识，语文教学脱离了人文教育，忽视了对学生的情感熏陶和思想启迪。教师的介绍讲解与分析代替了学生的感受、体验和理解。学生始终被老师牵引而行。只能是教师又将课文进行了深入的学习，使自己受到了教育。而真正应该受到感染和熏陶的学生却只是停留在知识理解的层面，束缚了学生的思维，文本的多层次多角度的理解也没有得到展现，学生智慧的火花没有在课堂上迸发出来。

教授一篇文章，应让学生在主动积极的思维和情感活动中，加深理解和体验，有所感悟和思考，受到情感熏陶，获得思想启迪，享受审美乐趣。如果在关注学情的基础上授课教师只选其中一篇进行师生互动的深入研究，或许比教师为赶时间自己一言堂要好得多。德国哲学家雅斯贝尔斯在他的《什么是幸福》一书中说："教育的过程首先是一个精神成长的过程，然后才成为科学获知的一部分。"人文关怀要渗透到知识传授之中，给学生心里埋下一粒种子，而不是强求一个结果。

无独有偶，有幸看到王益民老师讲授的《穿井得一人》教学实录，他带领学生一起玩翻译、玩诵读、玩寓意、玩故事、玩改编，将文言文教学教出新意，挖掘出课文内涵，讲出了深度，锻炼了能力，熏染了学生。也感受到名师与匠师的差距。

一堂成功的语文课不应是停留在知识的表面，而是要深入挖掘其内涵；不应是僵死的知识灌输，而是有助于学生长远发展。让学生认识中华文化的丰厚博大，吸收民族文化智慧。使语文鲜活的植根于生活中。就像叶老所说的："这种快感、思索与注意力，足以鼓动阅读的兴趣，增进阅读的效果。"

作者简介：马美茹，陕西省西安市第六十七中学语文教研组长。曾参与省级科研课题《指导学生进行古典诗词赏析方法研究》。多年来在省级以上报刊发表论文多篇。

诵读法教学《小石潭记》教学案例

江西省玉山县冰溪中学　刘月霞

【教学目标】

1. 能积累一定数量的文言实词与虚词，掌握其音与义，了解常见的文言句式特点，从而理解作品的内容和艺术手法；

2. 有感情朗读课文，掌握抓住景物特征加以细致描摹的方法与融情于景、情景交融的写作方法，体会这些写法的妙处，提高自己的鉴赏能力。

【重点难点】

有感情朗读课文，体会文章写景抒情的方法。

文章前面写"心乐之"，后面又写"悄怆幽邃"，一乐一怆落差巨大，怎样理解文中的乐与怆。

【课堂实录】

一、导入

同学们，今天，我们要一起学习柳宗元的一篇精致文章《小石潭记》。首先，让我们一起来了解一下柳宗元。

二、作者简介及写作背景

柳宗元（公元773—819年），字子厚，河东（山西）人，世称"柳河东""河东先生"，唐代文学家、哲学家、散文家和思想家，唐宋八大家之一。他和韩愈都是唐代古文运动的倡导者和奠基人，并称"韩柳"。代表作有《永州八记》《三戒》《捕蛇者说》等。《小石潭记》说是《永州八记》之一。

唐永贞元年（805年），柳宗元与刘禹锡等一起参加了以王叔文为首的革新集团，从事政治、经济、军事等各方面的革新。由于遭到以刘贞亮为代表的宦官势力和以韦皋为代表的官僚势力的反对，革新集团失败了，柳宗元被贬为永州司马。他在政治上不得志，心情抑郁，所以就游山玩水，欣赏大自然风光来排遣内心的愁闷。他在永州发现许多飞景佳丽的地方，记下了其中八处名胜：西山、钴姆潭、钴姆潭西小丘、小石潭、袁家渴、石渠、石涧、小石城山。

三、诵读课文，体会融情于景、情景交融的写作方法

(一)自由朗读课文，参考注释及工具书，扫清字词障碍。

(二)美文赏读，读出文章的情景之美。

1. 有感情地朗读课文，画出表现作者情感的词语；

(教师有感情地泛读课文第一自然段，学生依次朗读课文其他段落)

明确："心乐之""似与游者相乐""凄神寒骨，悄怆幽邃"。

2. 赏读"乐"。再次有感情地朗读课文，思考：为何"乐"？

(学生讨论后明确：竹美、水声美，小石潭形态奇，树蔓披拂，水清、鱼乐、人乐)

3. 有感情地朗读课文，找出感情变化的转折点。

师：从"乐"到凄、怆这是情感的巨大变化，那么，这种变化是怎么发生的呢？我们再来读课文，请大家找找看，作者前后截然不同的感情，是从课文的第几自然段开始，发生变化的呢。

(学生三读课文)

明确：从第三自然段。

"潭西南而望，斗折蛇行，明灭可见。其岸势犬牙差互，不可知其源。"

4. 合作探究第三自然段，体会作者融幽微之情于写景之中的复杂情愫。

师：我们来读读看这一自然段，这一段，是作者感情的转折点，请同学们边读边思考，从这个自然段中，我们能找到哪些信息，来解读柳宗元感情的巨大变化。

师：哪位同学能翻译一下"斗折蛇行，明灭可见"？

生：溪身像北斗七星那样曲折，水流像长蛇爬行那样弯曲，有的地方露出来，有的地方被淹没了，隐隐约约可以看得出。

师："这里的"斗"和"蛇"都是名词作状语，请同学们做好标记。再请同学翻译一下"其岸势犬牙差互，不可知其源。"

生：那石岸的形势像狗的牙齿那样相互交错，不能知道溪水的源头。

师："犬牙"在这里也是名词作状语。小石潭如此清澈明媚可人，自然让人想见其源头。然而注入小石潭的溪身却是"斗折蛇行，明灭可见。"它的岸势则是"犬牙差互"。同学们，请联系一下我们前面在写作背景里提到的知识，这样的"溪身"与"岸势"会让你想到什么？我们常以自然的道路比人生的道路，此处，柳宗元会不会有这样的感想呢？同学们讨论一下，看看能不能有所发现？

生：如果以"溪身""岸势"来比柳宗元当时的人生之路的话，是再确切不

过了。因为当时柳宗元参与改革失败了，被贬到偏远的永州，远离京城，正是前途难测，忧心忡忡的时候。

师：说得很好！"蛇""犬牙"都是凶恶的令人生畏的物象，柳宗元在这里用"蛇"和"犬牙"比"溪身"和"岸势"，正体现出了他心中的忧惧。"明灭""不可知其源"，则折射出了作者内心的迷惘——在32岁如日中天的年龄，遭遇到这样的政治打击，怎么能乐观得起来呢？

公元805年，32岁的柳宗元已是礼部员外郎，他一心想要革新黑暗腐败的政治，挽救大唐的朝政，然而，"永贞革新"前后不过180多天，便宣告失败，王叔文被赐死，参与革新的人，都被贬到偏僻的地方做"司马"，这样的沉重，一个小石潭，又如何能排解呢？

我们再来读读这一段，读出作者心中幽微不能为外人道的凄怆情感。

（生齐读）

5. 合作探究第四自然段，解读作者心中的"寂寥无人"的"悄怆"。

师：也就是从第三自然段开始，作者的感情已经悄然发生变化。到第四自然段，这种感情一露无遗。我们来读读第四自然段，体会作者感情的波澜变化。

（学生齐读课文第四自然段）

师：在第五自然段，作者记述了同游者，加上作者本人，至少有六人。可是，作者在第四自然段却说"寂寥无人"，这不是矛盾吗？请同学们想一想，讨论一下，作者为什么要这么说呢？如果在第三自然段，作者看到"溪身""岸势"会想到自己的人生道路与不可卜的前途，那么，回视小石潭，这样一个奇美清透秀雅的小石潭，作者会想到什么呢？

生：作者会以小石潭自比。

师：很好！借物抒情、托物言志是古人常用的表现手法。寻着刚刚这个思路，我们来看课文："坐潭上，四面竹树环合。"竹树环合，美是美，可是，得"伐竹取道"，才能得见小石潭，也就意味着，小石潭不易被发现，对不对？在这一句后，作者紧接着写道："寂寥无人。"同学们讨论一下，看看这句话有怎样的深意？

生："应该是小石潭平常时都是寂寥没有人欣赏的，联系本文的写作背景，曾经意气风发要力挽江山社稷狂澜的柳宗元，现在被贬到偏远的永州，也正如幽僻的小石潭一样，难以被人赏识。"

师：说得非常好！掌声响起来。

（三）总结

师：未曾想，在看似波澜不惊的文字底下，却蕴含着这样幽微难为他人言表的情愫。改革失败,壮志难酬,报国无望,更兼以前途未卜,远离家乡亲人,这种种情绪,堆积在32岁的柳宗元心头,又如何能得轻易排解呢?正如李白所说:"抽刀断水水更流,举杯消愁愁更愁!"

跨越时空,我们似乎理解了柳宗元,得悉了他的心意,让我们怀着这样的感慨,再一起来朗读一遍《小石潭记》。

(生齐读课文)

(四)拓展延伸

1. 读了这篇课文,如果能跨越时空,同学们想对柳宗元先生说些什么呢?请畅所欲言。

2. 每次老师读到最后一自然段时,会忍不住去想崔氏二小生的名字,作者是不是泛泛之笔呢?同学们怎么看?

(五)背诵全文。

【教学反思】

柳宗元的山水游记,是他散文创作中具有高度艺术技巧和最富于艺术独创性的一个部分。而在他篇数不多的山水游记中,《小石潭记》可以说是一篇很有代表性的作品。《小石潭记》语言精美,含义丰富,形象逼真。作者借写小石潭的幽深寂静和清丽的景色,借被遗弃于荒远地区的美好景物,寄寓自己不幸的遭遇,倾注怨愤抑郁的心情。但是,这种寄寓是非常非常含蓄的,以八年级学生的理解能力,往往只能达到表层的含义,无法真正理解作品的深刻含义。

"古代经典探究性学习指导"是我校的"十三五"重点科研课题,如何指导学生进行探究性学习呢?在教学本课的时候,我设计的教学方法是"有感情朗读+合作探究",教学的侧重点是理解"怆"的感情内涵。应该说教学效果还是比较理想的。在朗读中,学生随着理解的深入,感情也层层深入,很好地辅助了教学目标的完成。而在"合作探究中",学生在教师的引导下,通过合作探究,步步接近文章的情感内核,每一步都有智慧的火花闪现,令人拍手叫好!

在这个过程中,学生学习语文的自信心得到了加强,也掌握到了学习语文尤其是古代经典著作的方法,增进了自己对祖国语言文字的热爱。这是我们的出发点,也是我们的终极目标。

当然,本课因为有侧重点,对本文的其他写作技巧,并没有能顾到。没有点到的技法,放在第二课时再探讨。

作者简介：刘月霞，江西省玉山县冰溪中学任教。"十三五"重点科研课题"古代经典探究性阅读指导"课题主持人。多篇论文获省、市一等奖，基于"五心课堂"及"古代经典探究性学习指导"双重背景下设计的课堂教学《狼》获市优质课比赛一等奖。获 2017 年度玉山县"最美读者"。

《散步》教学设计

陕西省吴起县第二中学　乔生虎

【教材分析】

《散步》是义务教育课程标准实验教科书《语文》(2013 人教版)七年级上册第一单元的阅读课文,是一篇情深意切的优美散文。文章描写了普通家庭祖孙三代春日散步的情景,作者对家庭、对生命的责任都有深入思考,感情真挚,含义深沉。通过此课的学习,让学生感受亲人之间的挚爱之情,并进而感受尊老爱幼的人生责任。

【学情分析】

七年级的学生正处于发展独立思维的重要阶段,他们的主动性和求知欲较小学都已大有提高,不再喜欢被动地接受知识,已初步具有自主、合作、探究的学习能力。但同时缺乏良好的观察生活的品质,对生活缺少体验,对散文知识了解更少,而且由于受社会上许多不良因素影响和家庭的误导,有些学生甚至没有形成正确的家庭道德伦理观。不能深层次领悟文章意境。因此,我通过引导学生自读自悟、圈点勾画、自主探究及小组讨论等,使其在对散文有初步的了解的同时,深入体会课文浓浓的亲情及优美意境,并从中感悟出正确的家庭伦理道德观。

【教学目标】

1. 知识与能力目标

整体感知课文,继续练习朗读和圈点勾画,积累语言。锻炼理解能力和表达能力,发散思维能力和想象能力。

2. 过程与方法目标

抓住关键语句精读课文,品味文章的语言美,自主、合作、探究,领悟课文深长的意味。

3. 情感态度价值观目标

感受文章字里行间的亲情与责任感,培养尊老爱幼、珍爱亲情、珍爱生命的思想感情，提高学生的人文素养。

【重点难点】

1. 品味文章语言美的特点，感受课文浓浓的亲情，学习表达生活之美。

2. 培养尊老爱幼的思想感情，提高学生的人文素养。

3. 揣摩文中一些关键词、句的深层含义，学会联系语境，在动态的语境中理解词句。

4. 指导学生在阅读中如何发现美、品评美，把阅读的过程当作美点追寻的过程，逐步提高学生赏读美文的能力。

【教学方法】

1. 情感感染法和启发点拨法。

2. 自主、合作、探究。

3. 品读法。

【教学过程】

一、导入

（播放《给妈妈洗脚》的公益广告视频）

根据看到的画面，在下面横线上加上你认为恰当的修饰语：妈妈
_____地笑了（生自由答）。

（在生自由回答后，师深情导入）

是啊，仅仅是孩子端来的一盆水，生活中多不起眼的一个寻常细节呀，然而它却不仅缓解了妈妈一天忙碌的疲劳，更让妈妈从心底感到了由衷的幸福与安慰。今天就让我们来学习一篇散文，也是从一件寻常小事中去感受一个家庭生活的和谐与温馨（板书：课题、作者）

二、整体感知

用自己喜欢的方式自由读课文，然后说说文章讲述了怎样的一件事。

提示：在学生讲述的过程中提醒学生，要想把事情概括清楚，就要留意介绍事情发生的时间、地点、人物、起因、经过和结果，语言要尽量简洁。

三、合作探究

（一）分角色朗读课文

1. 分配朗读任务：既然这是一个关于家庭的故事，家庭里有四个成员，事情的走向就与家庭成员的性格密切相关。现在我们每个语文学习小组具体负责研究一个人物，共同探讨人物性格，揣摩人物语言，进行朗读练习；还

要完成一个特别挑战任务——把文中的一些叙述性语言转化成相应人物的语言，合作自行补充创作人物台词。

分配：第一小组"母亲"；第二小组"我"；第三小组"儿子"；第四小组旁白。

2. 朗读：每组推选一名代表，进行分角色创作朗读。其他同学细心听，遇到自己认为朗读者演绎得不够好的地方标注下来，点评时指出。大家齐读最后一段。

3. 学生点评。

(二)探究学习课文

1. 分析人物：这几个人物分别给你留下了什么印象

(温馨提示：请关注细节，让细节说话，圈点勾画)

(1)学生通过对课文细节的把握，分析三个人物的性格："母亲"——温和慈爱；"儿子"——伶俐聪明，善于观察，懂事；"我"——稳重，孝顺，温和。

(2)分析"妻子"性格特征

教师适时提问："有一个人物刚才我忘记分配了，大家怎么也不提醒我？"学生指出被"遗失"的人物是"妻子"。原因在于她没有说话。经过分析，大家得出结论：这个无言的人物给人留下了"温柔贤惠、给丈夫面子"的印象。

2. 探讨景物描写的作用

归结：这些景物透露出生机勃勃的春的气息。春天来了，新的一年开始了，大地间充满了新的希望。人生又何尝不是这样呢？几乎所有的人都欢迎春天的到来，作者的喜悦更是格外强烈。(因为母亲"又熬过了一个冬天")作者满怀对生命的珍惜和感谢，满怀对母亲健康长寿的祝愿。

(三)讨论

1. 在"走大路还是走小路"的问题上，"我"最终还是依从了"儿子"，这不意味着"母亲"的意愿没有得到尊重。你怎么看待这个问题？你有两全其美的办法吗？

2. 为什么把"我"背母亲，妻背儿子描写得那么郑重其事？

学生小组合作——上台展示。

3. 归纳"幸福家庭秘诀"

学生说出"尊老爱幼""对家人的爱""体谅""尊重""信任""为他人着想""不斤斤计较""学着勉强自己"等众多答案，对课文的理解开始悄然内化了。

托尔斯泰有一句名言："幸福的家庭个个相似，不幸的家庭各有各的不幸。"幸福家庭的相似点，也正在于此。

（四）品析语言

1. 用圈点法圈出你认为文中精美的句子。（放声朗读，重点揣摩具有对称的美的词句）

归纳：学习课文的语言，可以把注意力专门放在词句上。精美的语句反复揣摩，揣摩作者怎样遣词造句，悟出一点道理来，今后自己作文，就会灵活运用。

本文两两对称的句子很多，这是本文语言精美的主要成分。对称的句子有对称美，互相映衬，很有情趣。例如：前面也是妈妈和儿子，后面也是妈妈和儿子。

2. 这篇短文为什么大词小用、小题大做？作者的用意是什么？学生圈点勾画，快速寻找。

归纳：例如："分歧""责任的重大""整个世界"等，这样的大词小用、小题大做，透露作者这一篇《散步》大有深意，借散步讲一个道理。

四、感悟体验

（一）再次体会：人在爱的循环里构建家庭，走出家庭，又组成新的家庭，爱也就被带往世界的每一个角落。再次齐读文章最后一个段落，如果你比刚才有了更深的体会，请在读后告诉大家。

交流感悟："两个人背上的加起来就是一个世界"，是因为这两个部分代表着人类的昨天、今天和明天，生命之火不熄，爱与责任就在一代代人心中郑重传递。（板书）

（二）结合课文，畅谈自己幸福家庭生活中感受到的爱。

让我们一起，给自己片刻的静默时光，在心里回放幸福的家庭生活片段，试着体味一下其中的滋味。

五、拓展延伸

1. 创作诗句，表达感悟

（大屏幕显示诗句，在背景音乐中，教师领读，学生跟读）

有人说，家是一条船，载着我们度过人生的漫长河流。我们在船上相互靠紧。遇到风急浪险，也不孤单。

有人说，家是一片港湾，让疲惫的心感到安然，恬静的休憩之后，生命的航船会再度高高地扬起风帆。

还有人说，家是永远的岸，让漂泊的游子梦萦魂牵。从这里起航，向这里停靠，起点和终点重合。人生却已悄悄变得饱满。

2. 同学们，学过这一课之后，你想用怎样的语言表述"家"呢？请你试着说说。

（屏幕显示一组温馨的家庭生活画面，背景音乐柔和优美。学生从左至右，谁想好了谁就站起来说，不间断。在聆听中如果有格外触动自己心灵的句子，就记录下来。并注明小作者。）

学生依次起立，吟出自己心中的诗句。

六、教师心语

亲情不单靠今天课堂上片刻的时间来体会，它更需要我们用一生的光阴来感悟。亲情不单是父母无条件的付出，它更应该是儿女们无言的回报。让我们的家永远洋溢着亲情，让我们的家永远充满爱！

七、作业设计

1. 为你的长辈做一件你力所能及的事（如"洗脚""洗衣""梳头"等）。

2. 将这一过程及感受记录下来。

作者简介：乔生虎，陕西省吴起县第二中学语文教师。全国教育科学"十二五"教育部规划科研课题"'少教多学'在中小学语文教学中的策略与方法研究"子课题课题组长，课题优秀主持人。多次在全国作文比赛中荣获一等指导奖。《运用现代教育技术，提高语文教学效率》在第二届年会优秀科研成果评审中获科研论文类一等奖，《浅谈多媒体在语文教学中的应用》等数篇教学论文、教学案例获奖。

赏品经典古文，传承传统文化

——《小石潭记》教学案例

新疆维吾尔自治区阜康市第三中学　狄小园

【案例背景】

文言文是中国传统文化的重要载体，中华两千五百年的传统文化在文言文中有着比较详尽的记载和体现。文言文也是古人的留传之作，它是中国传统文化的文字记录。选入教材的文言文都是传世名篇，富于思想、情趣。可见在文言文教学过程中弘扬中国传统文化极其必要。它不仅有积极的现代意义，更有助于学生理解课文，达到文言文教学的深层的教育目标。《语文课程标准》明确指出，要在语文教学中渗透传统文化教育，吸收丰厚博大的民族文化的精髓。那么，提倡在古诗文教学中实现传统文化传承就显得尤为重要。

2016年5月昌吉州教研室开展初中语文文言文阅读教学中"言"与"容"的关系的展示课活动，作为州级骨干教师的我承担了此次展示课任务，带着忐忑的心情，几次反复磨课、授课，在一课时内展示了自己的教学思路与理念。

【教案目标】

1. 熟读课文，疏通文意，积累常见的文言字词，提高阅读文言文的能力。
2. 学习抓住特点写景和寓情于景的写法。
3. 理解作者的乐与忧，理解作者在贬居生活中孤独悲凉的心境。

【重点难点】

学习对景物入微地观察并抓住特点写景，提高对美的鉴赏能力。
理解作者寄情于山水的思想感情，理解文中的乐与忧。

【教学过程】

一、创设情境，导入新课

访名山游大川实乃人生一大乐事。面对充满诗情画意的山山水水，我们总会心旷神怡、浮想联翩，既能获得美的享受，又常有许多感悟。今天就让我们一起走进《小石潭记》，与柳宗元同游，去感受他那特有的心境。

二、出示学习目标

三、招聘导游

师：谁能带我游览小石潭？导游招聘开始了！

招聘要求：

1. 了解小石潭，熟悉景区地理位置及特点。

2. 齿清晰，表达能力强。招聘办法——闯四关

第一关：口试，能够流利地有感情地朗读课文。

第二关：笔试，完成有关小石潭的测试题。

第三关：面试，在景区实地演说。

第四关：考官，回答考官提出的相关问题。

（一）口试关：初访小石谭

师出示要求

（1）自由朗读课文，要求读准字音，注意字形。

（2）意停顿，读准节奏。

（3）字正腔圆，有板有眼，读出情感，读出情味。

提示：①课文第一、二段写作者兴致勃勃畅游小石潭，有全石带来的好奇，有清澈的水流和飘忽不定的游鱼所带来的快乐，应读得欢快些。2. 第三、四段写小石潭周围幽深冷寂的氛围，应该读得伤感些，低沉些。③教师提示容易出错的字音与字形（幻灯片）。④学生自由朗读后，全班展示朗读，评价，每生限度一段。

（二）笔试关：走近小石谭

1. 师：对照课下注释疏通文意，理解课文内容。重点识记注释中的词语，有疑难同桌解决。

2. 学生自主翻译课文。

3. 教师出示笔试题，学生可四人小组合作完成。

（三）面试关：介绍小石谭

师：随着脚步移动，我们会看到不同的景致，边走边介绍。没关系，"友情提示"会帮助你成为一名优秀的导游！

学生依据老师的提示，完成解说任务。

（四）考官关：欣赏小石谭

先小组合作探究，后全班展示交流。

1. 考官提问

（1）课文是按照什么顺序写的？

(2)抓住了小石潭哪些特点？

(3)作者对小石潭的整体感受是什么？

(4)作者游览小石潭时的心情发生了怎样的变化？为什么会有这样的变化？（可借助写作背景）

(5)作者是怎样把小石潭写美的？（品词语、品句子、品情感、品写法）

2.学生小组合作交流，全班展示，教师小结归纳

(1)课文是按照什么顺序写的？

发现小石潭—潭中景物—小潭源流—潭中气氛。（游览顺序）

(2)抓住了小石潭哪些特点？

石奇、水清、树茂、鱼欢，源流曲折、环境幽静。

(3)作者对小石潭的整体感受是什么？

幽深冷寂，孤凄悲凉。

(4)作者游览小石潭时的心情发生了怎样的变化？为什么会有这样的变化？（可借助写作背景）

乐是忧的另一种表现形式。柳宗元参与改革，失败被贬，心中愤懑难平，因而凄苦是他感情的主调，而寄情山水正是为了摆脱这种抑郁的心情；但这种欢乐毕竟是暂时的，一经凄清环境的触发，忧伤悲凉的心情又会流露出来。

(5)作者是怎样把小石潭写美的？（品词语、品句子、品情感、品写法）

①它的结构与布局。

②它的观察方式与描述手法。

③它的语言表达。

（畅谈收获、总结全文）

(6)教师可引导学生从以下方面谈收获：

①这堂课你学到了哪些知识，掌握了哪些方法？

②通过对课文的分析及对作者的了解，你获得了那些启示？教师要鼓励学生大胆说出自己的想法、感受，最后教师做总结发言。

结束语：王国维说"以自身观物，物皆着我之色彩"。课文是一篇充满诗情画意的山水游记。作者描绘小石潭的石、水、游鱼、树木，着力渲染了凄寒幽邃的气氛，借景抒发自己在寂寞处境中悲凉凄苦的情感。在文章中，我们不仅学到了作者写景的方法（移步换景、正侧结合、动静结合，运用修辞、寓情于景），更让我们看到了《小石潭记》是一幅寂静清幽的水彩画（寓情于景的写法）；也是一首抑郁哀怨的古典乐曲（抑郁寡欢的情感）；更是一篇让我们难以忘怀的优美篇章（山水游记的名篇）。这节课虽结束，但对古诗文的学习仅是个开始，相信通过你们的学习，一定会成为一个才华横溢的人。

四、布置作业

1. 根据写作思路背诵课文。

2. 课外你一定看过不少描写景物的古诗文，试着把其中描写山水的名句摘录下来，并选择一两则加以赏析。

3. 你曾经游历过那些地方，哪些景物曾触动过你的心弦？

（请运用自己学到过的写作方法，写一篇写景短文，要写出景物特点和自己的感受）

【教学反思】

教师从导入、过渡语、评价性语言等方面在实际课堂中都得到了听评课教师的好评。但从学生的收获来看，似乎一节课中落到实处并不够扎实。

两年后，再次与《小石潭记》在统编本教材八年级下册相遇，重新审视反思过去的那节课，尤其是从传统文化传承的角度来看这节课，有很多遗憾之处，细细品来，这节课需要改进之处有：

一、引课。与老师自己组织的一段话引入相比，可引用柳宗元的《江雪》一诗导入。这种导入既联系了旧知，又能够很快让学生进入情境，让学生能够尽快理解作者情感。新课导入时通过引用与文本相关诗词赋文，激发学生学习兴趣。让学生一开始就能沉浸在绚丽多彩、生动形象的语言美中，同时也是知识的拓展，更是传统优秀文化的无声渗透。

二、诵读的比重还是太轻。虽然老师进行了朗读指导，在品析文章时也采用边朗读边品析的方法，但是收效甚微。因没有情感的共鸣，也没有声情并茂的诵读，再好的作品也仅是一纸空文。我们在文言文教学中一定要通过诵读来品味文章的韵味美、音乐美。在具体的课例中，我们可以采用通读与精读相结合，美读与品读相结合的方法。读中品，在品中读，由读准字音到读出节奏再到读出情感。除此之外，我们还应该在每节课中给学生贯穿诵读的重要性，通过诵读比赛、配乐诵读、去标点诵读等多种方式让学生明确诵读的重要性。我们应该"读出轻重、读出抑扬、读出舒缓、读出雅俗、读出凝重、读出情感、读出境界！"而最后的背诵环节则是检验学生学习收获的最好手段，在这个环节，教师可以采取减字法、去字法的方式来检查学生背诵的效果，而当堂背诵则能更好地让学生在深入理解本文的基础上达到情感的深化。

三、引导学生探究古汉语的词法、句法现象。我认为有些时候，讲清词法、句法应该能帮助学生更好地理解文本内容，进而感受文本独特的语言美。《小石潭记》一文中"凄""寒"等是词类活用，"全石以为底"是个倒装句，诸如此类的词和句就应该重点讲。在重点讲了特殊的字和句之后，学生就能较完整的读懂课文，也就能理解课文的内容。只有学生真正读懂了课文，才能在学习《小石潭记》这样富有情韵，语言优美的作品时，能积极主动地去思考、去想象，才会在脑海里呈现山水的本真性灵；才会透过语言文字看到活泼的绿色；感受到作者笔下那个空灵、静谧，甚至有几分神秘的小石潭景色，从而更好地体会作者的感情。

四、在柳宗元这位中国古典文学家的笔下，自然界的鱼与游人是相乐的。但又是"不可知其源"的，这种美是很原始的，很少人知道。这里的美，作者明确说是很"幽邃"的，远离尘世、超凡脱俗的。《小石潭记》中的柳宗元，还是不能忘情现实环境，甚至是国计民生，乃至于政治，这种博大的情怀难道不值得我们深入去体会，并在实际生活中让学生去领悟并传扬吗？我们不能仅仅停留在让学生体会到先贤们的优秀情怀与精神，更应该让学生理解这些情怀与精神在今天依然有土壤，会生根、发芽、开花、结果。

作为一名一线的语文教师，更应义不容辞地担当起传承中华优秀文化的使命。在学生心中播下不同的优秀文化种子，进而使他们脑海中总能浮现出那些饱含民族精神的话语，并在潜移默化中养成高尚的情操，这种非刻意追求的目标与结果，不正是我们所期许的吗？在传统文化博大精深的海洋里，在泛着墨香文本中把握好传统文化之根，让学生充分感受到优秀文化的滋养。

作者简介：狄小园，新疆维吾尔自治区阜康市第三中学语文教师。辅导学生参加新疆初中学生现场作文大赛多次获奖。2010 年 11 月获得自治区课题先进个人。多篇作品获奖。

《曹刿论战》教学案例

新疆生产建设兵团第四师七十二团中学 王丽红

【教学目标】

(一)知识与技能

1. 积累文言实词、虚词。

2. 了解《左传》及齐鲁长勺之战的背景，把握曹刿的战略、战术思想，理解鲁军以弱胜强的原因。

(二)过程与方法

1. 点拨引导，合作探究。

2. 体会作品的艺术魅力，理解课文的主旨。

(三)情感态度与价值观

学习曹刿铁肩担道义，忠心献祖国的爱国精神。

【教学重点】

分析人物形象，写作特色

【教学难点】

理解曹刿关于战争问题的论述

【学情分析】

本文的故事有一定的戏剧性，学生对文中的战争的兴趣应该比较大。同时，九年级的学生已经学习过较多的文言文，有了一定的基础。因此，朗读和翻译的难度都不太大。所以在通晓课文的基础上，引导学生透过表面看本质，把学生的兴趣从战争表面引到对战争的正确理解上。

【教学特色分析】

1. 充分发挥朗读的作用

朗读在文言文的教学中具有特别重要的作用。采用齐读、自由读、男女生分读、分角色读等方式。既加深学生对课文的理解，又让学生尽可能地在课堂上识记相关名句。

2. 学生自主、合作、探究的学习方式

教学不是将知识灌输给学生，而是要让学生通过自己的思考，掌握知识，掌握学习知识的方法，因此，在教学中，可以让学生互相质疑，取长补短，从而掌握文章的大意，学习文言文翻译的方法。

3. 课内外联接的学习方式

充分调动学生的知识积累，阅读相关的文章，收集资料，整理分析，让学生在从个别到一般的认识中加深对知识的理解。这样内学外联，才能真正让学生学会自己学习语文。

4. 体现学生的主体性

课堂的每个环节都让学生参与其中，大胆展示，发挥特长，如分析人物、总结写作特色、拓展延伸等，从而提高学生的综合素养。

【课前准备】

课前学生预习，了解文意，分组收集一些与之相关的故事，名言等资料，以开阔视野，拓宽思路，增加积累。

课时安排：2课时

【教学过程】

第一课时

一、导入

齐鲁长勺之战是我国历史上著名的以弱胜强的战例之一。让我们通过《左传》去了解鲁国取胜的原因。

二、整体感知

(一)作品及背景

1.《左传》：又称《春秋左氏传》《左氏春秋》，记载春秋时期各诸侯国政治、经济、军事、外交、文化等方面情况的编年体史书。传为春秋末史官左丘明所著。文字简练生动，尤善于描写战争及复杂事件，又善于通过对话和行动表现人物的性格特点，对后代散文的发展有很大的影响。

2. 背景：春秋时，齐国是大国，鲁国是中等国。齐国的公子纠与公子小白(齐桓公)争夺皇位，鲁国收留过纠。后齐桓公继位，为复仇，他出兵打败鲁国，并迫使鲁国杀死公子纠。第二年，又出兵攻打鲁国，鲁军在曹刿的指挥下，在长勺把强大的齐军打得大败，赶出了鲁国的国境，这就是齐鲁长勺之战。

3. 重点字注音：

guì　　móu　　jiàn　　bó　　zhé　　jié　　mǐ
刿　　　谋　　　间　　　帛　　辙　　竭　　靡

学生活动：学生介绍。

[设计意图：学生在收集资料的过程中，了解了相关的知识，有了整体认识，便于理解课文。]

(二)读课文，概括情节

1. 自由读。

2. 师范读。

3. 齐读。

4. 概括情节。

教师活动：明确庄公迎战—备战—胜战—曹刿论战。

学生活动：自由读，读准字音；齐读，读流畅、准确。

[设计意图：在朗读中熟悉课文内容，感知文意。]

三、探究

(一)第一部分(战前)

1. 生齐读。

2. 疏通文意。(小组合作，质疑释疑)

3. 思考：曹刿与庄公的三问三答中，曹刿认为作战的主要条件是什么？

教师明确："小大之狱，虽不能察，必以情。"即民心向背是决定战争胜负的主要因素。

学生活动：思考、交流，推荐小组代表回答。

(二)第二部分(战中)

1. 女生读。

2. 合作翻译。

3. 思考：曹刿如何帮庄公选择战机的？

教师明确：战斗刚开始，不待齐军疲倦，庄公急于出战；鲁军刚获胜，庄公又急于追击，曹刿阻止了庄公的行动。他懂得攻击和追击都必须把握有利时机，要根据双方的士气和实力变化做出正确判断。

(三)第三部分(战后)

1. 男生读；

2. 合作翻译；

3. 思考：曹刿战胜齐军的原因是什么？

教师明确：攻击的缘故，"彼竭我盈"选择最佳战机。

追击的缘故，曹刿考虑全面，行动谨慎。

教师活动：巡视，指导学生，解决疑惑。

学生活动：合作学习。

[设计意图：在合作中自主学习，对课文的每一部分有深入的理解。]

第二课时

一、明确学习目标

师：今天，我们继续学习《曹刿论战》。上节课，我们知道了长勺之战以弱胜强的原因是鲁庄公得民心，曹刿善于抓住战机。这节课，我们的学习任务是：分析曹刿、鲁庄公这两个人物形象；概括本文的写作特色。

二、探究

师：首先，我们再熟悉一下课文，通过分角色朗读再现当时的情形。读的时候注意不同人物的语气变化，可以适当加入动作、表情，这样可以更好地表现人物的性格。

（一）分析人物形象

1. 分角色读课文

教师活动：提示学生，朗读时注意不同人物的语气变化，可适当加入动作、表情。

学生活动：小组自由读，推荐两组代表读，男女生各一组，读完，学生点评。

师：刚才，通过同学们的朗读和点评，我们对人物有了初步的印象，下面，我们深入认识曹刿和鲁庄公。

2. 曹刿、庄公各是怎样的人

学生活动：讨论（4人为一组）。推荐学生代表在黑板上板书并讲解。

曹刿：有责任感、爱国之情（师补充：我们也应该学习曹刿的这种精神，在国家危难之际，祖国需要我们时，我们应该挺身而出，像曹刿一样铁肩担道义、衷心献祖国。）政治远见、军事才能、深谋远虑。

庄公：无能、无知，但能虚心听取意见，用人唯贤、礼贤下士，是一位无军事才能的明君。

教师提示：全面客观的评价人物，特别是庄公，从文中找依据。

[设计意图：发挥学生的主体性，在讨论中思考、概括、总结，在讲解中

厘清思路，提高语言表达能力。]

（二）总结写作特色

学生活动：讨论，抽查学生回答。

教师活动：补充完整。

明确：

1. 详略得当：详写战前准备、战中战术、战后评论，因为这些内容体现了中心，与论战有关的事一笔带过，而战争起因、战斗场面则不写。（师补充写作启示：突出中心思想的材料详写，起衔接、照应作用的材料略写，与中心无关的材料不写）

2. 对比：曹刿与乡人对比，突出曹刿的责任感、爱国之情。曹刿与庄公对比，反衬曹刿的深谋远虑。

3. 语言简洁。

教师小结：我们总结了这么多写作特色，希望同学们在平时的写作中能够多加借鉴、灵活运用。

三、联系实际

曹刿认为庄公"小大之狱，虽不能察，必以情"是"忠之属也"，作为君主，庄公尽力做好了自己分内的事。作为中学生，你认为怎样做才算是做好自己分内的事？

学生活动：以采访的形式交流。

[设计意图：与生活实际联系起来，贴近生活，从文本走到身边。]

四、拓展延伸

（一）收集我国历史上以少胜多的战役（赤壁之战、淝水之战、巨鹿之战、成皋之战等）

官渡之战，是东汉末年"三大战役"之一，也是中国历史上著名的以弱胜强的战役之一。东汉献帝建安五年（200年），曹操军与袁绍军相持于官渡，在此展开战略决战。曹操奇袭袁军在乌巢的粮仓，继而击溃袁军主力。这次战役奠定了曹操统一中国北方的基础。

学生活动：第一小组代表讲故事。

（二）收集关于战争的名言

得道者多助，失道者寡助。（战国·孟子）

天时不如地利，地利不如人和。（战国·孟子）

用兵之道，攻心为上，攻城为下；心战为上，兵战为下。（三国·诸葛亮）

学生活动：第二小组朗诵。

(三)战争文化

1.“千里走单骑”这个故事的主人公是谁？它出自哪一部描写战争的著名小说？

关羽，《三国演义》

2.《孙子兵法》的作者是谁？他是哪个朝代的人？

孙武，春秋时期

3. 谜语。请猜军事成语。

(1)“神农布阵”——草木皆兵

(2)“军事论文”——纸上谈兵

(3)《垓下歌》作者是谁？与哪个事件有关？

力拔山兮气盖世，时不利兮骓不逝。

骓不逝兮可奈何，虞兮虞兮奈若何！

项羽，楚汉争霸。（垓下之围）

学生活动：第三小组组长提问，会者回答。

[设计意图：提前安排预习，学生收集、筛选、整理资料，发挥集体的力量，拓展了知识面。]

五、小结

相信通过同学们的努力，你也会成为一个像曹刿一样有所作为的人。最后，祝同学们抓住大好时光，一鼓作气，超越自我，攻克难关，攀登高峰！

六、作业

1. 写关于战争的名言(3句)。

2. 背诵课文。

【教学反思】

1. 从整个教学过程来看，真正体现了学生自主、合作、探究的学习方式。课文的朗读、翻译和分析基本上都是由学生完成的，教师只是做了相应的一点点拨，充分地锻炼了学生的能力。

2. 教学过程中没有采用逐句翻译的传统方式，而是采用朗读、表演等形式从整体上去把握课文。这样做，不但可以消除学生机械翻译的枯燥感，还能让学生从课文中学到更多的知识。

3. 思想教育应该贯穿始终。如果不能透过故事看到其中的本质，学习这篇课文的意义就不大。学习了这篇课文，学生能够从中认识到战争的本质，并引导学生在生活中正确面对矛盾冲突。

作者简介：王丽红，新疆生产建设兵团第四师七十二团中学语文教师。第四师骨干教师、学科带头人，中国教育学会会员。"十二五"教育部规划科研课题"'少教多学'在中小学语文教学中的策略与方法研究"优秀实验教师。《多媒体使语文导语锦上添花》发表在《经典教学》期刊上，《"少教多学"使语文课堂充满活力》发表在《课程教育研究》刊物上，近十篇论文发表。多项优质课、微课、教学设计、教学案例、论文等获国家级、兵团级奖。多次获校级"先进教师""先进班主任""优秀共产党员"称号。

《变脸》教学案例

湖北省宜昌市第四中学 张 炼

【教材分析】

变脸是一种"瞬间艺术",演员根据剧情的需要,在极短的时间内,在一抬手一拂袖一甩头之间,变换出不同的面目来。技艺纯熟者,往往只用十几、二十几秒钟就可幻化出十来张不同的脸谱。而不同的脸谱则代表不同的神态、情态和心态,用以表现剧中人物的情绪和心理状态的突然变化,如惊恐、绝望、愤怒、阴险等,达到"相随心变"的艺术效果。一句话:变脸是戏剧化的艺术性和技巧性高度结合的产物。

本剧一明一暗两条线索均围绕"变脸"向前推进,这种手法在戏剧中用得比较多。"相随心变,心随情动",激烈的矛盾冲突使得剧中人物的性格得到了最大限度的凸现。悲喜交加的面孔后面所引发的有关价值观的反思,是很值得学生关注和讨论的。

【教学目标】

1. 知识与能力:体会戏剧依靠矛盾冲突构成情节的特点。
2. 过程与方法:学习富有特点的戏剧语言,体会富于表现力的人物语言。
3. 情感态度与价值观:体会剖析剧中人物之间存在深层的矛盾冲突。

【设计思路】

新的课程标准对语文的学科性质进行了重新的认识,认为语文是最重要的交际工具,是人类文化的重要组成部分。所以,除了从工具性的角度出发,正确理解和运用祖国语言文字,提高读写听说的能力之外,还应该从人文性的角度出发,培养学生高尚的道德情操和健康的审美情趣,形成正确的价值观和积极的人生态度。语文教学中,知识和能力、过程和方法、情感态度和价值观这三个维度的课程标准绝不是互相分离,自成一体的,他们恰似锥体的三个棱面,只有共同作用,才能反射出学生智慧的光芒。

在本次教学中,注意到知识和能力并重的同时,还应重视作品人文内涵对学生精神领域的影响。以剧本的情节为基础和参照，在阅读中概括，在概括中讨论反思，并给予新的创造，把课堂还给学生，为学生留出选择和拓展的空间，以满足不同学生学习和发展的需要。

【教学构思】

1. 观赏——交流信息

通过观看戏剧中川剧变脸和交流学生收集、掌握的与"变脸"有关的小知识，引起学生的学习兴趣，使之在头脑中有直观的认识。

2. 略读——概括情节

略读了解故事梗概，在文中找相关的理论依据，概括故事的开端、发展、高潮、结局，并用最简洁的言语概括课文所选剧情的情节。

3. 精读——分析人物

在研读讨论中明确两个人物的情感的发展历程，把握人物内在个性与精神世界。

4. 审读——辨明冲突

通过故事情节和人物情感变化的历程，厘清本文一明一暗的戏剧冲突。

5. 续想——加深思考

让学生插上想象的翅膀，在冲突的话题引导下，自由续写课文之后的剧情，加深对剧本内涵的情感态度和价值观的理解。

6. 模演——品味语言

教师朗读学生取出的反映人物内心世界与情绪的台词唱词，师生共同品味戏剧语言，感受剧本的地方特色。

【教学方式】

1. 学生自主学习

三种阅读方式层层深入（略读—精读—审读），在阅读中发现问题，利用文中关键字词寻找对理解文意有帮助的相关准确信息点。

2. 学生探究学习

在讨论中激发学生的学习兴趣，拓展学生的思维层面，不仅探讨在戏剧中的修辞方法、语言技巧等方面的知识，还要关注剧中涉及的相关传统文化、社会伦理等方面的问题。

3. 启发思考感悟

充分肯定学生的思维方向，给学生留下思考的空间，欣赏学生的自主意识、平等意识、创新意识和新时代的人生观和价值观，鼓励学生在审读剧本之后大胆地推测。

4. 尝试表演朗读

尝试运用剧本表演时的语音语味来朗读关键性台词唱词，激发学习兴趣，为课后学习做铺垫。

【教学过程】

一、观赏——交流信息

（播放川剧变脸绝技，导入新课）

师：同学们，刚刚这段录像中给我们展示了中国戏剧中的一门绝技，你们知道是什么吗？

（专家点评：直观的图像服务于文本解读，旨在引起学习兴趣，这是电化教学手段、多媒体辅助教学手段在语文教学中准确的定位。）

生 1：变脸。

师：很好。你们对变脸有了解吗？

生 2：原来中央电视台播出《笑傲江湖》中的打斗中出现过这种绝技。

生 3：是从四川那里流传开来，在川剧中经常看见。

生 4：刘德华曾经拜师学艺了的。（学生笑）

师：很好，看来大家平时都很注意在生活中收集相关的语文素材。那么我想多问一句，刘天王后来学成了没有？

生 5：好像没有，说是行业机密，不能外传。（大笑）

师：（微笑）大家说得都很不错。变脸是四川地方剧种川剧表演的绝活，产生于 20 世纪 30 年代，最早用于传统折子戏《归正楼》中一名叫贝容的侠客为了救人方便，变脸数张，从此，这种新奇夸张的表演方式就延续了下来。川剧的变脸被称为"国宝"绝活、奇观，一般不外传。所以刘天王至今不能如愿，没有学会变脸。今天呢，我们就要学习有巴蜀鬼才之称的魏明伦先生之经典剧作《变脸》。

（专家点评：从学生感性的一知半解到理性的认识和了解，教学中信息的积累往往体现为这样的过程，从而体现出教学过程中学生知识维度的发展。）

二、略读——概括情节

师：一出戏就跟一部小说一样，也应该有开端、发展、高潮、结局。请大家浏览全文，把全文按照开端、发展、高潮、结局四个部分划出层次，分别概括各个部分的大意。（生阅读浏览，概括大意）

生 1：开端——水上漂从人贩子手中买来了狗娃。

发展——想传变脸绝技给狗娃，以帮助他实现传宗接代的愿望。

高潮——无意发现狗娃是女孩，心痛不已。想要抛弃狗娃，让其自谋生路。

结局——水上漂最终被善良的本性唤醒，救起了并收留了狗娃。

师：大家对本剧的情节很熟悉了，请试着用最简单的语言概括大意。

（生概括）

师：老师觉得标题中的两个字就可以把课文的故事情节概括下来。（板书：变脸）你们觉得呢？

生2：（若有所悟）剧本的题目是变脸，剧情也是围绕变脸展开，文中的主要人物在剧情发展中也在不停地变脸。

（专家点评：在实际运用的过程中自然地向学生传达戏剧基本知识。以教师的阅读体验和发现引导学生的阅读，体现教师对阅读过程参与的价值。教师参与阅读过程，在自我认知和参与方式上应该把自己当成一个"同学"，但是在参与内容与契机上要体现为"先学一步的同学"，这样的参与才是有价值的。）

三、精读——分析人物

师：是啊。剧中的人物也在不停地"变脸"。那么，我们就来看看文中的两个主要人物是如何变脸。请大家阅读课文，结合剧本中的内容来解释这一张张变幻的脸。我们先来谈谈水上漂。

生1：先是欢喜的脸，我从第117面的"怡然自得""饮酒抒情"中看出来，他很喜欢这个从人贩手中买回来的狗娃。

师：很好，他从戏剧的旁白中找到了依据。

生2：还有"老陪少，拍巴掌，手舞足蹈，合唱儿歌"。

生3：我认为是怜爱的脸，从第119面中的"抚慰""冲动""咳嗽"这些词可以看出水上漂很同情爱护这个孩子。

生4：还能从音乐中看出。如第116面中的"锣鼓欢快""驾舟舞蹈"。

师：观察敏锐，很棒！

生5：我不同意前面同学的观点，我认为水上漂最开始应该是苦涩的脸，因为从第120面中他自诉的身世可以看出来，他是个苦命的人，不仅封建社会重男轻女的思想腐蚀了他，他的自身遭遇也让他痛恨女人。

师：（微笑点头）这个观点很有意思。前几位同学是从故事情节的发展这条纵轴来看的，生5是从水上漂的身世这条横轴来看的，都很有见地。（掌声）好，我们就按生5说的横轴来看，如果最开始是苦涩的脸，那么水上漂下面换成什么脸了？

生6：欢喜的脸。

师：为什么？

生7：因为他买了狗娃，狗娃很心疼爷爷，把水上漂当作自己的亲人看待，让水上漂不再孤独。

生8：还让他传宗接代的思想有了真正寄托的对象。

师：很不错，然后呢？

生9：应该是愤怒的脸。

师：为什么？

生10：因为他认为狗娃欺骗了他，从第123面的"厉声催逼""审视""气得双手颤抖"可以看出。还有旁白中的景色也能看得出来。

师：说得好极了，接下来是什么脸？

生11：我想是悲的脸。虽然他很心疼狗娃，但是他依然不肯留下狗娃，说明他重男轻女的思想太严重了。

生12：我想是无奈的脸。从他"返身望天三思"的动作中可以看出，水上漂此时做了很激烈的思想斗争。

师：同学们，你们刚才说的都很不错。找到了水上漂的几副脸孔，从这苦涩的、欢喜的、愤怒的、悲伤的脸中，你们能不能告诉我，水上漂是个什么样的人？

生13：是个善良的人。不仅收留狗娃，即使不要了，也没有卖他，还给了盘缠，最后还救了他。

生14：还是个身怀绝技却到处找传人的可怜的人。（生笑）

师：好，分析得很透彻。那我们再来看看狗娃吧，你们觉得在剧中他又有几张脸呢？

生15：最开始是悲伤的脸，他被人贩子卖来卖去，还惨遭毒打。

生16：他没有人的尊严，被叫作牲口。

师：好，注意了开端部分中人贩子的戏份。

生17：他没有爹娘疼爱。

生18：我觉得用悲泣的脸更好些，更能显示狗娃的血泪身世。

师：（老师带头鼓掌）同学们已经开始推敲词语的感情色彩了，善于动脑筋，非常好。然后呢？

生19：是喜悦的脸。因为他遇见了水上漂，真正爱他的"爷爷"。

生20：接下来是忧虑的脸，他听见爷爷的话以后，害怕爷爷不要他，担心又被人贩子卖来卖去。第121面的独唱就是这张脸的最好证明。

生21：最后是悲痛的脸，预想的事情终于发生了，无处可去，心如死灰了。

（专家点评：结合文本关键内容来分析和体会，在理解主要内容的同时，体味和推敲重要词句在语言环境中的意义和作用。）

四、审读——辨明冲突

师：看到这一张张变幻的脸，我不禁要问一个"为什么"。为什么他们的情感会经历这么多的变化呢？

生1：因为一个要丢弃对方，一个要跟从对方。

师：看来这就是故事中戏剧冲突的焦点了。可是为什么会产生这个矛盾冲突呢？在文中找出关键的一句话来证明你的答案。

生2：是因为狗娃不是男孩子，而当时重男轻女的思想很严重，传宗接代靠儿子。从"家传绝技，独孤一枝""传内不传外，传男不传女""传女背叛祖先……要遭天打雷劈哟"可以看出来。

（专家点评：尊重学生的阅读能力水平是引领阅读走向更深层次的基础。这里找到的剧本表面的戏剧冲突是后面阅读教学过程必不可少的铺垫，这样的阅读过程才能给阅读者带来阅读超越的成就感。）

师：那么，一个要丢一个要留，应该只是表面的冲突了。大家看到更深层的问题了吗？大家先讨论一下。（生讨论）

师：我请大家关注一下两个人物的情感历程。他们的情感历程有着惊人的相似：都是先悲后喜，由忧到哀。生活中当两个人的情感历程很相似的时候，我们经常会惺惺相惜，相依为命，这样我们也就不难理解，为什么最开始狗娃身份没有暴露的时候，一老一小会在我们的脑海中留下这么一幅暖人心田的祖孙图。那么我想请同学们深入到事情的本质中去比较，他们对对方的亲爱之情有区别吗？

生3：有，动机不一样。水上漂亲爱狗娃有个重要的原因是要他希望这个男孩子能传宗接代，而狗娃是感受到了真诚的帮助和爱护之后一种本能的回报。

生4：水上漂需要找个人来继承他的绝活，而狗娃对水上漂却是一种纯真的亲情。

生5：我明白了，冲突从表面上看是老汉和孩子之间的矛盾，但是还有一种冲突隐藏在情节里面，这就是水上漂和狗娃两个人情感上的冲突。

（专家点评：欣赏文学作品的重要工作之一是领悟作品的内涵，从中获得对自然、社会、人生的有益启示。这样的阅读就不只是浮在作品的表层，而是深入到作品的灵魂。）

师：是啊，传宗接代、延续绝技是水上漂出于功利目的的一种需求，最初他对狗娃的感情、他的那种快乐中是掺杂着这种功利因素的。他知道真相后要丢弃狗娃的根本原因就在于这个功利没有得到满足，而狗娃对水上漂则完全是出于真情，是人最真诚的情感。真爱和利益一直在剧中做着较量。

五、续想——加深思考

师：课文选到这里就结束了，同学们想不想知道下面会发生怎样的故事？（生热烈反应）那好，大家可以根据自己的喜好，在下面这三个式子中选择一个思路，大胆推想后面会发生什么？

式子一：功利需求＞情感需求

生1：我想水上漂最终还是不能战胜封建思想，还是把狗娃赶出家门，狗娃依然回到过去没有尊严，没有人疼爱的黑暗无边的日子里。

式子二：功利需求＜情感需求

生2：我想水上漂勇敢地面对了现实，收留了狗娃，并且将变脸传授给了狗娃；狗娃勤奋练习，成了第一个变脸的女艺术家，赚钱养家，最后他们过上了幸福的生活并且立下规矩，可以传女。（学生笑，掌声）

（专家点评：以学生的自主联想和对这些联想的评价来巩固对作品内在价值观的认识和体会，同时让学生经历情感态度的锤炼。）

式子三：功利需求＝情感需求

生3：水上漂既不忍心把狗娃赶走，也不能传给女孩子，于是寻找了另一个男孤儿收养，并且和狗娃结婚，从此一家人都过上了幸福的生活。

师：（微笑）好的，同学们想象的结尾，已经很有浪漫主义色彩了，你们最喜欢哪种结局呢？

生：（齐）第2种。

师：看得出来，你们都是善良的人。本剧的作者魏明伦先生和大家一样。后来水上漂还是收留了狗娃，不过，以后的经历可是十分曲折坎坷的。可惜的是现在我们无法阅读到全剧。同学们觉不觉得遗憾呢？（生赞同）不过，这点遗憾还比较容易弥补，同学们可以课后找来《变脸》全剧剧本，看看这一老一少后来究竟经历了怎样的遭遇。以阅读的方式激发学生参与学习，将语言品味的学习目标巧妙而饶有情趣地落到实处。

六、模演——品味语言

师：变脸是川剧的绝活，《变脸》这部戏也是川剧中的精品。四川方言是我们方言种类中很有特色的一种，川剧也是我国地方戏中极富特色的剧种，我们遗憾的是无法亲耳听到这部戏的原音原貌。不过，老师倒是可以会念几句四川方言，请大家再浏览课文，找出你觉得最能反映出人物内心世界的台词或唱词，老师试着用四川方言给大家表演，看看这些台词或唱词反映出人物怎样的内心世界。好不好？

（生反应热烈，浏览课文，择取台词，老师用方言表演朗读，师生共同体会人物内心情绪，有的学生也跃跃欲试，模仿老师的四川方言音调朗读自己找到的台词，课堂气氛活跃）

师：老师的四川方言只能算鹦鹉学舌了，真正的川音川情不知道有多地道、多感染人啊。希望大家有机会到四川去亲身感受一下。如果能听听川剧，应该是一件很有意思的事，倘若能欣赏到原汁原味的魏明伦的《变脸》，那可算一件幸事啊！

（专家点评：将学生阅读与学习的目光引向课外，引向更为广阔的生活。）

【教学反思】

1. 戏剧教学可以效仿小说教学，从戏剧的情节入手，以情节为基础来研读，将戏剧的特点融入对细节和人物性格特征的分析中去。这样设计，故事性强，学生的学习兴趣高涨。

2. 找矛盾冲突不应只停留在浅层次的探讨，要深入思维层面。把课堂还给学生，平等对话；若一味因循守旧、墨守成规，势必熄灭课堂上冉冉升起的智慧之光，势必将课堂教学引入一花独放的尴尬境地。为学生创造一个平等、民主、和谐、生动的氛围，激发学生的创新意识，让学生分享成功的喜悦，这在语文教学中非常重要。

3. 课堂教学若能给学生一定的思考空间，对学生的课堂阅读和课外衔接的自主学习是有极大帮助的。

作者简介：张炼，湖北省宜昌市第四中学语文教师、教研组长。曾被评为"教学能手""优秀园丁"。2014 年被湖北省宜昌市西陵区评为区级骨干教师。2016 年秋全区初中语文优质课竞赛《荷叶·母亲》获区级一等奖。2014－2015 年受聘担任三峡大学"国培计划"跟岗培训初中语文学科导师。

《湖心亭看雪》教学设计

山东省肥城市桃都中学　赵　云

【教材解读】

《湖心亭看雪》选自人教版语文八年级上册第六单元。本单元的教学目标是：积累文言词语，养成自觉诵读的习惯，在反复诵读中，进入文中情景交融的境界，体会作品的语言特色。《湖心亭看雪》这篇课文篇幅短小，虽寥寥几笔，意却在言外，通过对西湖奇丽景色和游湖人雅趣的描写，体现出作者的故国之思，也表现了作者清高孤傲，孤芳自赏的情怀。

【设计思路】

本文最大的特点是文笔简练。全文不足二百字，却融叙事、写景、抒情于一体，尤其令人惊叹的是作者对数量词的锤炼功夫，"一痕""一点""一芥""两三粒"一组合，竟将天长永远的阔大境界，甚至万籁无声的寂静气氛，全都传达出来，令人拍案叫绝。作者善用对比手法，大与小、冷与热、孤独与知己，对比鲜明，有力地抒发了人生渺茫的深沉感慨和挥之不去的故国之思。还采用了白描的手法，让人感到宇宙的辽阔和人的渺小，形成鲜明对比，给人一种悠远脱俗的印象，表达了作者赏雪的惊喜、清高自赏的感情和淡淡的愁绪。

全文情景交融，自然成章，毫无雕琢之感，给人以愉悦的感受。"痴"字表达出作者不随流俗，遗世孤立的闲情雅致，也表现出作者对生活的热爱，美好的情趣。更重要的是形神兼备地写出了赏雪人的情态，将赏雪人融入了这迷人的雪景之中的痴迷之状描绘的生动逼真。

【教学目标】

1. 熟读并背诵课文，积累文言词语。
2. 赏析雪后奇景，体味白描手法。
3. 结合写作背景，理解作者情感。

【重点难点】

品味文章的语言美。

理解作者遗世独立的高洁情怀和不随流俗的生活态度。

【教学过程】

一、课堂导入

西湖之美自古以来为世人所称道，引得无数文人墨客争相吟咏。同学们知道哪些关于西湖的诗词佳句？（生自由回答：接天莲叶无穷碧，映日荷花别样红。欲把西湖比西子，淡妆浓抹总相宜……）有人说：西湖观景，晴景不如雨景，雨景不如月景，月景不如雪景，西湖的阴晴风雨在前任笔下已经被描绘得多姿多彩了，西湖的雪景又是一番怎样动人的神韵呢？今天让我们跟随张岱一起去湖心亭看雪。

二、预习检测

1. 了解作者：张岱，字_____，又字_____，号_____，又号_____，明末清初山阴人，寓居杭州，作品集有_____，_____。本文选自_____。

2. 读准字音：

崇祯（   ）　　　　　　　　是日更定矣（   ）

余拏一小舟（   ）　　　　　拥毳衣炉火（   ）

雾凇沆砀（   ）（   ）（   ）

长堤一痕（   ）　　　　　　余舟一芥（   ）

铺毡对坐（   ）　　　　　　舟子喃喃曰（   ）

3. 解释词语

(1)更定：_____　　(2)拏：_____

(3)雾凇沆砀：_____　(4)一白：_____

(5)长堤一痕：_____　(6)焉得：_____

(7)客此：_____　　　(8)舟子：_____

4. 结合注释，翻译全文

[设计意图：检测学生的预习情况。课前布置导学案，学生根据题目解决课文的朗读，重点字词句的翻译。根据学生的回答情况，教师进行适当的补充指导。]

三、合作探究

(一)赏雪景

雪是冬天的精灵,雪天我们可以堆雪人、打雪仗,尽情地享受大雪给我们带来的无尽的欢乐。(课件展示雪景图片)同学们在日记里也写过很多关于雪的诗词名句,谁能给大家用自己的话描绘一下你看到的雪景呢?

同学们眼中的雪景真是千姿百态、那我们的主人公张岱眼中的雪景又是怎样的呢?接下来,我们一起走进课文,去欣赏张岱笔下的雪景。

[设计意图:先让学生回忆写雪的诗词佳句,然后自己描绘雪景,调动学生的知识积累,最后引入张岱笔下的雪景。]

请同学们朗读课文,找出文中描写雪景的句子,然后小组合作解决以下两个问题。

课件展示问题:

1. 课文是从哪几个方面描写西湖雪景的?

2. 文中有关湖上影子的描写有什么特点?

学生讨论后回答,教师根据学生的答案进行总结。

西湖雪景(重点分析第二句)

(1)未游西湖:大雪三日,湖中人鸟声俱绝。

师提示学生根据此句联想与此意境相同的诗句:柳宗元《江雪》:千山鸟飞绝,万径人踪灭。

(2)游西湖时:雾凇沆砀,天与云与山与水,上下一白。湖上影子,惟长堤一痕,湖心亭一点,与余舟一芥,舟中人两三粒而已。

湖上影子的特点:小。

作者是怎样体现这种小的?(注意量词的使用,能不能换成“长堤一条”“湖心亭一座”“余舟一艘”)

教师引导学生回答,总结写作手法:与同学们笔下的雪景相比,张岱的用词比较朴素,简练,这种用简单几笔勾勒事物形象的手法就是白描。

课件展示:介绍白描手法,并引用鲁迅对白描的解释和例文《故乡》:

“有真意,去粉饰,少做作,勿卖弄。”

——鲁迅《作文秘诀》

“一个凸颧骨,薄嘴唇,五十岁上下的女人站在我面前,两手搭在髀间,没有系裙,张着两脚,正像一个画图仪器里细脚伶仃的圆规。”

——鲁迅《故乡》中的杨二嫂

学生举例：《天净沙·秋思》《背影》。

师小结：王国维说，"一切景语皆情语。"极大与极小的对比，不禁让人生出这样的感慨：人之渺小，犹如沧海之一粟。为什么作者会发出这样的人生感叹呢？这要结合作者的人生经历来体会。（课件展示作者的人生经历及写作背景）明朝灭亡以后，作者由富家子弟变成了山野村夫，命运的巨大反差使他仿佛做了一场梦，这正应了苏轼的一句词"人生如梦"。作者正是将这种人生渺茫的感慨寄托在了雪景之中，景中含情，情景交融。后人评价张岱笔下的雪景是最漂亮的。

看看谁能以最快的速度积累下来。

学生背诵写景佳句。

[设计意图：赏析写雪景名句，体会白描这种写作手法，这是本节课的重点所在。由于学生此前对白描手法有所了解，但并不深入和系统，因此教师在此环节，通过引入白描手法的由来以及鲁迅先生对白描的介绍，加深学生的理解。]

（二）品痴行

下雪之后的夜晚，天寒地冻，我们一般都待在家里不出门。可是张岱却出门看雪了，这到底是一个怎样的人？在文章中找出评价张岱的一个字："痴"（生齐答）。"痴"在字典中有四种解释：（课件展示）

1. 傻，无知。2. 精神失常，疯癫。3. 入迷，极度迷恋。4. 谦辞，白白地。

这里的"痴"是哪种解释？张岱到底痴迷于什么？在你心中张岱又是一个怎样的人呢？请你用"好个_____的张岱"的句式评点张岱其人。

生思考讨论，自由发言。

好个孤独的张岱。好个清高的张岱。好个痴人张岱。好个超凡脱俗的张岱。好个痴迷自然的张岱。好个思恋故国的张岱……

一千个读者就有一千个哈姆雷特，学生根据自己的理解说出张岱的形象，不必拘泥于一种答案。老师根据学生的回答进行总结。

具有文人雅趣，清高孤傲，从"独往湖心亭看雪"可以看出来。

痴迷于山水之乐和故国之思。"崇祯"是明朝的年号，"金陵"是明朝的旧都。

……

[设计意图：品味张岱的"痴"。文章的创作离不开作者当时的创作环境和个人的人生经历。上一环节学生已经了解了张岱的人生处境及创作背景，据此分析张岱为何会"痴""痴"在哪里。在分析时要引导学生抓住文章中的关键

词句，做到有理有据。]

（三）解痴心

通过同学们的分析，我们品味了张岱的一番痴心，但是"一片痴心有谁知，独与天地相往来"。张岱因国破而孤独，因孤独而痴迷，这也正是作者在文中所要表达的感情。

总结文章主旨：

《湖心亭看雪》通过对西湖奇丽景色和游湖人雅趣的描写，表现出作者的故国之思，表现了作者清高自赏的品质和淡淡的哀愁。

[设计意图：把握文章主旨，理解作者遗世独立的高洁情怀和不随流俗的生活态度。通过前两个环节的分析概括，学生理解了张岱的痴人痴心，在此基础上对文章进行总结。]

四、达标检测

1. 下列各句中加点字解释正确的一项是。

（1）余拏一小船（　　）　　　　A. 用手取　　　　B. 撑、划

（2）上下一白（　　）　　　　　 A. 副词，全　　　B. 数词

（3）强饮三大白而别（　　）　　 A. 白色　　　　　B. 酒杯

2. 比较下列句中的加点字，把解释写在括号里。

（1）是日更定（　　）/湖中焉得更有此人（　　　）

（2）湖中人鸟声俱绝（　　　）/微笑，默叹，以为妙绝（　　　）

3. 下列句子朗读停顿不正确的一项是（　　　）

A. 独往湖心亭/看雪　　　　B. 湖中/焉得/更有此人

C. 湖中人/鸟声俱绝　　　　D. 余/强饮三大白/而别

4. 在文中，作者所表现的情感较为复杂，下列说法有误的一项是（　　　）。

A. 一个"痴"字，表达了痴迷于山水、痴迷于世俗之外的情趣。

B. 借所描写的雪景，寄托了人生天地两茫茫的深沉感慨。

C. 字里行间流露出与民同乐的情怀。

D. 委婉地传达出清高自赏的感情和怀念故国的淡淡愁绪。

[设计意图：考查学生对重点字词句的掌握情况以及对文章主旨的把握。学生独立完成，针对学生出现的问题进行纠正和引导。]

五、小结

曹雪芹在《红楼梦》第一回中有一首评价自己的诗"满纸荒唐言，一把辛酸泪。都云作者痴，谁解其中味?"今天我们所认识的张岱可谓是"孤舟一寒士，独品满湖冰"。最后让我们齐读课文，再来回味张岱的痴人痴心吧。（配乐朗读，读出情味）

六、布置作业

"你写我猜"：选择班里的一位同学，用白描手法对他/她进行描写，让其他同学来猜猜你写的是谁。

［设计意图：白描手法的特点就是用简单的几笔勾勒出人物、事物的特点，考查学生对白描手法的掌握及抓住事物特点进行描写的能力。］

作者简介：赵云，山东省肥城市桃都中学语文教师。被肥城市委、市政府评为"优秀教师""优秀班主任""教学能手"。曾被泰安市教育局评为"先进班主任""先进个人"。2015 年 9 月参与研究的"十二五"规划教育部规划课题"'少教多学'在中小学语文教学中的策略与方法研究"，2016 年 6 月主持"十三五"重点科研课题子课题"基于优秀传统文化的语文课堂教学艺术研究"的研究。有多篇文章在报纸杂志上公开发表。

在文言文教学中融入中华传统文化教育

——《困厄发愤》教学设计及反思

湖北省襄阳市宜城李垱初级中学　王金荣

【教材解读】

《困厄发愤》是七年级学生读本《朝读经典·培育和践行社会主义核心价值观》的第四个单元"君子固穷"中的一篇，本单元五篇课文都展示了古人在困境中如何坚持理想。学习本单元，学生能够在熟读的基础上背诵，仿效古人，树立高远的理想，传承并弘扬中华优秀传统文化，培养社会主义核心价值观。

【学情分析】

党的十八大中提出："建设优秀传统文化传承体系，弘扬中华优秀传统文化"。习近平总书记指出要深入挖掘和阐发中华优秀传统文化的时代价值，使中华优秀传统文化成为涵养社会主义核心价值观的重要源泉。鼓励我们学习和继承优秀的传统文化。2014 年，教育部印发了《完善中华优秀传统文化指导纲要》，进一步强调了传统文化教育的必要性和紧迫性。文言文承载着中华民族文化精神和古人的智慧思想，本文以文言文的教学为切入点，来分析语文课中如何有效融入中华优秀传统文化的教育。

七年级是学生成长中的关键时期，现在的学生对传统文化方面的认知偏少，因此通过《朝读经典》的学习，来感知传统文化、感知民族精神是很有必要的。这个年龄阶段的学生因为心智尚小，没有远大理想，没有吃苦精神，无法正确地面对困境，通过本单元的诵读学习，感悟民族文化，学会正视困境。

【教学目标】

1. 通过熟读，能够背诵课文。
2. 通过诵读，感受古人身处困境仍能坚持理想的精神品质。
3. 通过学习，传承中华优秀传统文化。

【重点难点】

通过诵读，熟练背诵课文。

了解并学习古人身处困境仍能坚持理想的精神品质。

【教学过程】

一、图片导入，创设情境

"舍生取义"的孔孟之道一直影响着中国士人的生死观，伯夷叔齐为气节不食周粟而死，项羽兵败不渡乌江自刎而死，文天祥忠心报国誓不降元慷慨赴死……这些伟大的人物以其视死如归的精神诠释着"士可杀不可辱"的古训。今天我们要认识的一群人，他们在遭受大辱后却没有选择死，而是选择坚强地活下来，用不屈的灵魂谱写了一曲曲千古绝唱。

二、初读课文，以读正字

1. 大声朗读课文，读准字音，扫除生字障碍。

2. 听范读，正确断句，把握朗读节奏。

三、再读课文，以读断句

"书读百遍，其义自见"，这是学习文言文的好方法，也是理解文言词句的重要方法。请同学们先自己结合课下注释和课后译文，疏通大意，圈点勾画不理解的词句，然后小组内讨论交流，提出疑难问题。组内解决不了的，再全班提出，共同解决疑难。

四、细读课文，以读达意

1. 归纳课文的中心句

"古者富贵而名摩灭，不可胜记，唯倜傥非常之人称焉。"

2. 请同学们概括一下：这些倜傥非常之人的人生处境、主要的贡献是什么？

小组合作完成表格内容：

姓名	处境	贡献
文王	拘	《周易》
仲尼	厄	《春秋》
屈原	放逐	《离骚》
左丘	失明	《国语》
孙子	膑脚	《兵法》
不韦	迁蜀	《吕览》
韩非	囚秦	《说难》《孤愤》
司马迁	腐刑	《史记》

3. 他们为什么能在这些种种困厄的中还能有如此巨大的贡献？面对各自的处境，他们都做出了怎样的人生抉择？

4. 根据课件上的内容提示进行人物事迹这部分的背诵。

五、悟读课文，以读传神

1. 从这些古人身上你看到了什么？

课堂实录：

生1：我看到了这些古人不论在什么情况下都有不屈不挠的精神。

生2：我在古人身上看到了坚持不懈的精神。

生3：我发现这些古人都在发挥着自己的作用。

生4：他们都有坚定的志向。

师总结：他们虽然身处逆境，备受迫害，但并不因此而消沉，而是努力给后人留下有价值的东西。司马迁热情歌颂了这些古代圣贤，也正是以此作为对自己的激励，要有那种坚强的意志和顽强奋斗的精神。

2. 从他们身上，我们受到哪些启发？

课堂实录：

生1：我们要学习古人的坚强精神，面对学习上的困难，要不屈不挠。

生2：不能一遇到困难就放弃，要发奋。

生3：我们不能被困难和逆境打败，要吸取教训，逆流而上，这样才能有所成就。

生4：我们在平常有也会遇到困难，比如有题不会做，有课文不会背，这些虽然不能和书上的古人遇到的困难相提并论，但是我们也要坚持不懈地把它解出来，背下来。

生5：我们在学习上不能三天打鱼两天晒网。

师总结：对待困厄，死不是唯一的办法，"人固有一死，或重于泰山，或轻于鸿毛。"这些古人们用自己的人生实践践行了自己的诺言，找到了属于自己的人生坐标，给我们留下了宝贵的精神财富和人生启示。

3. 熟读并背诵全文，再次感受古人可贵的精神品质。

六、课堂小结，熟读成诵

人本身不只是物质的存在，还有精神的凝结。哀莫大于心死，只要有坚持的信念，有坚定的勇气，即使是在困厄的环境中，也能用有力的双手弹奏出精彩的生命乐章。通过这节课的学习，相信同学们对传统文化经典的阅读有了基本的掌握，也学习到古人的优秀品质。课下，请大家用今天所学的方法，尝试去读这个单元的其他篇目，并且可以熟读成诵。

【教学反思】

一、通过四读诵经典

语文课上，特别是文言文教学课上，诵读是最基本的教学方法，也是实现文通字顺最有效的途径。文言文讲究的是韵律，读起来朗朗上口，富有节奏的美感。学生用正确的语调读出轻重、缓急、停连和语气，体会古文的语言美，可以培养学生的语感。尤其是有关中华优秀传统文化的文章，只有反复诵读，在读中体味文章内涵，感受文化精神。

这节课，师生从四个方面来读经典：

1. 以读正字，读准每一个字的音和节奏。

2. 以读断句，在朗读过程中很好地切分意群，把握句子的意思。

3. 以读达意，通过朗读进入课文语境，理解课文内涵。

4. 以读传神，在理解课文内涵的基础上，领悟古人面对困厄时的奋发精神。

课堂教学中，学生在诵读中，初步领悟文章大意，教师引导学生在诵读中，进一步体会诗人情感和古人的精神。这几个层次的读，由浅入深、循序渐进，自然功成。让文言文诵读和课堂教学相整合，在多形式的读中传承和发扬传统文化。

二、创设氛围学古人

语义学科的目的就在于培养学生健康高尚的审美情趣。在义言义的教学中融入传统文化，让学生通过课文的学习来感受民族性格，传承和发扬中华民族精神。

新课开始前，教师展示"伯夷叔齐为气节不食周粟而死、项羽兵败不渡乌江自刎而死、文天祥忠心报国誓不降元慷慨赴死"的图片，诠释这些人是"士可杀不可辱"。自然导入将要学习的几个古人在遭受大辱后却没有选择死，而是选择坚强地活下来，并做出了巨大贡献。课堂的导入，激发了学生求知欲，同时在教学中渗透了精神教育。

通过学习课文，当学生明白这些古人身处困境却顽强奋斗这个道理后，教师顺势让学生思考：从古人身上学到了什么。引导学生深切感受古人的精神品质：古人身处困境仍能坚持理想，从而树立正确的人生观。

三、课外辅助传精神

兴趣是学生的最好的老师，在文言文教学中融入传统文化，让学生对中华传统文化感兴趣是首要的。在课堂外，教师有意识让学生阅读古代文学作品，不仅能拓展学生知识面，提高学生阅读量，还能让学生通过阅读潜移默化感受中华传统文化。

例如，推荐学生阅读《弟子规》《声律启蒙》《论语》《中庸》等，还有融入本地襄阳地方特色的《诫子书》《出师表》《隆中对》等篇目。

营造"诵读国学经典，传承中华文化"的校园氛围，每天十分钟的晨读，让学生在朗朗地诵读声中感受中华经典的魅力，浸润传统文化，在熏陶中学习古人的智慧，同时促进了学生良好阅读习惯的养成。

在语文教学，尤其是文言文教学中融入中华传统文化的教育，不仅要根据文本内容制定正确的教学目标，深入挖掘教学方法、教学手段等，还要利用课外辅助手段，开阔学生视野，提高学生学习中华传统文化的积极兴趣，使学生在学习中接受中华传统文化的教育，继承并发扬中华传统文化的精神。让中华优秀传统文化这颗种子，在孩子们的心里生根发芽，开花结果。

作者简介：王金荣，湖北省襄阳市宜城李垱初级中学语文教师。2014 年荣获宜城市青年教师教学竞赛一等奖，2017 年荣获襄阳市初中语文优质课竞赛一等奖，荣获教育部 2016－2017 年度"一师一优课　一课一名师"活动"优课"。先后被宜城市人民政府评为"2015 年度最美宜城人""三八红旗手""宜城市劳动模范"，被襄阳市人民政府评为"优秀共产党员""襄阳好人""襄阳市先进工作者"。

泱泱中华之魂，巍巍"士人精神"

——《唐雎不辱使命》教学案例分析

湖北省宜昌市第二十五中学　王　锋

泱泱中华，文脉绵延，千年不绝，世所罕见。人教版九年级上册的《唐雎不辱使命》一文中所体现的"士人精神"更是如同一座巍然屹立的高峰，彰显着中华传统文化的内涵——积极用世、心忧天下，大义凛然、勇于献身，不卑不亢、追求独立，令后人景仰。

下面我就结合《唐雎不辱使命》一课的教学，具体谈谈自己是如何在初中语文教学中渗透中华传统文化教育的。

在本课教学之前，大多数学生对战国时代"士"之精神知之甚少甚至闻所未闻，这就形成了学生能力发展的空白处。针对这一空白处，我将"引导学生品悟唐雎的形象，感受士人精神"作为了本课的教学重点，力争引导学生深入体会。具体教学过程如下：

一、细读对话，品悟形象

师：秦王是谁，他一生最大的功绩是什么？

生齐声回答：统一六国。

师：对，来看看当时的历史背景。公元前230年灭韩，公元前228年灭赵，公元前225年灭魏。秦王如此的厉害，那唐雎究竟说了什么或做了什么，让整个事态发生了如此戏剧性的变化呢？

生1：唐雎列举了三个平民刺杀贵族的例子，然后表示自己将效仿这三人与秦王同归于尽。

师：对，唐雎用他锋利的言辞震慑了秦王。两人你说一句，我对一句，他们在干吗？

生2：谈判。

生3：问答。

生4：对话。

师：他们在进行对话。（师板书"对话"）可见，本文中"人物间的对话"能够呈现情节的发展。

（师板书"呈现情节"）同学们，想不想跟我来声情并茂地朗读，走进那场虽没有硝烟却惊心动魄的斗争呢？

生齐声回答：想！

师：下面，我们分角色表演朗读1、2两段，一人读旁白，四人读对话。读对话的同学站中间，读旁白的同学站旁边。读的时候，还有一些具体的要求：

1. 想方设法把人物读活！

2. 边读边思考讨论：从具体用词或语气的角度，说一说同样是对秦王表示拒绝，唐雎的话与安陵君的话有何不同？从中你看到了一个怎样的唐雎？下面小组分工合作，进行准备。

（生讨论准备，然后以小组为单位，上讲台展示分角色朗读）

师：展示的同学读活了吗？

生5：读活了。

师：怎么读活的？以上同学用了哪些方法把人物读得活灵活现？

生6：他们读秦王的时候，读出了威胁的口气。

生7：他们读书的语气抑扬顿挫。读出了秦王的不可一世，唐雎的大义凛然，符合人物的性格特点。

师：当然，要把人物读活，除了语气的把握，还要注意重音、体态语、拖音、语调、停顿、节奏等。看来，把人物读活，还有这么多的方法呀！下面，我们齐读第1、2段。

（生齐读第1、2段）

师：同学们读得非常精彩。下面请同学们从具体用词或语气的角度，说一说同样是对秦王表示拒绝，唐雎的话与安陵君有何不同？从中你看到了一个怎样的唐雎？

生8：安陵君在拒绝秦王之前，先表达谢意，显得很委婉。唐雎则很直接，拒绝的非常坚决。

师：很好，请坐。可见唐雎的态度非常坚决。"虽千里不敢易也，岂直五百里哉？"什么语气？

生9：反问语气。

师：这里明显可以看到两个人语气上的差异。我们来仔细揣摩这两段文字。

文段一："大王加惠，以大易小，甚善；虽然，受地于先王，愿终守之，弗敢易！"

文段二："否，非若是也。安陵君受地于先王而守之，虽千里不敢易也，岂直五百里哉?"

这里安陵君说的是"弗敢易",唐雎说的是"不敢易",而且唐雎一开口就说了一个什么字?

生10:否。

师:看来这三个字还大有深意啊!我们来探寻一下这三个字的源流。首先是这个"弗"字。"弗"字的金文由两部分组成,上面这个象形符号表示"用绳子捆绑",下面这个象形符号表示"矛枪、干戈等兵器"。用绳子把矛枪、干戈等兵器绑起来,什么意思?

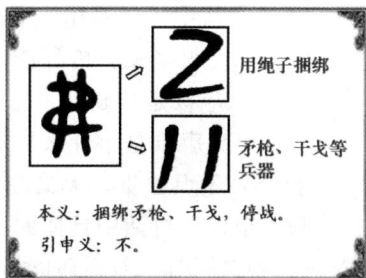

用绳子捆绑
矛枪、干戈等兵器
本义:捆绑矛枪、干戈,停战。
引申义:不。

(生纷纷猜测,众说纷纭)

师:刀枪入库,马放南山,表示停战。后来引申为"不",表否定。另外,还有一个"不"字。"不"字的金文也由两部分组成,上面这个象形符号表示"刀刃",下面这个象形符号表示"竹子顶端"。用刀刃削竹子顶端,请问他要制作什么?

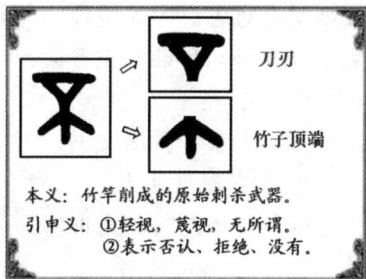

刀刃
竹子顶端
本义:竹竿削成的原始刺杀武器。
引申义:①轻视,蔑视,无所谓。
②表示否认、拒绝、没有。

(生纷纷猜测,提出设想)

师:用竹竿削成的原始刺杀武器。后引申为

1. 轻视,蔑视,无所谓。

2. 表示否认、拒绝、没有。

接下来还有一个"否"字。"否"字和"不"字有什么联系?

生11:"否"字就是"不"字下面加个"口"。

师:左边一个"口",右边一个"不""不"字下面再添一横,那是个什么字?

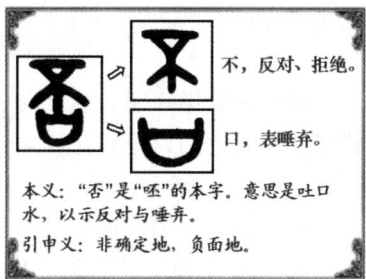

不,反对、拒绝。
口,表唾弃。
本义:"否"是"呸"的本字。意思是吐口水,以示反对与唾弃。
引申义:非确定地,负面地。

生12:呸。

师:"呸"字何意?

生13:表示轻视。

生14:带有侮辱的意思。

师:"否"字的金文也由两部分组成,上面这个象形符号表示"反对,拒绝",下面这个象形符号表示"唾弃"。所以这个字的本义是?

生15:吐口水,表示反对。

师:对。"否"是"呸"的本字。本义是吐口水,以示反对与唾弃。后引申为"非确定地，负面地。"回顾前文，安陵君用了一个"弗"字，唐雎则用了"否"和"不"。从这三个字，你能体会到唐雎和安陵君面对秦王的咄咄逼人，态度有什么区别？

生16：从中可以看出，唐雎的态度比秦王的态度要坚硬很多。

师：态度很坚硬？措辞准确吗？

生17：应该是强硬。

师：可见唐雎是个什么样的人？

生18：不惧权贵，大义凛然。

师：很好。对话中具体的用词和语气，能够刻画出人物的形象。（师板书"刻画人物"）同时，对话还能呈现故事的情节。（师板书"呈现情节"）这就是本文中对话的作用，大家要做好笔记。下面，王老师挑选了三段文字，这三段文字很有意思。大家关注一下说话对象，根据话语的内容想一想对话双方实际上究竟是谁和谁？先看第一句，寡人是谁的自称？

生19：秦王。

师：大家看看语文书，书上写的是谁？

生20：秦王使人。

师：这里的"人"指谁？

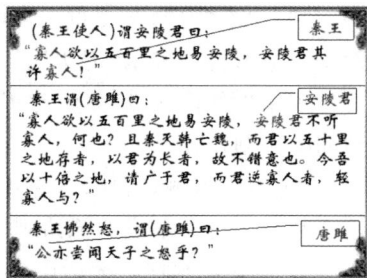

生21：秦国使者。

师：真是奇怪。再看第二句，秦王一口一个安陵君，但书上却写的是秦王在对谁说话？

生齐声回答：唐雎。

师：那为何一口一个安陵君呢？这分明就是在对安陵君说话嘛！是不是觉得很奇怪？

（生沉思）

师：再看第三组，这句话并不矛盾。作者为什么要这么安排？是不是搞错了？请同学们讨论讨论，帮老师解答一下。

（生热烈讨论）

师：第一句中，明明是秦国的使者在说话，却是秦王的口气，什么原因？

生22：秦使出使安陵，他就代表着秦国。

师：对，此时的秦使就代表着秦王，他在一字不变的转述秦王的原话。这里秦使充当的是什么角色？

生23：传话的工具。

生24：传声筒。

师：第二句中，秦王面对着唐雎，但每句话都是说给安陵君听的，这是为什么呢？

生25：那是因为在秦王眼里，唐雎就代表着安陵君。

师：所以秦王这样说话的目的是什么？

生26：请唐雎带话。

师：很好。秦王这是请唐雎把自己的话一字不漏地带给安陵君。秦王为什么只是请唐雎带话，而不和唐雎直接对话呢？

生27：因为在秦王眼里，唐雎根本就没有资格和他对话。

师：说得太好了。由此可见，秦王是个什么样的人？

生28：傲慢。

生29：不可一世。

生30：目中无人。

师：同学们，从这看似简单的对话中，我们却能读出如此丰富的信息，可见这对话的艺术简约但不简单。

通过上面的品读，我们已经知道，唐雎在强权面前不卑不亢、据理力争激怒了秦王。那么，这种紧张激烈的事态将如何发展呢？我们来读读三、四两段，分角色朗读要求如下：一人读旁白，两人读对话。旁白只读第3段开头的"秦王怫然怒，谓唐雎曰"，第3段结尾的"挺剑而起"和第4段开头的"秦王色挠，长跪而谢之曰"。

在读的过程中，大家边读边想：

1. 想方设法读出人物形象和当时情景。

2. 从用词、语气、修辞、潜台词等角度赏析这段对话的高妙之处。

思考：从中我们看到了一个怎样的唐雎？开始！

（经过认真准备后，学生以小组为单位，上讲台展示分角色朗读。）

师：读出人物形象没有？读出当时的情景没有？有没有身临其境的感觉？

生31：读得很棒，感觉好紧张。

师：他们运用了哪些朗读的方法？

生32：他们很注意重音的处理。

生33：语气把握得很好。

生34：语速处理的也恰当。

生35：读出了人物的性格。

生36：还运用了一些辅助手势。

师：看到同学们读得如此投入，王老师也想来读一读。王老师读唐雎，我请一位同学读秦王，一位同学读旁白。有哪位同学愿意上前来，我们师生同读。

（两位同学自告奋勇，与老师一起同读）

师：带着刚才的感觉，我们全班齐读第 3、4 段。从用词、语气、修辞、潜台词等角度赏析这段对话的高妙之处。思考：从中我们看到了一个怎样的唐雎？

生 37：这部分的高妙之处在于，每句话都暗藏杀机。

师：你从哪个地方读出了暗藏的杀机？

生 38：伏尸二人，流血五步。

师：真是刀光剑影，杀机重重。很好！还有补充吗？

生 39：秦王问唐雎"公亦尝闻天子之怒乎？"唐雎回以"大王尝闻布衣之怒乎？"可见，面对秦王咄咄逼人的架势，唐雎毫不畏惧，展现出凛然不可侵犯的独立人格。

师：唐雎对秦王真是针锋相对，寸步不让。通过刚才的品读，我们能够体会到看似简单的对话，却这么耐人寻味。这是不是正是这篇文章的高妙之处呢？

二、拓展小结，升华情感

师：的确，用对话来呈现故事情节，刻画人物形象的文章在《战国策》中比比皆是，让我们再来欣赏一篇《齐宣王见颜斶》。齐读一遍。

（生齐读）

师：读完本文，你觉得颜斶是个什么样的人？

生 1：不畏权贵。

生 2：一身傲骨。

师：很好！颜斶鲜明地提出"士贵""君不贵"，展示了战国时代"士"的气节。我们回头看看，唐雎是不是也是一位"士"？从文中何处可以看出来？

生 3：唐雎也是一位"士"。文中有"此庸夫之怒也，非士之怒也"和"若士必怒，伏尸二人，流血五步"两句。可见唐雎是以"士"自居的。

师：那么"士"究竟是指哪一类人呢？我们来看一看"士"字的金文写法。"士"字的上半部分表示用手抓持的样子，下半部分表示一把斧头。用手拿斧头，这是什么人？

生 4：武士。

师：所以"士"字表示有勇之人，另外它的引申义也指有教养有地位的人，

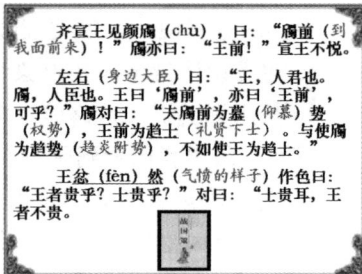

故而"士"是指那些有勇有谋之人。自战国以后，"士"逐渐成为统治阶级中知识分子的通称。

同学们，我们从唐雎和颜斶身上感受到了"士"的哪些品质呢？

生5：不畏强暴，大义凛然。

生6：不辱使命，誓死捍卫国家尊严。

师：唐雎是不辱使命，誓死捍卫国家尊严。那颜斶呢？

生7：颜斶是誓死捍卫自己的尊严，"士"的尊严。

师：同学们说得真好！不管是唐雎还是颜斶，作为战国时代"士"的杰出代表，他们的身上都有一种独立的人格，神圣的尊严。他们绝不屈从于任何权贵，而是高举道义的大旗，抗礼王侯，傲视群雄。"士为知己者死"是他们的承诺，"士可杀不可辱"是他们的气节。他们是高高挺立在天地之间的大写的人！

同学们，学完本文，如果你是《古文观止》的编者，请你说出几条收录本文的理由或者谈谈你学完本文的体会。

生8：语言描写精彩，让人回味无穷。

生9：故事情节曲折，让人爱不释手。

师：对，是唐雎高贵的人格征服了我们，是本文精彩的对话艺术吸引了我们，这就是文言文的魅力，这就是中华文化的博大精深！同学们，让我们爱上文言文，做中华文明的优秀传人！（师板书"反映文化"）

让我们齐背全文，再一次回味文言文的无穷魅力！

（全班齐背课文）

通过一节课的朗读、品味、分析和揣摩，学生对唐雎这个士人形象可谓是如见其人，如闻其声。穿越千年的风烟，唐雎如在眼前。学生们从唐雎身上看到了巍巍"士人精神"的崇高与伟大，也一睹了春秋战国"士人"的风采，同时也在传承着优秀的中华文化基因。愿中华传统文化能更好地传承下去，这是中华民族文化自信的源泉。语文教师任重道远！

作者简介：王锋，湖北省宜昌市第二十五中学语文教师、区骨干教师。主讲区级以上优质课7节，公开发表国家级、省级、区级以上获奖论文共9篇。

《醉翁亭记》教学设计

湖北省宜昌市夷陵区实验初中　刘晓磊

【教学目标】

1. 体会文章语言之美。
2. 感悟"乐"的实质和欧阳修的情怀。

【重点难点】

通过多种朗读形式，品味文章的语言。

感悟"乐"的实质和欧阳修多重身份的不同情怀。

【教学过程】

一、抛砖引玉

1. 名人衬托

当苦难降临时，我们方能看尽众生之相。屈原受到排挤，则投江以自表。陶渊明被贬官，从此不问世事。杜甫报国无门，遂郁郁而终。但今天我们要走进的作者欧阳修却大有不同。

2. 作者简介

欧阳修（1007—1072），字永叔，号醉翁，晚年又号六一居士。吉州永丰（今江西省吉安市永丰县）人，因吉州原属庐陵郡，以"庐陵欧阳修"自居。

欧阳修生平虽多次被贬，却始终在政治上享有盛名。是北宋著名的政治家、文学家。

在《醉翁亭记》中，我们又会接触到欧阳修的哪些身份呢？

请大家默读课文，找出文中出现的欧阳修的身份。

明确：醉翁、太守、欧阳修（学生一般只能找出前两个或者掺杂其他提炼出的身份，如：文人、贬官等；可以顺势问问学生为何这样说，这有助于梳理文章内容）

醉翁所欲为何？（醉翁之意不在酒，在乎山水之间也）是怎样的山水令醉翁如此陶醉呢？

二、知醉翁

（一）对景当歌

PPT 展示文中写景的第二段并重新分为八句。请学生小组合作导演，根据自己的理解，给每句话都选择一种朗读形式并分工安排给全班同学。每一句话都可以是男生读、女生读、全班齐读、指名读等方式。被安排的学生通力合作，完成朗读。

1. 若夫日出而林霏开。

2. 云归而岩穴暝。

3. 晦明变化者，山间之朝暮也。

4. 野芳发而幽香。

5. 佳木秀而繁阴。

6. 风霜高洁。

7. 水落而石出者。

8. 山间之四时也。

（二）借景识人

读得令人神往！那可否用一个词评价滁州地区的山水：这里的山水_____。

这里的景确实蔚然深秀，也难怪令醉翁着迷。王国维曾说："一切景语皆情语"。那么作者被贬滁州后，化身醉翁，醉心山水之乐，写下了这模山范水的文字，你们又看到了醉翁怎样的心怀呢？请用一句话评价醉翁的形象。

小结：如同学们所言，他虽被贬，却能够寄情山水，予心安宁，确是一个乐观旷达的人。那身为太守的他，又当如何。

三、知太守

（一）恬吟密咏

欧阳修的文章在当世被"天下以为模范"，我们只有恬吟密咏才能体会其中的奥妙。

PPT 展示写太守宴饮的第三段。请学生挑自己喜欢的句子读，并说说理由。

每一句的品析，在尊重学生自身感悟的基础上，也要加以追问，加深对句子隐含信息的理解：

"至于负者歌于途，行者休于树，前者呼，后者应，伛偻提携，往来而不绝者，滁人游也。"

第一句可运用删改的方式，指导学生对比朗读，了解文章句式特点。

"临溪而渔，溪深而鱼肥，酿泉为酒，泉香而酒洌，山肴野蔌，杂然而前陈者，太守宴也。"

第二句重在引导学生发现滁州物产之丰富。为后文拓展欧阳修治滁期间的作为做铺垫。

"宴酣之乐，非丝非竹，射者中，弈者胜，觥筹交错，起坐而喧哗者，众宾欢也。"

第三句可以指导学生现场模仿演绎。更要引导学生明确"宴酣之乐"在太守眼里究竟为何，为学生理解太守形象，理解"乐民之乐"做铺垫。

"苍颜白发，颓然乎其间者，太守醉也。"

第四句则厘清太守为何而醉。为理解"乐民之乐"铺垫。

（二）神交古人

四句品读完后，请学生用一个词说说滁人的生活：这是_____的生活。

小结：这样轻松惬意的生活确实令人羡慕，但并不是滁人从一开始就能享受到的。请看，欧阳修身为太守，为此付出了多少努力。

PPT展示拓展内容：滁州城本来的情况，欧阳修治滁期间的作为。

荒城草木多阴暗，日夕霜云意浓淡。

——欧阳修

引导州民勤劳耕作、开辟教场集训州兵、扩建州城御敌防寇，"率人甚勤，备灾甚谨，自勉甚笃，劝农节用，均丰补歉，虽有水旱之年，无有饥之民。"至滁州第二年，便"岁物丰成"。

——《欧阳修在滁州》

此时再请用一个词评价太守的形象：这是_____的太守。

小结：是啊，欧阳修勤苦地扮演着太守的角色，在乱世之中，也只有这样的太守才能清廉爱民，治理好一方水土。

可大家却忽略了文中欧阳修的第三个身份，我们一起读：

"禽鸟知山林之乐，而不知人之乐。人知从太守游而乐，而不知太守之乐其乐也。醉能同其乐，醒能述以文者，太守也。太守谓谁？庐陵欧阳修也。"

（若在品读第三段最后一句时，有同学体会到了太守的一些愁绪或孤寂等心理，那么便可稍讲此句中的"不知太守之乐其乐也"。太守的心理不为人所了解，所以有些孤寂落寞。）

太守是谁？作者为我们郑重详细地介绍了，他是庐陵人欧阳修啊！身为醉翁，他寄情山水，因山水而乐；身为太守，他执政清明，因游人的欢乐而快乐。那抛开醉翁、太守的身份，我们对这最本真的欧阳修又了解多少呢？让岁月回转，我们走进欧阳修的过去！

四、知永叔

PPT展示欧阳修的相关背景。（此环节稍涉儒家文化，增强此课文化底蕴）

（一）儒家思想

欧阳修身为当世的大儒，自幼学习儒家经典，深受其影响。

展示儒家在政治上的主张（因有难度，以下教师直接译讲）：

政在养民。

——《尚书》

乐民之乐者，民亦乐其乐；忧民之忧者，民亦忧其忧。

——《孟子》

重点讲解"养民""乐民之乐者"的意思，并与本文中的"乐其乐"相结合。

（二）具体实践

拥有这种思想的欧阳修，又有哪些实践呢？

支持范仲淹改革（目的为改变民生贫苦状况），终被贬夷陵。

又支持范仲淹推展变法（包括"厚农桑""减徭役"等益民政策），被贬滁州。

以天下为己任。

——欧阳修《新五代史》

欧阳修一生为了黎民不惜多次被贬，甚至冒死进谏。更在自己编撰的《新五代史》中写下了"以天下为己任"这样的慷慨之词。至此，你是否对欧阳修有了一定的认识呢？说说看。

结语：

如大家所言，这便是欧阳修。世道虽与愿违，但他却不似屈原、杜甫般消极，不若陶潜般逃避。他能化身醉翁，寄情山水、乐观旷达，可以负起一方民生，小邦为政、清廉爱民，更是终其一生，乐民之乐、心怀天下。他的乐观旷达，他的积极面对，都值得我们学习！

【教学反思】

阅读教学须有文体意识。每一类文体都有其共性的特点。所以，辨明文体，是解读一篇文章的首要前提。其次，每一篇文章也有其个性。为了更深层次地挖掘出"这一篇"的不同，还可以与同类文体其他文章比较分析，以探发先人之未明。接下来便以《醉翁亭记》的设计为例稍作分析。

一、从景到情，游记共性

《醉翁亭记》是一篇经典的游记散文。作为游记散文，其内容多以记述作者游览经历为主，所以笔法也多为借景抒情。就《醉翁亭记》来看，其景不仅有琅琊山朝夕不同、四时各异的自然之景，更有滁人游乐、众宾酣饮、太守陶然的生活场景。透过作者对这些景物的描摹，我们可以看见一个寄情山水而豁达洒脱的"醉翁"，也可以看见与民同乐且乐民之乐的"太守"。可见，对于人物情怀的触探，一定要从景物的品味入手。为此，我对于"知醉翁""知太守"这两个环节的设计，皆遵循"从景到情"的思路，先品味景，再揣摩情。

其中"知醉翁"环节，我将文中写景的第二段分为八句，要求学生根据自己对写景语句的理解，针对相关语句，选择合适的朗读方式搭配合适的朗读者。最终学生完整地将八句演绎下来时，会如交响乐般给人多层次的听觉感受。且选择的过程，也是深化学生对写景语句理解的过程。当学生对琅琊山之景有了足够的了解时，自然能知晓欧阳修何以被贬而能寄情山水，如此洒脱了。"知太守"环节所涉及的第三段语言极具特点，所以也需要用如"对比读""表演读"等多种方式，让学生品味出宴会场景的乐意融融。有了对"太守"与"宾客"一齐作乐场景的理解作铺垫，此时再拓展相关背景，学生很容易能够体会到"乐民之乐"的境界。

二、叙述视角，别具匠心

以上教学内容的确定，是通过对文体类特点的把握。但只理解到这一层面还不够，我们还需将同为游记散文的"这一篇"与"那一篇"进行比较，探发其个性。《醉翁亭记》与《小石潭记》《岳阳楼记》三篇同属游记散文，且在同一单元，不妨拿来进行比较。

此三篇文章作者创作背景相仿，皆逢被贬，且欧阳修与范仲淹被贬原因相同。而在情感上，也都有旷达胸襟的体现，甚至在语言风格上，都有长短句灵活变换的特点。但当我把目光聚焦在叙述视角上，却有了不小的发现。《小石潭记》中的叙述人称隐而不见，只在介绍"余弟"时候提到自己，我们可将这篇的叙述视角视为第一人称视角。《岳阳楼记》中"予"多次出现，亦视作第一人称视角。实际上大多游记散文皆喜用第一人称进行叙述。因为第一人称具有抒情的直白性，有助于表达主观感受。但是《醉翁亭记》有着显著的不同。文中出现了"太守""醉翁"，为第三人称视角，作者是站在了旁观者的视角在客观叙述自己的游历。而"庐陵欧阳修"是第一人称视角，此时作者才回归到自己的视角。可以说，作者自发地将"醉翁""太守"和自己"欧阳修"剥离开了。笔者认为，这种叙述视角暗藏玄机。当"山水之乐，得之心而寓之酒"的时候，欧阳修是"醉翁"（一个借酒助兴，纵情山水的"老人"）。当要带领宾客们一同欢乐，且记述下欢乐情景的时候，欧阳修是"太守"（一方百姓的父母官）。乐的境界在提高，"醉翁"之乐，是自己的乐趣。"太守"之乐，是把治下百姓的乐趣当成乐趣。当山水游遍、宾客散尽，在作者看来"醉翁""太守"完成了使命之时，才让最真实的本我出现。作者介绍自己时，显得有些庄重，像是初见时的自我介绍：哪儿人，姓甚名谁。但作为读者，我们是刚接触到欧阳修吗？通过前文，我们已经对欧阳修有了不少了解。可见在作者的心里，透过前文我们了解到的都是寄情山水的"醉翁"，是滁州百姓的"太守"，而不是"庐陵欧阳修"。抛开这些身份，欧阳修又是什么样的？仅靠《醉翁亭记》难以揣摩，尚需拓展背景资料。

文中的两类视角对应着欧阳修的三重身份，是学生可以通过品读、结合自身体验所能理解的，且有助于更立体地了解欧阳修，故笔者将此选入了教学内容。本课从"身份"切入，并设计了"知醉翁""知太守""知永叔"三个环节，每个环节都围绕欧阳修的一重身份。且三个环节层层深入，从了解"醉翁"的"寄情山水""乐观豁达"，到认识"太守"的"乐民之乐""勤政爱民"，到最后触探到最本真的"欧阳修"，他那"以天下为己任"的济世情怀。整个设计围绕"欧阳修的情怀"，做到一课一得。

作者简介：刘晓磊，湖北省宜昌市夷陵区实验初中语文教师。湖北省宜昌市"汉字听写大会"优秀指导教师，宜昌市夷陵区师德模范、优秀教师、优秀装备工作人员，优秀教育工作者、青年教师新秀。发表多篇论文。

《唐雎不辱使命》教学案例分析

湖北省老河口市孟楼中学 孙粉玲

【案例背景】

新一轮基础教育课程改革实验已启动多年了。新课程是一次非常彻底的改革，在课程目标、课程功能、课程理念、课程内容和课程评价等方面都较之以往的传统教学有了很大的突破和创新。新课程的核心是培养学生的创新精神和实践能力。那么在文言文教学中，如何将这一核心贯彻落实到位，从而体现新课程理念并使其放射出灿烂光芒呢？下面，就以《唐雎不辱使命》为例谈谈我的一些尝试。

【案例描述】

情景一

《唐雎不辱使命》是义务教育课程标准实验教科书《语文》（人教版）九年级上册第六单元的一篇文言文。这篇课文是为众人熟知的名篇，刻画的唐雎、秦王两个人物性格鲜明，非常传神。因此，指导学生把握人物形象及刻画人物的方法，被本人理所当然地列为了教学重点。于是，在学生整体感知课文内容后，我适时地抛出了这样一个问题：这篇课文中的唐雎和秦王在你的心目中各自留下了什么印象？请同学们分组讨论，并在文章中找出相应的依据。问题刚一抛出，学生在经过片刻的独立思考后，很快展开了热烈的讨论。这正是我所期盼的，因为学生参与合作学习的主动程度往往直接影响着教学目标的完成。果然不出我所料，讨论未几，很多组便纷纷举手示意已有成果，急盼发言，我顺势将大家领到了成果汇报环节。学生的发言令我颇为满意：

生1：唐雎是一个勇敢的人，面对秦王的威胁恐吓，他镇定自若，毫无怯色。

生2：唐雎是一个机智、善辩的人，他针锋相对地提出"布衣之怒"反击秦王的"天子之怒"，短时间内即举出专诸、聂政、要离的真实事例反驳秦王，并表明自己要与秦王同归于尽的决心，迫使秦王不得不屈服。

生3：唐雎是一个视死如归的人，他"挺剑而起"的举动就是见证。

生 4：秦王是一个狡猾的人，他采用软硬兼施的办法想使唐雎屈服。

生 5：秦王是一个贪生怕死的人，他起初面对唐雎盛气凌人，骄横霸道，当唐雎"拔剑而起"时，他却"色挠"且"长跪而谢之"。

生 6：秦王是一个残暴的人，他一发怒，将"伏尸百万，流血千里"。

……

随着学生讨论的深入，文中两个人物形象愈来愈丰满。正当我在暗自庆幸这一环节的顺利进行时，无意中却瞥见了一平日很喜阅读历史书籍的学生眉头紧锁，一副欲言又止的样子。我于是走到他桌旁，笑着说道："A 同学，是不是另有高见？能否与我们一块分享你的思维成果？"我用鼓励的眼神看着他，"在我眼中，秦王也是一个有远见的人。因为秦王吞并安陵是为了最终实现大一统。"一石激起千层浪，此言一出，教室顿时热闹得像沸腾的开水。反对者有之，赞成者亦有之。我示意大家迅速安静下来，随后平静地说道："A 同学不人云亦云，敢于发表自己的见解，勇气可嘉。老师想听听大家对他的观点的看法。"我话音刚落，许多双手举了起来，一场唇枪舌剑就此展开。

生 1：我赞成这位同学的观点。秦王不采用武力手段，而是用诈骗这种和平方式来吞并安陵，可以避免生灵涂炭。（少许几人附和）

生 2：我不同意生 1 的观点。课文中提到：秦王发怒，将"伏尸百万，流血千里"，可见他采用和平方式吞并安陵并非为百姓考虑。他这样做是为保存自己实力，为最后的统一大业养精蓄锐，不过，从这点看，秦王称得上一个有远见的人。（部分学生频频点头）

生 3：我认为秦王不是一个有远见的人。从课文前面的提示中，我们可以看出这篇文章主要是歌颂唐雎不畏强暴的精神，作者塑造秦王这个人物只是为了与唐雎形成对比，突出唐雎的性格特征。文章褒贬分明，"有远见"蕴含褒义，用来形容这篇文章中的秦王并不合适。（教室里响起热烈的掌声）

生 4：可是，老师说过："一千个人眼中有一千个哈姆雷特"，难道，我们 48 个人眼中就不能有 48 个秦王吗？

（教室里霎时陷入沉寂，学生们纷纷将目光投向了我，脸上写满了求知的渴望。确实，这个问题的解决对他们而言，太难了，其涉及的文学鉴赏理论，是大学汉语言文学专业《文学概论》课上才会提到的）

师：同学们说的都有自己的道理，说明大家思考很认真、很深入。面对他人的观点，大家不人云亦云，敢于质疑，敢于创新，这点是难能可贵的，希望大家今后继续发扬这种精神。确实，老师说过："一千个人眼中有一千个哈姆雷特"，这是指我们在鉴赏文学作品时会根据自身的生活经验、文化修养等对文学作品中的形象进行再创造，可由于个人的状况不同，再创造的形象也就不同，这就是文学鉴赏的主观差异性。但是文学鉴赏还存在着客观一致性，即我们只能在艺术形象指引的方向下进行适当地伸延，不能从根本上改变它，另给它一种新的质。例如：我们不能把多愁善感的林黛玉想象成泼辣爽朗的王熙凤。在欣赏文学作品方面，老师再给大家一个建议：在准确把握原作者对作品中人物所持观点、态度的基础上，再去进行个性化的解读。

情景二

新课改的教学理念则为"尝试教学→合作教学"。"尝试教学"即是让学生自己先尝试学习，进行探索，然后，教师指导点拨；学生尝试在前，教师指导在后；尝试能成功，成功能创新。"合作教学"即是让学生共同参与学习，分组讨论，讨论出成果。让学生在合作中学习知识，培养能力，获得问题的答案，让学生携手共创辉煌。

在这种新的教学理念下，根据学生的实际，我让学生上演"电视连续剧"式的话剧《唐雎不辱使命》，方法是把全班学生分成若干学习小组，让学生"编→导→演"，然后评出优胜组。具体的操作程序是：

一、编

编剧。把文言文《唐雎不辱使命》编成现代剧本样式。全剧分四场。第一场：（故事开端）秦王设骗局，安陵国危在旦夕，唐雎出使秦国。第二场：（故事发展）唐雎与秦王展开第一回合的斗争，唐雎坚决抵制秦王的骗局，表现为维护国土的严正立场。第三场：（故事高潮）唐雎与秦王展开第二回合的斗争，唐雎以"士之怒"反击秦王的"天子之怒"。第四场：（故事结局）秦王"色挠，长跪而谢之"。唐雎凭借自己的胆识与智慧取得了胜利。

二、导

导演。每个小组推选一名学生当导演，也可以人人出谋划策集体导演。

三、演

表演。选出演员分别扮演不同的人物角色，要有人物应有的语气、口吻、情态，进行排练，登台演出。

因为"编→导→演"的创新实践环节新颖别致，学生喜闻乐见并踊跃参与，学习积极性空前高涨。

在"编→导→演"这一线索的积极调动下，产生了良性连锁反应。学生为了演好，就要导好、编好；而要导好、编好，就必须弄清故事的来龙去脉、故事情节，把握好文章的内容要点和中心思想。而要做好这些，就必须弄清每个字、词和句的意思。学生主动探求知识、主动学习，高质量地完成了本文的学习任务。

【教学反思】

这堂课使我获得了以下几点启示：

1. 尊重个体差异，可帮助学生内化知识

在本课教学中，我努力创造学生与文本、学生与学生、学生与教师对话的机会，让学生自主建构作品中的人物形象。作为历史爱好者的 A 同学在建构秦王形象时，因为受到原有经验（即曾看到过的历史书籍中的秦王形象）的影响，与其他学生的认知产生了差异。对于他的观点我并非简单地加以否定或肯定，而是让学生谈看法、让学生议分歧。如此，既珍视了学生独特的感受、体验和理解，又帮助学生在主动探求的过程中，完成了知识的内化。

2. 放飞学生思维，可促进课程动态生成

利用编—导—演这个环节放飞学生思维，让学生在动态的活动中促成个性化体验的生成，学生的活力就是"源头活水"，它是完成教学目标和教学任务的活力源。

3. 给予适时点拨，能引起学生认知突破

给予学生适时引导，在放飞学生思维的同时，让文学作品中所固有的内在的东西，即文学作品中的人物所蕴含的作者观点及态度为其指引方向。本课教学的点拨正是在学生的愤悱之际，引起学生认知的突破，使学生在"山重水复疑无路"之时，发现"柳暗花明又一村"。

课虽然结束了，但关于新课程的思索仍在继续，不由地想起了皮亚杰说过的一句话："教师的工作不是'教给'学生什么，而是努力构造学生的知识结构，并用种种方法来刺激学生的欲望。这样，学习对于学生来说，就是一个'主动参与'的过程了。"

作者简介：孙粉玲，湖北省老河口市孟楼中学语文教师。曾经参加"以教材为依托，建立作文序列化教学模式"课题研究以及"初中高效课堂教师导学策略研究"课题研究，并在教育技术理论与实践征文中多次荣获奖项。

《观舞记》课堂教学案例

山西省阳泉市第四中学校　田　芳

人教版七年级下册第四单元第十九课《观舞记》是一篇具有非常强烈的民族文化气息的课文，表现了鲜明的民族特色。作者冰心运用高超的语言技巧来表现舞台艺术，尽可能地把视觉形象转化为语言形象，使读者发挥自己的想象力。根据《语文新课程标准》的要求，结合七年级学生实际认知水平和参与能力基础，联系现实生活，我把更多的自由想象空间留给学生，使学生可以充分地展示自己的情感、态度、价值观。

根据《语文课程标准》中的理念："让学生具有独立阅读的能力，注重情感体验，有较丰富的积累，形成良好的语感。"叶圣陶先生说："文字语言的训练，我认为最要紧的是训练语感。"培养语感就是引导学生通过对语言文字的阅读分析，披文而入情，深入理解语言文字的内在含义，充分感受到作者所要表达的思想感情。因此我确立本文的教学重点为：对舞蹈艺术的描写优美生动。

根据学生年龄特征，本着"从感性认识到理性分析"的教学思想，结合本课的文化背景、高超的语言技巧及写作的特色，我确定的教学方法是"以朗读法为主，点拨法、多媒体演示法为辅"。我之所以确定以"朗读法为主"的原因是朗诵是多种感官参与的以声释义的活动，是把文字符号转化成声音，直接感受语言，揣摩作者蕴含的情趣和意念，充分感知课文准确的用词，生动的造句，巧妙的布局，感人的情境等，使课文内容主体化，想象化，进而对文章内容产生真切敏锐的感受，即"读书百遍，其义自现"。我认为：一个差的老师只会奉献，而好的老师则教给学生学习的方法。教给学生学法正是实现叶圣陶老先生提出的"凡为教者必期于达到不教"的目标。

本节课的教学充分体现了新课程标准的精神，即在学生的学习中，注重知识与能力、过程与方法，情感态度和价值观三个方面的共同发展。学法具体如下：

1. 勾画圈点法：让学生勤动笔墨，积极读书。
2. 朗读法：指导学生朗读，从中体会课文所蕴含的思想感情。
3. 讨论法：引导学生进行小组交流，探究优美的语言。

多媒体辅助教学：多媒体辅助教学主要目的在于营造一种艺术的氛围，调动学生的积极性，让学生将文字转换为画面，更加直观的、形象的理解课文。

新课程之所以"新"，不仅体现在教材的开放性和弹性，新型的学习方式、师生关系等方面，更体现在评价方面。评价需要教师有一双"爱"的眼睛，发现每一个学生的闪光点；需要在心里装着所有学生，激励他们不断进步，鼓励他们健康成长。本课时的教学我采用两种评价方式：

1. 教学语言梯度评价：针对学生的不同程度的回答，作出相应的评价。使用"读得真好听，老师要感谢你的爸爸妈妈给了你一副好嗓子，不过要是加上表情就更加能传情达意了，不信，你试一试!""我看到了大家一双双渴求知识的眼睛。"等有梯度的语言进行评价。

2. 师生互动行为评价：采用鼓掌方式或学生充当"小老师"来评议。

本课教学程序设计为："精导妙引——整体感知——研讨赏析——拓展延伸"。

我之所以这样设计，是因为我一直都信奉这样的一句话："一棵树苗，或生长在茫茫荒凉的沙漠，或生长在茫茫盐碱地，或栽种在肥沃的土壤，不同的地域会出现不同的结果。"我们的学生就犹如树苗，我们的课堂就犹如是培育树苗的地域，而只有民主的、和谐氛围才是学生积极学习，努力思考，顺利实现学习目标的土壤。

（一）精导妙引

（播放多媒体）开篇以舞导入，利用多媒体放映印度舞蹈，美丽、华贵的印度服饰；活力四射的印度舞蹈；神奇、绮丽的印度风情，一下子就吸引了同学们的眼球，符合当代中学生的审美要求，能很快进入读书的兴奋状态。

（二）整体感知

初读课文，谈谈初读体验。

这部分要明确：飞动的"美"。

具体体现在：服饰、动作、眼神、表情……

（在学生归纳之后，多媒体再次放映一段印度舞蹈）

（三）研讨赏析

教师引导学生勾画出自己认为写的精妙的句、段，以着重号"△"标出，细心品味、大声朗读并加以积累。提示学生在选择语段旁就"感情、语气、语速、轻重"等方面作文字或符号的标注。

学生先在小组中进行合作交流，然后在全班交流。

【课堂实录】

品读课文，集体研究。

师：冰心的描绘，确实让我们感受到了卡拉玛姐妹的舞姿之美，那他们的美是怎么的一种美呢？能否从文中找出两个字概括。

生：(小组讨论回答)飞动。

师：那么这种"飞动"的美在哪些语段中得以体现？大声朗读出来。

生：(13段大声朗读)因为这一段用生动优美的词语写出卡拉玛姐妹形体的美。

生：(16段大声朗读)因为这一段从衣饰方面写出了舞蹈之美。

生：(17段大声朗读)因为这一组排比句，写出了卡拉玛姐妹神态的多变，舞姿的优美，舞艺的精妙。

生：(18段大声朗读)这一段也是从形体方面的美来写的。

师：大家说的、读的都十分到位。那么请大家进一步思考，这些语句十分优美，冰心是如何写出这种美的？

生：运用了大量的修辞手法。

师：能具体说说运用了哪些修辞吗？

生：比喻，轻云般慢移，旋风般疾转。

生：排比，忽而……忽而……忽而……忽而……忽而……

生：排比，如莲花的花开瓣颤，小鹿的疾走惊跃，孔雀的高视阔步

生：引用，珠缨炫转星宿摇，花鬘斗薮龙蛇动。

师：这些比喻、排比、引用有何好处？

(暂时的沉默)

师：(提示)我们把这些修辞手法去掉以后读一读，同原文对比，看一看哪种表达更优美。(小组讨论、商量)

生：大声朗读去掉这些修辞后的语段。

生：去掉修辞不如原句生动、形象。

生：语句不如以前优美。

生：这些运用了修辞的语句具体写出了卡拉玛姐妹的舞蹈美。(掌声)

生：表现了舞者的一种柔美。

生：这些运用了修辞的语句更能表现"飞动"的美，犹如卡拉玛姐妹站在我们面前，有一种身临其境之感。(掌声)

师：大家回答的非常好，真正领悟了本文的语言美。让我们再次朗读这些优美的语段，体会冰心老人描绘的舞蹈之美。

（生大声朗读）

师：请每一小组以列板书的形式总结本文。

生：动手列板书。（板书种类很多，只选一种）

（四）拓展延伸

欣赏《千手观音》（播放视频）。要求学习冰心奶奶用优美的词语来表现自己所看到和想到的，哪怕是一个词、一句话、一段文字都行。谁先写好，就优先展示他的劳动成果。

目的：一是激起学生练笔的兴趣。二是提供一种容易模仿的模式，放飞学生想象。之后全班交流，鼓励和肯定大胆新奇的想象。

【课后反思】

本课以视频播放印度舞蹈导入，利用多媒体教学，通过奔放、动感的画面，热烈、铿锵的音乐，让学生直观、感性地感受到印度舞蹈的美，让学生对舞蹈先有一个感性认识，从而激发学生对新奇事物的学习兴趣。再以语言教学为重点，通过反复朗读、品味，使学生感悟并理解本文对舞蹈艺术优美生动的语言描写。同时强调学生间的研究合作与探讨，让学生在互助合作中理解课文内容，掌握比喻、排比等修辞手法的作用。不但使学生掌握知识点也达到培养并巩固学生主动参与、乐于探究的能力和分析解决问题的能力及交流与合作的能力。

但从整个教学流程来看，《观舞记》一文的作者灵活地运用各种修辞手法，巧妙地将舞蹈艺术这一视觉形象转化为语言形象，写得很美。对此，学生能感受到美，却无法用准确的语言表达自己的看法。这一点也体现在拓展练习中，学生对《千手观音》这个舞蹈的描写，虽然能够运用比喻、排比等修辞手法或是精致的形容词，但明显存在内容简单、语言粗糙、词汇贫乏、搭配不当等毛病，语言缺乏鲜活的生命力。这一现象不仅反映出现在的学生视野狭窄、生活阅历少，也提醒我们教师在今后的教学活动中应有意识地扩大学生学习的课堂，尽可能地鼓励学生开阔视野，接触和了解生活，学会从生活中汲取新鲜的语言素材。此外，采用小组学习，有些语文基础相对较薄弱的学生没办法很好的参与到探究活动中，这也是今后语文教学中值得深思的问题。

作者简介：田芳，山西省阳泉市第四中学校语文教师。山西省骨干教师、省第七届中小学教学能手，阳泉市优秀班主任，阳泉市城区三优名师、模范教师、优秀班主任，"阳泉市名师推进农村教师专业发展工程"中送教下乡平定冶西中学，收获好评。参加全国教育科学"十二五"规划教育部规划课题"少教多学"，多篇论文获奖，获得"优秀学生征文指导教师"称号。参加"十三五"重点科研课题"中华优秀传统文化与现代语文课堂教学实践研究"，获得多项荣誉称号。

栏杆拍遍，无人会意，壮志难酬，慷慨悲歌

——评辛弃疾的词及其爱国情怀

山东省青岛市即墨区市南中学　姜玉华

我国历史上有这样一位了不起的爱国词人，一生留下了 600 多首词作。他提笔能写词，上马能杀敌，可谓文武双全。他是苏轼后豪放派的代表人物，他就是南宋的辛弃疾。今天我们就来学习他的词，从词中感受他栏杆拍遍，无人会意，壮志难酬，慷慨悲歌的爱国情怀，他的一生大致可以分为五个时期：

第一时期：南归前胸怀大志，初露锋芒。

第二时期：南归后踌躇满志，不受重用。

第三时期：带湖闲居，矢志不移。

第四时期：东山再起，鞠躬尽瘁。

第五时期：怀恨离世，死不瞑目。

一、南归前胸怀大志，初露锋芒的英雄气

辛弃疾出生在敌占区，他亲眼看见了金兵的残暴，从小就立下了抗金复国的大志。十五岁时深入燕京侦察地形，为抗金做准备。二十二岁时拉起一支 2000 多人的抗金队伍，投奔山东起义军耿京，抗击金兵，成为敌占区抗金的主力军。辛弃疾是真正上过战场的词人。二十三岁时起义失败，辛弃疾投奔南宋朝廷，成为"南归人"。

二、南归后踌躇满志不被重用的忧国情

南归后辛弃疾踌躇满志，上奏《美芹十论》等抗金好策略，但无人理会，他只能用词骂尽天下贼，在词中表达他壮志难酬的悲慨。《水龙吟》就表达了这种心情。请听朗读：

楚天千里清秋，水随天去秋无际。遥岑远目，献愁供恨，玉簪螺髻。落日楼头，断鸿声里，江南游子，把吴钩看了，栏杆拍遍，无人会，登临意！

休说鲈鱼堪脍，尽西风，季鹰归未？求田问舍，怕应羞见，刘郎才气。可惜流年，忧愁风雨，树犹如此！倩何人，唤取红巾翠袖，揾（wèn）英雄泪？

请同学们自由朗读一遍。你知道这首词讲的是什么内容吗？

这首《水龙吟》上片写景抒情。作者眺望远处高高低低的远山，内心涌起无限的悲愤。"献愁供恨"融情于景，表达自己的愁绪，与杜甫的"感时花溅泪，恨别鸟惊心"有异曲同工之妙。"江南游子，把吴钩看了，栏杆拍遍，无人会，登临意。"辛弃疾一心要上马杀敌，却只能手握宝剑，拍打栏杆，无人理解他的心意！这是何等的悲哀与孤寂，知音难觅啊。

词的下片则连用三个典故，来表现自己的永不改变的抗金复国决心。大家想知道这些故事吗？

前三句说的是西晋张翰"鲈鱼脍"的故事。西晋有个叫张翰的人，在洛阳做官，秋风刮起的时候，一天他突然想吃家乡苏州的名菜鲈鱼脍和莼菜羹了，可是洛阳与苏州相距 2000 多里，当时既没网购又无快递，怎么才好呢？人家一不做，二不休，交出官印，脱下官服，拍拍屁股，回家乡吃鲈鱼大餐去了！我觉得"吃货们"肯定会为他点赞的。后来人们用这个故事作为归隐的典故。

"求田问舍，怕应羞见，刘郎才气。"用的是《三国志·魏书·陈登传》里的故事：三国时有一个名士叫许汜。有一次他去见陈登，大谈特谈自己最近投资楼市赚得口袋鼓鼓，数钱数到手软。鼓动陈登也赶快投资，趁机捞一把。陈登不理会他，晚上叫他睡下床，自己睡大床。许汜很不高兴，就向刘备诉苦，不成想竟招来刘备一顿臭骂："现在国难当头，你却毫不关心，要是国家没了，哪还有你的小家？陈登对你算是客气，如果是我接待你，我就自睡百尺楼上，让你睡地下，岂止是上下床之间！"辛弃疾可不想学张翰和许汜，却报国无门，心中该是何等的愤懑！

"可惜流年，忧愁风雨，树犹如此！"这里引用了《世说新语》中的故事，东晋大将桓温北征路过金城，看到自己早年所种的柳树已有十围粗，感叹说：树都长这么粗壮了，我怎么会不老呢！于是攀枝折条，流下眼泪。辛弃疾用这个典故感叹时光流逝，表达毫无建树的悲哀。

整首词表达的是对国事的担忧，壮志难酬的苦闷。取景悲凉，寓情于景。运用典故表达忧国之情，虽然连用典故，却恰如其分。善用典故是辛词的一大特色，典故用得多却又得当，这显示了辛弃疾高超的语言驾驭能力。

指导朗读。指生读、读重点句。

对国家前途命运的担忧伴随了辛弃疾一生。《摸鱼儿》就是其中的代表作。

淳熙己亥，自湖北漕移湖南，同官王正之置酒小山亭，为赋。

更能消、几番风雨，匆匆春又归去。惜春长怕花开早，何况落红无数。春且住，见说道、天涯芳草迷归路。怨春不语。算只有殷勤，画檐蛛网，尽日惹飞絮。

长门事，准拟佳期又误。蛾眉曾有人妒。千金纵买相如赋，脉脉此情谁诉？君莫舞，君不见、玉环飞燕皆尘土。闲愁最苦。休去倚危栏，斜阳正在，烟柳断肠处。

这是辛弃疾最负盛名的代表作之一。通篇借春天的衰残寄托作者哀时怨世的情怀，表现了对南宋偏安政局的深切忧虑。

上片以晚春的花残叶败的景象，喻示宋朝南渡后的微弱局势；如同大好春光经不起"几番风雨"一样，国家再也经不起几次打击了，目前的苟安局面很快就要维持不下去了。看到暮春季节的无数落花，想到国家面临危亡的前途，作者真恨不得把"春"拽住了不让她走啊！然而小人当道，他们就像屋檐下的蜘蛛一样，织起网来，粘住飞舞的柳絮，让人产生一种错觉，仿佛春光仍在人间，国家太平无事，谁知道这只是一幅虚妄的图景呢！

下片化用汉武帝的皇后陈阿娇失宠后，被幽禁在长门宫的故事表达自己不受重用，遭受小人打击的悲愤，又用杨玉环、赵飞燕误国死于非命的往事，痛斥小人误国必然没有好下场。但词的结尾，作者再一次用凄凉的黄昏景色，隐喻国家的万分危急，表达对国事的担忧。

辛弃疾写完后发了"朋友圈"，宋孝宗读了后差点把鼻子气歪，可见它的确刺痛了南宋最高统治者。作者将春色化入政治，诠释政治写得委婉而又悲愤，以美人寓意国事，抒发忧愤，深刻而又贴切。

指导朗读：老师范读重点句，男女生分片读。

辛弃疾文武双全，又精忠报国，为什么总是得不到重用呢？原因大概有以下几点：

1. 皇帝太懦弱。辛弃疾一门心思要收复失地，但皇帝却觉得能维持现状就足够了。只能说他生不逢时啊！

2. 小人当道。他们只想发国难财，才不关心国家的生死存亡呢。辛弃疾一心抗金自然成为他们的眼中钉，肉中刺。

3. 他是"南归人"。皇帝不信任他，统治者的不信任最终阻断了辛弃疾的报国之路。他被迫闲居。

三、带湖闲居、矢志不移的报国心

常言道"在其位谋其政"，辛弃疾的可贵之处在于"不在其位亦谋其政"。

借用当前一句极为流行的话，"任你虐我千百遍，我仍待你如初恋。"来形容辛弃疾最贴切。《破阵子》就写于赋闲带湖期间。请听朗读。

醉里挑灯看剑，梦回吹角连营。八百里分麾下炙，五十弦翻塞外声。沙场秋点兵。

马作的卢飞快，弓如霹雳弦惊。了却君王天下事，赢得生前身后名。可怜白发生。

这首著名的《破阵子·为陈同甫赋壮词以寄之》是写给好友陈亮的，词中深情的回忆了青年时期横戈跃马的战斗生活，不论什么时候想起来都让他热血沸腾。他和友人渴望建功立业，却报国无门，现在已经白发苍苍。空有凌云志，却无报国门，这是多么痛苦无奈啊！

指导朗读：描写战争场面的要读得慷慨激昂，老师范读，学生 PK 读。

词不仅可以朗读，还可以谱曲歌唱。后人就给《破阵子》谱上了曲，加以传唱，以此表达对这位爱国词人的敬仰之情。请大家听《破阵子》的谱曲演唱。大家想不想也做一回歌唱者？我们一起来唱这首《破阵子》吧。

四、东山再起、鞠躬尽瘁的复国梦

尽管一再遭弃用，但他从未放弃抗金复国的梦想。1204 年（宋宁宗嘉泰四年），辛弃疾被任命为镇江知府。他登上北固亭，有感而发，写下了《南乡子·登京口北固亭有怀》。先听朗读：

何处望神州？满眼风光北固楼。千古兴亡多少事，悠悠，不尽长江滚滚流。

年少万兜鍪，坐断东南战未休。天下英雄谁敌手？曹刘，生子当如孙仲谋。

他极力颂扬在京口大有作为的孙权，因为他与不战而降的刘表之子刘琮不同，他敢与北方强敌曹操争锋，多次抵御并战胜曹操的入侵。这显然是希望南宋当权者能像孙权那样，与金人抗战到底，不要苟且偏安。词的最后一句引用曹操的话"生子当如孙仲谋！若刘景升儿子，豚犬耳！"但作者却只引用了上半句，却将下半句留给读者去联想，品味。当今谁是刘景升的儿子？

指导朗读：上片应舒缓，下片要慷慨激昂，用赞叹的语气读。指生读，生齐读。

宋宁宗开禧元年（1205），南宋朝廷里正在紧锣密鼓地准备北伐，主事的宰相韩侂胄寡谋冒进，急于立盖世之功以巩固自己的地位。不待条件成熟，就急于北伐。消息传到镇江，辛弃疾忧心如焚，他既支持北伐，又反对冒进。

他再次登上北固亭写下了这首著名的《永遇乐·京口北固亭怀古》。词里满满的都是担忧。一起听朗读：

千古江山，英雄无觅孙仲谋处。舞榭歌台，风流总被雨打风吹去。斜阳草树，寻常巷陌，人道寄奴曾住。想当年，金戈铁马，气吞万里如虎。

元嘉草草，封狼居胥，赢得仓皇北顾。四十三年，望中犹记，烽火扬州路。可堪回首，佛狸祠下，一片神鸦社鼓。凭谁问：廉颇老矣，尚能饭否？

指导朗读：生自由朗读、老师领读。

这首词通篇运用了典故，同学们想知道其中的故事吗？请同学们今晚回家查资料，明天交流，看谁知道得多。

以上我们欣赏了辛弃疾的英雄词，其实在词的写作方面他可是个多面手。他还写过许多脍炙人口的描写田园风光的词以及情意绵绵的爱情词。他的词取材广泛，内容丰富。

我们一起来欣赏。

朗读：学生齐读，语气要欢快

《西江月》

明月别枝惊鹊，清风半夜鸣蝉。稻花香里说丰年，听取蛙声一片。

七八个星天外，两三点雨山前。旧时茅店社林边，路转溪桥忽见。

《清平乐·村居》

茅檐低小，溪上青青草。醉里吴音相媚好，白发谁家翁媪？

大儿锄豆溪东，中儿正织鸡笼。最喜小儿无赖，溪头卧剥莲蓬。

《武陵春》

走来走去三百里，五日以为期，六日归来已是疑，应是望多时。鞭个马儿归去也，心急马行迟，不免相烦喜鹊儿，先报那人知。

这些词通俗易懂，清新自然。读起来朗朗上口，惹人喜爱。从这些词作中足以表现出辛弃疾对生活的热爱。

辛弃疾是一个热爱生活的人，也是一个情感丰富的人，更是一位爱国者。他对祖国的爱至死不渝。

五、怀恨离世、死不瞑目的亡国恨

开禧三年(1207年)的九月十日，民族英雄和爱国词人辛弃疾，满怀着忧愤与世长辞了。临终前还高声呼喊"杀贼！杀贼！杀贼！"壮志未酬，他是死不瞑目啊！

辛弃疾因武成文，他的词就有慷慨纵横，不可一世的气概，在宋词中独树一帜。他也是中国历史上由行伍出身，以武起事，而最终以文为业，成为大诗词作家的唯一一人。他用词为自己塑造了一个沙场英雄和爱国将军的形象。在我国古代历史上，辛弃疾是不朽的！在我国文学发展史上，辛弃疾也同样是不朽的！郭沫若先生为辛弃疾纪念祠题写的对联"铁板铜琶，继东坡高唱大江东去；美芹悲黍，冀南宋莫随鸿雁南飞"是对他一生极好的概括。

读稼轩词，树报国志。让我们一起植根中华沃土，耕耘美丽中国。在中华诗词中汲取营养，浸润心灵，做诗词达人。

【教学反思】

2016年春天，教研室下发通知，为弘扬国学，要举行"国学经典八十讲"活动，有意向的老师可以报名参加。在我校教研组长张燕老师的鼓励下，我鼓足勇气，报名参加了经典诵读。我选了自己喜欢的辛弃疾。

报名当天，我就到学校图书室查找有关辛弃疾的资料，可是翻遍了图书室，只找到了宋史中有关辛弃疾的简单介绍，还有《宋词选》中编选了辛弃疾的部分作品。我不死心，又从头翻找了一遍，在一个不起眼的角落竟然找到了一本少年文本《辛弃疾故事》，介绍了辛弃疾一生的事迹。我如获至宝，欣喜若狂。下班后，我又一头扎进了新华书店，查找有关辛弃疾的书籍，也是大失所望，最后只买了一本《豪放词选》。

利用手中的资料，我梳理出辛弃疾一生的五个时期，以及每个时期的代表作，确定了自己讲课的主题——栏杆拍遍，无人会意，慷慨悲歌，壮志难酬的忧国情怀。以辛弃疾的忧国情怀为主线，我选了《水龙吟·登建康赏心亭》《摸鱼儿·更能消几番风雨》《破阵子·醉里挑灯看剑》《南乡子·登京口北固亭有怀》《永遇乐·京口北固亭怀古》《西江月》《清平乐·村居》《武陵春·走来走去三百里》几首有代表性的词，采用老师串讲，学生诵读的方式授课，希望以此来激发学生学习古典文学的热情。因为是首次尝试，一切都在摸索中，也有好多需要改进的地方。例如：语言如果能再风趣幽默一些，借用学生喜爱的网络语言，会更接地气，使学生更乐于接受。如果课前让学生参与进来，自己去收集相关的资料，学生的印象会更深刻。我还会不断探索新的模式，让自己有更大的进步。

作者简介：姜玉华，山东省青岛市即墨区市南中学语文教师。以辛弃疾为课题参加了青岛市即墨区教体局组织国学经典八十讲活动，受到与会老师和学生的好评。

《梦回繁华》教学案例

山东省昌邑市新村中学　孟磊萍　齐许萍

【教材分析】

《梦回繁华》这篇说明性文章，介绍了《清明上河图》表现的北宋时期繁华的市井风情，丰富了人们对当时社会风貌以及生活的想象，包含着作者对祖国灿烂文化的深情厚谊。文章采用空间顺序，条理清晰，脉络清楚。文章在说明时，多用四字词语，不仅概括力强，而且语言典雅而富有韵味。让学生进一步感受前人的非凡智慧与杰出创造力。

【学情分析】

学生经过一年的学习具备了语文基础知识和综合分析能力，但面对枯燥无味的说明文，学习兴趣不高。因此需要在教学过程中进行环境渲染，播放动画版的《清明上河图》，唤起学生的阅读兴趣。指导学生掌握说明文的分析方法，让学生对学习内容产生兴趣。抓住学生的求知心理，调动学习的积极性，可以达到事半功倍的效果。

【设计理念】

新课标要求能够正确了解作品及相关文学知识，把握说明对象的特征，了解文章是如何使用恰当的方法来说明的，还要体会说明文语言严谨、准确的特点，增强思维的条理性和严密性。把实现课标的要求作为我的教学目标，课堂行为和教学设计始终围绕课标来展开。在教学方式上，围绕着说明文的有关知识与学生共同进行研究性学习，让学生充分运用说明文的阅读方法对历史资料进行分析得出自己想要的结论，形成自己的观点，进而学会分析问题的方法，达到教学目标。

【教学目标】

（一）知识与能力

1. 厘清课文思路，把握说明顺序，概括课文内容。

2. 弄清课文使用的说明方法及其作用。

3. 品味语言，感受课文典雅而富有韵味的语言。

(二)情感、态度价值观

1. 领略这一国宝级画作的美，培养鉴赏、审美能力。

2. 感受我国古代人民的艺术创造力和杰出才华，增强民族自豪感。

【重点难点】

1. 弄清课文使用的说明方法及其作用。

2. 品味语言，感受课文典雅而富有韵味的语言。

【教学策略】

多媒体运用、小组合作探究、自主学习。

【教学过程】

一、导入新课

播放配有音乐的动画版的《清明上河图》。

随着李玉刚那甜美悠扬的歌声让我们穿越千年，回到了繁荣的汴京。今天，我们就一起来学习《梦回繁华》，了解艺术瑰宝——名画《清明上河图》，了解 800 多年前宋朝的繁华。

二、知识梳理，夯实基础

1. 积累文章生字词

汴梁(biàn)　题跋(bá)　绢本(juàn)　翰林(hàn)　田畴(chóu)

料峭(qiào)　簇拥(cù)　漕运(cáo)　舳舻(zhú lú)　沉檀(tán)

摄取(shâ)　遒劲(qiú)　摩肩接踵(zhǒng)　络绎不绝(yì)

2. 词语补释

春寒料峭：形容初春微寒。

跋涉：爬山过水，形容旅途艰苦。

遒劲：雄健有力。

内忧外患：指国内的变乱和外来的祸患。

络绎不绝：形容行人很多，往来不断。

摩肩接踵：肩并肩，脚碰脚，形容人很多，很拥挤。踵，脚后跟。

细致入微：比喻看问题非常全面，连很细小的问题都考虑到了，也指对人体贴关心无微不至。

3. 背景资料

《清明上河图》是中国十大传世名画之一，为北宋风俗画。北宋画家张择端仅有的存世精品，属国宝级文物，现藏于北京故宫博物院，图宽25.2厘米，长528.7厘米，绢本设色，作品以长卷形式，采用散点透视构图法，生动记录了中国十二世纪北宋汴京的城市面貌和当时社会各阶层人民的生活状况，是汴京当年繁荣的见证，也是北宋城市经济情况的写照，这在中国乃至世界绘画史上都是独一无二的，具有很高的历史价值和艺术价值。（注：引用《清明上河图》简介）

4. 文体知识

(1)概念：说明文是以"说明"为主要表达方式，客观的说明事物或阐述事理的一种文体。

(2)说明文的(对象)分类：事物说明文和事理说明文。

(3)说明文的顺序：空间顺序、时间顺序、逻辑顺序。

(4)说明文的说明方法：①举例子②分类别③作比较④作诠释⑤打比方⑥摹状貌⑦下定义⑧列数字⑨列图表⑩引资料。

(5)说明文的语言：准确、周密、生动、平实。

[设计意图：掌握生字词夯实基础知识；复习说明文的有关知识，便于文章的分析。]

三、走进文本，明确对象，厘清顺序

1. 速读课文，找出本文的说明对象。并说说作者介绍了哪些方面的内容？

明确：《清明上河图》，介绍这幅图的历史背景，画的作者，画卷的纵横，作品描绘的内容，画卷特点及历史价值等。

2. 细读课文第四段，采用了什么样的说明顺序？从全文看本文主要运用了什么说明顺序？

明确：

(1)第四自然段使用了空间顺序，这样写，由表及里，条理清楚，结构严谨。

(2)本文主要使用了逻辑顺序。

3. 读了本文，关于《清明上河图》你又有了哪些新的了解？

明确：①我了解到了北宋时期，城市繁荣，文化生活，十分活跃，《清明上河图》便是反映这一时期城乡市井平民生活的一幅风俗画。②我了解到了画的作者张择端主要活动时期，籍贯、字、生平、爱好等。③我了解到了关于这幅图的画卷大小，描绘的具体内容，特点及价值等。

[设计意图：在了解文章内容的同时充分运用说明文的有关知识。]

四、文本精读，分析方法，品味语言

1. 精读课文(参照示例)从文中找出使用说明方法的语句，并分析其作用。

示例："文中_____这一句，运用了_____ (说明方法)准确的说明了_____"。

明确：列数字。"张择端画的《清明上河图》，绢本，设色，纵 25.5 厘米，横 525 厘米。"使用准确的数字，说明了《清明上河图》的大小。

打比方："整个长卷犹如一部乐章，由慢板、柔板，逐渐进入快板、紧板，转而进入尾声，留下无尽的回味。"把《清明上河图》比作"一部乐章"，说明它宏大、优美而富有变化的特点。

引资料："画中的'孙羊店''脚店'等，与《东京梦华录》中所记的'曹婆婆肉饼''正店七十二户''其余皆谓之脚店'等，无有不符。"引用《东京梦华录》，准确说明了《清明上河图》是一幅写实性很强的作品，增强了说明的可信度和说服力。

[设计意图：考查学生对阅读分析说明文方法的运用能力]

2. 再次浏览课文，看作者是怎样遣词造句的？本文的语言有什么特色？

明确：本文的语言既平实准确又典雅生动。比如：①"张择端画的《清明上河图》绢本，设色，纵 25.5 厘米，横 525 厘米"——此句属于平实说明，通过列数字的说明方法具体准确地介绍了画卷的纵横。②"整个长卷犹如一部乐章……留下无尽的回味。"——此句语言典雅生动，采用打比方的说明方法，把画卷比作乐章，形象地表明了画卷疏密相间，错落有致的特点。③"疏林薄雾，农舍田畴，春寒料峭""摩肩接踵""络绎不绝"——文中有大量的四字短语，不仅概括力强，而且使文章的语言典雅而富有韵味。

[设计意图：考查学生对说明文语言的运用能力。]

五、总结课文，拓展延伸

总结：课文以《梦回繁华》为题，介绍了《清明上河图》这一国宝级画作，描摹北宋时期繁华的市井风情，丰富了我们对当时社会风貌的了解，激发了我们对古代生活丰富的想象，这幅长卷人物繁多，场景复杂，但作者把它介绍得条理分明，细腻具体，真是难能可贵，值得我们借鉴学习。

拓展：《清明上河图》还有很多探究之处。例如，有学者认为这幅画有揭示社会问题，谏劝宁徽宗之意，表现了画家对国家命运的担忧，课外可以阅读《清明上河图的故事》《解读〈清明上河图〉》《谜一样的〈清明上河图〉》等书，进一步了解这幅名画。

[设计意图：积累素材，加深学生对《清明上河图》的认识。]

【教学反思】

可取之处：文章《梦回繁华》属于说明文的范畴，开始学生兴趣不高。我在教学过程中，先给学生制造浓厚的历史氛围，使学生产生亲临其境之感，激发学生的学习兴趣，让学生在了解《清明上河图》的同时，弄清作者是怎样来说明的，以此提高学生阅读说明文的能力是本节课的重点。在教学方式上，我注重发挥学生的主体作用，运用小组合作与探究的学习方式，让学生自学，只在疑难问题上稍作点拨，教学效果较好。

不足之处：本课涉及的说明方法较多，学生需要长时间的理解和消化。

作者简介：孟磊萍，山东省昌邑市新村中学语文教师。2017年荣获昌邑市"优秀教师"称号。远程研修优秀学员（两次）、昌邑市教学能手、优秀指导教师等称号，曾在潍坊市、昌邑市组织的课例评选及课堂教学大赛均荣获奖项，并多次在昌邑市的教学研讨会上展示公开课，并有多篇教学论文在国家级、省级刊物发表。参与国家级"少教多学"的课题研究。

齐许萍，山东省昌邑市新村中学教务主任。主持并参与多个课题研究，取得丰硕成果。所辅导的学生曾荣获过国家级金奖，多次在潍坊和昌邑市组织教学大赛中获得奖项，曾获国家级创新作文一等奖辅导教师称号。多篇教学论文在国家级、省级刊物发表。

以诗入诗，知人论世

——《山水有清音——王维》教学全景再现

山东省青岛市即墨区第二十八中学　张冬蕾

【教学目标】

1. 了解王维的生平经历、创作背景。
2. 积累诗歌，认识王维诗歌"诗中有画"的特点。
3. 体会诗人寄情山水、追求高洁人格的感情。

【重点难点】

重点诵读王维的优秀诗篇，难点体会诗人寄情山水、追求高洁人格的情感。

【课时安排】

1 课时

【教学过程】

一、导入新课

在流光溢彩的大唐文化中，诗歌的兴盛令人叹为观止。这些美好的诗歌，滋养着每个中国人的精神世界。今天我们一起走进王维的诗歌世界，去领略那独特风景。同学们，我们来做个小游戏：字海寻诗。

大	孤	如
场	沙	直
秋	烟	漠

夜	见	空
眠	春	不
山	觉	静

明	几	照
感	月	花
相	时	来

空	人	阳
君	山	夕
见	自	不

这四句诗的作者都是王维。提到王维，我们肯定会想到他的一首与节日有关的诗歌《九月九日忆山东兄弟》。

[说明：通过学生熟知的诗歌诗句，拉近学生和王维之间的距离，为下面的教学奠定基础，营造一个比较轻松的氛围，激发学生浓厚的兴趣。]

环节一：少年天才动长安，一曲琵琶定功名

[说明：知人论世。通过了解王维的生平经历和创作背景，引起学生了解王维的兴趣，帮助我们更好地读懂诗歌，把握作品的思想感情。]

1. 学生简介自己知道的王维。

2. 教师补充、归纳王维的有关资料。

环节二：一朝失意贬济州，大漠豪情传千古

[说明：当学生惯性的认为王维该平步直云的时候，命运的翻转当真只有一线之隔，从繁华到凄凉，从欢喜到悲伤不过是一瞬之间。王维最终没有逃过贬官的厄运。笔锋一转，激起学生的兴趣。通过代表作《山居秋暝》《使至塞上》。]

1. 学生大声朗读。

2. 选读自己喜欢的诗句，加以品读。

3. 老师从思想情感加以梳理。

王维纵使他深深爱着这片宁静的山寺，不愿离去，可是他依旧不得不离去，背负起他命中重任，走向众人希冀的前程归路。后来他干谒当时作为宰相的张九龄，重返长安，踏上仕途。

环节三：空山闻语无人踪 亦官亦隐亦逍遥

[说明：通过王维思想的变化，感知王维诗风的转变，有助于学生更好地了解王维，走进王维。]

1. 学生畅谈自己喜欢哪个时段的王维。

2. 借助诗句走进王维的思想。

"一身几许伤心事，不向空门何处消？"

环节四：巴山蜀水尽丹青 文坛宗师光芒长

〔说明：了解王维的文学地位和后人对其评价。〕

王维，总是值得我们发自内心的尊重。

环节五：古诗积累

《少年行》《鸟鸣涧》《竹里馆》《终南别业》《使至塞上》《相思》《杂诗》《渭城曲》《九月九日忆山东兄弟》《鹿柴》《山居秋暝》等。

结束语：

〔说明：对课堂总结升华，在高潮中结束，又回味无穷，激发更多的同学产生读诗的兴趣。〕

中华经典博大精深，浓缩着丰富的情感，蕴含着优美的意象。让我们走近经典，诵读经典，足不出户，便可游遍千山万水，尽览大千世界。

师：同学们，大家好！在流光溢彩的大唐文化中，诗歌的兴盛令人叹为观止。这些美好的诗歌，滋养着每个中国人精神世界。今天我们一起走进王维的诗歌世界，去领略那独特风景。学习之前，我们先来做个小游戏：字海寻诗。

大	孤	如
场	沙	直
秋	烟	漠

夜	见	空
眠	春	不
山	觉	静

明	几	照
感	月	花
相	时	来

空	人	阳
君	山	夕
见	自	不

生：大漠孤烟直。

生：夜静春山空。

生：明月来相照。

生：空山不见人。

师：同学们说得非常准确。这四句诗的作者都是——

生：王维。

师：提到王维，我们肯定会想到他的一首与节日有关的诗歌，那就是——

生：九月九日忆山东兄弟。

师：我们齐背一下。

师：那王维是在什么时候写的这首诗？

生：离开家人的时候。

生：九月九日这一天。

师：这是通过字面我们就可以猜测到的。有没有哪位同学知道是王维在什么样的处境下写的？

（生沉默）

师：王维出生于官宦世家，身上寄托着全家人振兴家族的希望。当他来到人才济济的长安时，无比的欢喜激动，凭借过人的才华，写下了不少动人的诗篇。《九月九日忆山东兄弟》就是这时期的作品。

师：一天岐王邀请王维来府中为玉真公主演奏《郁轮袍》，王维高亢的琵琶声，或悲壮激越，或慷慨激愤，深深触动了玉真公主的心，公主惊讶如此恢宏的曲子竟然出自一位少年郎。特别在看了王维的诗稿《相思》之后，更是大赞王维才华横溢，必是国家栋梁。让我们重温《红豆》，感受那朴实无华的浓浓深情。

（生齐背《红豆》）

师：同学们朗读的过于平淡。要注意朗读出节奏和情感。

（生再次齐读）

师：在玉真公主的肯定和推荐下，19岁的王维"大魁天下"，名扬四海。

师：也许他该平步直云了，但是命运的翻转只有一线之隔，王维最终没有逃过贬官的厄运。哪位同学知道王维为什么被贬官？

生：不懂得官场的"套路"。

师：很现实的想法。

生：好像是与一次演出有关。

师：嗯。模糊记忆里最有力的证据。王维是舞狮子而被贬官的。在那个等级森严的年代，只有皇帝才能看黄色的狮子，而王维年少单纯，中了小人的奸计。

生：哎……

师：王维经历了繁华之后，他笔下的田园风景成了他心中的风景。王维在诗歌创作方面开创了一个新境界。代表作是《山居秋暝》。

（生齐读）

师：同学们读的很好。我似乎已经身临其境了。请同学们再次大声朗读，找出你最喜欢的两句，可以从画面，感受，意境等方面来品析。

生：我喜欢"空山新雨后，天气晚来秋"。这两句写出了雨后空旷的山谷空气凉爽干净。

生：我喜欢"竹喧归浣女，莲动下渔舟"这两句写出了勤劳女子活泼可爱的身影。

生：我也喜欢这一句，看出此女子是当家的好手，会过日子。

生：我喜欢"随意春芳歇，王孙自可留"。这两句让我看到了王维内心的那种平静与淡薄。

师：同学们说得很有道理。山水与田园和谐，劳作与休闲一体，天籁与人籁默契，一切具在"空"中。

师：纵使王维深深爱着这片宁静的山寺，可是他依旧不得不离去，走向众人希冀的前程归路。后来他干谒当时作为宰相的张九龄，重返长安，踏上仕途。改任监察御史，奉命出使塞上，写下了千古传诵的《使至塞上》。

（生齐读）

师：展开想象，用自己的语言描绘这一"千古壮观"的画面。

生：轻车要前往边塞去慰问官兵，途中（我）路过了居延。

像蓬草一样出临边塞，像归雁一样进入边境。

浩瀚沙漠中烽烟挺拔而起，黄河上西下的太阳圆圆的。

到了边塞，只遇到留守部队，原来守将们正在燕然前线。

师：展开想象，不是单纯的翻译诗句。注意"画面"一词。

生：黄沙莽莽，无边无际。昂首看天，天空没有一丝云影。只有一缕孤烟和一轮圆圆的落日。

师：这位同学描绘的画面有色彩有线条，很美。

师：大漠边塞，军旅豪情；边关晓月，壮志情仇。《使至塞上》成为不可取代的经典。

师：唐朝历史一个非常重要的转折点就是——

生：安史之乱。

师：安史之乱王维身陷叛军，被迫接受"给事中"这一伪职。他一直无法原谅自己，一心只想出家赎罪。"一身几许伤心事，不向空门何处消？"王维的思想从少年的"相逢意气为君饮"，到后来的"胜事空自知"，再到最后的"万事不关心"，因为万事都已了解，爱恨都已结束。

师：诗如其人，人如其诗。说一说你喜欢哪个时期的王维？

生：我喜欢少年的王维，"相逢意气为君饮"，可以看出王维意气风发、朝气蓬勃。

生：我喜欢老年的王维。"胜事空自知"，与自己对话，悠闲自得。

生：我喜欢老年的王维，"万世不关心"看透官场，心态淡然。

师：同学们各抒己见，这就是阅读的最佳境界。其实这种自得和陶醉的情感体现在他的许多诗句中。

生：空山不见人，但闻人语响。——《鹿柴》

人闲桂花落，夜静春山空。——《鸟鸣涧》

来者复为谁，空悲昔人有。——《孟城坳》

山路元无雨，空翠湿人衣。——《山中》

自顾无长策，空知返旧林。——《酬张少府》

师：选择自己喜欢的诗句做好记录。

师：王维的这种情感不但体现在这些诗句上，更体现在作品《辋川集》中。最著名的有《辛夷坞》《鸟鸣涧》等，同学们可以选择自己喜欢的一首，背一背。

师：千百年来，王维的诗一直被传诵。《渭城曲》就是其中的代表。请同学们跟着音乐的节拍哼唱。

（生合着音乐咏唱）

师：时间过去千年，这个名字安然地走进过往，走进人们的心里。

唐代宗亲自为王维诗集作序出版，并写下手批，尊称王维为"天下文宗"。

《红楼们》中，黛玉对来向她学诗的香菱说："你只听我说，你若真心要学，我这里有《王摩诘全集》，你且把他的五言律诗读一百遍，细心揣摩透熟了……"

闻一多便曾说："王维替中国诗定下了地道的中国诗的传统。"

王维，值得我们发自内心的尊重。对经典最大的尊重就是诵读。

（PPT 出示背诵诗歌）。

师：中华经典博大精深，浓缩着丰富的情感，蕴含着优美的意象。让我们走近经典，诵读经典，足不出户，便可游遍千山万水，尽览大千世界。

师：谢谢大家！下课！

生：谢谢老师！

【教学反思】

王维，后世尊称为"诗佛"，在诗歌方面的成就是多方面的，诗歌创作有着惊人的才华，用笔不多，却意境深远，诗意与画意完全融合。如何把多才多艺的王维介绍给学生，并且让他们深深地爱上他，爱上诗歌，就成了这节课设计的重点和难点。考虑学生的实际情况，我从学习角度、相关知识和鉴赏方法等几个方面做重点设计。让学生背诵一定数量的诗歌、学会简单的诗歌鉴赏，培养热爱传统文化的情操。

一节课完成"王维"，难度特别大。怎么教、教什么，从哪个角度切入，教到什么程度都是需要特别注意的。而且设计要能启发引导学生，给学生以方法，激发学生传诵经典的热情。最后决定通过诗歌走进王维，借着王维诵读诗歌。

关于教学过程的设计，一开始想按照王维诗歌题材来分类，但是想到学生诗歌储备量不够，如果按照题材来讲，不但枯燥乏味，激不起学生的兴趣，而且难度太大。最后决定按照王维成长的经历来设计，难度大大降低。

在导入新课方面，我用文字游戏的方式激发了学生的兴趣，拉近了学生和经典之间的距离。

从知人论世的角度来说，一切文学作品都是作者内心的投射，都有其独特的创作动因，结合王维的成长经历，设计了 7 个环节，但是考虑到环节冗杂，学生容易疲倦。反复思索，压缩为四个教学环节，事实证明这是非常明智的选择。

课堂艺术的魅力在于他是动态的。赏析《山居秋暝》的时候，学生的回答自由随意，"看出女子的勤劳，一看就是当家的好手等"，这些意外生成体现了学生在思考，体现了语文课堂的灵动之美。同时学生兴趣满满，朗读到位，背诵经典诗歌的浓厚兴趣，《送元二使安西》配乐诵唱，课堂达到了高潮。

上好一节课不容易，为了这一节课，我查阅了大量的资料，对王维有了更深刻的认识。但是课堂是有遗憾的。这节课在赏析方面不够深入，研读也仅仅是浅尝辄止，如何高效地与学生分享，这是我以后在语文教学中必须探讨的。

作者简介：张冬蕾，山东省青岛市即墨区第二十八中学语文教师。成功执教校示范课、即墨区公开课和青岛市名师开放课堂，获即墨区优质课比赛一等奖，被评为即墨区优秀青年教师。

平淡有味写心意，幽默风趣抒真情

——《端午的鸭蛋》教学设想及课例呈现

山东省莱州市金城中学　于鸿丽

《端午的鸭蛋》是鲁教版语文八年级上册第一单元的一篇散文。这个单元的主题是"关注民俗"，了解民生和民间文化。《端午的鸭蛋》属于民俗文化中的食文化，小小的鸭蛋，让我们感受到它背后的文化意味和浓郁的民俗风情。学习本文，可以让学生获得精神陶醉与净化，更主要的是可以从汪曾祺的写作风格中感受到日常生活中蕴含的无穷乐趣以及平淡有味的语言魅力。在教学的过程中，我注重散文的文体特点，从结构、主旨、语言方面去解读文本，授之以渔，教给学生阅读散文的方法，从而达到举一反山、触类旁通的效果。

【教学设想】

一、厘清思路，把握篇章结构

思路是文章的脉络，是文章结构的基础，散文教学首先要注意厘清文章的思路，从整体上把握文章的结构。我们可以引导学生找出贯穿全篇，统领全文的线索，弄清文章的主干，厘清作者的思路，也可以从层次段落的结构关系着眼。《端午的鸭蛋》是一篇结构严谨而又自然的散文。文章先说"端午"，介绍端午的种种风俗。接着，说鸭蛋，写家乡鸭蛋的名声、特色，再涉及正题——端午的鸭蛋。从文章的思路来看：先浓墨重彩描绘"端午的习俗"，再浓彩重抹家乡鸭蛋的特色，层层铺垫、层层深入，最后水到渠成"端午的鸭蛋"。全文如唠家常，娓娓道来，如行云流水，自然成文，不做刻意地雕琢加工，也不刻意追求结构的严谨，但在随意之中体现了整体结构的严谨与和谐。因此，在设计这节课的时候，我首先从厘清文章的思路入手，引导学生从整体上把握文章的结构。

二、探究主旨，掌握文章灵魂

文如其人，汪曾祺淡泊的心境和达观超脱的人生态度，决定了他的文章一定是如闲云野鹤般飘逸自然。《端午的鸭蛋》，从小小的鸭蛋里尝到生活的滋味，于平淡的生活中发现情趣，发现诗意。为了引导学生更好地把握文章的主旨，在"走近作者"这一环节中，我补充了《教参》中汪曾祺画马铃薯图谱的故事，又通过整体感知环节问题的设置，激发学生的兴趣，引导学生了解汪曾祺的为人，从而把握他的作品风格，把握他以小见大，通过一枚小小的鸭蛋，于恬然悠然之间，流露的对儿时的怀想，对故乡的热爱。

三、品味语言，感悟文字魅力

高尔基称语言是文学的"第一要素"。古今中外，许多伟大的作家，都是善于运用语言的巨匠。贾平凹说："汪是一文狐，修炼成老精。"汪曾祺的《端午的鸭蛋》更是为我们提供了学习语言的范例。他用最平凡的语言组成了最平凡的句子，写最平凡的事情，无猛浪若奔的豪迈，无万马策鞭的奔腾，却有小溪流水的平静，鱼游虾戏的恬淡。学习《端午的鸭蛋》唯有品咂，别无选择。因此，我将"品味语言"作为本节课的重点，引导学生多角度、深层次地品读、咀嚼语言，于反复地品读中领悟汪老先生平淡有味、淡淡的幽默、富有地方特色的语言特点。拓展延伸环节，设计了"学习汪曾祺的平淡而有味的语言，为高邮鸭蛋拟一则广告语，宣传一下高邮鸭蛋。"是本节课的一个高潮，既考查了学生的语言概括能力，又带动了其他方面的知识储备，还加深了学生对汪曾祺淡而有味的语言特点的理解。"高邮鸭蛋，鸭蛋中的战斗（双黄）蛋。""今年过节不收礼，收礼就收高邮蛋。"等广告语套用了小品、广告中的经典台词，有汪曾祺语言的轻松幽默，把课堂一次次推向高潮。

王荣生教授提倡"根据选文类型不同确定教学内容"和"变讲课文为教读法"，散文教学要抓住其自身特点，厘清思路，把握结构，探究主旨，品味语言，从而让学生掌握阅读的规律，提高阅读与作散文的能力。

【课例呈现】

一、导入新课

师：唐朝文秀有诗云：

（大屏幕显示）

端午

节分端午自谁言，
万古传闻为屈原。
堪笑楚江空渺渺，
不能洗得直臣冤。

大家来看，这首诗与我国的那个传统节日有关？与谁有关？

生：端午节，与屈原有关。

师：相传端午节就是为了纪念我国伟大的爱国诗人屈原。许多端午的风俗一直流传至今，你知道哪些呢？

生：吃粽子、赛龙舟、挂香包、吃鸡蛋……

师：我国各地端午的风俗是不尽相同的。今天，就让我们一起去江苏高邮品一品《端午的鸭蛋》。（板书课题、作者）

二、学习目标我定夺

学生集体讨论，确定本文的学习目标，然后大屏幕显示：

1. 品味作者平淡自然而又韵味十足的语言。

2. 热爱生活，在平淡的生活中发现人生情趣。

三、预习成果我展示

师：要想好好品味一篇文章，必先扫清字词障碍。现在我们就来展示一下自己的预习效果。

1. 检查字词的掌握情况

大屏幕显示：给加点的字注音或根据拼音写汉字

腌（　　）　　车 yìn（　　）　　门楣（　　）　　苋（　　）菜

jí（　　）贯　　城隍（　　）庙　　（　　）náng 萤映雪

（指生板演，师强调易错的字音、字形，学生齐读巩固）

2. 走近作者

师：在走近高邮，走近端午的鸭蛋之前，先让我们走近一个人，他就是本文的作者——汪曾祺。预习时，老师建议你们通过上网或到图书馆查阅资料来了解作者，下面请同学介绍一下。

（生自主交流，大屏幕显示）

汪曾祺（1920～1997 年），江苏高邮人。早年毕业于西南联大。历任中学教师、北京市文联干部、《北京文艺》编辑、北京京剧院编剧。在短篇小说创作上颇有成就，发表小说《受戒》《大淖记事》。著有散文集《汪曾祺自选集》。

师补充，激发学生学习兴趣，把握作者的文风特点。

"文革"时期，汪曾祺曾被打成右派下放劳动，他奉命画出了一套马铃薯图谱。他认为在马铃薯研究站画图谱是"神仙过的日子"，画完一个整薯，还要切开来画一个剖面，画完了，"薯块就再无用处了，我于是随手埋进牛粪火里，烤烤，吃掉。我敢说，像我一样吃过那么多品种的马铃薯，全国盖无二人"。这段文字表明了汪老对人情世物的达观和超脱，即使身处逆境，也心境释然。

文如其人，他的文章写风俗、谈文化、忆旧闻、寄乡情，平淡质朴，娓娓道来，如数家常。

四、整体感知我把握

师：我以我笔写我心。像汪老先生这样热爱生活的人，他笔下端午的鸭蛋必定是充满灵性的。下面请同学们选择自己喜欢的方式读课文，在读的过程中思考下列问题：（大屏幕显示）

1. 根据文章内容，将文章分成三部分，并给每部分拟一个小标题。

2. 作者家乡端午的风俗有哪些？为什么先写端午的习俗？

3. 汪曾祺的家乡过端午有那么多风俗，他为什么偏偏挑选鸭蛋来写呢？换句话说，高邮鸭蛋有什么突出的特点值得作家大写特写呢？请你速读课文第2、3部分找出相应的语句，概括鸭蛋的特点并以"这是_____的鸭蛋，因为_____"为句式说一段话。

（学生或默读或朗读，以自己喜欢的读课文，师指导学生采用圈点勾画的方式在文章中做批注）

学生交流，教师明确：

生1：文章可分为三部分：端午的习俗——家乡的鸭蛋——端午的鸭蛋。

生2：家乡端午节的习俗很多，例如"系百索子""做香角子"。

生3：还有贴五毒、贴符、喝黄雄酒等。

生4：还有"放黄烟子""吃十二红"。

师：文章的题目是端午的鸭蛋，作者为什么要写端午的习俗？

生1：为下文鸭蛋的出场做铺垫。

生2：这样写趣味盎然，充满生活情趣。

生3：流露了作者对儿时生活的留恋。

师：同学们说得真好，看来我们同学都学会了边阅读边思考。文章的第一段作者采用总分的结构，以"家乡的端午，很多风俗和外地不同"开头，接着介绍了"系白索子""做香角子""贴五毒""贴符"和"喝黄雄酒""放黄烟子""吃十二红"等举七种风俗，引起"端午的鸭蛋"，浓墨重彩渲染端午气氛，为文章的主体"鸭蛋"预设了合理背景，这段文字轻松幽默，流露了作者对儿时生活的眷恋。（板书：眷恋童年）

师：汪曾祺的家乡过端午有那么多风俗，他为什么偏偏挑选鸭蛋来写呢？换句话说，高邮鸭蛋有什么突出的特点值得作家大写特写呢？请你速读课文第2、3部分找出相应的语句，概括鸭蛋的特点并以"这是_____的鸭蛋，因为_____"为句式说一段话。

（学生在小组内交流，推选优秀者班级展示）

生1：这是"名声远播的鸭蛋"，因为"我在苏南、浙江，每逢有人问起我的籍贯，回答之后，对方就会肃然起敬：'哦！你们那里出咸鸭蛋！'上海的卖腌腊的店铺里也卖咸鸭蛋,必用纸条特别标明:'高邮咸蛋'。"

生2:这是"与众不同的鸭蛋",因为"高邮还出双黄鸭蛋。别处鸭蛋也偶有双黄的但不如高邮的多,可以成批输出。""还""不如……多""成批"写出了自豪之情。"切开之后,里面圆圆的两个黄,使人惊喜不已。"

生3:这是"历史悠久的鸭蛋",因为清代诗人、诗论家袁枚就曾在他的《随园食单·小菜单》里提到"高邮腌蛋"。注意有关袁枚的注解:1716年—1797年。袁枚写随园食单中的腌蛋一节距离现在少说也有200年了,可谓"老品牌""老字号"了。

生4:这是"质细而油多的鸭蛋",因为"筷子一扎下去,吱——红油就冒出来了。"语言生动,写出了家乡咸鸭蛋的美味可口,让人垂涎欲滴。

生5:这是"吃法多样的鸭蛋",因为"可以带壳切开吃""可以用筷子挖着吃""可以和豆腐炒着吃——'朱砂豆腐'"……

生6:这是"色彩鲜艳的鸭蛋",因为蛋壳是淡青色的,蛋白是白色的,蛋黄是红色的。

师:从这些我们可以看出作者对家乡高邮怀有怎样的感情?

生1:热爱、眷恋。

生2:自豪。

(师板书:热爱家乡)

五、品味赏析我探究

师:小小的鸭蛋充满了诗意情趣和作者的满怀深情。这就是汪曾祺散文的魅力所在。请大家再次品读课文,勾画出你认为好的语句,并谈谈理由,采取小组合作的形式进行学习。

生1:文章中有很多句子平淡但很有味儿。例如:"端午一早,鸭蛋煮熟了,由孩子自己去挑一个,鸭蛋有什么可挑的呢?有!一要挑淡青壳的。鸭蛋壳有白的和淡青的两种。二要挑形状好看的。别说鸭蛋都是一样的,细看却不同。有的样子蠢,有的秀气。"一个普普通通的鸭蛋,在作者的笔下却如此别具一格,从颜色上有淡青色和白的之别,从形状上有蠢笨和秀气之分。

师:生活中的情趣真是无处不在。

生2:我最喜欢这个句子:"我的家乡是水乡。出鸭。高邮大麻鸭是著名的鸭种。鸭多,鸭蛋也多。高邮人也善于腌鸭蛋。高邮鸭蛋于是出了名。"这里,采用了短句,一句一断,我们恍如能看到作者在说一句停一下略想后再说的神态,突出表现了对家乡的热爱之情。

师:文字是有温度的,从文字想象到作者写作时的自豪的神态,你分析的真好!

生3：我最喜欢："我在苏南、浙江，每逢有人问起我的籍贯，回答之后，对方就会肃然起敬：'哦！你们那里出咸鸭蛋！'上海的卖腌腊的店铺里也卖咸鸭蛋，必用纸条特别标明：'高邮咸蛋'。"尤其是"肃然起敬"和"特别标明"两个词最能体现"高邮咸蛋"的名声，有点调侃，有点自豪，也有淡淡的幽默。

师：品味语言的时候，我们要抓住文中一些传神的词语来分析，从遣词造句的角度，品读语言。你将文段中的"肃然起敬""特别标明"这两个词重读一下，试一试表达的效果。

（生尝试，生点评，再指生读）

师：平平淡淡的句子这样一读就读出味儿来，平淡而有味是汪老先生语言的一个突出的特点。

生4：我喜欢"高邮咸蛋的特点是质细而油多……筷子头一扎下去，吱——红油就冒出来了。"我最喜欢"吱"和"冒"这个两个词，特有动感，仿佛能看到红油冒出来的情状。

师：为什么用"冒"字，改成"淌"字好不好？

生："冒"字突出了"油多"。

师："淌"也能表现油多呀！

生：用"冒"字很形象，很有画面感，和前面的"吱"相连，让人如观其行，如闻其声。

师："着一字而境界全出"，一个"冒"字，一个"吱"字很好地表现了汪曾祺老先生平淡有味"下笔如有神"的语言特点。让我们再来品读这个句子。

（生反复品读）

师：大家在读这个拟声词"吱"的时候，要怎样读？要读的长一点还是短一点？说说理由。

生：要读的长一点，表现出高邮鸭蛋油多，冒出的时间长。

师：有其他读法吗？

生：可以读得短一点，表现油多冒出来得快。

师：你们说的都很有道理，真是"横看成岭侧成峰"呀。

师：你们还有哪些喜欢的句子，读出来和大家一起分享。

生5：我喜欢"一般是敲破'空头'，用筷子挖着吃"这一句，尤其是"空头"这个词很有地方特色。

师：汪曾祺的语言，善于用适当的方言表现作品的地方特色。这样的方言还有一些，大家一起找一找。

生："白嘴吃也可以"中的"白嘴吃"很有地方特色。

生6：我喜欢"我走的地方不少，所食鸭蛋多矣，但和我家乡的完全不能相比! 曾经沧海难为水，他乡咸鸭蛋，我实在瞧不上。"这个句子"文白夹杂"，让人忍俊不禁，为文章增添了不少幽默和趣味。

生7：我喜欢"我在北京吃的咸鸭蛋，蛋黄是浅黄色的，这叫什么咸鸭蛋呢!"这句话很自然，让人倍感亲切。

师：这是一个什么句式？

生：反问句。

师：北京的鸭蛋，就因为蛋黄是浅黄的，就连鸭蛋也算不上了？汪老的语言确实幽默。

师：用这个反问句有什么作用？

生：突出了对故乡咸鸭蛋独特的喜爱之情。

师：同样的句子还有这一个："双黄鸭蛋味道其实无特别处，还不就是个鸭蛋!""还不就是个咸鸭蛋"这个口语色彩的"大白话"，运用了反问句，更加轻松有趣。

师：同学们刚才各抒己见，谈论得很热烈，通过刚才的品读你来说一说汪曾祺的语言有什么特点？

（生交流，师明确）

师：汪曾祺是一位非常讲究语言艺术的作家，他曾经谈到自己在语言上的追求：（大屏幕显示）

A 平淡而有味

B 用适当的方言表现作品的地方特色

C 有淡淡的幽默

他的语言，熔书面语与口语于一炉，在平实、自然之中又时时流露出典雅雍容，显现出作者深厚的文化素养和语言功力。这正是：（大屏幕显示）

一代大师汪曾祺，方言俗语也入文。平淡有味写心意，幽默风趣抒真情。

（全体学生齐读）

六、学以致用我拓展

师：《端午的鸭蛋》包含了作者对家乡的热爱，对童年生活的怀念，对家乡咸鸭蛋的难以忘怀，从文章的字里行间我们读出了汪先生的一个心愿：那就是不仅希望高邮鸭蛋走向中国，更希望走向世界。同学们，你能不能发挥自己的聪明才智，学习汪曾祺的平淡而有味的语言，为高邮鸭蛋拟一则广告语，宣传一下高邮鸭蛋。（大屏幕显示）

生1：高邮鸭蛋，鸭蛋中的战斗（双黄）蛋。

师生共同分析，这个广告语好在哪里：

利用小品中的经典台词，有淡淡的幽默

生 2：今年过节不收礼，收礼就收高邮蛋。（套用广告语，平淡而有味）

生 3：高邮鸭蛋，双黄的。（简单朴素，突出特点）

师小结：这节课我们伴着汪老先生轻松幽默平淡有味的语言，品尝了汪先生的家乡高邮独特的双黄咸鸭蛋，领略了他们那里独具特色的端午文化。其实，无论是端午、中秋还是春节，这些传统节日都是我们中华民族凝聚力的体现，热爱中国，就应该传承中华文化，不要让几千年的传统在我们手中失传。最后想以这样一句话与大家共勉——中华文化传承，承传民族精魂。

（大屏幕显示，学生齐读）

七、作业

1. 积累文中平淡有味的语言。

2. 汪曾祺从小小的鸭蛋里尝出生活的真味，我相信，我们也会从一片叶，一粒沙，一滴水中咂摸品味出生活的真趣，成长的快乐。请调动自己的知识积累，介绍你印象最深的童年的物件或经历。

作者简介：于鸿丽，山东省莱州市金城中学语文教师。多次获得莱州市教学能手称号，莱州市语文优质课一等奖，全国中语会优质课二等奖，山东省远程研修优秀学员。在《中学语文教学参考》《中国教育报》《中国教师报》等报刊发表教育类文章 30 多篇，在《烟台散文》《烟台晚报》等发表文学作品 10 余篇，先后获得"莱州市十佳书香之家""烟台市最美家庭""第二届全国书香家庭"等称号。

汨罗江上的万古悲风：屈原

山东省青岛市即墨区普东中学　李永妮

【教学案例】

一、导入

1. 默写诗歌《武陵春》

2. 激情导入：晚年的李清照经历了国破家亡之痛，浓重的哀愁是这首诗的感情基调。历史上还有一位诗人，他的命运也和国家的命运紧紧地联系在一起。

他被称为"中华诗祖""辞赋之祖"。大家知道他是谁吗？没错，他就是屈原。今天我们就来认识他、了解他、学习他、缅怀他。

二、通过介绍识屈原

1. 人物简介

2. 文学成就

屈原的出现，不仅标志着中国诗歌进入了一个由集体歌唱到个人独唱的新时代，而且他开创了一种新诗体——楚辞。

楚辞是我国古典诗歌的一种体裁，屈原等人在民间歌谣的基础上加工而成，篇中大量引用楚地的风土物产和方言词汇，所以叫"楚辞"，"皆书楚语、作楚声、记楚地、名楚物"。西汉时刘向把屈原、宋玉等人的作品编辑成书，定名《楚辞》，从此"楚辞"成为一部诗歌总集的名称，《楚辞》是我国第一部浪漫主义诗歌总集。其中主要是屈原的作品，其代表作是《离骚》，后人因此又称"楚辞"为"骚体"。它打破了《诗经》四言诗的格调，以六言、七言为主，多融进神话传说，具有浪漫主义色彩。

因此，屈原被誉为"中华诗祖""辞赋之祖"。

3. 人物生平

屈原一生经历了楚威王、楚怀王、顷襄王三个时期，而主要活动于楚怀王时期。这个时期正是中国即将实现大一统的前夕，"横则秦帝，纵则楚王。"屈原因出身贵族，又明于治乱，娴于辞令，故而早年深受楚怀王的宠信，位为左徒、三闾大夫。屈原为实现楚国的统一大业，对内积极辅佐怀王变法图强，对外坚决主张联齐抗秦，使楚国一度出现了一个国富兵强、威震诸侯的局面。但是由于在内政外交上屈原与楚国腐朽贵族集团发生了尖锐的矛盾，由于上官大夫等人的嫉妒，屈原后来遭到群小的诬陷和楚怀王的疏远。

怀王十五年（前304），张仪由秦至楚，以重金收买靳尚、子兰、郑袖等人充当内奸，同时以"献商於之地六百里"诱骗怀王，致使齐楚断交。怀王受骗后恼羞成怒，两度向秦出兵，均遭惨败。于是屈原奉命出使齐国重修齐楚旧好。此间张仪又一次由秦至楚，进行瓦解齐楚联盟的活动，使齐楚联盟未能成功。怀王二十四年，秦楚黄棘之盟，楚国彻底投入了秦的怀抱。屈原亦被逐出郢都，到了汉北。

怀王三十年，屈原回到郢都。同年，秦约怀王武关相会，怀王遂被秦扣留，最终客死秦国。顷襄王即位后继续实施投降政策，屈原再次被逐出郢都，流放江南，辗转流离于沅、湘二水之间。

三、透过作品读屈原

（一）代表作品

屈原的作品主要有《离骚》《天问》《九歌》《九章》等不朽诗篇。其中，《离骚》是屈原的代表作，也是中国古代最长的抒情诗，充分表现出"举贤而授能兮，循绳墨而不颇"（《离骚》）的"美政"理想。与此相关，屈原的作品还深刻揭露了楚国政治的黑暗、楚国贵族集团的腐朽和楚王的昏庸，表现了他坚持"美政"理想、坚持节操，"虽九死而犹未悔"的斗争精神和忧国忧民、忠贞爱国的情怀。

（二）《离骚》

1."离"——遭遇，"骚"——忧愁。《离骚》即作者遭遇忧愁而写成的诗句。全诗373句，2464字，是屈原的思想结晶，是一篇扣人心弦的抒发忧国之思的作品。

《离骚》就是他根据楚国的政治现实和自己的不平遭遇，"发愤以抒情"而创作的一首政治抒情诗。是屈原生活历程的形象记录，是一个崇高而痛苦的灵魂的自传。

2.《离骚》开头：师读原文诗句，生读翻译

帝高阳之苗裔兮，	我是古帝高阳氏的远末子孙啊，
朕皇考曰伯庸。	我是古帝高阳氏的远末子孙啊，
摄提贞于孟陬兮，	当太岁在寅的寅年寅月，
惟庚寅吾以降。	就在庚寅那一天我出生降临。
皇览揆余初度兮，	我的父亲仔细揣度我的生辰啊，

肇锡余以嘉名：	通过占卜才赐给我相应的美名。
名余曰正则兮，	给我起名叫正则啊，
字余曰灵均。	给我取字叫灵均。

总结《楚辞》特色：语助词"兮"的运用，不仅使诗歌调子婉转动人，而且便于表达丰富深刻的社会内容，抒发奔腾澎湃的激情。

男女生合作朗读，男生读每一句的上半句，女生读下半句。体会"兮"的用法。

师：《楚辞》的特色对后世文学产生了深远的影响。比如项羽的《垓下歌》：

> 力拔山兮气盖世。
> 时不利兮骓不逝。
> 骓不逝兮可奈何！
> 虞兮虞兮奈若何！

师：项羽兵败垓下，慨叹自己的爱人虞姬该怎么办？英雄豪气与儿女情长交织在一起。

比如刘邦的《大风歌》：

> 大风起兮云飞扬，
> 威加海内兮归故乡，
> 安得猛士兮守四方！

师：这首诗写出了刘邦以胜利者的姿态：威风凛凛，豪气冲天。

3.《离骚》节选：师读原文，生读翻译

惟草木之零落兮，	想起那草木在秋风中飘落凋零啊，
恐美人之迟暮。	自己也要老了的忧虑凄然而生。
不抚壮而弃秽兮，	如不趁年华正好的时节扬污去垢啊，
何不改乎此度？	为什么还不改变自己爱美的本性？
乘骐骥以驰骋兮，	乘上骏马放开四蹄奔驰啊，
来吾道夫先路！	来，我甘愿做开路先锋。
昔三后之纯粹兮，	古时三位圣君纯正完美啊，
固众芳之所在。	因此众贤臣都聚集在他们身旁。

杂申椒与菌桂兮,	杂聚申椒菌桂似的人物啊,
岂惟纫夫蕙茝!	岂只联系优秀的蕙草白芷?

总结《楚辞》特色:运用比兴手法,"恐美人之迟暮"一句中"美人"喻指楚怀王,"固众芳之所在"一句中"众芳"喻指群贤,用"椒、桂、蕙、茝"四种植物喻群贤,希望君王能够抛弃秽政,勿听谗言,像古代贤明君主那样,举用群贤,了解自己忧国忧民的苦心。他开创了"香草美人"的传统,对后世文学具有深远影响。

(齐读原文体会《楚辞》特色)

4.《离骚》结尾:同位合作,一个读原文,一个读翻译

乱曰:已矣哉!	尾声:算了吧!
国无人莫我知兮,	国无贤良没人理解我啊,
又何怀乎故都!	我又何必思恋着故乡?
既莫足与为美政兮,	既然没人能与我推行美政啊,
吾将从彭咸之所居!	我将要以彭咸作为榜样!

(分小组赛读)

师提问:"国无人莫我知兮"是什么特殊句式?(倒装句)

师评价:这位同学文言句式掌握得真扎实,而且养成了由课内延伸到课外的习惯,真棒!

(三)《国殇》

1. 简介《九歌》

《九歌》是在民歌祭歌的基础上加工而成的一组祭歌。诗中创造了大量神的形象,大多是人神恋歌。

九歌包括:

礼魂(颂魂曲)	国殇(人鬼)	山鬼(山神)
河伯(河神)	东君(日神)	云中君(云神)
少司命(主嗣)	大司命(主寿)	
湘君 湘夫人(湘水水神)		
东皇太一(天上最尊贵的神)		

2. 简介《国殇》

《国殇》是《九歌》中唯一一篇祭祀人鬼的作品，也是我国最早、最著名的一篇歌颂爱国主义、歌颂牺牲精神的光辉诗篇。

《国殇》是悼念阵亡将士的祭歌，在《九歌》中是颇为特殊的一篇。诗中描绘了一场敌众我寡、以失败告终的战争，在这失败的悲剧中，写出楚国将士们视死如归、不可凌辱的崇高品格。

3. 一起听

播放屈原《国殇》音频朗读：

> 操吴戈兮被犀甲，车错毂兮短兵接。
> 旌蔽日兮敌若云，矢交坠兮士争先。
> 凌余阵兮躐余行，左骖殪兮右刃伤。
> 霾两轮兮絷四马，援玉枹兮击鸣鼓。
> 天时怼兮威灵怒，严杀尽兮弃原野。
> 出不入兮往不反，平原忽兮路超远。
> 带长剑兮挟秦弓，首身离兮心不惩。
> 诚既勇兮又以武，终刚强兮不可凌。
> 身既死兮神以灵，子魂魄兮为鬼雄！

4. 一起读

师生合作朗读《国殇》原文、译文，生生合作朗读。

师提问："操吴戈兮被犀甲"中的"被"为什么读 pī？（被，通"披"，穿）

师：找出课内依据。（《陈涉世家》：将军身被坚执锐。）

师评价：如果每位同学都能像他一样举一反三，融会贯通，那么中考答文言文题的时候，就是信手拈来呀！

5. 一起品

师：全诗可分两大部分。分小组讨论，怎样分层？

全班交流：从开头至"严杀尽兮弃原野"为第一部分，描写激烈残酷的战争场景和楚军将士英勇牺牲、浴血沙场的悲壮画面。

从"出不入兮往不反"至结束为第二部分，深切悼念阵亡将士，高度赞颂他们刚强勇武、为国捐躯的爱国精神。

6. 我来读

自读：为朗读比赛做准备

生生赛读：男生、女生各出一位代表 PK。

组组赛读：南排、北排同学各为一组，分排来读，看哪一排读得最好！北排同学读第一部分，南排同学读第二部分，南排同学注意最后两句话"身既死兮神以灵，子魂魄兮为鬼雄！"读两遍，一遍比一遍大声读。

四、汨罗江上悟屈原

师小声吟读：身既死兮神以灵，子魂魄兮为鬼雄……（和南排同学的大声形成鲜明对比，留白、顿挫）

公元前278年，秦将白起攻陷楚国都城郢地。楚国在此建都四百余年，顷刻瓦解。就在洞庭湖畔、汨罗江边，有一位白发苍苍的老人，在听到秦人入郢之后，悲愤难抑……

（播放《屈原自投汨罗江》视频）

这一天是五月五日，屈原自投汨罗江而死，他以自己的生命谱写了一曲壮丽的爱国主义乐章。

据说，屈原投汨罗江后，当地百姓闻讯马上划船捞救，一直行至洞庭湖，始终不见屈原的尸体。为了寄托哀思，人们荡舟江河之上，此后才逐渐发展成为龙舟竞赛。百姓们又怕江河里的鱼吃掉他的身体，就纷纷回家拿来米团投入江中，以免鱼虾糟蹋屈原的尸体，后来就有了吃粽子的习俗。

看来，端午节吃粽子、赛龙舟与纪念屈原相关，有唐代文秀《端午》诗为证：

节分端午自谁言，

万古传闻为屈原。

堪笑楚江空渺渺，

不能洗得直臣冤。

五、吟诵诗句缅屈原

播放背景音乐《琵琶语》，师沉郁顿挫：屈原的一生是一个悲剧，一个爱国者的悲剧，一个改革家的悲剧，一个正义毁于邪恶的悲剧。纵观他的一生，作为一位政治家和改革家，他失败了。他的理想和事业永远为后人所惋惜。但作为一个伟大的思想家和文学家，他成功了。他忧国忧民、行廉志洁的人品被誉为后世楷模，他气魄宏伟、辞章瑰丽的作品堪称世界文学殿堂的精品，他创造的"楚辞"文体在中国文学史上独树一帜，与"诗经"并称"风骚"二体，对后世诗歌创作产生了积极影响。

《中国文学史》评价屈原是"中国有史以来第一个伟大的爱国诗人"。

让我们一起来吟诵屈原的诗句，表达对诗人的缅怀（师读提示语，生读诗句）：

> 刚正不阿，一身正气：伏清白以死直兮，固前圣之所厚。
> 疾恶如仇，不同流合污：举世混浊而我独清，众人皆醉而我独醒。
> 洁身自好，自我完善：民生各所乐兮，余独好修以为常。
> 坚持真理，献身理想：路漫漫其修远兮，吾将上下而求索。
> 忧国忧民，热爱祖国：长太息以掩涕兮，哀民生之多艰。

师慷慨激昂：老师希望屈原的爱国精神和探索精神会植根于我们的血液，内化为我们的灵魂，让我们齐声吟唱这两句诗，让洞庭湖上的鸟能听到，让汨罗江里的鱼能听见，让苍茫大地到处弘扬着一股浩然正气。请同学们全体起立，大声朗诵屈原的名句：

> 路漫漫其修远兮，吾将上下而求索。
> 举世混浊而我独清，众人皆醉而我独醒。

【教学反思】

2005 年，韩国"江陵端午祭"被联合国教科文组织宣布为"人类口头和非物质遗产代表作"，由于它与中国端午节的历史文化渊源，曾一度成为讨论焦点。这一事件带给我们许多启示。其中，最重要的一点是我们怎样珍视自己的传统节日？怎样让传统文化"薪火相传"？

即墨区从 2016 年开始举办了"国学八十讲经典开讲"活动，通过"讲座"的形式，让经典进校园。可以说，是区市版的"百家讲坛"。我长年在农村中学执教，我在想，这里的有些孩子初中毕业后就与高等学府无缘了，有的进职业学校学技术，个别的干脆打工挣钱了。这些孩子有机会接触"骚体诗"么？中国历史上的《楚辞》和他们有多少渊源？基于此，我选择了"汨罗江上的万古悲风：屈原"这一课题。旨在通过对经典的传唱，唤起学生了解屈原的兴趣，增强学生对端午节的了解，激发学生的爱国情怀。

我的执教对象是九年级学生，他们通过三年的学习，具备一定的文言功底。倒装句、通假字，他们在课内都学习过，在本课的教学中，我把这两个知识点再次呈现，就是敦促学生养成由课内延伸到课外的学习习惯，这样既能夯实学生的文言基础，又能激发学生读古文学古文的热情。

朗朗的读书声贯穿课堂始终。我通过开展听读、自读、分组读、指名读、齐读、师生合作朗读、赛读等多种形式的朗读，把朗读教学贯穿课堂始终，同时创设情境，引领学生在优美的意境中品味语言的精妙之处，引领他们进入博大精深、奥妙无穷的中国古代文学的殿堂。

读《离骚》时有点拗口，读《国殇》时渐入佳境，特别是分排赛读的时候，同学们读得荡气回肠，读得酣畅淋漓，读得热血沸腾！我的小声朗读基调一转，《屈原自投汨罗江》的视频回响在教室里，当汨罗江上那个人影越来越远、越来越小，终至于消失不见的时候，同学们沉默了……我发现有的同学眼圈泛红，泪珠在眼眶里打转，我的情绪何尝不是如此！最后"吟诵诗句缅怀屈原"环节，同学们的朗读是从心里边喊出来的。那种情怀是"五千年文化三千年诗韵"的传承，屈原其人其事其诗其句在学生的世界里从此不再陌生……

传承是最好的怀念！

我们的传承从"诗歌进校园"开始……

我们的传承从朗读开始……

我庆幸我是一名教师，我可以把传统文化的种子播撒在学生们的心田，滋润他们的成长，然后，静待花开！

作者简介：李永妮，山东省青岛市即墨区普东中学任教。多篇论文发表在报刊上。

浅议古诗文教学与文化传承
——李白经典诗歌教学例谈

山东省青岛市即墨区刘家庄中学　姜传集

《语文新课程标准》明确指出："语文是最重要的交际工具，是人类文化的重要组成部门，工具性和人文性的统一是语文课程的基本特点。"强调在语文教学过程中，要让学生"认识中华文化的丰厚博大，吸收民族传统文化智慧"。语文作为文化载体，决定了语文学科的特殊性。

古诗文不仅贮积了丰富的语文知识，更蕴含着深厚的文化意韵，字里行间处处流淌着中国文化浓浓的鲜活的血液。我们要建立起开放式的语文教学理念，努力拓宽语文学习的渠道，让学生走进古诗文，加强文化实践，弘扬民族文化精髓。

本文将以一堂唐诗经典与传统文化的活动课，来交流探讨诗歌教学中传统文化的传承。

【课前准备】

学生收集自己熟悉喜爱的李白诗歌和经典名句，查阅李白的生平事迹；根据老师提供的李白生平经历，查阅积累其代表诗作。

【教学过程】

一、导入新课

在大唐多若满天繁星的诗人中，李白传奇的一生，豪放飘逸的诗风，确实给人们留下极为深刻的印象，他的诗作穿越时空，让我们感受到扑面而来的盛唐之风。其作品在中国诗歌历史上，不但艺术奇湛，而且文化气息浓郁，铸就了一座辉煌的丰碑，把中国诗歌水平推上了巅峰。

让我们再来诵读赏析李白的诗篇，去探寻他在盛唐的脚步，感受他的心灵之旅，评说他与他的盛唐的千言万语，感悟他的文化洗礼。

二、我们所熟悉的李白(学生交流展示课前收集材料)

1. 他的盛名

字太白，号青莲居士，唐代最伟大的诗人，他以浪漫主义的诗笔表达自己在盛唐中的感受，创作了大批动人心魄的豪爽诗篇，被尊为"诗仙"。是中国文学史上的泰山北斗。

2. 他的名篇

《静夜思》《望庐山瀑布》《早发白帝城》《古朗月行》《送孟浩然之广陵》

3. 他的经典名句

> 天生我材必有用，千金散尽还复来。
> 大鹏一日同风起，扶摇直上九万里。
> 古来圣贤皆寂寞，惟有饮者留其名。
> 长风破浪会有时，直挂云帆济沧海。
> 君不见，黄河之水天上来，奔流到海不复回。

三、寻李白足迹，品经典诗歌，悟文化精神

（学生分小组交流探究，从李白生平的不同时期找出其代表诗作，诵读品味诗歌，感悟其中蕴含的文化精神。）

（一）年少扬名，漫游蜀中——勤奋求学

李白少年时便显露才华，五岁诵六甲，十岁观百家（《上安州裴长使书》）十五观奇书，作赋凌相如（《赠张相镐二首》）。可见当时他已经胸多翰墨，善于词章了，《开元天宝遗事》中记他"每与人谈论，皆成句读，如春葩丽藻，粲于齿牙之下。"

他喜爱读书、游历山水，居住附近的山水无不游览。20 岁以后，他开始在蜀中漫游，亲睹许多名胜古迹，如司马相如的琴台，杨子云的故宅等，领略峨眉山、青城山的奇险风光，丰富了社会阅历。

写作：《登锦城散花楼》风格清丽，充满着年轻人的朝气与孜孜以求的探索精神。似乎看见一个活力四射，而又温文尔雅，博学多才的天才少年的风采，迎面而立。

（二）仗剑去国，辞亲远游——壮志凌云

古语有云："读万卷书，行万里路。"中国古代的伟大学者无不遍历天下。李白在熟读诸子百家后，25 岁离家出蜀，"士生则桑弧蓬矢，射乎四方，故知大丈夫必有四方之志，乃仗剑去国，辞亲远游。——《上安州裴长使书》"。他顺着平羌江，经渝州，出三峡，到更广阔的天地中见世面，经风雨。

一路沿江到达江陵，让他有了一次非凡的会见，他见到了著名道士司马承祯。李白器宇轩昂，资质不凡，司马承祯一见已十分欣赏，及至看了他的诗文，更是惊叹不已，称赞其"有仙风道骨，可与神游八极之表"。李白为如此高的评价欢欣鼓舞,这个受圣上宠信的道士正占领当时社会的精神高地,李白隐隐感觉到一个新的时代正向他走来,他决心去追求"神游八极之表"这样一个永生的、不朽的世界。兴奋之余,他写成大赋《大鹏遇希有鸟赋》,以大鹏自喻,夸写大鹏的庞大迅猛。这是李白最早名扬天下的文章。

从江陵起,开始了他鹏程万里的"飞翔":浮洞庭、历汉襄,东游至庐山,后到金陵和扬州。金陵为六朝故都,但早已繁华颓落,物是人非,一入此地,必感慨世事无常,沧海桑田之变化。及至扬州,一片盛世太平,纸醉金迷,让人流连忘返。但这都似乎与诗人无关,静卧病榻,怀念家乡,躬身自省,壮志未酬,不禁悲从心来。虽思乡心切,但功业没有一点成就,羞于回转家园。严酷的封建社会现实,无情的侵蚀着青年李白的雄心,虽文才出众,但入仕无门,空有一身本领,却无法施展。

(三)酒隐安陆,蹉跎十年——怀才不遇

30 岁,李白隐于安陆,为了实现理想,他广为交游。李白初入长安,天子脚下,居于终南山。他想通过唐玄宗之妹玉真公主推荐给天子,虽然结识,却也未能如愿。

初入长安的李白,虽然满目的繁华景象,但依然感到人生穷途末路,作名篇《行路难》,抒发怀才不遇的愤懑和建功立业的信念。送友人入蜀,作《蜀道难》,寄寓功业难求之意。

他先后游历山西、山东、河南、湘鄂一代,吟诗纵酒,豪气冲天,名声大振,名满四海。其间在嵩山与好友岑勋、元丹丘相会,畅饮间,作了脍炙人口、经久传唱的《将进酒》这样的力作,尽显李白的豁达豪气。

(四)名震长安,赐金放还——壮志难酬

李白在公元 742 年(天宝元年)终于奉诏来到京都长安。李白进宫后,唐玄宗很高兴,礼遇隆重。"以七宝床赐食,御手调羹以饭之。"古往今来,绝无仅有。玄宗问到一些当世事务,李白凭半生饱学及长期对社会的观察,胸有成竹,对答如流。玄宗大为赞赏,随即令李白供奉翰林,职务是给皇上写诗文娱乐,陪侍皇帝左右。出于信任,他还让李白参加了起草诏书的工作。

玄宗每有宴请或郊游,必命李白侍从,利用他敏捷的诗才,赋诗纪实。虽非记功,也将其文字流传后世,以盛况向后人夸示。唐玄宗对李白,只是希望他成为一个宫廷诗人,为太平盛世作些诗文点缀。但李白是一个有远大抱负的人,初进宫廷时,他对政治了解不多,因此奉命写了不少歌颂升平的诗,但这一切都是过眼云烟,作为一个名满天下的大诗人,李白的个性也是十分狂放的。他又特别喜好饮酒,常喝得酩酊大醉。杜甫曾在一首诗中这样描述他:"李白斗酒诗百篇,长安市上酒家眠,天子呼来不上船,自称臣是酒中仙。"这样的个性使他很难被朝中的权贵们所容忍。他先得罪了唐玄宗最信任的太监高力士。高力士又故意歪曲他写的诗《清平调》，使杨贵妃对他也心生忌恨。最后连唐玄宗也疏远他了。李白于愤懑悲凉之时，作《月下独酌》诗篇以抒怀。

同僚的妒忌，不同的追求，又一次将他打回了冰冷的现实，终于被皇帝"赐金放还"。

(五)梁园漫游，会友抒怀——率真豁达

转眼，李白过了不惑之年，44岁的他，再次踏上漫游征程。来到东都洛阳，李白遇到了杜甫，中国文学史上最伟大的两位诗人见面了。杜甫早就熟读过李白的很多名诗，此时一见真人，崇敬之情无以言表。

李白见到杜甫也是眼睛一亮。他历来不太懂得识人，经常上当受骗，但那是在官场和市井。如果要他来识别一个诗人，他却很难看错。杜甫让他惊叹，因此两人很快成为好友。他当然不能预知，眼前的这个年轻人，将与他一起成为执掌华夏文明诗歌王国数千年的王者之尊而无人能够觊觎，但他已感受到，无法阻挡的天才之风正扑面而来。

李白和杜甫从秋天一直玩到冬天。分手后，第二年春天又在山东见面。不久，又一次告别；又一次重逢，那已经是秋天了。当冬天即将来临的时候，李白和杜甫这两位大诗人永久地别离了。

梁园漫游，结识好友，人生大幸，但报国无门的愤懑，心中的凌云之志，始终让李白思之慨然，作《宣州谢朓楼饯别校书叔云》。

在期间，有一段佳话，汪伦听说大诗人李白旅居南陵叔父李冰阳家，便写信邀请李白到家中做客。信上说："先生好游乎？此处有十里桃花。先生好饮乎？此处有万家酒店。"李白素好饮酒，又闻有如此美景，欣然应邀而至，却未见信中所言盛景。汪伦盛情款待，搬出用桃花潭水酿成的美酒与李白同饮，并笑着告诉李白："桃花者，十里外潭水名也，并无十里桃花。万家者，开酒店的主人姓万，并非有万家酒店。"李白听后大笑不止，并不以为被愚弄，反而被汪伦的盛情所感动，适逢春风桃李花开日，群山无处不飞红，加之潭水深碧，清澈晶莹，翠峦倒映，汪伦留李白连住数日，每日以美酒相待，别时送名马八匹、官锦十端。李白在东园古渡乘舟欲往万村，登旱路去庐山，汪伦在古岸阁上设宴为李白饯行，并拍手踏脚，歌唱民间的《踏歌》相送。李白深深感激汪伦的盛意，作《赠汪伦》诗一首："李白乘舟将欲行，忽闻岸上踏歌声。桃花潭水深千尺，不及汪伦送我情。"

(六)动乱暮年，流放夜郎——历经坎坷

天宝十四载(755年)，"安史之乱"爆发后，李白由宣城避地剡中，不久即隐居于庐山屏风叠，密切地注视着事件的发展。次年冬，永王李璘以抗敌平乱为号召，由江陵率师东下，过庐山时，坚请李白参加幕府。一直希望建功立业的李白做了最错误的决定，投靠了永王李璘，并力荐永王勤王灭贼。不料李璘暗怀和他的哥哥唐肃宗（李亨）争夺帝位的野心，不久即被消灭，李白也因而获罪，下浔阳狱。

出狱后，又被判处长流夜郎（今贵州桐梓一带）。李白这时已五十八岁，经常爽朗大笑的诗人有时也不得不发出无声的垂泣："平生不下泪，于此泣无穷。"（《江夏别宋之悌》）

直至朝廷大赦，才重获自由，脍炙人口的《早发白帝城》，很好地反映了他当时重获自由的释怀感受。

（七）巨星陨落，大鹏羽息——悲凉挽歌

此时的李白仍欲投军报国，无奈人已老迈，身体不支害起病来，又依靠朋友谋生。天宝元年（762年），李白在叔父李阳冰家养病，冬，病重，"枕上授简"，将诗文交李阳冰编集，临终赋《临终歌》。"大鹏飞兮振八裔，中天摧兮力不济。余风激兮万世，游扶桑兮挂左袂。后人得之传此，仲尼亡兮谁为出涕。"

年轻的李白以大鹏自比，用激昂的笔触抒发了自己要让"斗转而天动，山摇而海倾"的非凡抱负。后来李白在长安官场失意，受朝中权贵排挤，被唐玄宗"赐金放还"之后，他也没有心灰意懒，大鹏的形象仍然活跃在他的诗歌创作中，最有名的是在《上李邕》中的"大鹏一日同风起，扶摇直上九万里……"这时的大鹏虽然已经不再像在《大鹏赋》中的那样目空一切，勇往直前了，但是尽管失败了，却仍然不甘寂寞，还在抗争拼搏，而到了《临路歌》中则已经是力不从心，有心无力地走到了命运的终点站了。

四、总结品味：李白与盛唐的文化碰撞

李白，怀揣"穷则独善其身，达则兼济天下"的人生信条，自信"天生我材必有用"，坚信"长风破浪会有时，直挂云帆济沧海"，一生胸怀他的大唐，为大唐喜而歌，为大唐忧而诵，深爱着大唐的山川河流，足迹遍至天下，一生不曾抛弃过大唐。可是，他的大唐却没有给他施展抱负的空间，让他一生壮志难酬，只能举杯邀月，对酒当歌。

但是，李白，恰恰是盛唐文化孕育出来的天才诗人，有如百花盛开的园林中的一朵更美艳的花，李白左右不了时代的步伐，恰恰是那个大唐王朝宽松的思想氛围和多元的文化格局天衣无缝地契合相遇，造就了李白傲视万物的气度，雄阔天地的气量，豪迈旷达的气魄，汪洋恣肆的气势，使他能够笑傲天地，心比天高，铸就了"海到无边天作岸"的浪漫主义创作人生。他的诗歌，又何尝不是他与大唐的千言万语，倾情诉说。他的诗歌，又何尝不是他积极人生文化品质的美丽载体，传承至今。

五、后世评说、诵读积累

1. 名家评价李白

杜甫："笔落惊风雨，诗成泣鬼神。"

韩愈："李杜文章在，光焰万丈长。"

白居易："又诗之豪者，世称李杜之作。才矣奇矣，人不逮矣。"

苏轼："李太白、杜子美以英玮绝世之姿，凌跨百代，古今诗人尽废。"

2. 余光中《寻李白》节选

痛饮狂歌空度日，飞扬跋扈为谁雄？

酒入豪肠，七分酿成了月光，剩下的三分啸成剑气，绣口一吐，就半个盛唐樽中月影，或许那才是你的故乡/常得你一生痴痴地仰望？

也不必惊动大鹏了，只消把酒杯向半空一扔/便旋成一只霍霍的飞碟，诡绿的闪光愈转愈快，接你回传说里去。

六、教学反思

1. 教学中给予学生自主探究的引导，课前准备环节，注意激发学生的学习兴趣，指导学生自主查阅收集李白的生平信息、经典名篇，为课堂交流展示做好充分准备。

2. 教学过程中，注重引导学生合作交流，指导学生选取李白的代表作品，通过诵读品味，展示评价，让学生的思维与李白的诗歌文化相碰撞，在学习李白诗歌内容的基础上，体会诗歌的思想内涵，从而感悟李白的精神魅力，从中受到文化的熏陶。

3. 课后评说积累环节，是课堂教学的必要补充和有益延伸，让学生从不同角度感受李白的诗歌创作的巨大成就，感悟李白文化精神的深远影响，从而提高教学效果。

作者简介：姜传集，山东省青岛市即墨区刘家庄中学任教。先后两次被评为"即墨名师"，曾获得"青岛市优秀专业技术人才""青岛市优秀教师""青岛市教学能手"称号。

一蓑烟雨任平生

——走进苏轼

山东省青岛市即墨区大信中学　刘秀芬

《新课程标准》明确指出"应拓宽语文学习和运用领域，注重跨学科的学习和现代科技手段的运用，使学生在渗透和整合中开阔视野，提高学习效率，初步获得现代社会所需要的语文实践能力。"加强语文课程与其他课程的联系，可以有效地促进语文素养的整体推进和协调发展。把其他课程的内容迁移到语文学习过程中运用、理解和延伸，更好地利用学习资源，沟通学科间融合，使语文教学更好地贴近社会生活，创造大语文教学的氛围。教学相长是跨学科教学的最大意义。

苏轼不仅在诗、词、文三方面都达到了极高的造诣，堪称宋代文学最高成就的代表，而且在书法、绘画等领域内的成就也很突出。更引人注目的是，他一生坎坷，命运多舛，所写诗词却丰富多彩、博大精深，甚至有人毫不夸张地说，仿佛苏东坡稍一动弹，就会留下一道浓重的文化色彩。于是我开展了一次"走近苏轼"的活动，通过这次活动，一方面激发学生对古诗文的兴趣，感受传统文化的魅力；一方面让学生对苏轼有进一步的了解，感受苏轼开阔旷达的胸襟和从容面对人生风雨的积极的人生态度。

【教学案例】

一蓑烟雨任平生

——走进苏轼

环节一：直奔人物

古文人中，我最喜欢苏东坡，首先被他那些"明月几时有，把酒问青天""横看成岭侧成峰，远近高低各不同"朗朗上口的诗文所吸引，被他的"十年生死两茫茫"的深情所打动，更被他"一蓑烟雨任平生"的旷达乐观态度所折服。

环节二：始于才华

1. 了解苏轼的才华

苏轼的才气是上天赐予他的礼物，二十岁出头，就受到当时的大文人欧阳修的推崇，此后文名渐显。这得天独厚的才华，仿若垂天之云，是常人所不能拥有的，"白云在青天，可望不可即"。

北宋嘉祐六年（1061）八月，苏轼应"贤良方正能直言极谏科"，以满堂彩的好成绩赢得制科第三等。大家可别小看此"第三等"，这个成绩堪称两宋三百年科考之冠！

制科考试是宋朝（南、北宋）的一种特殊的考试制度。科举考试每三年一次，而制科考试是不定期的。制科考试的程序比科举考试要繁琐。参加制科考试的人员由朝廷中的大臣进行推荐，然后参加一次预试。最后，由皇帝亲自出考题，门槛高、要求严。

制科考试的选拔非常严格。据说宋朝总共三百多年的历史，科举考试选了 4 万多进士，而制科考试只进行过 22 次，成功通过的人只有 41 人。需要说明的是，按惯例一二等乃是虚设，实际最高为"第三等"，而苏轼的成绩前所未及，其含金量不言自明！

通过介绍宋朝三百多年的科举考试情况。让学生了解当时科考制度。苏轼的成绩堪称两宋三百年科考之冠！让学生了解了苏轼的才华。

2. 介绍苏轼在各方面的成就

在散文方面，他与北宋古文运动领导欧阳修并称"欧苏"；在诗歌方面，他与江西诗派的开创者黄庭坚并称"苏黄"；在词作方面，他开创了豪放派，与南宋大词人辛弃疾并称"苏辛"。像苏轼这样在诗、词、文三方面都达到一流水平，做出巨大贡献的全能作家，在文学史上大概难以找到第二人。再加上他精于书法，被尊为"宋四家"之首（另三家为黄庭坚、米芾、蔡襄），又擅长绘画，后人称其诗、词、文、书法、绘画"五绝"，真是千古一人啊！（PPT出示）

环节三：敬于性情

1. 对生活的热爱

（1）出示《饮湖上初晴后雨》：水光潋滟晴方好，山色空濛雨亦奇。欲把西湖比西子，淡妆浓抹总相宜。（女生读）

（2）出示《惠崇春江晓景》：竹外桃花三两枝，春江水暖鸭先知。蒌蒿满地芦芽短，正是河豚欲上时。（男生读）

2. 对生活哲理的独特发现

出示《题西林壁》："横看成岭侧成峰，远近高低各不同。不识庐山真面目，只缘身在此山中。"寥寥二十八字，大处着笔，发人深省，远远高出那些具体描写庐山风貌的诗篇。"不识庐山真面目"一语，已化为妇孺皆知的熟语，具有久远的生命力。（齐读古诗）

3. 对亲人感人至深的真情

(1)视频播放《苏东坡》中《江城子·乙卯正月二十日夜记梦》片段,视频中细腻的画面,深切地体会苏轼对亡妻王弗真挚的爱、深沉的思、沉痛的悲。出示内容:"十年生死两茫茫。不思量,自难忘。千里孤坟,无处话凄凉。纵使相逢应不识,尘满面,鬓如霜。夜来幽梦忽还乡,小轩窗,正梳妆。相顾无言,唯有泪千行。料得年年肠断处;明月夜,短松冈。"(学生配乐朗读,再次体会深情)

(2)出示《水调歌头》

　　丙辰中秋,欢饮达旦,大醉,作此篇,兼怀子由。

　　明月几时有,把酒问青天。不知天上宫阙,今夕是何年?我欲乘风归去,又恐琼楼玉宇,高处不胜寒。起舞弄清影,何似在人间。

　　转朱阁,低绮户,照无眠。不应有恨,何事长向别时圆?人有悲欢离合,月有阴晴圆缺,此事古难全。但愿人长久,千里共婵娟。

先让学生朗读再让学生欣赏《水调歌头》的歌曲,不仅可以调动学生的学习兴趣,还让他们在音乐中接受了美的熏陶、美的教育,感受对亲人的深情和祝愿。

环节四:陷于潇洒

1. 漫画趣事

(PPT出示漫画,以幽默生动的语言讲解,在欢笑声中传达出苏轼乐观率真的性格。)

佛印和尚是苏轼非常要好的朋友,一日,两人见面闲聊,东坡先生突发童心。

问道:"和尚看我像什么?"佛印微微一笑,答:"你像一尊佛。"东坡听罢很开心。

佛印问:"居士看我像什么?"东坡说:"和尚像一团牛粪。"说罢我们的东坡居士哈哈大笑起来，那开心的劲头就像孩子得到了心爱的玩具似的。

平时，你这和尚老调侃我，这次我终于占便宜了。回家后，东坡先生越想越得意，便将刚才的情形眉飞色舞地告诉妹妹苏小妹。谁知苏小妹听完，竟然不冷不热地告诉哥哥：你输了，且输得一塌糊涂。

东坡不解，忙问：为啥？小妹说：一个人心里装什么，看别人就像什么。东坡先生仿佛挨了一记闷棍，呆若木鸡，恨恨地说：又被这老秃驴涮了一把。喝酒去，不想了。

2. 乌台诗案

乌台诗案发生于元丰二年(1079年)，时御史何正臣上表弹劾苏轼，奏苏轼移知湖州到任后谢恩的上表中，用语暗藏讥刺朝政，御史李定曾也指出苏轼四大可废之罪。这案件先由监察御史告发，后在御史台狱受审。所谓"乌台"，即御史台，因官署内遍植柏树，又称"柏台"。柏树上常有乌鸦栖息筑巢，乃称乌台。所以此案称为"乌台诗案"。

"乌台诗案"是苏轼一生的转折点。诗案前其诗词作品在整体风格上是大漠长天挥洒自如，内容上则多指向仕宦人生以抒政治豪情。而诗案之后，虽然有一段时间官至翰林学士，但其作品中却少有致君尧舜的豪放超逸，相反却越来越转向大自然、转向人生体悟。至于晚年谪居惠州、儋州，其淡泊旷达的心境就更加显露出来，一承黄州时期作品的风格，收敛平生心，我运物自闲，以达豁然恬淡之境。了解乌台诗案对苏轼的影响，有助于学生理解、体悟其作品风格的变化。

3. 旷达的胸襟

(1)出示《定风波》

莫听穿林打叶声，何妨吟啸且徐行。竹杖芒鞋轻胜马，谁怕？一蓑烟雨任平生。

料峭春风吹酒醒，微冷，山头斜照却相迎。回首向来萧瑟处，归去，也无风雨也无晴。

介绍写作背景，1080年苏轼因乌台诗案被贬谪黄州，1082年3月7日，已经习惯黄州清贫孤苦生活的苏轼，和几位新结识的朋友在沙湖游玩。几年的躬耕生活，让苏轼看起来像一名村夫，长满老茧的双手，让你无法想象这就是那位名盖京华的大文豪。

初春的气息洗涤了心中的苦闷，苏轼的心也充满了绿色。正玩得开心之时，忽然大雨骤然而下，由于大家都没有带雨具，一时显得十分狼狈。不一会，雨过天晴，苏轼在回程途中，边走边吟，写下了这首千古流传的《定风波》。

（学生齐读：感受风雨，体悟作者面对自然风雨随意而安、泰然自若、也是其面对人生风雨随缘自适、心境恬静、超凡脱俗的旷达的心态，在音乐的风雨中洗涤心灵）

（2）出示《浣溪沙·游蕲水清泉寺》

山下兰芽短浸溪，松间沙路净无泥，潇潇暮雨子规啼。
谁道人生无再少？门前流水尚能西！休将白发唱黄鸡。

（学生齐读：感受苏轼不向命运低头的旷达）

4. 壮志而豪放

（1）出示《江城子·密州出猎》

老夫聊发少年狂，左牵黄，右擎苍。锦帽貂裘，千骑卷平冈。为报倾城随太守，亲射虎，看孙郎。

酒酣胸胆尚开张，鬓微霜，又何妨。持节云中，何日遣冯唐？会挽雕弓如满月，西北望，射天狼。

介绍写作背景，多情的东坡居士，尽管对无情的政治感到苦恼，但报国立功的信念，即便是到了不惑之年，依然炽烈。在杭州干了三年后，苏轼调任山东密州知州，这里已接近边防前线。在一次狩猎中，人到中年的苏轼，策马扬鞭，纵情驰骋，这首《江城子·密州出猎》，表达了他为国杀敌的强烈愿望。这不仅是一首豪放之词，更是一首壮怀之词。

（2）出示《念奴娇·赤壁怀古》

大江东去，浪淘尽，千古风流人物。故垒西边，人道是，三国周郎赤壁。乱石穿空，惊涛拍岸，卷起千堆雪。江山如画，一时多少豪杰！

遥想公瑾当年，小乔初嫁了，雄姿英发。羽扇纶巾，谈笑间，樯橹灰飞烟灭。故国神游，多情应笑我，早生华发。人生如梦，一尊还酹江月！

福兮祸所伏，祸兮福所倚。苏东坡个人的劫难，却成就了我国文明史上的文化大餐。早已烟消云散赤壁之战的古战场，因苏东坡的到来，留下了冠盖宋词的千古绝唱。让我们挺起胸来，一起读《念奴娇·赤壁怀古》吧。

环节五：忠于人品

1. 千年英雄

犹记得千禧年之际，法国《世界报》评选 1001—2000 年间的"千年英雄"，全世界一共评出 12 位，苏东坡成为唯一入选的中国人。我想东坡的民主风范和悲天悯世的情怀，定然是个极为重要的参考因素。苏子人品，历久弥香！（PPT 出示）

2. 画扇解难

苏东坡在杭州做官时，有一次，一位绫绢商人告一个制扇匠人欠他两万绫绢钱不还。匠人说："前不久父亲死了，花了一笔钱。今年杭州连日阴雨，天气寒冷，没有人买扇子，我一时拿不出钱来还账。"

苏轼想了半天，让那匠人回家把扇子抱来，挑出二十把折扇，拿起公堂上的毛笔，在扇面上题字、作画，然后命匠人快拿到外面去卖。匠人刚出衙门，扇子就被抢购一空，每把一千钱，正好够还账的。

你见过几个"上可陪玉皇大帝，下可以陪卑田院乞儿"的朝廷大员吗？对上极尽阿谀，对下趾高气扬倒是随处可见；你又见过几个替庶民画扇解难的文人墨客，想要治国平天下的倒是很多。

3. 官员作为

在杭州，西湖严重淤塞，苏轼全面疏浚了西湖，并用西湖里挖出来的水草和淤泥，堆筑起自南至北横贯湖面的长堤，在堤上建造六座石拱桥。这条长堤就是现在的"苏堤"。

在徐州黄河泛滥，徐州城下水深二丈八尺九寸，苏轼禁富民出城，亲临城上，带领军民抗洪，夜宿于城上，筑长堤 984 丈，洪水渐退。

在武昌，上书太守要求禁杀婴儿，尤其是女婴。成立救儿会，救活婴儿数千人。

在惠州、儋州等地打凿东坡井，解决当地百姓饮水问题。

在儋州，传学与海南学子……这一桩桩一件件，功德无量啊！

（PPT 出示）

环节六：古诗寄情

也许是他做得太多了，你只记得那个"欲把西湖比西子"的苏东坡，你只记得那个"不识庐山真面目"的苏东坡，你只记得那个"但愿人长久"的苏东坡……文学是东坡人生的一个重要组成部分，是东坡的精神家园，是其生命意义的集中体现。而苏轼本人，也已化作不朽的文学精灵，永远指点和激励着在人生的旅途上艰苦跋涉，在文学的峰峦间奋勇攀登的人们。

最后借偶像为名，作一打油诗曰：

人生何须竞奢华？竹杖芒鞋轻胜马。
世间风云你愁他？一蓑烟雨皆入画。
已然身在庐山中，何妨吟啸看不同。
迷途哪复计东西，清欢更在一路花。

【教学反思】

在这次活动中，丰富学习内容，满足学生的好奇心和求知欲，极大地调动了学生学习的积极性，培养学生的语文素养。这次活动不仅局限于语文学科的范畴，我运用多学科知识与思维方法以及现代科技手段，创造大语文教学，让学生在融合中有所收获。让学生在愉悦的氛围中对苏轼有进一步的了解，激发了学生对古诗文的兴趣，感受传统文化的魅力。

创新点与效果：

本案例设计实施通过穿越呈现活灵活现的当时情景，在情境中感染学生，在情境中激发学生的思维，在情境中培养学生发现美、欣赏美、表达美，在情境中激趣求知，在情境中进行跨学科学习，极大地调动了学生学习的兴趣，提升学生学习的能力。

本案例实施在教师中产生很大的反响，是教学理念的一次洗礼，是课堂教学组织形式的一种创新，使教师教学能力得到提升；本案例实施在学生中影响很大，打破传统的课堂授课方式，激起学生课堂学习的兴奋点，培养学生综合学习能力，提高了课堂教学效益，学生都很喜欢这样的课堂、这样的课堂学习方式。

作者简介：刘秀芬，山东省青岛市即墨区大信中学语文教师。第二届青岛市名师工作室成员。教学成绩优秀，多次参加教学比赛、出示公开课，曾获得区语文优质课一等奖，区教学能手。有多篇教学、德育论文在国家、省、市级比赛中获奖。所指导的学生有多人次在作文大赛、语文才艺比赛中获一、二等奖，她也多次获优秀指导教师奖。亦荣获"即墨区三八红旗手""即墨区优秀青年教师"等荣誉称号。

后　记

　　"中华优秀传统文化与现代语文课堂教学实践研究"课题研究全面展开已有两年。去年课题组出版的课题开题报告与实施方案文集，受到许多专家领导好评与认可，课题实验学校及广大教师纷纷要求课题组能编辑出版更多针对课题研究和一线教学实践的书籍。这直接促成了《中华优秀传统文化与现代语文课堂教学实践研究·初中卷》问世。

　　本书意在反映广大初中语文教师从"想"到"做"、从"理论概念"到"实际应用"的课堂实践过程，重点辑录的是全国各地一线课题实验学校及广大语文教师的研究经验和教学方法，并力争全面呈现不同地域初中语文教师的不同的教学思维与教学方式。

　　书稿是一段行程的结束，更是另一段征程的开启。"中华优秀传统文化与现代语文课堂教学实践研究"课题已进入中期深化与拓展研究阶段，老师们的优秀论文、精心设计的优秀课例也日渐增多。作为一个参与者、见证者，能在学习欣赏这些优秀文字的同时，记录下老师们的成长轨迹和研究成果，让老师们这些思维火花和探索收获，惠及更多的研究者、学习者，我感到十分的欣慰。

　　广大初中语文教师在参与课题研究后的一个普遍感受和体会是："中华优秀传统文化与现代语文课堂教学实践研究"课题，不仅是丰富和提升教师自身文化内涵、浸润师生思想灵魂的精神与理论食材的丰厚来源，也是引领教师不断强化教育教学技能，逐步走向并成为一个兼具理论与实践、教学与科研的复合型人才的广阔平台。

　　在课题研究文集《中华优秀传统文化与现代语文课堂教学实践研究·初中卷》即将出版之际，我要特别感谢恩师刘桂英社长的一路相携和点拨，感谢赵明老师、郭海燕教授、张伟忠博士、王耀芳老师、董明实老师、俞璐老师的关怀与鼓励，感谢积极提供并反复修改稿件的初中语文老师们。从某种意义上说，这本科研成果是大家共同努力的结晶。

　　向首都师范大学出版社徐建辉老师与各位同仁表示诚挚的谢意。

周媛媛

2018 年 5 月